I0754758

Musik und Religion

Herausgegeben von

Dominik Höink,
Thomas Bauer,
Clemens Leonhard

RELIGION UND POLITIK

Herausgegeben vom
Exzellenzcluster „Religion und Politik"
der Westfälischen Wilhelms-Universität Münster

www.religion-und-politik.de

Band 20

ERGON VERLAG

Musik und Religion

Herausgegeben von

Dominik Höink,
Thomas Bauer,
Clemens Leonhard

ERGON VERLAG

Umschlagabbildung:
Staatsbibliothek zu Berlin - PK /
Abteilung Historische Drucke /
Signatur: Libri impr. rari qu. 189<a>

Bibliografische Information der Deutschen Nationalbibliothek
Die Deutsche Nationalbibliothek verzeichnet diese Publikation in der Deutschen Nationalbibliografie; detaillierte bibliografische Daten sind im Internet über http://dnb.d-nb.de abrufbar.

Gedruckt auf alterungsbeständigem Papier.
Satz: Thomas Breier
Umschlaggestaltung: Jan von Hugo

www.ergon-verlag.de

ISSN 2195-1306
ISBN 978-3-95650-515-7 (Print)
ISBN 978-3-95650-516-4 (ePDF)

Inhalt

Vorwort

Dominik Höink, Thomas Bauer und Clemens Leonhard

Musik ist ein zentrales Element in den Ritualen zahlreicher Religionen der Welt. Ebenso vielfältig wie die religiösen Traditionen sind entsprechend ihre klanglichen Elemente: von improvisierten, einstimmigen Gesängen über den Einsatz ritueller Instrumente bis hin zu mehrstimmigen Messkompositionen. Geschaffen zum Lobe Gottes war religiöse Musik einerseits viele Jahrhunderte hindurch die dominierende Form künstlerischer Betätigung in der Gesellschaft. Andererseits standen Priester und Religionsgelehrte der Musik mitunter skeptisch bis ablehnend gegenüber, weil sie eine starke emotionale Wirkung fürchteten. Musik wurde für ein zentrales Medium der Erzeugung, der Stärkung und der Artikulation von religiösen Gefühlen gehalten. Bisweilen sind es gar die Götter selbst oder Engel, die in der bildlichen Darstellung und in religiösen Texten musizierend auftreten und damit die besondere Bedeutung von Musik in der Religion unterstreichen. Dementgegen galt Musik aber ebenso als ein wirkmächtiges Mittel zur Verbreitung religionskritischer, gar anti-religiöser Positionen. Schließlich wurde Musik bisweilen selbst zur Religion, der Kunstgenuss zum Gebet und der eigentlich säkulare Aufführungsort zum Tempel erhoben.

Der vorliegende Band geht im Kern auf die gleichnamige Ringvorlesung des Exzellenzclusters „Religion und Politik" im Sommersemester 2017 zurück. Die Reihe der Vorträge ist um Texte erweitert, die zusätzliche Aspekte berücksichtigen. Dass dennoch manche Facetten, historische Epochen und auch Religionen unberücksichtigt bleiben, ist der Weite des Themas geschuldet. Die Einzelstudien stehen für sich und bieten einen Einblick in ausgewählte und repräsentative Bereiche. Das Spektrum der behandelten Themen reicht von der Musik in Judentum, Islam und Hinduismus über die christliche Kirchenmusik, das Klavierlied sowie die bildliche Darstellung von Musik und Religion; und in historischer Dimension von der Antike bis zur Gegenwart. Die dabei thematisierten Räume umfassen Indien und den Nahen Osten ebenso wie Europa, Afrika und Nordamerika.

Unser Dank gilt zunächst den Referentinnen und Referenten der Ringvorlesung sowie den weiteren Autorinnen und Autoren. Überdies möchten wir dem Exzellenzcluster „Religion und Politik" für die großzügige finanzielle Förderung der Ringvorlesung und der Publikation sowie für die Aufnahme des Bandes in die Publikationsreihe danken. Schließlich danken wir Annika Loges sowie Elina Thier und Florian Käune herzlich für die Unterstützung bei der redaktionellen Bearbeitung des Bandes.

Religion und Musik im antiken Judentum und Christentum

Clemens Leonhard (Münster)

1 Typisch katholische Musik

Das erste Dokument, das das Zweite Vatikanische Konzil promulgierte, die Konstitution über die Heilige Liturgie, stellt fest: „Die Kirche anerkennt den Gregorianischen Gesang als der römischen Liturgie eigen (…)“[1]. Damit impliziert das Konzil den Anspruch auf Eigentum an einem Segment der europäischen Musikgeschichte. Dieser Eigentumsanspruch kann heute sogar als Beschreibung des Istzustands bestehen bleiben. Obwohl sich unter dem Etikett des Gregorianischen Chorals eine große Bandbreite an musikalischen Formen zusammenfassen lässt,[2] ist zu vermuten, dass sehr viele Menschen dessen Ästhetik mit älteren Traditionen der lateinischen Kirche, vielleicht sogar mit der katholischen Kirche (als Konfessionsbezeichnung) verbinden. Diese Annahme liegt nahe, weil eine dezidiert profane Aufführungspraxis marginal geblieben ist. Es ist nicht leicht, ein Konzert einer religiös uninteressierten Künstlergruppe zur falschen Zeit (z.B. Gesänge der Tagzeitenliturgie) am falschen Ort (im Konzertsaal, beim Jahrmarkt, als Hintergrundmusik akademischer Feiern, etc.) zu erleben. Wo Musik dieser Ästhetik erklingt, wird diffus Kirchlichkeit zitiert. Gregorianischer Choral wird als religiöse, vielleicht tatsächlich katholische Musik erlebt.

2 Musik und das Sprechen über Gruppenidentitäten

Wie steht es aber analog zu diesem Beispiel mit typisch religiöser oder gar typisch christlicher oder typisch jüdischer Musik in den ersten Jahrhunderten der christlichen Zeitrechnung? Konnten Zeitgenossen und Zeitgenossinnen, ob Insider oder Outsider, Unterschiede hören? Gab es so etwas wie den der römischen (oder ale-

---

1 *Sacrosanctum Concilium* 116 in: *Die Dokumente des Zweiten Vatikanischen Konzils. Konstitutionen, Dekrete, Erklärungen. Lateinisch-deutsche Studienausgabe*, hrsg. von Peter Hünermann, Freiburg 2004, S. 49. Im weiteren Feld dieser Thematik sind kürzlich zwei Aufsätze erschienen, deren Inhalte sich mit dem folgenden Text zum Teil überschneiden: Clemens Leonhard, „Religious Expression in Music and Dance“, in: *A Companion to Religion in Late Antiquity*, hrsg. von Josef Lössl und Nicholas J. Baker-Brian, Hoboken 2018, S. 611–634 und in einem populären Beitrag: ders., „Religiöse Musik und der Anfang des Christentums“, in: *Rellis* 25 (2017), S. 4–7.

2 Harald Buchinger, „Gregorianik: Das Kernrepertoire“, in: *Der Gottesdienst und seine Musik 1: Grundlegung und Hymnologie*, hrsg. von Albert Gerhards und Matthias Schneider, 2 Bände, Laaber 2013, Band 1, S. 133–152.

xandrinischen oder jüdischen) Liturgie eigenen Gesang in den ersten Jahrhunderten der christlichen Zeitrechnung?

Quellen aus der Geschichte des Judentums sind auch für zunächst rein christlich scheinende Fragestellungen zu betrachten, weil man sonst wichtige Quellen der Musikgeschichte von allen Überlegungen ausschließt. Die Trennung von Juden und Christen ist ja eine jenseits der Musikgeschichte geprägte Vorstellung und Praxis. In der Musik und im Nachdenken über die Musik könnten die beiden Religionen einander näher sein, als es spätere Kontroversen und Verfolgungen nahelegen.

Die Betrachtung von christlichen und jüdischen Zeugnissen verspricht aber nicht bloß zur Vermeidung von Anachronismen präzisere Einsichten in historische Zusammenhänge. Der im Lauf der Forschungsgeschichte gepflegte Optimismus, für die ersten Jahrhunderte der christlichen Zeitrechnung auf der Basis der Quellen allzu genau zwischen Judentum und Christentum unterscheiden zu können, war zu groß. Jüdische und christliche Gruppen stehen einander in vielen Aspekten von Theorie und Praxis sehr nahe. Darüber hinaus haben beide auch ökonomische, religiöse, etc. und klarerweise auch ästhetische Interessen mit den anderen Bewohnerinnen und Bewohnern des Römischen Reiches gemeinsam. Man kann sich fragen, ob und wenn ja, warum christliche und jüdische Gruppen auf Herausforderungen von dieser dritten Seite ähnlich oder unterschiedlich reagiert haben. Im Hintergrund steht auch hier die Frage, inwiefern die Beziehung zur Musik für das Christentum und das Judentum in der Antike ein Mittel war, Gruppengrenzen und Differenzen von Denktraditionen zu etablieren und darzustellen.

Damit wird eine massive und keineswegs evidente Arbeitshypothese vorausgesetzt. Eine Gruppe oder Einzelpersonen, die nicht vollständig aus erstrebenswerten sozialen Beziehungen herausfallen wollen, können nur sehr wenige Elemente ihres täglichen Lebens in auffälliger Opposition zu ihrer Umwelt gestalten. Essen, Sportmannschaften verehren, heiraten und das Leben in Partnerschaften gestalten, Tote begraben und betrauern, Krankheiten heilen, kaufen und verkaufen, Verkehrsmittel benützen oder bestimmte Literatur wertschätzen, sind wenige Beispiele dafür, worin man sich systematisch von der Praxis der anderen Menschen seiner Stadt unterscheiden kann oder auch Unterschiede vermeiden kann. Hier ist zu fragen, welche Rollen Musik in solchen Prozessen spielte.

3 Quellen, ihre Erschließung und damit verbundene Probleme

Der Einstieg in die Suche nach Daten, Details und Deutungen muss erstens Charakteristika der Quellenlage und zweitens ein Theorie-Praxis-Paradox anerkennen. Was die Quellen betrifft, sind erstens fast ausschließlich Texte ohne Notation und nur wenige Notizen über das Musizieren erhalten. Da sich im Bereich der griechischen und römischen Musik auch Bilder, Gegenstände, Notenschriften und theoretische Traktate über die Struktur der Musik erhalten haben, beeinflusst eine Vorentscheidung über den Umgang mit diesen Quellen die Ergebnisse jeder

Untersuchung massiv. Wenn man die wenigen erhaltenen christlichen und jüdischen Hymnentexte und theoretischen Bemerkungen über Musik mit Material aus der griechisch-römischen Welt ergänzt, lautet die Schlussfolgerung, dass die christliche und jüdische Musik der Musik ihrer Umwelt zum Verwechseln ähnlich war. Da diese Überlegung tatsächlich auch am Ende der folgenden Beobachtungen stehen soll, muss bereits hier, am Anfang vor einem Zirkelschluss gewarnt werden.

Was das Theorie-Praxis-Paradox betrifft, ist zweitens immer mitzudenken, dass heute noch christliche und jüdische Gruppen in ihren Gottesdiensten musizieren, was für polytheistische Griechen und Römer in dieser Form nicht galt. Absolut keiner der alten Texte – sei es Hymnus oder Gebet – aus Quellen der Zeit *vor* dem späten vierten Jahrhundert hat jedoch eine kontinuierliche, liturgische Nachgeschichte. Während christliche Hymnen zum Beispiel von Ephrem dem Syrer (gest. 373) oder Ambrosius von Mailand (gest. 397) breit im liturgischen Repertoire rezipiert wurden, sind der Hymnus, den Clemens von Alexandrien (gest. Anfang des 3. Jahrhunderts) als Anhang in sein Werk „Der Erzieher“ gesetzt hat und die syrischen Oden Salomos reine Literatur geblieben.

Vom Frühmittelalter bis in die Gegenwart hat man Bibeltexte als Grundlage für liturgische Musik verwendet. Keiner dieser später als Hymnen bezeichneten Texte wurde ursprünglich als Gesangstext verfasst oder in den ersten Jahrhunderten nach Christus als solcher benützt. Auch im Judentum beginnen Poeten erst im vierten Jahrhundert mit der Komposition und offenbar auch dem Vortrag von *Pijjutim* – der zunächst nur im palästinischen Bereich üblichen Synagogenpoesie. Diese Literatur wurde tradiert, kommentiert, über die Jahrhunderte ausführlich erweitert und wird heute kritisch ediert. Manche der Stücke werden bis in die Gegenwart gesungen. Von christlicher und jüdischer Musik (oder über sie) sind vor der Spätantike entweder keine oder nur vage Hinweise erhalten. Überlieferte antike Stücke haben dagegen keine musikalische Nachgeschichte.

4 *Musik als vermeintlich totalitäres Instrument der Manipulation und der politisch-theologischen Propaganda*

Plato stellt, gestützt auf anthropologische Behauptungen in mehreren Dialogen, Überlegungen darüber an, welche Musikinstrumente und musikalischen Formen am besten geeignet seien, die Menschen des Gemeinwesens seinen totalitären Machphantasien gefügig zu machen.[3] Die Detailarbeit der Gesprächspartner an diesem Dialog lässt durchscheinen, dass sich die Gruppe, die hinter den literarischen Texten steht, zu den Herrschern des Gemeinwesens zählt. Da diese Texte im Allgemeinen breit rezipiert wurden und eine große Autorität erlangten, ist es

3 Zusammenstellung bei Andrew Barker, *The Musician and his Art* (Greek Musical Writings 1), Cambridge u. a. 1984, S. 124–169.

schwer, bei ähnlichen Statements späterer Zeiten zwischen literarischen Klischees und der Reflexion über konkrete Vorgänge zu unterscheiden. Die pathetischen Klischees verbinden die Vorstellungen von Gut und Schön.

Politisch und theologisch wesentlich interessanter als die ästhetischen Detailüberlegungen ist die damit implizierte Assoziation von böse oder schlecht auf der einen und hässlich auf der anderen Seite. Wenn von Schönheit auf Güte geschlossen werden kann, dürfen Herrscher des Gemeinwesens als gesellschaftsgefährdend betrachten und gegebenenfalls ausrotten, was ihrem Geschmack nicht entspricht. Aufgrund der großen literarischen Wirkung dieser Klischees galt es vielen antiken Autoren als plausibel, dass die korrekte Musik entweder den jugendlichen Menschen zum Guten formt oder den bösen Menschen korrigiert. Die Verbindung eines Textes mit einer Melodie erhöht angeblich die Durchsetzungsfähigkeit seiner Botschaft in der Gesellschaft. Inwiefern das Vermischen von musikalischen Genera und das Brechen von bestimmten musikalischen Regeln zu Schamlosigkeit in der Gesellschaft führen, wie es der „Athener“ in den „Gesetzen“ Platos formuliert, kann man jedoch nicht mehr erheben und heute schon gar nicht messen.[4]

Analog dazu kann Jürgen Heidrich auf eine große Produktion von Drucken religiöser Lieder durch die Reformatoren, von denen zu Beginn die wenigsten für den Einsatz in einem Gottesdienst gedacht waren, hinweisen. Auch ohne Messung ihres Impacts zeugt die bloße Menge davon, dass Produzenten und Konsumenten neben anderen Gründen für diesen Umstand auch die Auffassung teilten, es handle sich um historisch wirkmächtige Interventionen. Dabei war eine Verbindung zwischen Melodien und Texten für Martin Luther höchstens dann interessant, wenn die Verwendung einer bekannten Melodie bei den Sängerinnen und Sängern Assoziationen eines anderen Textes, der mit dieser Melodie gesungen wurde, hervorrufen konnte. Ansonsten konnte er auch mehrere Melodien als Träger eines von ihm geschaffenen Textes vorschlagen.[5] Dieser Aspekt ist für die gegenwärtige Fragestellung heuristisch interessant, weil auch in anderen Epochen der Text als für die Frage nach dem religiösen Charakter religiöser Musik entscheidender Faktor betrachtet wird. Die Tatsache, dass er zu einer Melodie gesetzt wird, ist wichtig. Die Form der Melodie selbst muss dagegen nicht als wichtig betrachtet werden.

Wenn im Folgenden der Blick auf Zeugnisse der Antike gerichtet werden soll, ist zu fragen, inwiefern Text und Musik, Worte und Melodien von ihren Schöpfern, von Teilnehmern und Teilnehmerinnen an Aufführungen und von Beobachtern und Kommentatoren als politisch wirksam betrachtet wurden. Die Art und Weise, wie manche Kommentatoren über die sozialen Wirkungen der mit Musik verbundenen Texte sprechen, enthüllt, dass ihre Analysen eher in Netzwerken der Literatur als der Beobachtung von Vorgängen in ihren Städten verankert sind.

---

4 Plato, *Gesetze* 700a–701b, Barker Nr. 155, 157.

5 Vgl. den Beitrag in diesem Band S. 83–95.

5 *Kirchenbesuchssteigerung und Wahrheitsvermittlung durch korrekte Texte zu angenehmer Musik*

Zu den angedeuteten Texten, die Musik als religiös einstufen und ihr ein hohes, religionspolitisches Wirkungspotential zumessen, gehört eine syrische Chronik, die den Konflikt zwischen zwei theologisch-poetisch-musikalischen Giganten am Ausgang der Antike beschreibt: Jakob von Serug (gest. 521) und Narsai von Nisibis (gest. ca. 503). Jakob verfasste erfolgreiche Hymnen, in denen er seine westsyrischen, theologischen Positionen andeutete und verarbeitete. Narsai übernahm die Strategie und siegte – zumindest nach Meinung von Barḥadbšabba ʿArbaïa:[6]

> Einer von ihnen mit Namen Jakob der Seruger, der eloquent im Bösen war und Kompositionen der Häresie zu erstellen pflegte, stellte auf heuchlerische Weise seine Häresie und seinen Irrtum in *memre* zusammen, die er erstellte. Durch schöne Komposition und anziehende Melodien zog er das Volk[7] vom Ruhmreichen (nämlich aus der Gefolgschaft von Narsai) ab. Was machte der Erwählte Gottes (nämlich Narsai)? Er ließ sich davon nicht zurückhalten, sondern handelte gemäß dem Wort des Psalmendichters, der sagte: „Du sollst mit dem Erwählten erwählt sein und mit dem Verdorbenen böse handeln." Er setzte die korrekte Auffassung der Rechtgläubigkeit auf die etablierte Weise der *memre* über süße Melodien (oder: Hymnen) und komponierte den Sinn der Schriften gemäß der Auffassung der heiligen Väter über schöne Antiphonen wie der selige David. Für jeden Tag, den es im Jahr gibt, erstellte er ein *memra* und teilte sie in zwölf Bände auf (...). Durch all das wurde der Satan besiegt. So begann er (der Satan) auf eine andere Art (...)

Sowohl von Narsai als auch von Jakob von Serug sind große Corpora von Hymnen überliefert, die heute nicht nur als liturgische Gesänge, sondern auch als exegetische Texte gelesen und interpretiert werden. Die Texte der Hymnen sind im Gegensatz zu den Psalmen, den Dichtungen „des seligen David", metrisch, so dass sie sehr wahrscheinlich nicht nur Instrumente musikalischer Religionspolitik, sondern auch Teil religiöser Musik sind. Der Chronist betrachtet die Melodien als solche nicht als religiös oder durch eine bestimmte Orthodoxie geprägt, sondern schreibt ihnen eine soziale Wirkung zu. Den Melodien sagt er nach, dass sie Leute anziehen, die sich dann einerseits der richtigen oder falschen Gruppe anschließen und andererseits beim Zuhören auch noch mit der korrekten Bibelexegese indoktriniert werden. Sowohl Jakob von Serug als auch Narsai schreiben Texte zu „wohltuenden Melodien". Häretisch oder korrekt kann nur der Text sein, nicht aber ein melodischer Aspekt der Musik. Sie könnten auch dieselben Melodien

---

6 Arthur Vööbus, *History of the School of Nisibis*, Louvain 1965, S. 66 f. verweist auf die Chronik des Barḥadbešabba ʿArbaïa, British Museum Or. 6714 fol. 172ᵛ, vgl. F[rançois] Nau, *La seconde partie de l'histoire de Barḥadbešabba ʿArbaïa et Controverse de Théodore de Mopsueste avec les Macédoniens*, Paris u. a.1913, S. 612.

7 Vööbus nimmt an, dass die Tatsache, dass der westsyrische Gelehrte Jakob von Serug mit dem Dichten von musikalischen *memre* begonnen und dass der Ostsyrer Narsai diese Praxis imitiert hat, der in jedem Fall historische Kern der Darstellung ist. Ob mit dem „Volk", *qutnā*, mehr als Schülerkreise gemeint sein kann, ist fraglich. Als Ergebnis der Bemühungen Narsais erscheint schließlich ein Tagzeitenbuch.

benützen. Melodien sind nicht korrekt oder falsch, konfessionell an die eine oder die andere Gruppe gebunden, sondern mehr oder weniger angenehm.

6 *Clemens von Alexandrien und der Einfluss der Musik auf die Menschen*

Einen schädlichen Effekt der Musik, besonders den Einsatz von Instrumenten auf die Ethik des Menschen, beschreibt Clemens von Alexandrien:[8]

> Fern bleibe uns von dem vernünftigen Gastmahl der ausgelassene Umzug, aber ebenso auch die leichtfertigen Nachtfeiern, die sich mit ihrer liederlichen Aufführung brüsten (...) Das taumelnde Umherschwanken aber beim Klang der Flöten (*aulos*) und Saiteninstrumente und in Reigen und Tänzen und beim Lärm der ägyptischen Klappern und mit anderem leichtfertigem Wesen derart ist im höchsten Grad zuchtlos und unschicklich und ungebildet, von Zimbeln und Pauken umtönt und von den Instrumenten des Irrwahns umlärmt. Denn, wie mir scheint, wird ein solches Gastmahl geradezu eine Schaustellung der Betrunkenheit.
>
> Die Pfeife sei nun den Hirten zugewiesen und die Flöte abergläubischen Menschen, die dem Götzendienst ergeben sind. Denn in der Tat sind auch diese Instrumente von einem nüchternen Gastmahl fernzuhalten, da sie mehr für Tiere als für Menschen passen und unter den Menschen nur für die Unverständigeren. Denn wir haben gehört, dass die Hirsche durch die Pfeifen betört und durch ihren Klang von den Jägern auf der Jagd zu den Fußschlingen hingelockt werden; und wenn die Stuten besprungen werden, so wird ihnen gleichsam als Hochzeitslied eine Weise auf der Flöte vorgeblasen; *ippothoros* (zum Pferdebespringen gehörend) nennen diese Weise die Musiker.
>
> Denn ein Friedensinstrument ist in Wahrheit der Mensch; die anderen Instrumente aber wird man, wenn man sich mit ihnen beschäftigt, als kriegerisch erproben, da sie entweder die Begierden entflammen oder die Liebesleidenschaften entfachen oder den Zorn auflodern lassen. So verwenden bei ihren Kriegen die Tyrrhener die Trompete, die Pfeife die Arkader, die Sikeler Harfen und die Kreter die Leier und die Lakedaimonier die Flöte und das Horn die Thraker und die Ägypter die Pauke und die Araber die Zimbel.
>
> Wir aber verwenden ein einziges Instrument, allein das friedenbringende Wort, mit dem wir Gott preisen, nicht mehr wie ehedem die Harfe und die Posaune und die Pauke und die Flöte, die jene im Kriege geübten und die Furcht Gottes verachtenden Männer bei ihren Festversammlungen zu verwenden pflegten, auf dass ihr gesunkener Mut durch solcherlei Rhythmen wieder gehoben werde. (...)
>
> Und die Predigt über Gott, der sie andächtig zugehört hatten, lassen sie drinnen, wo sie sie gehört haben; draußen aber treiben sie sich sofort mit den Gottlosen herum und geben sich ganz dem Anhören von verliebten Musikstücken und getrillerten Liedern und Gesängen unter Flötenbegleitung und dem Lärmen und der Trunkenheit und allem wertlosen Schund hin. Solcherlei singen sie und wechseln mit andern darin ab, sie, die zuvor in Hymnen das unsterbliche Leben priesen; und zuletzt widerrufen die Unseligen zu ih-

[8] Clemens von Alexandrien, *Der Erzieher* 2.(4).40–42; Charles H. Cosgrove, „Clement of Alexandria and Early Christian Music", in: *JECS* 14 (2006), S. 255–282, hier S. 258; Übersetzung: Otto Stählin, *Des Clemens von Alexandreia: Der Erzieher Buch II–III. Welcher Reiche wird gerettet werden? (BKV²)*, München 1934, S. 50–53.

rem Unheil alles und stimmen das ganz verwerfliche Lied an: „Lasst uns essen und trinken; denn morgen sterben wir!“ (1 Kor 15,32; Jes 22,13)[9]

Die von Instrumenten begleitete Musik verdirbt nach Clemens die Sitten des Menschen und führt dadurch zum Unheil. Wie andere Texte verbindet auch Clemens Krieg und Gewalt mit den Musikinstrumenten. Bei dieser massiven Ablehnung der Musikinstrumente kommen Clemens nun die Psalmen in die Quere, die zum Einsatz von ebendiesen Instrumenten aufrufen. Den Psalmentext, der zum Gebrauch der Musikinstrumente ermuntert, interpretiert er daher allegorisch um:[10]

Von solcher Feier unterscheidet der Geist die Feierlichkeiten zur Verehrung Gottes, wenn er in einem Psalm sagt; „Lobet ihn mit dem Schall der Posaune!“ Denn mit dem Schall der Posaune wird er auch die Toten auferwecken, „Lobet ihn mit der Harfe!“ Denn die Zunge ist die Harfe des Herrn, „Und lobet ihn mit der Zither!“ Unter der Zither soll man den Mund verstehen, der von dem Lufthauch zum Tönen gebracht wird wie die Zither durch das Stäbchen. „Mit Pauke und Reigentanz lobet ihn!“ Damit meint er die Kirche, die an die Auferstehung des Fleisches denkt, wenn die (über die Pauke gespannte) Haut ertönt. „Mit Saitenspiel und Orgelklang lobet ihn!“ Orgel nennt er unseren Körper und Saiten seine Sehnen, durch die er eine harmonische Spannung erhielt, so dass er, wenn er von dem Lufthauch getroffen wird, die menschlichen Laute ertönen lässt. „Lobet ihn mit Zimbeln von hellem Klang!“ Zimbel nennt er die Zunge des Mundes, die mittönt, wenn die Lippen zum Klingen gebracht werden.

Einzig die Kithara oder Lyra ist Clemens als Begleitung zum Gesang akzeptabel.[11] Damit wiederholt er ein platonisches Klischee.[12] An anderen Stellen empfiehlt er allerdings den (unbegleiteten) Gesang von „*Psalmoi* und Hymnen“[13]. Für gottesdienstliche Versammlungen der christlichen Gruppe stellt sich Clemens vor allem nicht von Instrumenten begleitete Vokalmusik vor.[14] An dieser Stelle führt Charles Cosgrove eine wichtige Beobachtung ein. Clemens von Alexandrien spricht über den Brauch der *alten* Griechen, *Skolia* und den *Pean* (letzteren in einer Stimme) zu

---

9 Clemens von Alexandrien, *Der Erzieher* 3.(11).80.4; Cosgrove, „Clement of Alexandria“, S. 258; Übersetzung: Stählin, S. 205.

10 Clemens von Alexandrien, *Der Erzieher* 2.(4).41.4; Übersetzung: Stählin, S. 52. Das Allegorisieren von biblischen Texten ist eine weit verbreitete Methode, aus der Bibel Denkanstöße für die Gegenwart zu generieren oder aber auch nur die eigenen Vorstellungen mit der Autorität des Bibeltextes zu schmücken.

11 Cosgrove, „Clement of Alexandria“, S. 260; Clemens von Alexandrien, *Der Erzieher* 2.(4).43.3, Übersetzung: Stählin, S. 53 f.

12 Plato, *Staat* 399d, Barker Nr. 149, S. 132.

13 Cosgrove, „Clement of Alexandria“, S. 261, Anm. 36. Die Unterscheidung zwischen „dinner parties after church“ und dem christlichen Gottesdienst bei Cosgrove ist problematisch. Andrew McGowan, „Naming the Feast: The Agape and the Diversity of Early Christian Meals“, in: *Papers Presented at the Twelfth International Conference on Patristic Studies Held in Oxford 1995. Biblica et Apocrypha, Ascetica, Liturgica*, hrsg. von Elisabeth A. Livingstone, Leuven 1997, S. 314–318 hat gezeigt, dass in der Alten Kirche nicht zwischen Agape und Eucharistie unterschieden wurde. Das Mahl der Christen ist die Eucharistie.

14 Cosgrove, „Clement of Alexandria“, S. 269.

singen.[15] Der Brauch der Griechen entspreche dem christlichen Psalmengesang. Die *alten* Griechen, die Clemens auch in enger Verbindung zur Hebräischen Bibel, beziehungsweise als Epigonen der Bibel sehen will, nicht seine griechisch-römischen Zeitgenossen, hatten diese Bräuche gepflegt. Clemens vergleicht ein platonisches Ideal der Vergangenheit mit der Gegenwart der Praxis in den christlichen Gemeindeversammlungen. Christen singen *Psalmoi* und Hymnen zu ihren eucharistischen Gastmählern, die eher dem feierlichen, ja Leib und Geist heilenden *Pean* entsprachen.[16] Das Psallieren, auf das sich Clemens bezieht, deutet nicht einmal darauf hin, dass die biblischen Psalmen gesungen wurden. *Psallein* meint „singen". Hymnen, Psalmen und Oden sind für Clemens nicht technische Liedgattungen, sondern Hinweise auf den Lobpreis Gottes, den sie zum Ausdruck bringen sollen.[17] Am Ende seines Buchs Der Erzieher bietet Clemens einen eigenen Text, den er als „Hymnus" bezeichnet:[18]

> Zaum ungezähmter Füllen, | Flügel nicht irrender Vögel, | Untrügliches Steuer der Schiffe, | Hirte königlicher Lämmer, | Deine einfältigen Kinder sammle, | Dass sie heilig loben, | Arglos preisen | Mit dem unschuldigen Mund | Den Erzieher der Kinder Christus. | Der Heiligen König, | Allbezwingendes Wort | Des höchsten Vaters, | Der Weisheit Gebieter, | Stütze im Leiden | Voll ewiger Freude, | Des menschlichen Geschlechts | Heiland Jesus, | Hirte, Pflüger, | Steuer, Zaum, | Himmlischer Flügel | Der allheiligen Herde, | Fischer der Sterblichen, | Die retten sich lassen | Aus dem Meere der Bosheit, | Der du heilige Fische | Aus feindlicher Flut | Mit süßem Leben hervorlockst, | Führe Schafe, | Die vernunftbegabt sind, heiliger Hirte, führe, | König, die unberührten Kinder! | Die Fußstapfen Christi | Sind der Weg zum Himmel. | Immer strömendes Wort | Unermessliche Zeit, | Ewiges Licht, | Der Barmherzigkeit Quelle, | Vollender edler Tat | Der mit sittsamem Leben | Gott Preisenden, | Christus Jesus; | Himmlische Milch, | Die aus süßen Brüsten | Der Braut, den Liebesgaben | Deiner Weisheit, | Entquillt, | Nehmen wir Un-

15 Cosgrove, „Clement of Alexandria", S. 261 f., im Verweis auf Clemens von Alexandrien, *Der Erzieher* 2.(4).44.3, Übersetzung: Stählin, S. 54: „Aber auch bei den alten Griechen wurde bei den Trinkgelagen und den gefüllten Bechern nach dem Vorbild der hebräischen Psalmen ein Lied, das sogenannte Skolion, gesungen, wobei alle zusammen einstimmig den Gesang anstimmten, manchmal aber auch der Reihe nach das Singen zugleich mit dem Zutrinken herumgehen ließen; und wer von ihnen in der Musik mehr geübt war, sang auch zur Leier." Die Bemerkung über den Pean scheint Clemens von Plutarch leicht verändert übernommen zu haben; Cosgrove im Verweis auf Plutarch, *Quaestiones Conviviales* 1.1.615b. Cosgrove lehnt die bei Clemens Leonhard, „Which Hymns were sung in Ancient Christian Liturgies?", in: *Literature or Liturgy? Early Christian Hymns and Prayers in their Literary and Liturgical Context in Antiquity*, hrsg. von ders. und Hermut Löhr, Tübingen 2014, S. 175–194 gebrachte Annahme, dass Skoliengesang eine Vorbildrolle für christliche Treffen gehabt haben könnte, mit guten Argumenten ab, vgl. Charles H. Cosgrove, Rezension des genannten Bandes in *Early Christianity* 5 (2014), S. 252–265.

16 Cosgrove, „Clement of Alexandria", S. 263 f.

17 Cosgrove, „Clement of Alexandria", S. 266.

18 Vgl. für das folgende Cosgrove, „Clement of Alexandria", S. 266–268; Übersetzung: Stählin, S. 222 f. Ähnlich dem Text von Clemens sind mehrere sogenannte gnostische Hymnen überliefert. Auch sie betreffend ist weder ein liturgischer Kontext noch eine andere Aufführungssituation bekannt; vgl. Leonhard, „Which Hymns were sung".

mündigen | Mit kindlichem Mund | Als Nahrung zu uns, | Aus der Mutterbrust des Logos, | Mit des Geistes Tau | Lassen wir uns erfüllen; | Darum lasst einfältiges Lob, | Untrüglichen Preis | Dem Könige Christus, | Als heiligen Lohn | Für die Lehre vom Leben, | Uns singen vereint, | Lasst uns geleiten mit schlichtem Sinn | Den gewaltigen Sohn! | Ein Chor des Friedens | Sind die Christuserzeugten; | Als ein sittsames Volk | Lasst uns preisen vereint | Den Gott des Friedens!

Der bloße Text, der als zweiter Schluss oder gar Anhang zum Buch des Clemens erscheint, kann – muss aber nicht – zu gottesdienstlichen Gelegenheiten gesungen worden sein. Dasselbe gilt für eine musikalische Fassung. Für Argumente gegen oder für eine musikalische Fassung gibt es keinerlei Grundlage. Für unsere Zwecke ist entscheidend, dass der Hymnus keine Parallelüberlieferung jenseits des Anhangs zum Werk des Clemens hat. Desgleichen hat er keine liturgische Rezeptionsgeschichte. Es gibt daher auch keinen Grund zur Annahme einer liturgischen Relevanz der literarischen Hymnen des zweiten oder dritten Jahrhunderts.

Was die Musik selbst betrifft, bedient sich Clemens der Klischees bekannter musiktheoretischer Werke.[19] Bestimmte *harmoniai* seien feierlich, andere verführerisch, weitere männlich, wieder andere verweichlicht etc. Cosgrove beobachtet, dass Clemens aus der Literatur Kritik an vor langer Zeit (nämlich zur Zeit Platos) „Neuer Musik" übernimmt und auf die Gastmahlsmusik seiner Zeit überträgt. Genauso wie die oben erwähnten musikalischen Gepflogenheiten war die „Neue Musik" für Clemens bereits Jahrhunderte alt.[20] In seinen Texten findet durch gelehrte Anspielungen nur Abwertung der Musik der anderen Gruppen statt. Die Hörerinnen und Hörer der Musik sind bei Clemens nach platonischer Anthropologie den schlechten Wirkungen der falschen Musik schutzlos ausgeliefert. Die Tatsache, dass er hier jahrhundertealte Klischees versammelt, lässt vermuten, dass Clemens auf einer musikalischen Ebene keine Differenzen feststellt. Das kann einerseits an seinen mangelhaften Kenntnissen von Theorie und Praxis der Musik liegen. Es kann andererseits aber auch andeuten, dass zwischen christlicher und griechisch-römischer Musik keine so großen Differenzen bestehen, wie Clemens sie in seiner Polemik gerne darstellen wollte. Clemens nimmt neben der archaisierenden Ablehnung von Musikinstrumenten und bestimmten Textelementen keine typisch christliche Musik wahr.

19 Vgl. Cosgrove, „Clement of Alexandria", S. 270–276. Zu den Klischees gehören auch die Vorstellungen über die Sphärenharmonien, die Clemens christologisiert, vgl. ebd., S. 276–281.

20 Ebd., S. 276: „His polemic probably does not accurately reflect the actual music of his time".

7 *Es muss ziemlich griechisch geklungen haben (Überlegungen zum Notenblatt aus Oxyrhynchos)*

Dass zumindest manche Formen der Musik nicht nur interkonfessionell, sondern auch interreligiös, vielleicht auch areligiös sein konnten, zeigt sich am Papyrus 1786 aus Oxyrhynchos.[21] Es handelt sich um einen eindeutig christlichen Text, der ebenso eindeutig als religiöse Musik betrachtet werden muss:

> [...] zusammen alle Angesehenen Gottes [... | ... Nacht] noch Tag (?). Er/sie/es möge schweigen, noch sollen die lichttragenden Sterne [... | ... es mögen das Blasen der Winde, die Quellen] aller strömenden Flüsse [aufhören]. Während wir den/einen Hymnus singen | [auf den V]ater, Sohn und Heiligen Geist, mögen alle Mächte Amen, Amen proklamieren. Kraft, Lobpreis | und Ehre sei für immer Gott], dem einzigen Geber aller guten (Dinge). Amen, Amen. [Der Rest der Zeile ist leer.]

Der Text wurde zusammen mit seiner Notation wohl gegen Ende des dritten Jahrhunderts auf die Rückseite einer Getreiderechnung geschrieben. Das entspricht Gepflogenheiten griechischer Musiker. Aus Oxyrhynchos sind vier von dreizehn publizierten Texten mit Musiknoten auf die Rückseiten von dokumentarischen Texten geschrieben. Musiknotation ist keine Angelegenheit für Prunkhandschriften.[22] Die Datierung ergibt sich aus dem dokumentarischen Text (nach der Constitutio Antoniniana des Caracalla, 212) auf der Vorderseite und paläographischen Erwägungen, obwohl die darin dokumentierten theologischen und liturgischen Hinweise eher für ein noch jüngeres Datum des Textes sprächen.[23] Wenige Archaismen der Sprache weisen auf das Flair hin, das der Text aufbauen will, nicht auf sein eventuell hohes Alter.

Das Papyrusfragment ist vermutlich eine Kopie.[24] Der Zweck und die Umstände der Abschrift können kaum erschlossen werden.[25] Charles Cosgrove schlägt vor, dass womöglich ein christlicher Musiker (von Alexandria oder von anderswoher) Oxyrhynchos mit seiner persönlichen Sammlung notierter Musik besucht hat. Er gestattete einem Musiker in Oxyrhynchos den Hymnus für den Gebrauch in einer Kirche der Stadt abzuschreiben. In Oxyrhynchos waren Musiker vom zweiten bis zum dritten, beziehungsweise frühen vierten Jahrhundert aktiv.[26] Der christliche

---

21 Charles Cosgrove, *An Ancient Christian Hymn with Musical Notation. Papyrus Oxyrhynchus 1786: Text and Commentary (STAC 65),* Tübingen 2011 über Barnard P. Grenfell und Arthur S. Hunt, *The Oxyrhynchus Papyri. Part XV*, London 2011, S. 21–25 und Tafel I.

22 Vgl. Cosgrove, *An Ancient Christian Hymn*, S. 146.

23 Cosgrove, *An Ancient Christian Hymn*, S. 129 f. Cosgrove gewinnt eines der Argumente für das Alter des Hymnus aus Beobachtungen zur Frage, wie viel Zeit gelegentlich zwischen der Nutzung der Vorderseite eines Papyrus als Träger eines dokumentarischen Textes und seiner Rückseite für einen anderen Zweck vergeht. Das Argument ist gut, aber für den Einzelfall nur ein vorsichtiger Hinweis.

24 Ebd., S. 142 ff.

25 Vgl. ebd., S. 144 f.

26 Ebd., S. 140 f.

Musiker (oder die christliche Musikerin), der (oder die) den Hymnus abschrieb, konnte mit einer Gruppe von Spezialisten in seiner (oder ihrer) Heimatstadt kooperieren.[27] Möglicherweise konvertierte er (oder sie) als Erwachsener (oder Erwachsene) zum Christentum. Es ist unmöglich, einen liturgischen Anlass für den Hymnus festzustellen.[28]

Die Noten des Fragments sind dermaßen gut mit der zeitgenössischen griechischen Musiknotation verbunden, dass Spezialisten sogar heute noch auf Fehler hinweisen können.[29] Aufgrund der Tatsache, dass es sich bei diesem Fragment um den einzigen christlichen Text mit griechischer Notation handelt, sind alle Verallgemeinerungen problematisch. Dennoch beweist das Fragment, dass man einen ganz und gar christlichen Text mit ganz und gar griechischen musikalischen Mitteln vertonen konnte. Zu diesem Zweck bedurfte es in griechischer musikalischer Praxis und Theorie geschulten Personals und damit vielleicht sogar der fortgesetzten Kooperation mit nicht-christlichen Musikern. Offenbar war der Musikgeschmack der Hörerinnen und Hörer nicht darauf ausgerichtet, durch die Musik Differenzen zwischen christlichen Gruppen und ihrer Umwelt darzustellen. Christliche religiöse Musikpolitik (und auf Musik bezogene Religionspolitik) konnte vor dem späten vierten Jahrhundert Wert auf Qualität von Komposition und Performance legen, ohne sich darum zu sorgen, dass dadurch religiöse Unterschiede oder der Mangel derselben inszeniert wurden.

8 Eine Absage an die Musik der Unterdrücker in den (jüdischen) Sibyllinischen Orakeln

Die überlieferten Texte können allerdings auch andere Töne anschlagen. Bei aller Schwierigkeit, einen beliebten und immer wieder kommentierten und überarbeiteten Text wie die Sibyllinischen Orakel zu datieren, scheint doch der folgende Absatz aus dem achten Buch der Sammlung aus einer vorkonstantinischen Perspektive gesprochen zu sein:[30]

---

27 Ebd., S. 150 f.

28 Ebd., S. 146–150. Der skeptischen Analyse anderer Einordnungsversuche des Textes in eine eucharistische Liturgie ist vorbehaltlos zuzustimmen.

29 Ebd., S. 143 f., vgl. S. 115 f.

30 Vgl. James W. McKinnon, „The Exclusion of Musical Instruments from the Ancient Synagogue“, in: *Proceedings of the Royal Musical Association* 106 (1979/1980), S. 77–87, hier S. 80; Jörg-Dieter Gauger, *Sibyllinische Weissagungen. Griechisch-deutsch. Auf der Grundlage der Ausgabe von Alfons Kurfeß neu übersetzt und herausgegeben von Jörg-Dieter Gauger*, Düsseldorf, Zürich u. a. ²2002, 8,110–121; berichtet, dass Laktanz das achte Buch dreißigmal zitiert (S. 438). Die oben angeführte Passage enthält die Schelte der Musikinstrumente als zusätzlichen Stoff über die ansonsten engen Parallelen in 2,322 ff. und 3,88 ff., sowie slav. Henoch 65,9 hinaus; Gauger, *Sibyllinische Weissagungen*: Anm. zur Stelle, S. 518. Wenn auch in diesen Zeilen ein ursprünglich jüdischer (vgl. aber 8,141), dann aber auch bald christlich rezipierter Text vorliegt, passt das Zeugnis in die hier diskutierte Epoche.

> Keine Knechte gibt's dann, keine Herren und keine Tyrannen, Könige nicht noch Fürsten, die ihres Dünkels sich rühmen; keinen rechtskund'gen Redner noch einen bestochnen Archonten, der zu Gericht sitzt; und Opfernde gießen nicht Blut auf Altäre. Keine Pauke ertönt, keine Cymbel macht noch Getöse, keine löch'rige Flöte (*aulos*) mit sinneverwirrendem Klange. Auch nicht Pfeifengequietsche, das klingt wie Schlangengezische, nicht die Trompete, die Botin des Krieges, barbarisch erdröhnend; Betrunkne gibt's nicht mehr bei unziemlichen Gelagen und Tänzen, auch kein Zithergeklimper. Es gibt keine boshafte Arglist, keinen Streit, keinen mannigfaltigen Zorn und kein Messer kennen die Toten, vielmehr kommt ein neues Leben für alle.

Für den Grundbestand des Textes werden immer wieder jüdische Ursprünge vermutet. Er war spätestens im zweiten Jahrhundert unter christlichen Autoren sehr beliebt. Der eschatologische Orakeltext entwirft eine Zukunft entlang der Gattungen römischer Musikinstrumente, die mit Tieropfern, Krieg, Gewalt und Ausschweifung (sowie bestochenen Richtern und Ausbeutung der Armen, mit dem auch das achte Kapitel beginnt) verbunden werden. Die Hoffnung auf ein Verstummen der Musikinstrumente Roms drückt die Ablehnung eines sehr klar beschriebenen Sektors gesellschaftlichen Handelns aus. Die Meinung, die in diesem Abschnitt der Sibyllinischen Orakel zur Struktur der Umwelt des Christentums und wahrscheinlich auch des antiken Judentums erscheint, kann als eine der möglichen Arbeitshypothesen für die Erklärung der Ablehnung von Instrumentalmusik in unterschiedlichen Texten herangezogen werden. Es ist unmöglich, vollständig aus dem gesellschaftlichen Leben auszusteigen und gleichzeitig in diesem Leben Spuren zu hinterlassen, die sich bis heute erhalten haben. Anders gesagt können wir heute per definitionem über totale Aussteiger und Aussteigerinnen nichts wissen. Teilaussteiger und Teilaussteigerinnen haben Entwicklungen angestoßen und Texte hinterlassen.

Ein Beispiel, das nicht mit Musik verbunden ist, kann diese Überlegung veranschaulichen. Mehrere, über viele Jahrzehnte hinweg einflussreiche christliche Gruppen haben ihre globale Ablehnung des Tieropferkults dadurch in die Praxis umgesetzt, dass sie prinzipiell auf den Genuss von Fleisch und Wein verzichtet haben.[31] Andere Gruppen wollen den Weingenuss wenigstens als Brücke zum neutestamentlich verankerten rituellen Handeln Jesu aufrechterhalten. Die Gegner des Weingenusses konnten sich langfristig nicht durchsetzen. Ihre Bewegung ist im Gegenteil indirekt dafür verantwortlich, dass viele Kirchen auch heute

---

[31] Das ist die grundsätzliche These von Andrew McGowan, *Ascetic Eucharists. Food and Drink in Early Christian Ritual Meals*, Oxford 1999. Clemens von Alexandrien bestätigt die Analyse indirekt. Christlicher Vegetarismus und Ablehnung von Wein sind nicht Folge der Propagierung eines asketischen Lebensstils. Einerseits will er am eucharistischen Weingenuss festhalten. Andererseits betont er den asketischen Charakter des Christentums als Philosophie. Er nimmt das Problem wahr, entscheidet sich aber nicht für eine totale Ablehnung von Wein. Clemens zieht die Grenze zur polytheistischen Umwelt mit anderen Mitteln als dem eucharistischen Getränk. Ansonsten empfiehlt auch Clemens von Alexandrien den Genuss von Milch (Käse) statt Fleisch, vgl. Cosgrove, „Clement of Alexandria", S. 259 im Verweis auf Clemens von Alexandrien, Der Erzieher 1.(5).45.2; Otto Stählin, *Des Clemens von Alexandreia Mahnrede an die Heiden. Der Erzieher Buch I (BKV*[2]*)*, München 1934, S. 244.

noch auf Wein als unverzichtbares Element der Eucharistiefeier bestehen. Sowohl der Weingenuss als auch die Instrumentalmusik sind nicht an und für sich heidnisch, unjüdisch oder unchristlich. Es hängt von der Entscheidung konkreter Menschen ab, woran sie ihre Partizipation und Nicht-Partizipation am Selbstvollzug der Gesellschaft festmachen möchten.

Der Abschnitt aus dem Sibyllinischen Orakel drückt eine Ablehnung der gewaltgetränkten Gesellschaft Roms damit aus, dass er die Musikinstrumente der Römer mit Kult, Krieg und Sittenverfall assoziiert. Folgerichtig wird in einer von dieser Gewaltsucht befreiten Gesellschaft der Klang dieser Musikinstrumente nicht mehr zu hören sein. Genauso wie bei antiken Vorstellungen über die Wirksamkeit von Musik liegt hier eine beliebige und zufällige Setzung des Orakeltextes vor.

9 Reine Instrumentalmusik und die Disambiguierende Funktion von musikalischem Text

Hier ist an Beobachtungen von Thomas Bauer anzuknüpfen. Bauer hat die im 19. Jahrhundert beobachtbare Tendenz angedeutet, dass Komponisten (in diesem Fall Liszt) Musikstücke ohne Text mit an religiöse Phänomene erinnernden Überschriften versehen.[32] Damit ist ein Grenzbereich des Phänomens der religiösen Musik erreicht, dessen Pendant (wenn es ein solches gegeben haben soll) in den antiken Texten sehr schwer greifbar wird. Wenn man allerdings das Sibyllinische Orakel und manche Bemerkungen von Clemens von Alexandrien zusammenliest, könnte auf eine Denkkategorie antiker christlicher und jüdischer Musikkritik geschlossen werden. In dieser Denkkategorie wäre Instrumentalmusik ohne Gesangstext – wie sie zum Beispiel bestimmte Handlungen beim Tieropfer begleitete – hinreichend polytheistisch eingefärbt oder zumindest ausreichend ambig, um von Christen und Christinnen global abgelehnt zu werden. Der Gesang von *Texten* in „Hymnen und Psalmen" disambiguiert die Musik der Zeitgenossen, wobei die melodischen Strukturen, die Tonalität, Elemente der Vortragspraxis usw. beibehalten werden konnten.

Darin zeigt sich die politische Unterlegenheit der Christen und auch der Juden gegenüber ihrer Umwelt. Sie haben noch nicht die gesellschaftliche Durchsetzungskraft, um Institutionen abzuschaffen oder so zu verändern, dass textlose Instrumentalmusik auf keinen Fall mehr mit ihren Grundanliegen kollidierende Assoziationen (wie blutige Tieropfer) wecken kann. Komponisten wie Franz Liszt konnten sich die Komposition sowohl von Instrumentalmusik als auch bloß durch Überschriften religiös markierter Instrumentalmusik und dem mannigfaltigen Spiel mit dadurch angedeuteten Ambiguitäten leisten, weil ihre Existenz und Anerkennung in der Gesellschaft nicht gefährdet waren.

---

32 Vgl. den Beitrag in diesem Band, S. 97–127.

10 Musik und Musikinstrumente im rabbinischen Judentum

Zu einem formal sehr ähnlichen Ergebnis gelangt auch das antike Judentum. In konservativeren Strömungen des Judentums sind Gottesdienste bis heute nur mit Vokalmusik gestaltet, bzw. mit einem großen, vielschichtigen, kunstvollen und zwischen den einzelnen Traditionen sehr unterschiedlichen Repertoire an Modi der Rezitation ausgestattet. Der Einsatz der Orgel im Reformjudentum ist ein damit verglichen junges Phänomen. Wenn man allerdings Rabbinen der Zeit nach der Zerstörung des Tempels über Musik am Tempel befragt indem man ihre Texte liest, erzählen sie von Instrumental- und Vokalmusik und Tanz. Als typisches und reichlich ausgestattetes Tempelfest gilt das größte und wichtigste Fest des Jahres, Sukkot, das Laubhüttenfest:[33]

> Die Frommen und die Männer der Tat pflegten vor ihnen mit Fackeln zu tanzen und vor ihnen Worte des Lobpreises zu sagen. Die Leviten (standen) mit Zithern (*kinor*), und mit Harfen (*nevel*) und mit Zimbeln (*meṣiltayim*) und mit allen Musikinstrumenten ohne Zahl auf den fünfzehn Stufen, die vom Hof der Israeliten zum Hof der Frauen hinabsteigen – was den fünfzehn Wallfahrtsliedern unter den Psalmen entspricht – auf denen die Leviten beim Gesang/bei der Musik (*šir*) zu stehen (pflegten).
> Es standen zwei Priester (*kohanim*) am oberen Tor, das vom Hof der Israeliten hinabführt zum Hof der Frauen und sie hielten zwei Trompeten in ihrer Hand. Sobald der Hahn krähte, bliesen sie und stießen und bliesen. Sobald sie zur zehnten Stufe kamen bliesen sie und stießen und bliesen. Sobald sie zum Hof kamen, bliesen sie und stießen und bliesen. Sie pflegten zu blasen und zu gehen, bis sie zum Tor kamen, das nach Osten hinausführte. (…) Man stößt nicht weniger als einundzwanzigmal (in die Trompete) im Tempel und nicht mehr als achtundvierzigmal. Jeden Tag gab es dort einundzwanzig Stöße: drei zum Öffnen der Tore und neun zum täglichen Opfer (des Morgens) und neun zum täglichen Opfer der Abenddämmerung und im Fall der Zusatzopfer fügte man noch neun hinzu und am Vorabend des Sabbats fügte man noch sechs hinzu, drei, um dem Volk das Ende der Arbeit anzukündigen und drei um (am Ende des Sabbats) zwischen Heilig (heiliger Zeit) und Profan zu unterscheiden. (…)

Die Tosefta enthält eine längere Fassung der Beschreibung dieser Festliturgie. Die Differenzen zwischen den beiden Textcorpora können hier unbeachtet bleiben. Die Analyse von älteren Texten über die Musik im Tempel von Jerusalem bedarf einer gesonderten Untersuchung und kann in ihrer Problematik hier nicht integriert werden. Für die gegenwärtige Fragestellung ist interessant, wie die rabbinischen Gelehrten im Rückblick die Musik im Gottesdienst beschreiben. Bei den Texten in Mischna und Tosefta handelt es sich nie um archäologische Berichte. Die Rabbinen haben ein Interesse daran, Normen – zum Beispiel für den Fall, dass der Tempel wiederaufgebaut werden könnte – zu erarbeiten oder zu bewahren. Außerdem entwerfen sie die Liturgie ihrer Gegenwart im Gegenüber zu dem, was sie als die Liturgie des Tempels darstellen, sei es, dass sich diese Liturgie der

---

33 mSuk 5,4–7 aus ms. Kaufman (Budapest) A 50 fol. 72^{r-v}, URL: http://kaufmann.mtak.hu/hu/ms50/ms50-072r.htm, letzter Zugriff: 17. September 2018.

Gegenwart gezielt vom Kult am Tempel unterscheidet, sei es, dass sie Elemente der Tempelliturgie imitiert, fortführt oder wiederaufnimmt.

Die Rabbinen betrachten die Tempelliturgie als mit Musik gesättigt. Die Festliturgie sieht innerhalb des Tempels akrobatische Tanzeinlagen vor. Man soll sich Gruppen von Instrumentalisten vorstellen. Aus anderen Quellen wäre zu ergänzen, dass man selbstverständlich davon ausgeht, dass die Leviten auch singen.[34] Darüber hinaus blasen die *Kohanim* (Priester) *ḥaṣoṣrot* (was heute mit „Trompeten" übersetzt wird), womit auch besondere, regelmäßige Vollzüge des Lebens am Tempel markiert werden. Da sie nicht nur immer zum *Tamid*-Opfer, sondern auch zum *Musaf*-Opfer, das am Sabbat dargebracht wird, blasen, ist davon auszugehen, dass die Betätigung einer *ḥaṣoṣra* nicht als Verletzung der Sabbatruhe verstanden wurde. Die Rabbinen gehen davon aus, dass am Sabbat auch am Tempel Musikinstrumente gespielt werden können, insofern sie auch zu den am Sabbat vollzogenen Opfern dazugehören.[35]

Obwohl es kein klares Verbot von Instrumentalmusik als Teil des späteren, tempellosen Gottesdienstes in der rabbinischen Literatur gibt,[36] hat sich die Auffassung breit durchgesetzt, dass die Liturgie mit Vokalmusik gefeiert wird. Man musste sich damit auseinandersetzen, dass diese Auffassung in Bezug auf die Tempelliturgie nicht galt. Das einzige Musikinstrument, das in die Synagogenliturgie aufgenommen wurde, ist das *Šofar*, das (Widder-) Horn. Es wird aber nicht als Musikinstrument, sondern als Signalhorn eingesetzt und soll zu wenigen Festtagen Abschnitte der Liturgie markieren. Diese Markierung versucht die Regeln der Mischna zu befolgen, und dreimal *teqi'a tru'a teqi'a* als unterschiedlich gestaltete Signale zu blasen (wenn der Festtag nicht auf einen Sabbat fällt)[37]. Angesichts des Rückblicks auf den Tempel, der den Einsatz von Musikinstrumenten voraussetzt, kann die Ablehnung von Instrumentalmusik als Teil des Gottesdienstes die Andersartigkeit der tempellosen Liturgie der Rabbinen gegenüber der Tempelliturgie inszenieren. Der Einsatz des *Šofar* wäre dazu kein Gegenargument, wenn

---

34 Vgl. die Rolle der Leviten als Sänger während der Schlachtung der Pesachtiere am vierzehnten Nisan: „Die Leviten stehen auf ihrer Tribüne und vollenden (rezitieren vollständig) das/ein Hallel der Reihe nach. Sobald sie es abgeschlossen hatten, wiederholten sie es", tPes 4,11, Lieberman, S. 163 f.

35 Vgl. für die Frage McKinnon, „The Exclusion of Musical Instruments", S. 82. Die Flöte, die zum feierlichen Wasserschöpfen zu Sukkot zu spielen gepflegt wird, ist nur Ausdruck der Freude und kein essentielles Element des Tempelkults im engsten Sinn und daher am Sabbat nicht zu spielen. SifBam 77 interpretiert Num 10,10 dahingehend, dass die *ḥaṣoṣrot* am Sabbat zum Opfer geblasen wurden. Dabei handelt es sich nicht um historische Erinnerungen, sondern um reine Exegese.

36 Vgl. McKinnon, „The Exclusion of Musical Instruments".

37 Aus der Perspektive einer christlich geprägten Ritualbetrachtung müsste man das Shofar als liturgisches Gerät und weniger als Musikinstrument betrachten. Es wird in Auseinandersetzung mit mRH 4,1 in yRH 4,1 59b und bRH 29b diskutiert, ob das Shofar am Sabbat im Tempel geblasen wurde und ob sich diese Praxis nach der Zerstörung des Tempels fortsetzen kann. Es setzt sich mit komplexen Begründungen die (heutige) Praxis durch, das Shofar am Sabbat nicht ertönen zu lassen.

man das *Šofar* als Signalhorn und nicht als Musikinstrument versteht. Es begleitet auch niemals den Gesang oder eine Textrezitation innerhalb der Liturgie.

Ansonsten findet sich bei den Rabbinen ähnlich wie bei ihrem christlichen Zeitgenossen Clemens von Alexandrien literarische und im Vergleich mit Clemens mehrdeutigere Polemik gegen Instrumentalmusik beim Mahl.[38] Die Mischna (mSot 9,14) spricht über den Verfall des Wohlstands als Katastrophenszenario und zitiert dazu Jesaja 24,9, einen Vers, in dessen unmittelbarem Kontext der Verlust von alkoholischen Getränken und vom Klang der Musikinstrumente bedauert wird:

> Als der (oberste) Gerichtshof zu funktionieren aufhörte, hörte auch das Singen (*šir*) in den Häusern der Symposia auf, denn es ist (in der Bibel) gesagt: „Man wird beim Gesang keinen Wein mehr trinken." (Jes 24,9 …) Als die Propheten starben (…) Als der Tempel zerstört wurde (…). Rabban Šim'on ben Gamliel sa(gt) im Namen von R(abbi) Jehošu'a: Vom Tag, an dem der Tempel zerstört wurde an, gibt es keinen Tag ohne Fluch und der Tau stieg nicht mehr herab (auf die Pflanzen) zum Segen und es verschwand der Geschmack aus den Früchten. R(abbi) Jose sa(gt): Auch das Fett der Früchte (verschwand).
> [ms Kaufman A 50 fol. 122^v am unteren Rand der Handschrift:] R(abbi) Šim'on ben El'azar sa(gt): (der Verlust der Möglichkeit, bzw. die faktische Einstellung der Praxis, kultische) Reinheit (zu erlangen) nahm den Geschmack und den Duft (der Früchte). (Der Verlust der Möglichkeit, bzw. die faktische Einstellung der Praxis, die) Zehnten (und andere Kultabgaben am Tempel abzuliefern,) nahm das Fett des Getreides.
> [Die Standardausgaben fahren fort: Die Weisen sagen:] Prostitution und Magie beendeten alles.

Der babylonische Talmud deutet die Mischna in ihr Gegenteil um, indem er sie aus der Perspektive des letzten Satzes dieses Zusatzes liest, und vertritt gegen den ältesten Text der Mischna einen asketischen Standpunkt:[39]

> (…) Rav sagt: Ein Ohr, das ein Lied anhört, soll ausgerissen werden. (…) Rav Huna sagt: Das Lied der Bootsschlepper und der Viehhirten ist erlaubt; das der Weber ist verboten. Rav Huna schaffte den Gesang ab, (… was sofort zu einem exorbitanten Preisverfall von für Gastmähler beliebtem Geflügel führte. Die Umkehrung des Verbots fegt sofort alles Geflügel vom Markt. Darauf stellt Rav Josef fest, dass von Frauen und Männern responsorial gesungene Lieder zur Zügellosigkeit führen.)
> Rabbi Jochanan sagt: jeder, der zu vier Arten von Musik/Gesang (*zimra*) trinkt, bringt fünf (Arten von) Vergeltung in die Welt; denn es ist (in der Bibel) gesagt: „Weh euch, die ihr schon früh am Morgen hinter dem Bier her seid und sitzen bleibt bis spät in die Nacht, wenn euch der Wein erhitzt. Bei ihren Gelagen spielt man Zither und Harfe, Pauken und Flöten. Wein ist ihr Getränk. Aber was der Herr tut, beachten sie nicht." (Jes 5,11ff) Was ist danach (in der Bibel) geschrieben? „Darum muss mein Volk in die Verbannung; denn es hat keine Erkenntnis." (…)

Die „vier Arten von Musik" verdanken sich dem Zitat von Jesaja 5, wo vier Musikinstrumente und Wein genannt werden. Die Zecher, die sich den ganzen Tag dem

---

38 Daneben ist auf Passagen hinzuweisen, die den Gesang von Frauen als prinzipiell verführerisch darstellen, was ihren Einsatz im Gottesdienst ausschließt; vgl. Joshua R. Jacobson, „We Hung Our Harps: Rabbinic Restrictions on Jewish Music", in: *Journal of Synagogue Music* 25 (1998), S. 33–53; hier S. 34, 48–51; vgl. bBer 24a.

39 mSot 9,11; bSot 48a. Vgl. McKinnon, „The Exclusion of Musical Instruments", S. 81 f.

Wein und der musikalischen Unterhaltung hingeben, Gott dabei verdrängen und ungerecht handeln (Vers 23), führen nach dem Propheten die Vernichtung ihres Landes durch eine Armee der Großmacht herbei. Die biblische Schelte von Ungerechtigkeit und Luxus wird an dieser Stelle des babylonischen Talmuds nur als Korrektiv für den nostalgischeren Ton der Mischna gebracht. Obwohl die Stelle auf keine Hochschätzung von Instrumentalmusik schließen lässt, handelt es sich auch nicht um eine generelle Ablehnung derselben, bestenfalls um eine Kritik einer luxuriösen Mahlpraxis.

Ein Charakteristikum des berühmten Häretikers Elisha ben Abuya nach dem babylonischen Talmud ist, dass „die griechischen Lieder aus seinem Mund niemals aufhörten" und dass, „wenn er im Lehrhaus aufstand (um hinauszugehen), viele Bücher von Häretikern von seinem Schoß fielen" (bHag 15b). Der Abweichler von allen rabbinischen Standards beschäftigt sich offenbar im Lehrhaus (wo man eigentlich Tora studieren sollte) mit griechischer Dichtung.

Für die Geschichte des Judentums gilt wahrscheinlich analog zum Christentum, dass „von Juden, für Juden, als Juden"[40] gemachte Musik als jüdische Musik existierte, sich aber nicht von der Musik ihrer Umwelt unterschied, nämlich „von sonst niemandem, für sonst niemanden, als sonst niemand anderes" gespielt wurde. Möglicherweise waren Juden in das musikalische Leben ihrer Zeiten und Gegenden involviert. Eine Liste von Besitzern (zusammen mit einer analogen Liste von Besitzerinnen) von Schafen aus Samareia (im Fayyoum) aus dem Jahr 144 oder 155 v. Chr. (und damit Jahrhunderte vor der Entstehung der rabbinischen Literatur und weit entfernt von Palästina, wo diese Literatur ihren Ursprung hat) nennt (offenbar fast nur) Juden, darunter Iakoubis (Sohn) des Iakoubis, den Aulosspieler (*aulētēs*).[41] Selbstverständlich ist daran nicht zu erkennen, ob der Aulosspieler als Unterhalter bei Gastmählern, bei religiösen Veranstaltungen oder bei beidem aufzutreten pflegte. Ein Einsatz in der Liturgie wäre auf äußerst unsichere Voraussetzungen zu gründen, weil es keinerlei Anhaltspunkte gibt, die Gestalt gottesdienstlicher Treffen von Juden im Fayyoum des zweiten Jahrhunderts v. Chr. zu rekonstruieren. Da die Fundzufälle noch keinen typisch jüdischen Papyrus mit griechischer Notation gebracht haben, bleibt der älteste notierte jüdische Text immer noch eine Handschrift des zwölften Jahrhunderts.[42]

---

40 Curt Sachs im Zitat bei Bathja Bayer, „Music", in: *Encyclopaedia Judaica*, 2. Auflage, hrsg. von Michael Berenbaum und Fred Skolnik, S. 636–701, hier S. 637: *Gale Virtual Reference Library*, URL: http://link.galegroup.com/apps/doc/CX2587514392/GVRL?u=muenster&sid=GVRL&xid=a4438c08, letzter Zugriff: 18. September 2018.

41 Victor A. Tcherikover und Alexander Fuks, *Corpus Papyrorum Judaicarum*. Band 1. Cambridge (Mass.) 1957, Nr. 28, S. 171 f., Z. 22. Die Berufsbezeichnung ist an den Rand geschrieben.

42 ENA 4096b, vgl. Norman Golb, „Obadiah the Proselyte: Scribe of a Unique Twelfth-Century Hebrew Manuscript Containing Lombardic Neumes", in: *The Journal of Religion* 45 (1965), S. 153–156 und Mark Kligman, „Jewish Liturgical Music", in: *The Cambridge Companion to Jewish Music*, hrsg. von Joshua S. Walden, Cambridge 2015, S. 84–103, hier S. 84 f. und 102, Anm. 1.

Das Verschwinden von Instrumentalmusik aus der jüdischen Liturgie nach der Zerstörung des Tempels kann daher auf eine Reihe von unterschiedlichen, teilweise mit den Motiven christlicher Zeitgenossen vergleichbaren Vorstellungen zurückgeführt werden. Das Spielen von Musikinstrumenten wurde als Verletzung der Sabbatruhe verstanden, die nach der Zerstörung des Tempels nicht mehr für die Liturgie akzeptabel war. Ansonsten kann manche Musik – besonders beim Mahl – auch als Weg in zügelloses, ausschweifendes Verhalten gedeutet werden. Abgrenzungsbewegungen von der griechisch-römischen Umwelt sind ein plausibles Motiv für die vorchristliche Zeit, weniger für die Zeit nach Christus.[43] James McKinnon beobachtet, dass die Abwesenheit von Instrumenten in der Synagogenliturgie wie auch im Christentum nicht mit den religionsgesetzlichen Begründungen späterer Zeiten erklärt werden kann. Diese Begründungen entstehen zur Legitimierung eines Zustands, der schon etabliert ist, nämlich verschiedene Traditionen von a capella-Gesang in der Synagoge und Instrumentalmusik in anderen Bereichen des Lebens. Dabei könnte man die nicht nur automatische und praktische, sondern auch gewollte Differenzierung zwischen der Liturgie der Rabbinen nach der Zerstörung und dem Tempelkult davor weiter im Blick behalten. Darüber hinaus könnte man zusammen mit den Sibyllinischen Orakeln zumindest textlose Instrumentalmusik als unangemessen für jüdischen (wie auch christlichen) Gottesdienst verstanden haben, weil sie nicht nur im profanen Leben, sondern auch in römischen Tempelkulten eine wichtige Rolle spielte.

11 Pijjut – *Dichtung synagogaler Poesie/Musik*

Von jüdischer religiöser Musik und über sie sind mannigfaltige Textzeugnisse erhalten. Auch die Entstehung der Literatur der Synagogendichtung, des Pijjut,[44] wird von der Forschung als Reaktion auf literarische Moden der Umwelt interpretiert, einer spätantiken Rhetorik, des „Jeweled Style“[45]. Zur selben Zeit, nämlich im vierten Jahrhundert, entstehen auch die *madraše* von Ephrem dem Syrer, die nicht nur in das Standardrepertoire der syrischen Kirchen eingegangen sind, sondern auch in griechischen und lateinischen Übersetzungen in Europa rezipiert wurden. Während es keinen Grund zur Annahme gibt, dass jüdisch-aramäische und jüdisch-hebräische Dichtungen sowie die syrisch-aramäischen *madraše* des Ephrem (und späterer Gelehrter wie Jakob von Serug, der oben bereits erwähnt wurde) direkt aufeinander reagieren, scheint es doch, dass sie zu einer breiteren Strömung gehören. Vielleicht lässt sich mit dieser Entwicklung auch die ansonsten kaum einzu-

43 Die bisher genannten Überlegungen finden sich bei McKinnon, „The Exclusion of Musical Instruments“, bes. S. 83.

44 Michael Rand, „Fundamentals of the Study of Piyyut“, in: *Literature or Liturgy? Early Christian Hymns and Prayers in their Literary and Liturgical Context in Antiquity*, hrsg. von Clemens Leonhard und Hermut Löhr, Tübingen 2014, S. 107–125.

45 Michael Roberts, *The Jeweled Style. Poetry and Poetics in Late Antiquity*, Ithaca (NY) u. a. 1989.

ordnende (christliche) Synode von Laodicäa (im 4. Jahrhundert) verbinden, die anordnet, dass[46] „keine selbstfabrizierten Psalmen oder nicht-kanonischen Bücher in der Kirche gelesen[47] werden dürfen, sondern allein diejenigen des Alten und Neuen Testaments."

Dem Canon der Synode folgt eine Liste von Büchern des Alten und Neuen Testaments. Auch diese Norm kann daher eher kanonische als kirchenmusikalische Interessen gehabt haben. Wenn die zitierte Norm als solche ernstgenommen wird, bezeugt sie indirekt ein offenbar breiter werdendes Phänomen, nämlich die Komposition von Hymnen, die dann auch in christlichen, gottesdienstlichen Treffen vorgetragen oder gesungen werden. Der Text der Synode von Laodicäa mag implizieren, dass man biblische Psalmen im Gottesdienst singen sollte. Die Synode markiert aber gerade eine Epoche, in der die fruchtbarste und in Bezug auf ihre Rezeptionsgeschichte bis heute nachhaltigste Hymnendichtung begann. Auch darin liegt eine Analogie zum Judentum. Das Rezitieren von (den biblischen) Psalmen ist kein typisches Phänomen des rabbinischen Judentums. Die Psalmen gehören zu den jüngsten Elementen der jüdischen Liturgie genauso wie sie auch im Christentum im Lauf des vierten Jahrhunderts im Entstehen der Tagzeitenliturgie in Gebrauch kamen.[48]

Auf eine weitere Ähnlichkeit weist Yosef Yahalom mit seiner Beobachtung hin, dass Epiphanius von Salamis (gest. 403) das hebräische Wort *Ḥazzan* für „Synagogendiener" (in seiner älteren Bedeutung), das zum *terminus technicus* für den Synagogenmusiker, gegebenenfalls auch Komponisten und Gottesdienstleiter wird, für seine griechischen Leser als *diakonos* erklärt.[49] Dazu passt, dass über den wichtigsten syrischen Dichter der Frühzeit der syrischen Literatur, Ephrem den Syrer, bekannt ist, dass er nie Priester wurde, sondern Diakon blieb. Vielleicht betrachtete er als christlicher Diakon seine Aufgabe unter einem sehr ähnlichen Blickwinkel wie seine jüdischen Dichterkollegen. Im Judentum und den verschiedenen Kir-

46 Charles Joseph Hefele, *Histoire des conciles. Tome I. Deuxième Partie*, 16 Bände, Paris 1907, Band 2, Can. 59, S. 1025.

47 Der Text verbietet *legesthai* – „lesen". Das einzige, was auf eine Verbindung zu religiöser Musik hindeutet, sind die *idiotikoi psalmoi* zusammen mit dem folgenden Abschnitt, der offenbar vom *Lesen*, nicht Singen, der kanonischen Bücher ausgeht.

48 McKinnon, „The Exclusion of Musical Instruments", S. 84f.: „To state it as simply as possible, there was no singing of psalms in the ancient Synagogue; the psalmody of the early Synagogue is a myth fostered by a curious coalition of Anglican liturgists and Jewish musicologists." Vgl. Günter Stemberger, „Psalmen in Liturgie und Predigt der rabbinischen Zeit", in: *Der Psalter in Judentum und Christentum*, hrsg. von Erich Zenger, Freiburg u. a. 1998, S. 199–213 und Johann Maier, „Zur Verwendung der Psalmen in der synagogalen Liturgie (Wochentag und Sabbat)", in: *Liturgie und Dichtung. Ein interdisziplinäres Kompendium I. Historische Präsentation*, hrsg. von Hansjakob Becker und Reiner Kaczynski, St. Ottilien 1983, S. 55–90.

49 Epiphanius, *Panarion/Adversus Haereses* 30,11 [Ebioniten; Die griechischen christlichen Schriftsteller der ersten drei Jahrhunderte, NF 10/1 346.16]; Joseph Yahalom 1999, *Poetry and Society in Jewish Galilee of Late Antiquity*, Tel Aviv 1999 [hebräisch], S. 35–40.

chen des Christentums entwickelt sich ab dem vierten Jahrhundert eine große Kreativität in der Hymnenproduktion.

In der christlichen Tagzeitenliturgie spielten Psalmen zwar auch eine wichtige Rolle, die Produktion von Hymnen dürfte aber unter musikalischer Hinsicht bedeutsamer gewesen sein. Das gilt sicher auch für die jüdische Liturgie des palästinischen Ritus. Dort entwickelt sich gegen die kurzen und im Vergleich mit dem Pijjut schlichten Gebete der jüdischen Liturgie eine breite Kultur der poetischen Ergänzung, Überarbeitung und im Eindruck des praktischen Vollzugs wohl faktischen Verdrängung jener Gebete. Stil und Theorie der jüdischen Liturgie haben niemals die Konzentration auf den einzelnen Beter verloren, der als zuständig für den Vollzug dieser Liturgie betrachtet wird. Die vollständige, öffentliche Liturgie bedarf eines Quorum von zehn Männern,[50] die als solche in der Lage sind, das Volk Israel zu repräsentieren und einen öffentlichen Gottesdienst zu veranstalten. Gerade die erforderliche musikalische Kompetenz muss aber ab der Spätantike eine neue Konzentration auf die Person, die das Amt des Liturgieleiters übernimmt, mit sich gebracht haben. Der Liturgieleiter singt die gegebenenfalls selbst komponierten oder überarbeiteten Stücke ohne Instrumentalbegleitung. Da sich für die einzelnen Stücke, die in die Gebetsliturgie eingeschoben werden, besondere poetische Stile entwickeln, ist anzunehmen, dass die Melodien diese Differenzierung der liturgischen Stücke reflektiert haben.

Einer der ersten namentlich bekannten Vertreter des klassischen Pijjut ist Jannai, der Dichtungen für die Liturgie entlang der palästinischen Leseordnung der Tora verfasst hat. Die Dichtungen werden zwar in die Gebetsliturgie eingeschoben, verarbeiten aber die Thematik der einzelnen Passage, die als Toralektüre jeweils vorzulesen ist. Ein bestimmter Text der Tora wurde im palästinischen Lesezyklus nur alle (ca.) dreieinhalb Jahre vorgetragen. Eine einzelne Dichtung konnte Jannai daher bestenfalls alle drei Jahre vortragen, was eine immense Kreativität auf Seiten des Dichters und eine hohe Konzentration auf Seiten der Zuhörerinnen und Zuhörer voraussetzt. Obwohl sich der im folgenden zitierte Pijjut auf den Bibeltext Ex 12,29 bezieht, wurde er im Hochmittelalter auch in die Pesachhaggada, den Text, der im Judentum zum Pesachfest in den Familien gelesen, gesungen und diskutiert wird, aufgenommen und hat damit eine gewaltige Verbreitung erfahren:[51]

50 Der Vorsteher der Liturgie wird *šaliaḥ ṣibbur* – „Gesandter der Gemeinde" genannt. Nachkommen der *Kohanim* (der „Priester" am Jerusalemer Tempel) spielen marginale Ehrenrollen in der Liturgie. In den verschiedenen Strömungen des Judentums ist dieser Brauch in der Gegenwart auch in Bewegung. Liza Schwartz berichtet am 08. Juni 2009 in der englischen online-Ausgabe von Haaretz („An Egalitarian Synagogue, on Both Sides of the Mechitza") über den Minjan der Synagoge Shira Hadasha in Jerusalem, wo die Hauptteile des Gebets grundsätzlich erst beginnen können, wenn zehn Männer und zehn Frauen anwesend sind.

51 Zvi Meir Rabinovitz, *The Liturgical Poems of Rabbi Yannai According to the Triennial Cycle of the Pentateuch and the Holidays. Volume I: Introduction. Liturgical Poems to Genesis, Exodus & Leviticus.* Jerusalem 1985 [hebräisch], S. 302 f. Der Kommentar folgt Clemens Leonhard, *The*

' (Alef) Damals vollbrachtest du viele Wunder auf wunderbare Weise in der Nacht.

B Unter allen Wachen ist das die Nacht.

G Du ließest den gerechten Proselyten (Abraham) siegreich sein, als ihm eine Nacht geteilt wurde (nämlich in der Mitte der Nacht; Gen 14,15; Ex 12,29; 11,4).

D Du richtetest den König von Gerar (Abimelekh) in einem Traum in der Nacht (Gen 20,6).

H Du erschrecktest einen Aramäer (Laban) einen Tag früher bei Nacht (Gen 31,24.29).

W Israel kämpfte gegen den Engel und überwand ihn in der Nacht (Gen 28).

Z Die Nachkommenschaft der Erstgeborenen Ägyptens zerschmettertest du in der Mitte der Nacht (Ex 12).

Ḥ Durch den Brotlaib warfst du Midian und seine Genossen in Schrecken in einem Traum der Nacht (Ri 7,13).

Ṭ Den Lauf des Fürsten von Charoschet (Sisera) trampeltest du nieder durch die Sterne der Nacht (Ri 5,20).

Y Der Spötter (Sanherib) entschied sich, (seine Hand als Drohung) gegen den Geliebten (Israel) zu strecken. Du aber ließest seine Leichen in der Nacht vertrocknen (Jes 10,32; 2 Kön 19,35).

K (Die Statue von) Bel und der, der sie aufgestellt hat, gehen in der Mitte der Nacht zugrunde (Dan 14).

L Das Geheimnis der Vision (des Königs in der) Nacht wurde dem anmutigen Mann (Daniel) geoffenbart (Dan 2,19; 10,11).

M Der, der sich aus den heiligen Gefäßen betrank, wurde in derselben Nacht getötet (Dan 2,5.30).

N Der, der die Träume der Nacht deutet, wurde aus der Löwengrube gerettet (Dan 6).

S Der Agagiter (Haman) hasste (die Juden) und schrieb Briefe in der Nacht (Est 3,12f).

‘ (Ajin) Du erwecktest den Sieg gegen ihn, als der Schlaf des Königs in der Nacht ausblieb (Est 6,1).

P Du wirst die Kelter treten gemäß dem (Schriftwort): Wächter, wieviel (ist) noch (übrig) von der Nacht? (Jes 63,1; 21;11)

Ṣ Er rief wie ein Wächter: Der Morgen kommt und es kommt auch die Nacht (Jes 21,12; 42,13; Ps 121,5).

Q Es kommt der Tag, der weder Tag noch Nacht ist (Sach 14,7).

R Der Erhabene kündigte an: Dein ist der Tag und auch die Nacht (Ps 74,16).

Š Setze Wächter für deine Stadt ein: für den ganzen Tag und die ganze Nacht (Jes 62,6)!

T Erhelle die Finsternis der Nacht wie Tageslicht (Ps 139,12).

Jewish Pesach and the Origins of the Christian Easter. Open Questions in Current Research, Berlin u. a. 2006, S. 365–375.

Der Text ist zwischen dem Akrostichon des hebräischen Alphabets an den Zeilenanfängen und mit der Endung der Zeilen in das Wort „Nacht“ (*laila*) eingespannt (was in der hier gegebenen Übersetzung nicht imitiert wurde). Mit allgemein geläufigen Struktursignalen ordneten die Dichter ihre Texte und machten diese Ordnung auch für ihre Hörer und Hörerinnen transparent. So dienten das Alphabet, aber auch sehr oft die Themen der zwölf Zeichen des Sternkreises als Anhaltspunkte der dichterischen Struktur. Die Sprache besteht fast Wort für Wort aus Anspielungen an biblische Texte – auch Texte, die in der Liturgie selbst nicht vorgelesen wurden. Gläubige, die mit einem solchen Text im mündlichen Vortrag konfrontiert waren, mussten eine gewaltige Kompetenz in der Identifikation und Kontextualisierung von Bibelzitaten mitgebracht haben. Aus der Genizah von Kairo (einem Synagogendachboden, auf dem tausende Handschriftenfragmente aus dem Mittelalter bis ins späte neunzehnte Jahrhundert – als sie entdeckt und an Agenten der Museen der Welt verkauft wurden – überlebten) sind auch stichometrisch geschriebene Handschriften erhalten. Wahrscheinlich liegen hier auch Texte vor, die die Sänger beim Vollzug des Gottesdienstes benützten.

Auch wenn man weder Melodien des Christentums noch des Judentums zu den Dichtungen der Spätantike kennen kann (bevor die ersten musikalischen Handschriften in der lateinischen Kirche geschaffen wurden), zeigen die Texte und die langsam einsetzende Tradition über die Verwendung dieser Texte, dass hier Musik vorliegt, die auch von Zeitgenossen als religiöse Musik gedeutet und gepflegt wurde.

12 Sympotische Musik

An dieser Stelle muss sich das Interesse wieder sehr kurz einer früheren Epoche des Judentums und des Christentums zuwenden. Die klassischen Pijjutim, die aus einer Epoche stammen, die wir aus westlicher Sicht als Frühmittelalter bezeichnen, passen zu gut bekannten oder rekonstruierbaren Strukturen des jüdischen Gottesdienstes. Das gilt nicht für die älteren, aramäischen Pijjutim und noch weniger für das große Corpus der *madraše* Ephrems, d.h. einzelne Hymnen zu einem theologischen Thema oder einer wichtigen Bibelstelle, die sich über mehrere Seiten einer Textausgabe hinziehen können.[52] Der Aufführungsrahmen, für den diese Texte geschaffen wurden, ist nicht rekonstruierbar.

Für das erste und zweite Jahrhundert ist allerdings sehr wohl ein möglicher Kontext für die Verwendung von Dichtungen zu bedenken, das Symposium. Mahlbräuche haben außerdem den Vorteil, dass griechische und römische Quellen direkt mit christlichen und jüdischen Texten verglichen werden können. Dagegen steht der Nachteil, dass gelehrte Handbücher Elemente eines idealisierten

52 Nach Tertullian singen die christlichen Eheleute *psalmi et hymni* zu Hause; *Ad uxorem* 2,8 vgl. Leonhard, „Which Hymns were sung“.

Urzustandes darstellen können und in diesem Fall nicht Bräuche der Zeitgenossen von Christentum und Judentum reflektieren.[53]

Für Musik im Rahmen des Symposiums gilt das eingangs erwähnte Paradox, dass man einige konkrete hymnische Texte betreffend nicht weiß, ob sie in einem solchen Rahmen oder überhaupt jemals in einer Gruppe vorgetragen wurden und nicht bloß schriftlich publizierte und privat gelesene, durchaus auch diskutierte (aber nicht gesungene) Literatur sind. Andererseits erwähnen Beschreibungen von Mahlfeiern häufig Gesänge, ohne dass man wissen kann, was dort gesungen worden sein soll. Die beiden Befunde verführen zu einer komplementären Interpretation. Man könnte den Hymnus des Clemens von Alexandrien, andere als gnostisch bezeichnete Hymnen, vielleicht sogar Sammlungen wie die syrischen Oden Salomos in die Mahlbeschreibungen hineinlesen und hätte damit zwar keine Rekonstruktion der Musik erreicht, dafür aber die überlieferten Texte in historischen Kontexten verortet. Dagegen muss zumindest ein breiter und sehr plausibler Konsens über den Vortrag von Dichtungen in der Oberschicht Roms in der Kaiserzeit in Stellung gebracht werden. So wird betont, dass der Vortrag von Dichtungen im häuslichen Kontext – vielleicht im Zusammenhang mit einem Mahl – nicht im Sinn einer Aufführung der Texte verstanden wurde, sondern als Zwischenstufe im Produktions- und Publikationsprozess der Dichtungen. Nach dem gelehrten Feedback der Freunde bei Tisch pflegte der Dichter seinen Text zu überarbeiten, ggf. als abgeschlossen freizugeben. Das Endprodukt des Prozesses war der geschriebene Text, nicht der vorgetragene Text.[54]

Der Ort im Ablauf eines Symposiums, zu dem nach alten literarischen Vorbildern Gäste einen feierlichen Hymnus zu singen pflegten, wäre der Übergang vom eigentlichen Essen zum Trinkgelage nach dem Essen gewesen, wo man auch eine Libation vollzog und dafür den Wein mischte. Dieses Element im Ablauf traditioneller Symposia enthielt in jedem Fall religiöse Musik par excellence. Es konnte zum Mischen des Weins auch eine Musikerin auftreten. In Bezug auf dieses Element der Mahlfeiern standen Christentum und Judentum vor demselben Problem. Man hätte einen Hymnus an den Gott Apollon und eine Libation als rein folkloristisches Mahlbrauchtum beibehalten können und ihm in einer christlichen oder jüdischen Interpretation jedes religiöse Element absprechen können. Die ältesten Texte zeigen für beide Religionen in diesem Fall dieselbe Strategie. Sowohl Juden als auch Christen ersetzen dieses Element der formellen Mähler durch Gebete. Die jüdischen und christlichen Bräuche, Mahlzeiten zu halten, blieben weitgehend im griechisch-römischen Rahmen eines Mahls als profane Veranstaltung mit religiösen Handlungen.

Für die Rekonstruktion der Übernahme von musikalischen Traditionen aus der griechisch-römischen Welt in Judentum und Christentum ist die Beobachtung

53 Vgl. Cosgrove, Rezension (s. oben Anm. 15, S. 16).

54 William A. Johnson, *Readers and Reading Culture in the High Roman Empire. A Study of Elite Communities*, Oxford 2010, S. 127 ff. und 52–56.

wichtig, dass man die dafür typischen Anlässe zur musikalischen Gestaltung weder übernommen noch durch komplexe Musik ergänzt, sondern durch andere religiöse Elemente ersetzt hat. Das ist der Grund dafür, dass sympotische Traditionen in einem engeren Sinn nicht in die spätere christliche und jüdische *gottesdienstliche* Musik eingehen.[55]

13 Thesen

Religiöse Musik scheint Teil eines anti-polytheistischen Identitätskampfs im Christentum und zum Teil im Judentum gewesen zu sein. Wichtige Modi des Vollzugs sind erstens die Enthaltung von musikalischer Praxis und Polemik gegen ausgewählte Aspekte der Musik der dadurch entstandenen Anderen. Zweitens deuten alte Quellen an, dass bestimmte Formen von Musik – zum Teil dezidiert als Ersatzformen – sehr wohl in Übung waren. Neben der gelegentlich globalen Ablehnung von Musik oder Musikinstrumenten wurde in der Praxis feiner differenziert. Der einzige überlieferte christliche Text mit antiker Notation zeigt eine große Nähe zur griechischen Musik und der Tradition ihrer Verschriftlichung.

Obwohl sich auch bei Plato die Ablehnung von manchen Musikinstrumenten findet, könnte christliche Ablehnung von Musikinstrumenten darauf hindeuten, dass diese als eindeutig mit der religiösen Praxis ihrer griechischen, vor allem aber römischen Zeitgenossen assoziiert verstanden wurden. Das wäre vor allem ein Grund für die Ablehnung von reiner Instrumentalmusik. Texthaltige Musik konnte zu jeder beliebigen (auch ansonsten nicht mit dem Christentum assoziierten) Melodie gesungen werden, weil der Text als Disambiguierung der Musik verstanden werden konnte (damit beginnt das Problem ambiger, häretischer, gnostischer etc. Texte). Ansonsten bedienen sich antike Autoren (wie Clemens von Alexandrien) derselben Klischees wie Platon und sprechen von einer verderblichen Wirkung von Musik oder von bestimmter Musik auf die Ethik der Menschen. Umgekehrt behaupten sie auch, dass mit Musik versehene Texte eine größere soziale Wirkung entfalten konnten als die bloßen Texte. Auch hier muss immer der Verdacht bestehen, dass Vorstellungen über ein Wesen der Musik stärker waren als empirische Beobachtungen.

Der Rückblick zum Anfang der hier unternommenen Überlegungen zeigt, dass sich die Situation der Spätantike zum Teil von der Gegenwart unterscheidet und ihr zum Teil gleicht. Insofern sich in Christentum und Judentum musikalische Elemente entwickelt haben, die man zumindest für manche ihrer Strömungen und Konfessionen als typisch betrachten kann, ist die Situation der Antike anders. Insofern freilich in der Liturgie des Judentums und des Christentums ein reger Austausch mit musikalischen Stilen und Strömungen der jeweiligen Zeit vom Ba-

55 Das berührt selbstverständlich das Singen von Trinkliedern nicht. Es geht hier um religiöse Musik in einem engeren Sinn.

rock bis zum Neuen Geistlichen Lied stattgefunden hat und stattfindet, sind sich Antike und Gegenwart sehr ähnlich. Das Religiöse der religiösen Musik ergibt sich in der Antike vermutlich vollständig und heute *fast* ausschließlich aus dem Text.

„... der römischen Liturgie eigen"? Anspruch und Geschichte der sogenannten Gregorianik

Harald Buchinger (Regensburg)

Mehr als andere liturgische Gattungen tragen die Gesänge des Gottesdienstes zur charakteristischen Wahrnehmung liturgischer Stile, Theologien und Spiritualitäten bei. Für Befürworter gleichermaßen wie für Gegner einer lateinischen Einheitsliturgie stellt der Gregorianische Gesang das vielleicht wichtigste Erkennungszeichen des traditionellen römischen Ritus dar. Die Liturgiekonstitution des Zweiten Vatikanischen Konzils hielt denn auch fest: „Die Kirche betrachtet den Gregorianischen Gesang als den der römischen Liturgie eigenen; er soll darum in den liturgischen Handlungen, wenn im übrigen die gleichen Voraussetzungen gegeben sind, den ersten Platz einnehmen."[1] Im Folgenden soll zunächst zusammengefasst werden, was in den modernen lehramtlichen Äußerungen über die Gregorianik gesagt und impliziert wird (1); sodann wird skizziert, wann und wie der Anspruch Gregorianischer Herkunft des Repertoires historisch erstmals erhoben wurde (2). Schließlich wird kritisch nach dem Verhältnis von Tradition und Innovation in der Überlieferung des Gregorianischen Gesanges gefragt (3): Was lässt sich tatsächlich über Umstände und Charakter seiner Kodifikation sagen; wie alt ist das Repertoire und wie wurde es verbreitet?[2] Dabei wird in erster Linie vom Gregorianischen Kernrepertoire der Messe die Rede sein, also jenen Stücken, die bereits in

---

1 *Sacrosanctum Concilium* 116: *Ecclesia cantum gregorianum agnoscit ut liturgiae romanae proprium: qui ideo in actionibus liturgicis, ceteris paribus, principem locum obtineat.* Übersetzung: *Dokumente zur Kirchenmusik unter besonderer Berücksichtigung des deutschen Sprachgebietes*, hrsg. von Hans Bernhard Meyer und Rudolf Pacik, Regensburg 1981, S. 140, hier und im Folgenden gelegentlich stillschweigend geringfügig angepasst. Beim ersten Teil des Satzes handelt sich um ein nicht ausgewiesenes Zitat aus Pius X., Motu proprio *Tra le sollecitudini* 2, 3, in: *Acta Sanctae Sedis* 36 (1903–1904), S. 329–339, hier S. 332: „(il) canto gregoriano ... è il canto proprio della Chiesa Romana".

2 Belege aus Quellen und Sekundärliteratur beschränken sich auf ein Minimum. Als umfassende Darstellung mit erschöpfender Bibliographie der älteren Literatur bleibt David Hiley, *Western Plainchant. A Handbook*, Oxford 1993, auch nach mehr als einem Vierteljahrhundert grundlegend; knapper vgl. ders., *Gregorian Chant* (= Cambridge Introductions to Music), Cambridge 2009, sowie extrem konzis Harald Buchinger, „Gregorianik: Das Kernrepertoire", in: *Der Gottesdienst und seine Musik. I: Grundlegung: Der Raum und die Instrumente. Theologische Ansätze. Hymnologie: Die Gesänge des Gottesdienstes* (= Enzyklopädie der Kirchenmusik, 4/1), hrsg. von Albert Gerhards und Matthias Schneider, Laaber 2014, S. 133–152. Ein Teil der hier folgenden Argumentation findet sich schon in ders., „Gregorian Chant's Imagined Past, with Yet Another Look at the Roman Lenten Repertoire", in: *Liturgy's Imagined Past/s. Methodologies and Materials in the Writing of Liturgical History Today*, hrsg. von Teresa Berger und Bryan D. Spinks, Collegeville, MN 2016, S. 143–175.

den ältesten Quellen relativ einhellig überliefert sind; die komplexere Situation der Gesänge für die Tagzeitenliturgie bleibt ausgeklammert.[3]

1 „Der Gregorianische Gesang … wird das Merkmal der Allgemeinheit an sich tragen": Die moderne Konstruktion

1.1 Der theoretische Anspruch der Gregorianik

Die Pius-Päpste des 20. Jahrhunderts förderten die Gregorianik nachdrücklich als den „der römischen Liturgie eigenen Gesang";[4] schon Pius X. wollte 1903 im Motu proprio „Über die Erneuerung der Kirchenmusik" *Tra le sollecitudini*, dass dieser „im Gebrauch des Volkes wieder eingeführt werde, damit die Gläubigen am kirchlichen Gottesdienst wieder tätigeren Anteil nehmen, so wie es früher der Fall war."[5] Sängerscholen sollten nicht nur an bedeutenden Kirchen, sondern „sogar an kleineren und an Landkirchen" errichtet werden; durch sie sollte der „eifrige Klerus ein ganz einfaches Mittel finden, Kinder und Erwachsene um sich zu sammeln".[6] Auch und gerade weil das Dokument im Kapitel über „Die äußere Form kirchenmusikalischer Werke"[7] verschiedene Gattungen unterscheidet, betrachtet Pius X. den Gregorianischen Gesang pauschal – und einschließlich des Messpropriums – als Gemeindegesang, der sogar für Kinder geeignet sei.

Pius XI. wollte denn auch, dass „alle, die Priester werden wollen, … bereits von frühester Jugend an im gregorianischen Gesang … unterwiesen werden"; dies habe „schon in den Elementarschulen" zu beginnen.[8] Er wiederholte auch den An-

3 Einerseits stellt sich die Überlieferungssituation der Gesänge für die Tagzeitenliturgie schon in der Karolingerzeit ungleich komplexer dar als die relativ einheitliche Tradition des Mess-Repertoires; zudem ist bis heute unklar, was von dem seit dem Frühmittelalter kodifizierten Material tatsächlich römischen Ursprungs ist und ob etwa die Praxis wechselchöriger Psalmodie mit ihren Antiphonen überhaupt vor die Karolingerzeit zurückgeht. Andererseits bleiben die musikalischen Gattungen der Tagzeitenliturgie – Antiphonen und Responsorien genauso wie Hymnen – das ganze Mittelalter hindurch produktiv.

4 Pius X., *Tra le sollecitudini* 2, 3, S. 332; Übersetzung: Meyer/Pacik, *Dokumente*, S. 26.

5 Pius X., *Tra le sollecitudini* 2, 3, S. 333: „si procuri di restituire il canto gregoriano nell'uso del popolo, affinchè i fedeli prendano di nuovo parte più attiva all'officiatura ecclesiastica, come anticamente solevasi." Übersetzung: Meyer/Pacik, *Dokumente*, S. 27, geringfügig adaptiert.

6 Pius X., *Tra le sollecitudini* 8, 27, S. 338 f.: „Si abbia cura di restituire, almeno presso le chiese principali, le antiche *Scholae Cantorum*, come si è già praticato con ottimo frutto in buon numero di luoghi. Non è difficile al clero zelante d'istituire tali *Scholae* perfino nelle chiese minori e di campagna, anzi trova in esse un mezzo assai facile d'adunare intorno a sè i fanciulli e gli adulti, con profitto loro proprio ed edificazione del popolo." Übersetzung: Meyer/Pacik, *Dokumente*, S. 34.

7 Pius X., *Tra le sollecitudini* 4, 10, S. 353: „Forma esterna delle sacre composizioni"; Übersetzung: Meyer/Pacik, *Dokumente*, S. 29.

8 Pius XI., *Divini cultus sanctitatem* 1, in: *Acta Apostolicae Sedis* 21 (1929), S. 33–41, hier S. 36 f.: *Quicumque sacerdotio initiari cupiunt, non modo in Seminariis sed etiam in religiosorum domibus, iam inde a prima aetate cantu gregoriano et musica sacra imbuantur. … Ab ipsis primor-*

spruch, dass „der gregorianische Gesang im Gebrauch des Volkes wieder eingeführt werde", allerdings mit der Einschränkung, „soweit er für das Volk in Betracht kommt."[9] Der Prolog seiner Apostolischen Konstitution „Über die Liturgie und den Gregorianischen Gesang …" *Divini cultus sanctitatem* (1929) referiert auch die Gründungslegende als historisches Faktum:

> Im Lateranpalast … hatte einst Sankt Gregor der Große den Schatz der einstimmigen Kirchengesänge, das Erbe und Denkmal der Väter, gesammelt, geordnet und vermehrt; dort hatte er voll Weisheit jene hochberühmte Sängerschule gegründet, die in alle Zukunft die richtige Ausführung der liturgischen Gesänge pflegen sollte …[10]

Pius XII. formuliert in seiner Enzyklika „Über die Kirchenmusik" *Musicae sacrae disciplina* (1955) Universalität als Merkmal der Gregorianik:

> Wenn in den katholischen Kirchen der ganzen Welt der Gregorianische Gesang unverfälscht und rein erklingt, dann wird er auch wie die heilige Römische Liturgie das Merkmal der Allgemeinheit an sich tragen, so dass die Christgläubigen, wo immer sie auf der Erde weilen, die ihnen vertrauten und gleichsam heimatlichen Weisen vernehmen und die wunderbare Einheit der Kirche mit tiefem Trost an sich erfahren.

Dabei geht es ausdrücklich nicht nur um die Texte, sondern auch um die Melodien:

> Das aber ist einer der Hauptgründe, warum die Kirche so sehr wünscht, dass mit den lateinischen Worten der heiligen Liturgie deren Gregorianischer Gesang zu einer Einheit verbunden bleibe.

Alles andere wird ausdrücklich nur als „gewisse, doch genau umschriebene Ausnahmen" zugelassen, die „vom Apostolischen Stuhl aus schwerwiegenden Gründen gestattet worden sind" und die „keineswegs erweitert oder ausgedehnt, noch ohne die gebührende Erlaubnis des Heiligen Stuhles in andere Gebiete übertragen" werden sollten. Durch den liturgischen Gebrauch der Gregorianischen Gesänge „leuchte die Einheit und Allgemeinheit der Kirche von Tag zu Tag mehr auf."[11]

---

diorum scholis institutio cantus et musicae incipienda est …; Übersetzung: Meyer/Pacik, *Dokumente*, S. 39.

9 Pius XI., *Divini cultus sanctitatem* 9, S. 40: *cantus gregorianus, in iis quae ad populum spectant, in usum populi restituatur*. Übersetzung: vgl. Meyer/Pacik, *Dokumente*, S. 43.

10 Pius XI., *Divini cultus sanctitatem*, S. 36: *In Lateranis aedibus … S. Gregorius Magnus, monodiae sacrae thesauro – hereditate quidem monumentoque Patrum – collecto, digesto et aucto, Scholam illam percelebrem, ad veram liturgicorum cantuum interpretationem perpetuandam, tam sapienter constituerat* …; Übersetzung vgl. Meyer/Pacik, *Dokumente*, S. 38. Die in der Sache auf den Prolog *Gregorius praesul* (ab 8. Jahrhundert; s. u. Anm. 22) und vor allem die Gregors-Vita des Johannes Diaconus (9. Jahrhundert; s. u. Anm. 25) zurückgehende Passage ist in ein historisches Referat über Guido von Arezzo eingeschoben.

11 Pius XII., *Musicae sacrae disciplina* 3, in: *Acta Apostolicae Sedis* 48 (1956), S. 5–25, hier S. 16: *si in totius terrarum orbis catholicis templis Gregorianus cantus incorrupte et integre resonuerit, ipse quoque, sicut sacra Romana Liturgia, universitatis prae se feret notam, ita ut christifideles, ubicumque terrarum versantur, familiares sibi ac quasi domesticos percipiant concentus, atque adeo miram Ecclesiae unitatem vero cum animi solacio experiantur. Haec quidem una est ex praecipuis rationibus, cur Ecclesia tantopere exoptet ut cum latinis sacrae Liturgiae verbis eorundem verborum cantus*

Der Gregorianische Gesang wird in den päpstlichen Dokumenten des 20. Jahrhunderts also erstens dem Wirken Papst Gregors des Großen (590–604) zugeschrieben und somit zweitens nicht nur mit seinen Texten, sondern auch in seinen Melodien auf das Rom der ausgehenden Spätantike zurückgeführt; ihm komme drittens universaler Charakter zu, weshalb er viertens auch für kleinere Kirchen selbst am Lande geeignet sei. Er solle fünftens auch vom Volk gesungen werden; zu diesem Zwecke sei er sechstens bereits in Elementarschulen zu unterrichten. Die historischen Implikationen dieser Konstruktion halten freilich einer kritischen Überprüfung nicht stand: Weder stammen die Gregorianischen Gesangsweisen aus Rom, noch waren die Gesänge des römischen Messpropriums jemals Volksgesang;[12] einzig eine Sängerschule für Knaben ist in Rom eindeutig belegt, wenn auch erst gegen Ende des Jahrhunderts nach Gregor dem Großen.[13] Auch der Universalitätsanspruch wurde erst lange nach dessen Redaktion von außen an den römischen Kirchengesang herangetragen.

1.2 Die faktische Realität des Kirchengesangs

Von überschaubaren Ausnahmen abgesehen, enthalten die lateinischen liturgischen Bücher des römischen Ritus im 20. Jahrhundert tatsächlich nur jenes Kernrepertoire, welches seit dem Frühmittelalter als Gregorianik überliefert wird. Entsprechend dem juridischen Liturgieverständnis des *Codex Iuris Canonici* von 1917, demzufolge nur jene Vollzüge im engen Sinne als „öffentlicher Kult" und damit als Liturgie im Vollsinn angesprochen wurden, die „im Namen der Kirche durch Personen, die rechtens dazu bestimmt sind," nach vom Apostolischen Stuhl approbierten Büchern vollzogen werden,[14] beschränkt sich der liturgische Gesang des römischen Ritus also tatsächlich auf die Gregorianischen Gesänge. Eine derartige Wahrnehmung übersieht aber, dass seit der Verbreitung des römischen Ritus außerhalb der Stadt Rom vieles gesungen wurde, was nicht zum ursprünglichen Gesangscorpus der römischen Liturgie gehört. Wie unten noch anzusprechen sein

---

Gregorianus arcte conectatur. Haud ignoramus sane ab hac ipsa Apostolica Sede ob graves causas quasdam sed omnino definitas exceptiones hac in re concessas esse, quas tamen nequaquam latius proferri vel propagari, nec sine debita eiusdem Sanctae Sedis venia, ad alias regiones transferri volumus. Quin immo ibi etiam, ubi eiusmodi concessionibus frui licet, locorum Ordinarii ceterique sacri pastores sedulo curent, ut christifideles inde a pueris saltem faciliores et magis usitatas modulationes Gregorianas addiscant, eisque etiam in sacris ritibus liturgicis uti sciant, ita ut hac quoque re Ecclesiae unitas et universitas in dies magis effulgeat. Übersetzung: Meyer/Pacik, *Dokumente*, S. 69.

12 Zur ersteren Annahme s. u. Kapitel 3.1; zur Widerlegung der zweiteren genügt ein Blick in die historischen Dokumente ab dem *Ordo Romanus* 1 (= Spicilegium Sacrum Lovaniense, 23), hrsg. von Michel Andrieu, Louvain 1960, S. 67–108, mit seiner differenzierten Schilderung der römischen Sängerschola mit ihren verschiedenen professionellen Rollen.

13 Zuletzt vgl. z. B. Joseph Dyer, „Boy Singers of the Roman Schola Cantorum", in: *Young Choristers, 650–1700* (= Studies in Medieval and Renaissance Music, 7), hrsg. von Susan Boynton und Eric Rice, Woodbridge 2009, S. 19–36.

14 *Codex Iuris Canonici* 1917, can. 1256 f.

wird, wurde das Kernrepertoire der Gregorianik schon im Frühmittelalter bald durch sekundäre Gattungen ergänzt, die häufig in denselben liturgischen Büchern überliefert wurden wie das aus Rom übernommene Mess-Antiphonale (oder Gradual-Repertoire);[15] seit dem Mittelalter und verstärkt in der Neuzeit treten dazu auch Gesänge in der Muttersprache, die freilich häufig nur äußerlich mit der liturgischen Handlung verbunden waren, die sie begleiteten. Der verengte Liturgiebegriff des modernen Rubrizismus hat sie konsequent von den „liturgischen" Texten des römischen Messpropriums abzugrenzen versucht. Vatikanische Dokumente des 20. Jahrhunderts bezeugen darum einerseits wiederholt das im Effekt gleichwohl nur sehr bedingt erfolgreiche Bemühen, die Gregorianik als Volksgesang einzuführen;[16] andererseits wurde von der Ritenkongregation noch 1958 Wert darauf gelegt, dass Volksgesänge in der Muttersprache, die man eben nicht als Teil der Liturgie im eigentlichen Sinne verstand, die lateinischen, im Messbuch und Graduale kodifizierten Texte nicht wörtlich wiedergeben dürften, da „die Sprache bei liturgischen Handlungen die lateinische" sei und „bei Messen mit Gesang … auch von der Schola oder den Gläubigen einzig die lateinische Sprache zu verwenden" sei.[17] Erst die vom Zweiten Vaticanum angestoßene Liturgiereform hat – unbeschadet des Prinzips, dass „der Gebrauch der lateinischen Sprache in den lateinischen Riten erhalten bleiben soll", nicht nur Volkssprachen unter anderem für die Gesänge als Liturgiesprachen anerkannt,[18] sondern ausdrücklich auch vorgesehen, dass die traditionellen Stücke des Messpropriums durch „andere passende Gesänge" ersetzt werden können.[19] Von den „für den Kirchengesang bestimmten Texten" fordert das Konzil nur, dass sie „mit der katholischen Lehre übereinstimmen müssen; sie sollen vornehmlich aus der Heiligen Schrift und den liturgischen Quellen ge-

---

15 S. u. Kapitel 3.3.

16 S. o. Anm. 5 und 9.

17 Instruktion der Ritenkongregation *De musica sacra* 2, 13 f., in: *Acta Apostolicae Sedis* 50 (1958), S. 630–663, hier S. 635: *Lingua actionum liturgicarum est latina … In Missis in cantu non solum a sacerdote celebrante et ministris, sed etiam a schola aut fidelibus unice lingua latina est adhibenda.* Für Gesänge in der Volkssprache gelte einerseits das von Pius X. in *Tra le sollecitudini* 7, S. 534, insbesondere „für die veränderlichen wie die feststehenden Teile der Messe" formulierte Verbot von Gesang in der Volkssprache („È quindi proibito nelle solenni funzioni liturgiche di cantare in volgare qualsivoglia cosa; molto più poi di cantare in volgare le parti variabili o comuni della messa e dell'officio."): *In actionibus liturgicis in cantu celebratis, nullus textus liturgicus in linguam vulgarem verbotenus conversus, cani licet* sowie die Bestimmung von *Musicae sacrae disciplina* 3, S. 16 f., *ne ipsa verba liturgica vulgari lingua canantur.* Übersetzung: Meyer/Pacik, *Dokumente*, S. 85.

18 Liturgiekonstitution *Sacrosanctum Concilium* 36: *Linguae latinae usus, salvo particulari iure, in Ritibus latinis servetur. Cum tamen, sive in Missa, sive in Sacramentorum administratione, sive in aliis Liturgiae partibus, haud raro linguae vernaculae usurpatio valde utilis apud populum exsistere possit, amplior locus ipsi tribui valeat, imprimis autem in lectionibus et admonitionibus, in nonnullis orationibus et cantibus …*

19 Vgl. *Institutio Generalis Missalis Romani*/Allgemeine Einführung ins Messbuch 26 (Introitus); 50 (Offertorium); 56 i (Communio); für Antwortpsalm und Halleluja sieht Nr. 36 f. restriktivere Auswahlmöglichkeiten vor.

schöpft werden."[20] Der in der Geschichte faktisch sowieso nie exklusiv eingelöste Universalitätsanspruch der Gregorianik ist damit auch in der liturgischen Gesetzgebung verlassen.

2 *„Papst Gregor … stellte dieses Büchlein zusammen": Die mittelalterliche Konstruktion*

Seit den ältesten, ab dem späten 8. und frühen 9. Jahrhundert erhaltenen handschriftlichen Zeugnissen des römischen Kirchengesanges wird dessen Kernrepertoire sehr stabil überliefert; Texte und liturgische Ordnung kennen nur in bestimmten überschaubaren Bereichen eine gewisse Varianz.[21] Schon in einigen der frühesten Handschriften wird den Gesängen ein Prolog vorangestellt, der in verschiedenen Fassungen behauptet:

> Als Papst Gregor, an Verdienst und Namen würdig, die höchste Würde erstieg, erneuerte er die Zeugnisse der vorausgegangenen Väter und stellte dieses Büchlein der Musenkunst für die Sängerschola entsprechend dem Jahreskreis zusammen.[22]

Später wurden verschiedene Versionen dieses die Handschriften eröffnenden Metatextes auch als Tropus vertont, um nunmehr als liturgischer Text vor dem Introitus des ersten Adventsonntags jenen jährlichen Zyklus von Gesängen zu eröffnen, von dem im Prolog die Rede ist.[23]

Literarisch ist die Behauptung Gregorianischer Verfasserschaft erstmals bei Egbert von York (gest. 766) zu greifen, der sich nicht nur auf ein „Antiphonar und Messbuch" bezieht, das „unser Meister, der selige Gregor, durch unseren Lehrer, den seligen Augustinus [nämlich Augustinus von Canterbury] geordnet und aufgeschrieben überliefert hat", sondern auch auf Exemplare beruft, die er selbst in Rom

---

20 *Sacrosanctum Concilium* 121: *Textus cantui sacro destinati catholicae doctrinae sint conformes, immo ex Sacris Scripturis et fontibus liturgicis potissimum hauriantur.*

21 *Antiphonale Missarum Sextuplex*, hrsg. von René-Jean Hesbert, Brüssel 1935 [Ndr. Rom 1985], bietet eine Synopse der frühesten prinzipiell vollständigen Zeugen.

22 Bruno Stäblein, „‚Gregorius Praesul', der Prolog zum römischen Antiphonale. Buchwerbung im Mittelalter", in: *Musik und Verlag. Karl Vötterle zum 65. Geburtstag*, hrsg. von Richard Baum und Wolfgang Rehm, Kassel 1968, S. 537–561; James McKinnon, „Gregorius presul composuit hunc libellum musicae artis", in: *The Liturgy of the Medieval Church* (= Medieval Institute Publications), hrsg. von Thomas J. Heffernan und E. Ann Matter, Kalamazoo, MI 2001, S. 673–694; hier zitiert nach dem Antiphonale von Compiègne, Paris, Bibliothèque nationale lat. 17436, ediert im *Antiphonale Missarum Sextuplex*, S. 3: *Gregorius praesul meritis et nomine dignus summum conscendens honorem renovavit monimenta patrum priorum et composuit hunc libellum musicae artis scolae cantorum per anni circulum.*

23 Zumindest als Illustration – und wohl kaum zum liturgischen Gebrauch – konserviert noch die Vatikanische Ausgabe des *Graduale Romanum. Graduale Sacrosanctae Romanae Ecclesiae de Tempore et de Sanctis SS. D. N. Pii X. Pontificis Maximi jussu restitutum et editum*, Roma 1908, S. 1, einen derartigen Tropus (Nr. X bei Stäblein, *Gregorius*, S. 546; 559 f.), der die Legende Gregorianischer Verfasserschaft ausführt.

gesehen habe.[24] Im späteren 9. Jahrhundert bietet die *Vita Gregorii* des Johannes Diaconus (gest. 880/882) sogar eine detaillierte Erzählung über die Kompilation des Antiphonars und die Einrichtung der römischen Sängerschola durch Gregor den Großen:

> Alsdann stellte der allereifrigste der Sänger im Hause des Herrn nach dem Vorbild des allerweisesten Salomon, wegen der von der Süße der Musik geweckten Andacht, höchst nützlich ein aus Bibelstellen bestehendes Antiphonar zusammen. Er begründete die Sängerschola, die bis heute nach denselben Anweisungen in der heiligen römischen Kirche singt; und er baute ihr mithilfe einiger Besitztümer zwei Wohnungen, die eine nämlich bei den Stufen der Basilika des Apostels Petrus, die andere aber unterhalb des Gebäudes des Patriarchen am Lateran. Dort wird bis heute sein Bett, auf dem er im Liegen sang, und seine Geißel, mit der er den Knaben drohte, in gebührender Verehrung gemeinsam mit dem authentischen Antiphonar aufbewahrt.[25]

Bei ihm findet sich auch die Legende von der Taube, allerdings noch nicht unmittelbar auf die liturgieschöpferische Tätigkeit des Papstes bezogen.[26] Der anachronistische Charakter dieser Schilderung wird nicht nur aus den legendarischen Zügen und der offenkundigen ätiologischen Spitze deutlich, sondern auch aus der diachronen Rückfrage: Weder zeitgenössische Dokumente noch die verschiedenen früheren Lebensbeschreibungen Gregors des Großen wissen irgendetwas über eine liturgieschöpferische oder -redigierende Tätigkeit zu berichten.[27] Das dem Papst

---

24 *De institutione catholica dialogus* 16, 1 f. (= Patrologia latina, 89, Sp. 441 B. C): … *ut noster didascalus beatus Gregorius, in suo antiphonario et missali libro, per paedagogum nostrum beatum Augustinum transmisit ordinatum et rescriptum … Quod non solum nostra testantur antiphonaria; sed et ipsa quae cum missalibus suis conspeximus apud apostolorum Petri et Pauli limina.*

25 *Vita Gregorii Magni* 2, 6 (= Patrologia latina, 75, Sp. 90 C): *Deinde in domo Domini, more sapientissimi Salomonis, propter musicae compunctionem dulcedinis, Antiphonarium centonem cantorum studiosissimus nimis utiliter compilavit; scholam quoque cantorum, quae hactenus eisdem institutionibus in sancta Romana Ecclesia modulatur, constituit; eique cum nonnullis praediis duo habitacula, scilicet alterum sub gradibus basilicae beati Petri apostoli, alterum vero sub Lateranensis patriarchii domibus fabricavit, ubi usque hodie lectus ejus, in quo recubans modulabatur, et flagellum ipsius, quo pueris minabatur, veneratione congrua cum authentico Antiphonario reservatur*; kritisch revidierter Text und (hier minimal veränderte) Übersetzung bei Andreas Haug, „Noch einmal: Roms Gesang und die Gemeinschaften im Norden", in: Nationes, Gentes *und die Musik im Mittelalter*, hrsg. von Frank Hentschel und Marie Winkelmüller, Berlin 2014, S. 103–145, hier S. 129.

26 *Vita Gregorii Magni* 4, 69 f. (= Patrologia latina, 75, Sp. 222 A. B): *Petrus Diaconus familiarissimus ejus … super cujus caput ipse Spiritum sanctum in similitudine columbae tractantis frequentissime perspexisset. … Hinc est quod consuetudinaliter Spiritus sanctus in specie columbae super scribentis Gregorii caput depingitur …*

27 Vgl. Harald Buchinger, „Gregor der Große und die abendländische Liturgiegeschichte: Schlüssel- oder Identifikationsfigur?", in: *Psallite sapienter. A 80 éves Béres György köszöntése / Festschrift zum 80. Geburtstag von Georg Béres*, hrsg. von István Verbényi, Budapest 2008, S. 113–154; ebd. S. 133 wird auch die von Gregor präsidierte römische Synode diskutiert, die Diakonen den Gesang verbat und anordnete, dass „die Psalmen und anderen Lesungen von Subdiakonen oder, wenn es die Notwendigkeit erfordert, durch die niederen Kleriker ausgeführt werden sollen." (*Epistula* 5, 57 a [= Monumenta Germaniae Historica. Epistolae, 1/2, hrsg. von Ludwig M. Hartmann, S. 363]: *praesenti decreto constituo, ut in sede hac sacri altaris ministri cantare non debeant solumque evangelicae lectionis officium inter missarum sollemnia*

mehr als zwei Jahrhunderte nach seinem Tod angedichtete Motiv göttlicher Inspiration in Gestalt einer Taube wurde dagegen in die multimediale Werbestrategie für die Verbreitung der ihm zugeschriebenen Liturgie integriert: vielleicht schon um 800 erstmals im entlegenen Mals im Südtiroler Vinschgau belegt, wird es ab der zweiten Hälfte des 9. Jahrhunderts liturgischen Büchern zur Illustration ihrer Autorität vorangestellt;[28] gegen Ende des ersten Jahrtausends legitimiert die Niederschrift ostfränkischer Neumen in der berühmten Vignette am Beginn des ältesten erhaltenen vollständig notierten Offiziumsantiphonars aus der Feder des St. Galler Mönches Hartker den Gregorianischen Ursprung und die göttliche Inspiration eben nicht nur der Texte, sondern auch der Melodien des römischen Kirchengesangs.[29]

Der Anspruch Gregorianischen Ursprungs für den römischen Kirchengesang kam also im Laufe des 8. Jahrhunderts auf und wurde sukzessive in Wort, Bild und Ton untermauert. Sämtliche Zeugnisse für liturgieschöpferische oder -redigierende Tätigkeit Gregors des Großen stammen aus Kontexten außerhalb Roms, in denen die römische Liturgie propagiert werden sollte. Der römische Kirchengesang wurde zur „Gregorianik“, um seine Verbreitung außerhalb Roms zu empfehlen. Dabei wurde allerdings seine Gestalt zugleich tiefgreifend verändert.

3 *Tradition und Innovation in der Kodifikation des Gregorianischen Gesanges*

3.1 *Kreative Rezeption: Die Umformung des römischen Gesangsrepertoires in der Karolingischen Liturgiereform*

Eine Reihe von historischen Quellen bezeugt einerseits, dass seit dem Besuch des Papstes Stephan bei Pippin III. im Jahr 754 römische Kantoren ins Frankenreich kamen, um ihren Kollegen den römischen Kirchengesang beizubringen (Notation als Medium melodischer Überlieferung war ja noch nicht erfunden); damit begann offenbar ein sich über zwei Generationen erstreckender Rezeptionsprozess, durch den die *Cantilena Romana* im Karolingerreich verbreitet werden sollte.[30]

---

exsolvant. Psalmos vero ac reliquas lectiones censeo per subdiaconos vel, si necessitas exigit, per minores ordines exhiberi.)

28 Vgl. Buchinger, *Gregor*, S. 113 f.; 152 mit Anm. 135; ältestes Beispiel ist das um 870 entstandene Sakramentar Karls des Kahlen (Paris, Bibliothèque nationale, lat. 1141, fol. 3r; vgl. https://gallica.bnf.fr/ark:/12148/btv1b53019391x/f15.highres, letzter Zugriff: 16. März 2019). Zur etwa gleichzeitig von Johannes Diaconus literarisch entfalteten Ätiologie der Ikonographie s. o. Anm. 26.

29 St. Gallen, Stiftsbibliothek 390, S. 13, gegenüber dem Prolog über die Gregorianische Verfasserschaft (vgl. https://www.e-codices.unifr.ch/de/doubleview/csg/0390/12/, letzter Zugriff: 16. März 2019).

30 Nach den grundlegenden Darstellungen von Helmut Hucke, „Die Einführung des Gregorianischen Gesanges im Frankenreich“, in: *Römische Quartalschrift* 49 (1954), S. 172–187, und Cyrille Vogel, „Les échanges liturgiques entre Rome et les pays francs jusqu'à l'époque

Mehrere Indizien suggerieren, dass tatsächlich aus Rom übernommen wurde, was in den liturgischen Handschriften seit dieser Zeit trotz aller Randunschärfen mit beeindruckender Stabilität überliefert wird: Erstens beziehen sich die in den Gesangsbüchern konservierten Stationsangaben der verschiedenen liturgischen Anlässe auf die stadtrömische Topographie; es ist kaum anzunehmen, dass diese zudem mit anderen Quellen päpstlicher Liturgie übereinstimmenden Hinweise außerhalb Roms erfunden worden wären. Zweitens liegt den Stücken, deren Text den Psalmen entnommen ist, die lateinische Textversion des römischen Psalteriums zugrunde, nicht die durch die karolingische Liturgiereform übernommene Übersetzung des Hieronymus *Iuxta Septuaginta* (wegen ihrer Verbreitung in Gallien auch *Psalterium Gallicanum* genannt).[31] Dass der im neuen Kontext obsolete römische Bibeltext in Stücken beibehalten wurde, deren individuelle Melodiegestalt ihn vor Veränderung schützte, während Texte, die auf schematische Modelle liturgischer Psalmodie zu rezitieren waren, durch die nunmehr gängige Version ersetzt wurden,[32] ist zudem ein starker Hinweis darauf, dass die fränkischen Kantoren das römische Gesangsrepertoire samt seinen Melodien übernahmen.

Zugleich ist allerdings klar, dass der Gesang der fränkischen Kantoren nach der Übernahme des römischen Gesangscorpus bei allem Bemühen um die Verbreitung der *Cantilena Romana* nicht der römischen Gesangsweise entsprach. Widersprüchliche Erzählungen konvergieren in der unbestreitbaren Beobachtung einer erheblichen Differenz der Klanggestalt:[33] Aus römischer Perspektive behauptet der bereits zitierte Diakon Johannes (gest. 880/882):

> Die Germanen oder Gallier … konnten die Süße dieser Musik … nicht unverdorben bewahren, sowohl aus Leichtsinn, aus dem sie einiges von Eigenem den Gregorianischen Gesängen beimischten, als auch wegen ihrer natürlichen Wildheit, weil ja ihre älplerischen, mit ihren Stimmen wie Donner laut lärmenden Körper die Süße der übernommenen Musik nicht auf die ihr eigentümliche Weise singen; denn während die barbarische Wildheit einer Säuferkehle durch Beugungen und Wendungen einen sanften Gesang hervorzubringen sich bemüht, schleudert sie aufgrund ihres natürlichen Getöses, wie über Stiegen krachende Lastwagen, rauhe Töne heraus. Und so wühlt sie auf, belästigt und verstört die Gemüter der Zuhörer, die sie sanft erfreuen sollte.[34]

---

de Charlemagne“, in: *Le Chiese nei regni dell'Europa occidentale e i loro rapporti con Roma sino all'800. 7–13 aprile 1959* (= Settimane di studio del Centro Italiano di Studi sull'Alto Medioevo, 7), Spoleto 1960, Bd. 1, S. 185–295, vgl. zuletzt Haug, *Gesang*.

31 Joseph Dyer, „Latin Psalters, Old Roman and Gregorian Chants“, in: *Kirchenmusikalisches Jahrbuch* 68 (1984), S. 11–30.

32 Die Textvorlage des gesamten Kernrepertoires der Gregorianik mit Ausnahme der Offiziums-Responsorien dokumentieren nun differenziert die Datenbanken „Graduale Synopticum“ und „Antiphonale Synopticum“: http://gregorianik.uni-regensburg.de/, letzter Zugriff: 16. März 2019.

33 Neben der in Anm. 30 zitierten Literatur vgl. Susan Rankin, „Ways of Telling Stories“, in: *Essays on Medieval Music in Honor of David G. Hughes* (= Isham Library Papers, 4), hrsg. von Graeme M. Boone, Cambridge, MA 1995, S. 371–394, hier v. a. S. 371–376.

34 *Vita Gregorii Magni* 2, 7 (= Patrologia latina, 75, Sp. 90 D–91 A): *Hujus modulationis dulcedinem inter alias Europae gentes Germani seu Galli discere crebroque rediscere insigniter potuerunt,*

Fränkische Kantoren derselben Zeit meinten im Gegenzug, die römischen Kleriker hätten sich aus Neid auf den Ruhm der Franken verschworen,

> wie sie den Gesang so verändern könnten, dass man sich niemals seiner Einheit und des Gleichklangs in einem anderen Reich und einer anderen Gegend als der seinen/ihren erfreue. Als sie zu Karl kamen, wurden sie ehrenvoll aufgenommen und auf die bedeutendsten Orte verteilt; und jeder strengte sich an, so verderbt, wie nur auszudenken war, sowohl selbst zu singen, als auch es andere so zu lehren.[35]

Die Beobachtung einer doppelten Melodieüberlieferung wird durch die spätere handschriftliche Dokumentation bestätigt: Hochmittelalterliche stadtrömische Handschriften konservieren zwar prinzipiell dieselben Texte und die gleiche liturgische Ordnung, aber eine grundlegend andere Klanggestalt als die außerhalb Roms entstandenen Zeugen des Gregorianischen Gesanges;[36] man unterscheidet folglich „Altrömische" von „Gregorianischer" oder besser „fränkische" von „römischer" Überlieferung. Da die „Gregorianische" Melodieüberlieferung erst Generationen, die der „Altrömischen" Version gar Jahrhunderte nach der Übernahme des römischen Kirchengesangs im Frankenreich einsetzt, wird niemals zu erhellen sein, was genau damals in Metz vor sich gegangen ist; auch bleibt es „The Central Problem of Gregorian Chant",[37] ob die auf die karolingische Reform zurückzuführende fränkische Überlieferung der Gregorianik der verlorenen römischen Vorlage näher stand als die in den hochmittelalterlichen Handschriften des „altrömischen" Chorals kodifizierten Melodien oder umgekehrt.

Wie dem auch sei: In seiner einschneidend veränderten Klanggestalt wurde das römische Gesangscorpus zunächst im Karolingerreich und in weiterer Folge im gesamten lateinischen Westen als „Gregorianik" verbreitet. Nachdem schon im

incorruptam vero tam levitate animi, quia nonnulla de proprio Gregorianis cantibus miscuerunt, quam feritate quoque naturali, servare minime potuerunt. Alpina siquidem corpora, vocum suarum tonitruis altisone perstrepentia, susceptae modulationis dulcedinem proprie non resultant, quia bibuli gutturis barbara feritas, dum inflexionibus et repercussionibus mitem nititur edere cantilenam, natarali quodam fragore, quasi plaustra per gradus confuse sonantia rigidas voces jactat, sicque audientium animos, quos mulcere debuerat, exasperando magis ac obstrependo conturbat. Übersetzung nach Haug, *Gesang*, S. 130, geringfügig adaptiert.

35 Notker Balbulus (gest. 912), *Gesta Karoli Magni* 1, 10 (= Monumenta Germaniae Historica. Scriptores Rerum Germanicarum. Nova Series, 12, hrsg. von Hans F. Haefele, S. 13 f.): *Cum ergo supradicti clerici Roma digrederentur, ut semper omnes Greci et Romani invidia Francorum glorię carpebantur, consiliati sunt inter se, quomodo ita cantum variare potuissent, ut numquam unitas et consonantia eius in regno et provincia non sua lętaretur. Venientes autem ad Karolum, honorifice suscepti et ad praeminentissima loca dispersi, et singuli in locis singulis diversissime, et quam corruptissime poterant excogitare, et ipsi canere et sic alios docere laborabant.* Übersetzung nach Haug, *Gesang*, S. 135 f., geringfügig adaptiert. Der Text ist insofern mehrdeutig, als nicht eindeutig ist, ob sich *sua* auf Reich und Gegend der Kleriker oder des Gesanges bezieht; sachlich ist auf jeden Fall Rom gemeint.

36 Michel Huglo, „Le chant ‚vieux-romain'. Liste des manuscrits et témoins indirects", in: *Sacris Erudiri* 6 (1954), S. 96–124.

37 Willi Apel, „The Central Problem of Gregorian Chant", in: *Journal of the American Musicological Society* 9 (1956), S. 118–127.

9. Jahrhundert Notation aufkam,[38] sind vollständige, neumierte Handschriften ab dem 10. Jahrhundert erhalten und dokumentieren trotz gewisser regionaler Eigenheiten und diachroner Entwicklungen eine in der Substanz erstaunlich stabile melodische Überlieferung. Was darin aufgezeichnet ist und fürderhin tradiert werden sollte, ist das in der karolingischen Liturgiereform aus Rom übernommene und zugleich stilistisch tiefgreifend umgeformte Gesangsrepertoire.

Es lässt sich ein doppelter Befund festhalten: Die seit der Karolingerzeit von handschriftlichen Zeugen überlieferten und in ihrer Zusammenstellung auf Papst Gregor zurückgeführten Gesänge sind einerseits insofern das der römischen Kirche eigene Gesangsrepertoire, als die Auswahl der Texte und die liturgische Zuordnung mit an Sicherheit grenzender Wahrscheinlichkeit tatsächlich auf die stadtrömische Stationsliturgie zurückgehen. Insofern allerdings die im Laufe des Mittelalter als „Gregorianik“ verbreiteten Melodien mit gleicher Sicherheit nicht die ursprüngliche römische Klanggestalt darstellen und erst sekundär auch in Rom rezipiert wurden, ist der Gregorianische Gesang zugleich auch gerade nicht der ursprünglich „der römischen Liturgie eigene Gesang“.

3.2 Im Dunkel der Geschichte: Die Vorgeschichte des Repertoires

Wie weit die Ausbildung und Redaktion des stadtrömischen Gesangsrepertoires zurückreicht, ist umstritten. Die von James McKinnon genial dargelegte Hypothese einer Redaktion in der römischen *Schola cantorum* im Laufe des späteren 7. Jahrhunderts wurde von der jüngeren Forschung mit teils durchaus kritischer Sympathie aufgenommen.[39] Einen *Terminus ante quem* bietet die Nachricht der römischen Papstchronik, Papst Gregor II. (715–731) habe die Donnerstage der Quadragesima

38 Mit der Annahme eines neumierten Antiphonars schon zur Zeit Karls des Großen blieb Kenneth Levy, „Charlemagne's Archetype of Gregorian Chant“, in: ders., *Gregorian Chant and the Carolingians*, Princeton 1998, S. 82–108 [*Journal of the American Musicological Society* 40 (1987), S. 1–30] weitgehend alleine; dass die Schreiblogik der verschiedenen Neumenschriften nicht aufeinander zurückführbar ist, spricht gegen einen solchen Ursprung. Allerdings sind aus dem 9. Jahrhundert weitaus mehr notierte Zeugnisse überliefert als bislang angenommen; vgl. Susan Rankin, *Writing Sounds in Carolingian Europe. The Invention of Musical Notation* (= Cambridge Studies in Palaeography and Codicology, 15), Cambridge 2018.

39 James McKinnon, *The Advent Project. The Later-Seventh-Century Creation of the Roman Mass Proper*, Berkeley, CA 2000; besonders kritisch vgl. neben den differenzierten Rezensionen von Joseph Dyer, in: *Early Music History: Studies in medieval and early modern music* 20 (2001), S. 279–309, Susan Rankin, in: *Plainsong and Medieval Music* 11 (2002), S. 73–82, und Peter Jeffery, in: *Journal of the American Musicological Society* 56 (2003), S. 169–179, v. a. Andreas Pfisterer, „James McKinnon und die Datierung des gregorianischen Chorals“, in: *Kirchenmusikalisches Jahrbuch* 85 (2001), S. 31–53. Ders., *Cantilena Romana. Untersuchungen zur Überlieferung des Gregorianischen Chorals* (= Beiträge zur Geschichte der Kirchenmusik, 11), Paderborn 2002, vertritt eine Frühdatierung, deren wichtigste Argumente er auch in ders., „Gregorianischer Gesang“, in: *Lexikon der Kirchenmusik* (= Enzyklopädie der Kirchenmusik, 6/1), hrsg. von Günther Massenkeil und Michael Zywietz, Laaber 2013, S. 458–467, hier v. a. S. 463 f., resümiert; vgl. zum Folgenden auch Buchinger, *Past*, S. 155–159.

mit Eucharistiefeiern ausgestattet:[40] Da die Communio-Antiphonen dieser Tage auf bereits vorhandene Gesänge zurückgreifen, dürfte die Komposition neuer Stücke damals bereits zum Erliegen gekommen sein. Auch einige im 7. Jahrhundert eingeführte Feste erhalten bestehende Gesänge; das letzte Fest, das nachweislich mit neuen Stücken ausgestattet wurde, ist das Gedächtnis der Weihe des Pantheons als *Basilica Sanctae Mariae ad martyres* am 13. Mai, auch wenn die Gesänge nicht notwendig zur Kirchweihe unter Bonifaz IV. (608–615)[41] selbst komponiert worden sein müssen, zumal zu dieser Zeit eine institutionalisierte Sängerschola in Rom vermutlich noch nicht existiert hat.

3.3 Ergänzung, Verdrängung und Veränderung: Zur weiteren Geschichte

Die Überlieferung und Verbreitung des seit der Karolingerzeit als „Gregorianik" propagierten Gesangsrepertoires stellt zweifellos eine der erfolgreichsten Leistungen der abendländischen Kulturgeschichte dar. Auch wenn in der karolingischen Liturgiereform die älteren Traditionen nicht einfach schlagartig durch den römischen Ritus ersetzt, sondern beide in einem komplexen Prozess zu einer hybriden römisch-fränkischen Mischliturgie amalgamiert wurden, wurde nach einigen Generationen tatsächlich von Skandinavien im Norden bis Sizilien im Süden und von der iberischen Atlantikküste im Westen bis an die Grenzen lateinischer Mission im slawischen Osten das Gesangsrepertoire des römischen Ritus in seiner Gregorianischen Version gesungen.

Die Ausbreitung des römischen Kirchengesangs in seiner Gregorianischen Gestalt ging freilich erstens mit einer fast vollständigen Unterdrückung anderer Repertoires einher: Altgallische Gesänge überleben praktisch nur vereinzelt in Zeugen der Gregorianischen Überlieferung; ähnliches gilt für die Eigentraditionen der beneventanischen Tradition in Süditalien. Das reiche Corpus des altspanischen Liturgiegesangs wurde zwar vor seiner Verdrängung vollständig kodifiziert, überlebt aber mit wenigen Ausnahmen nur in Handschriften mit sogenannter adiastematischer Neumennotation, die nur die Konturen der Melodien, aber keine präzisen Intervalle aufzeichnet. Einzig das handschriftlich gleichwohl erst im zweiten Jahrtausend greifbare Gesangscorpus der „ambrosianischen Liturgie" der Mailänder Kirchenprovinz hat die Romanisierung des gesamten *Orbis latinus* auf Dauer überlebt und wird zumindest vereinzelt bis heute gepflegt.[42]

---

40 *Liber pontificalis* 91, 9 (= Bibliothèque des Écoles Françaises d'Athènes et de Rome, hrsg. von Louis Duchesne, S. 402).

41 *Liber pontificalis* 69 (= Bibliothèque des Écoles Françaises d'Athènes et de Rome, hrsg. von Louis Duchesne, S. 317).

42 Quellen und Literatur erschließen die einleitend zitierten Standardwerke; dem Gesang der altspanischen Liturgie widmen sich seit einiger Zeit unter Leitung von Emma Hornby und Rebecca Maloy umfangreiche Forschungsprojekte an der University of Bristol.

Zweitens scheint das aus Rom übernommene Gesangscorpus die theologischen und spirituellen Bedürfnisse seiner Rezipienten und Tradenten jenseits der Alpen bald nicht mehr befriedigt zu haben. Schon kurz nach seiner Übernahme im Frankenreich wurden die traditionellen Gesänge durch sekundäre Gattungen ergänzt. Zwar ließ man dabei die quasi-kanonischen Gesänge selbst unangetastet; aber man begann bereits in der ersten Hälfte des 9. Jahrhunderts Tropen in verschiedenste Gesänge sowohl des Ordinariums als auch des Propriums zu interpolieren, und man komponierte metrische Hymnen als Sequenzen nach dem Halleluja.[43] Das Gregorianische Repertoire stellt demnach zwar seit dem Ausgang der Spätantike das einigermaßen stabile Rückgrat des Kirchengesangs im Römischen Ritus dar; seit seiner Rezeption und Verbreitung im Karolingerreich erschöpft sich der Gesang der hybriden römisch-fränkischen Mischliturgie aber keineswegs in der Gregorianik. In der Buchorganisation mittelalterlicher Musikhandschriften lässt sich einerseits gut ein hoher Respekt vor dem aus Rom übernommenen, quasikanonischen Repertoire beobachten, in dessen Kernüberlieferung nur zögerlich sekundäre Stücke aufgenommen werden; andererseits enthalten sehr viele Gesangsbücher in separaten Teilen neben dem Graduale auch andere Corpora: Sequentiar, Tropar etc.[44]

Der größte Teil der sekundären Repertoires wurde in der nachtridentinischen Liturgiereform nicht rezipiert; Tropen wurden gar nicht, von den unzähligen Sequenzen weniger als eine Handvoll in das von Pius V. promulgierte *Missale Romanum* von 1570 aufgenommen. Dieses tradierte also im Kern das bereits im Frühmittelalter kodifizierte Gesangscorpus; es enthielt freilich keine Melodien für die Propriumsgesänge. Erst mehr als eine Generation später wurde 1614/1615 in der *Typographia Medicaea* in zwei Bänden auch ein notiertes *Graduale … iuxta ritum sacrosanctae Romanae Ecclesiae* herausgegeben, dessen Melodien allerdings von Komponisten aus dem Kreis Palestrinas nach dem Geschmack der Zeit tiefgreifend umgeformt worden waren.[45] Die Anregung dazu war zwar von Papst Paul V. gekommen; offiziellen oder gar normativen Charakter hatte die Publikation aller-

43 Zuletzt vgl. Andreas Haug, „Tropes“, in: *The Cambridge History of Medieval Music* 1, hrsg. von Thomas Forrest Kelly und Mark Everist, Cambridge 2018, S. 263–299; Lori Kruckenberg, „Sequence“, in: ebd., S. 300–356.

44 Einen durchaus unvollständigen Katalog der wichtigsten Zeugen bietet Heinrich Husmann, *Tropen- und Sequenzenhandschriften* (= Répertoire international des sources musicales. B: Systematische Reihe, 5/1), München 1964; zuletzt vgl. z. B. die in Anm. 43 zitierte Literatur.

45 *Graduale de Tempore iuxta ritum Sacrosanctae Romanae Ecclesiae. Editio princeps (1614)* (= Monumenta Studia Instrumenta Liturgica, 10), hrsg. von Giacomo Baroffio und Manlio Sodi; Città del Vaticano 2001; *Graduale de Sanctis iuxta ritum Sacrosanctae Romanae Ecclesiae. Editio princeps (1614–1615)* (= Monumenta Studia Instrumenta Liturgica, 11), hrsg. von Giacomo Baroffio und Eun Ju Kim, Città del Vaticano 2001; vgl. Raphael Molitor, *Die nachtridentinische Choral-Reform zu Rom. Ein Beitrag zur Musikgeschichte des XVI. und XVII. Jahrhunderts. 1: Die Choral-Reform unter Gregor XIII. 2: Die Choral-Reform unter Klemens VIII. und Paul V.*, Leipzig 1901–1902 [Ndr. Hildesheim 1967]; Theodore Karp, *An Introduction to the Post-Tridentine Mass Proper. 1: Text; 2: Music Examples* (= Musicological Studies and Documents, 54), Middleton, WI 2005.

dings nicht, auch wenn sie letztlich prägenden Einfluss auf die neuzeitliche Gesangspraxis des römischen Ritus gewinnen sollte.

3.4 Lebendige Praxis oder gelehrte Rekonstruktion: Was ist authentische Tradition?

Die historischen, politischen und gesellschaftlichen Umbrüche am Ende des 18. und Anfang des 19. Jahrhunderts – Französische Revolution, Napoleonische Kriege, Säkularisation – unterbrachen in ganz Europa das Leben jener Institutionen, in denen der Gregorianische Gesang gepflegt worden war; es folgte eine Periode der Restauration. Ultramontanismus und ein romantischer Rückgriff auf das Mittelalter förderten ein neues Interesse am römischen Gesang und seinen mittelalterlichen Quellen. Als prominentestes Zentrum einer bewusst an Rom orientierten Erneuerung profilierte sich die erstmals 1833 wiederbesiedelte französische Benediktinerabtei Solesmes; auch wenn kritische Rekonstruktionen der mittelalterlichen Melodiefassungen auch anderswo besorgt wurden und der Trierer Kirchenmusiker Michael Hermesdorff als erster bereits ab 1876 sogar eine für den Gebrauch geeignete Ausgabe des *Graduale* mit Neumen publizierte,[46] wurden die umfangreichsten Anstrengungen zur Sammlung und vergleichenden Auswertung mittelalterlicher Handschriften durch die Mönche von Solesmes unternommen.[47]

Die Auseinandersetzungen des späteren 19. Jahrhunderts um die Melodiefassung der Gregorianischen Gesänge lassen zwei unterschiedliche Konzepte liturgischer Tradition erkennen: Der Nachdruck der im frühen 16. Jahrhundert nach dem musikalischen Gusto der Zeit redigierten *Editio Medicaea*, für den der Regensburger Verleger Friedrich Pustet 1871 ein dreißigjähriges Privileg des Heiligen Stuhls erhielt – womit die neuzeitlich veränderten Melodien erstmals offiziell Anerkennung durch die höchste kirchenamtliche Autorität erfuhren – griff auf die zuletzt lebendige liturgisch-musikalische Praxis zurück, ging damit aber an der ursprünglichen Überlieferung vorbei; die Abtei Solesmes und andere historisch-kritisch arbeitende Kirchenmusiker rekonstruierten dagegen mit wissenschaftlichen Methoden aus handschriftlichen Zeugnissen die längst ausgestorbene Tradition des Mittelalters. Für die bayerischen Cäcilianisten und die päpstliche Kurie unter Pius IX. war das, was in der Generation ihrer Großeltern gängige Praxis gewesen war, Inbegriff der Tradition, für die anderen der durch Forschung zu erschließende älteste Überlieferungsbestand – auch wenn dieser gerade nicht mehr lebendig war, sondern als gelehrte Rekonstruktion neu eingeführt werden musste (ein Vorwurf, der von Geg-

---

46 *Graduale juxta usum Ecclesiae Cathedralis Trevirensis dispositum*, hrsg. von Michael Hermesdorff, Trier 1863; zweite Auflage mit Neumen: *Graduale ad normam cantus S. Gregorii*, hrsg. von Mich[ael] Hermesdorff, Trier 1876–1882.

47 Pierre Combe, *Histoire de la restauration du chant grégorien d'après des documents inédits. Solesmes et l'Édition Vaticane*, Solesmes 1969; Katherine Bergeron, *Decadent Enchantments. The Revival of Gregorian Chant at Solesmes* (= California Studies in 19th-Century Music), Berkeley, CA 1998.

nern wissenschaftlich informierter Erneuerung der Liturgie bekanntlich bis heute gerne erhoben wird).[48] Erst nach Auslaufen des päpstlichen Privilegs für das erstere Modell wurde in der *Editio Vaticana* des *Graduale Romanum* von 1908 das zweitere adoptiert;[49] dessen aufgrund der Quellenforschung von Solesmes restituierte Melodien blieben auch in den Neuausgaben nach dem Zweiten Vaticanum unangetastet,[50] obwohl das Konzil gewünscht hatte, dass „eine kritischere Ausgabe der seit der Erneuerung des heiligen Pius X. bereits herausgegebenen Bücher besorgt werde".[51] Erst in jüngerer Zeit blühen derartige Initiativen, unter denen insbesondere ein von deutschsprachigen Gregorianikern herausgegebenes *Graduale novum* den Anspruch erhebt, den Konzilsauftrag einzulösen.[52]

4 Zusammenfassung

Es lässt sich zusammenfassen: Was seit dem Frühmittelalter als „Gregorianischer Gesang" tradiert wird, ist insofern das der römischen Liturgie eigene Gesangsrepertoire, als die Auswahl der Texte und ihre liturgische Zuordnung mit an Sicherheit grenzender Wahrscheinlichkeit auf das Rom der ausgehenden Spätantike zurückgeführt werden können; da die ältesten erhaltenen Quellen den stadtrömischen Stationsgottesdienst kodifizieren, handelt es sich dabei tatsächlich im engen und eigentlichen Sinne um römische Liturgie. Ein über die Stadt Rom selbst hinausgehender Anspruch wird freilich erst mit der Rezeption der römischen Liturgie und ihres Gesanges in der karolingischen Liturgiereform greifbar; dabei wurden die Gesangsweisen allerdings stilistisch grundlegend verändert. Erst das

48 Das Beispiel der Erneuerung der Gregorianik im 19. Jahrhunderts illustriert grundsätzliche Grenzen und Problematik ethnomusikologischer Forschung: Lebende Vertreter einer liturgisch-musikalischen Tradition – etwa die letzten lebenden Mönche säkularisierter Klöster – konnten Auskunft über ihre überkommene Praxis geben; philologisch arbeitende Forschung konnte dagegen wissen, dass diese nicht den älteren Quellen entsprach. Das derartige Potential historischer Unverlässlichkeit lebendiger Gesangstradition ist demnach auch überall zu beachten, wo eine solche Kontrollmöglichkeit mangels handschriftlicher Zeugnisse nicht gegeben ist. Vgl. auch Peter Jeffery, *Re-Envisioning Past Musical Cultures. Ethnomusicology in the Study of Gregorian Chant* (= Chicago Studies in Ethnomusicology), Chicago 1992.

49 *Graduale Romanum. Graduale Sacrosanctae Romanae Ecclesiae de Tempore et de Sanctis SS. D. N. Pii X. Pontificis Maximi jussu restitutum et editum*, Roma 1908.

50 *Graduale Romanum Sacrosanctae Romanae Ecclesiae de tempore et de sanctis*, Solesmes 1979; *Graduale triplex seu Graduale Romanum Pauli PP. VI cura recognitum & rhythmicis signis a Solesmensibus monachis ornatum neumis Laudunensibus (Cod. 239) et Sangallensibus (Codicum San Gallensis 359 et Einsidlensis 121) nunc auctum*, Solesmes 1979.

51 *Sacrosanctum Concilium* 117: *paretur editio magis critica librorum iam editorum post instaurationem sancti Pii X.*

52 *Graduale novum. Editio magis critica iuxta SC 117 seu Graduale sanctae Romanae ecclesiae Pauli pp. VI cura recognitum, ad exemplar Ordinis Cantus Missae dispositum, luce codicum antiquiorum restitutum nutu Sancti Oecumenici Concilii Vaticani II, neumis Laudunensibus et Sangallensibus ornatum*, hrsg. v. Christian Dostal u. a., 2 Bde., Regensburg / Città del Vaticano 2011; 2018. Zur grundsätzlichen Problematik vgl. Andreas Pfisterer, „Ziele und Methoden in der Geschichte der Choralrestauration", in: *Beiträge zur Gregorianik* 49 (2010), S. 61–74.

Produkt dieser Umformung ergab die „Gregorianik“, wie sie seit dem Frühmittelalter mit erstaunlicher Stabilität überliefert wurde; auch wenn sie in Rom selbst erst im Hochmittelalter Einzug fand, war ihre Verbreitung im gesamten lateinischen Westen eine der erfolgreichsten Leistungen abendländischer Kulturgeschichte. Deren Preis war aber die fast vollständige Verdrängung anderer regionaler Gesangstraditionen (wie auch der autochthonen Überlieferung der „altrömischen“ Gesangsweisen in der Stadt Rom). Zugleich wurde der weitgehend stabile Kern des Repertoires bereits kurz nach seiner Übernahme durch sekundäre musikalische Gattungen ergänzt; in der Tagzeitenliturgie blieben auch die alten Gattungen weiterhin produktiv. Nachdem die Melodien am Beginn der Neuzeit noch einmal tiefgreifend an den musikalischen Geschmack der Zeit angepasst worden waren, stellte die Restitution der frühmittelalterlichen Melodien eine gelehrte Rekonstruktion des 19. und 20. Jahrhunderts dar. Die Neueinführung dieser längst ausgestorbenen Gesangsweisen mittelalterlicher Handschriften im *Graduale Romanum* von 1908 anstelle der an Reste lebendiger Praxis anknüpfenden und 1871 mit päpstlichem Privileg ausgestatteten neuzeitlichen Musiktradition der von Pustet nachgedruckten *Editio Medicaea* von 1614/1615 bedeutete nicht nur eine materiale Diskontinuität liturgischer Praxis, sondern implizierte auch einen veritablen Paradigmenwechsel in der Auffassung vom Wesen kirchlicher Tradition: Seit Pius X. ist wissenschaftliche Forschung an frühen Quellen, nicht die über viele Generationen zurückreichende kontinuierliche Praxis der Maßstab für die Authentizität liturgischer Überlieferung – auch wenn der historisierende Rückgriff auf die ältesten Zeugnisse einen Bruch mit jahrhundertealter lebendiger Tradition bedeutet.

„Und wir wissen nicht: Sind wir im Himmel gewesen oder auf der Erde?“

Die Byzantinische Vesper und ihre Genese

Martin Lüstraeten (Mainz)

1 Hinführung

Der sogenannte byzantinische Ritus ist der „verbreitetste ostkirchliche Ritus“[1] und hat eine fundamentale Bedeutung für das Selbstverständnis der Kirchen dieser Liturgiefamilie. Für Außenstehende im Westen suggeriert die Bezeichnung als „byzantinischer Ritus“ eine Verbindung zu Byzanz. Er erscheint auf den ersten Blick als die liturgische Tradition Konstantinopels, das seinem Selbstverständnis nach das neue Rom war. Von dort her hat der byzantinische Ritus ein höfisches Gepräge erhalten und wirkt darum auch heute noch sehr prachtvoll mit einer Ästhetik, die Licht, Duft und Klang vereint. Dieser ästhetische Eindruck vom byzantinischen Ritus ist auch in der orthodoxen Selbstauffassung ein zentrales Element. So erzählt die Chronik, die dem Mönch des Kiewer Höhlenklosters, Nestor, zugeschrieben wird, von Fürst Wladimir, der im Jahr 987 n. Chr. Botschafter entsandte, die herausfinden sollen, welche Religion die geeignete für die Russen sei. Diese Botschafter gehen zu den muslimischen Bulgaren, zu den katholischen Deutschen und zu den orthodoxen Griechen. Bei ihrer Rückkehr nach Kiew berichtet die Gesandtschaft:

> Wir gingen zuerst zu den Bulgaren, und wir sahen uns an, wie sie sich im Tempel, das heißt in der Moschee verneigen, indem sie ohne Gürtel dastehen, und nachdem man sich verneigt hat, setzt man sich und schaut hierhin und dorthin wie ein Besessener, und Freude ist nicht bei ihnen, sondern Trübsinn und großer Gestank. Nicht gut ist ihr Gesetz. Und wir kamen zu den Deutschen und sahen sie in den Tempeln viele Gottesdienste halten, aber wir sahen keinerlei Schönheit. Und so kamen wir zu den Griechen, und sie führten uns dahin, wo sie ihrem Gott dienen. Und wir wissen nicht: Sind wir im Himmel gewesen oder auf der Erde; denn auf Erden gibt es einen solchen Anblick nicht oder eine solche Schönheit; und wir vermögen es nicht zu beschreiben. Nur das wissen wir, dass dort Gott bei den Menschen weilt.[2]

---

1 Johannes Oeldemann, *Die Kirchen des christlichen Ostens: Orthodoxe, orientalische und mit Rom unierte Ostkirchen*, Kevelaer ²2008, S. 17.

2 *Die Nestorchronik: Die altrussische Chronik, zugeschrieben dem Mönch des Kiewer Höhlenklosters Nestor, in der Redaktion des Abtes Sil'vestr aus dem Jahre 1116, rekonstruiert nach den Handschriften Lavrent'evskaja, Radzivilovskaja, Akademičeskaja, Troickaja, Ipat'evskaja und Chlebnikovskaja und ins Deutsche übersetzt von Ludolf Müller* (= Forum Slavicum, 56), hrsg. von Ludolf Müller, München 2001, S. 131–134. Original-Wortlaut bei *Die Nestorchronik: Der altrussische Text der Nestorchronik in der Redaktion des Abtes Sil'vestr aus dem Jahre 1116 und ihrer Fortset-*

Die Historizität dieser Begebenheit ist fraglich, deutlich wird aber der Anspruch an den Ritus, dass er die Menschen überwältigen und Transzendenzerfahrung ermöglichen, dass also letztlich die Wahrheit der Religion durch den ästhetischen Eindruck von der Liturgie erfahrbar werden soll.

Im Folgenden wird in diesem Beitrag die Genese der Tagzeitenliturgie im byzantinischen Ritus nachgezeichnet. In einem zweiten Teil wird dann der Ablauf der byzantinischen Vesper dargestellt und daran aufgezeigt, wie sich die einzelnen Schritte in der Entwicklung auf die gegenwärtige Gestalt ausgewirkt haben. Der byzantinische Ritus ist der größte Ritus der östlichen Ritenfamilie und wird in verschiedenen christlichen Denominationen der chalzedonensisch-orthodoxen Tradition und der von ihnen getrennten mit Rom unierten Kirchen verwendet. Damit ist der byzantinische Ritus auch Teil der katholischen Tradition, zugleich aber von Rom weitgehend unbeeinflusst, da er nie auf Latein gefeiert wurde.[3] Als Ritus der Reichshauptstadt Konstantinopel beeinflusste der byzantinische Ritus auch die Genese anderer Riten oder verdrängte sie sogar – ein Prozess, der als *Byzantisierung*[4] bezeichnet wird. Die Bezeichnung als byzantinischer Ritus geht auf den prägenden Charakter für die Identität der Byzantiner zurück,[5] täuscht aber zugleich darüber hinweg, dass der Ritus in seiner Genese nicht nur von den liturgischen Traditionen Konstantinopels, sondern wesentlich auch von den liturgischen Traditionen Jerusalems geprägt wurde.

Die Erforschung der Geschichte des byzantinischen Ritus begann im Westen mit dem Humanismus, als erstmals byzantinische liturgische Bücher ediert und durch lateinische Übersetzungen der Wissenschaft zugänglich gemacht wurden.[6] Es entstanden in dieser Zeit auch erste Abhandlungen über die römische Liturgiegeschichte, in denen gelegentlich Vergleiche mit dem byzantinischen Ritus angestellt

zung bis zum Jahre 1305 in der Handschrift des Mönchen Lavrentij aus dem Jahre 1377 sowie die Fortsetzung der Suzdaler Chronik bis zum Jahre 1419 nach der Akademiehandschrift (= Forum Slavicum, 48), hrsg. von Ludolf Müller, München 1977, Sp. 106–108.

3 Vgl. Robert Taft, *Eastern-Rite Catholicism: Its Heritage and Vocation*, Scranton 1963, S. 6.

4 Sowohl die Bezeichnung dieses Prozesses als auch dessen Identifikation sind umstritten. Zumindest für die Melkiten in den Patriarchaten von Alexandrien und Antiochien konnte der sukzessive Wechsel von der eigenen Tradition zum byzantinischen Ritus nachgezeichnet werden, vgl. Martin Lüstraeten, *Die handschriftlichen arabischen Übersetzungen des byzantinischen Typikons: Zeugen der Arabisierung und Byzantisierung der melkitischen Liturgie* (= Jerusalemer Theologisches Forum, 31), Münster 2017. Für das Patriarchat Jerusalem vgl. Daniel Galadza, *Liturgy and Byzantinization in Jerusalem* (= The Oxford Early Christian Studies), Oxford 2018.

5 Vgl. Hans-Georg Beck, *Kirche und theologische Literatur im Byzantinischen Reich* (= Byzantinisches Handbuch, 2.1), München 1959, S. 233.

6 Als Vorreiter ist hier Jacobus Goar zu nennen, der ein byzantinisches Euchologion edierte und eine lateinische Studienübersetzung beifügte: Jacobus Goar, *Euchologion: Sive Rituale Graecorum*, Venedig 1730. Etwa zur gleichen Zeit erstellte Giuseppe Simone Assemani einen Katalog der syrischen Manuskripte in der vatikanischen Bibliothek: Giuseppe Simone Assemani, *Bibliothecae Apostolicae Vaticanae Codicum Manuscriptorum Catalogus in Tres Partes Distributus: Partis Primae, Tomus Secundus, Complectens Codices Chaldaicos sive Syriacos*, Rom 1758. Dieses Werk bildete die Grundlage für weitere vergleichende Abhandlungen.

wurden. Im frühen 20. Jahrhundert wurde die Forschung wieder aufgenommen und weiterentwickelt, insbesondere durch die slawischen Forscher Aleksej Afanas'evič Dmitrievskij[7], Mikhail Skaballanovič[8] und Ivan Mansvetov[9]. In der westlichen Forschung hingegen rückte der byzantinische Ritus erst wieder in den 1960er Jahren in den Focus, nun vor allem angetrieben durch die beiden spanischen Liturgiewissenschaftler Juan Mateos[10] und Miguel Arranz[11]. Aus ihrem Schülerkreis stammen wiederum weitere namhafte Liturgiewissenschaftler/innen, die die Forschung bis heute prägen; insbesondere zu nennen ist hier Robert Taft.

---

7 Als sein Hauptwerk gilt Aleksej A. Dmitrievskij, *Opisanie Liturgitseskich Rukopisej.* 3 Bde., Kiew 1895 ff.

8 Mikhail Skaballanovič, *Tol'kovyj Tipikon: Ob-Jasnitel'noe Izloženie Tipikona s Istoričeskim Vvedeniem.* 3 Bde., Kiew 1910 ff.

9 Ivan Mansvetov, *Cerkovnyj Ustav (Tipik): Ego Obrazovanie i Sud'ba v Grečeskoj i Russkoj Cerkvi*, Moskau 1885.

10 Juan Mateos, „Quelques Problèmes de l'Orthros Byzantin", in: *Proche-Orient Chrétien* 11 (1961) S. 17–35, 201–220; ders., *Le Typicon de la Grande Église: Ms. Sainte-Croix no. 40, Xe siècle*, 2 Bde., Rom 1962f.; ders., „L'Office Monastique à la fin du IVe siècle: Antioche, Palestine, Cappadoce", in: *Oriens Christianus* 47 (1963), S. 53–88; ders., „La Psalmodie Variable dans l'Office Byzantin", in: *Acta Philosophica et Theologica: II*, Bd. 2, Rom 1964, S. 325–339; ders., „Un Horologion Inédit de Saint-Sabas: Le Codex Sinaïtique Grec 863 (IXe Siècle)", in: *Mélanges Eugène Tisserant: Vol. III: Orient Chrétien, Deuxième partie* (= Studi e Testi, 233), hrsg. von Eugène Tisserant, Vatikan 1964, S. 47–76; ders., „La Psalmodie dans le Rite Byzantin", in: *Proche-Orient Chrétien* 15 (1965), S. 107–126; Ders., „The Origins of the Divine Office", in: *Worship* 41 (1967), S. 477–485; ders., „The Morning and Evening Office", in: *Worship* 41 (1968), S. 31–47; ders., „Quelques Anciens Documents sur l'Office du Soir", in: *Orientalia Christiana Periodica* 35 (1969), S. 347–374; ders., *La Célébration de la Parole dans la Liturgie Byzantine: Étude Historique* (= Orientalia Christiana Analecta, 191), Rom 1971.

11 Miguel Arranz, „Les Prières Presbytérales des Matines Byzantines: I", in: *Orientalia Christiana Periodica* 37 (1971), S. 406–436 ; ders., „Les Prières Sacerdotales des Vêpres Byzantines", in: *Orientalia Christiana Periodica* 37 (1971), S. 85–124; ders., „Les Prières Presbytérales des Matines Byzantines: II", in: *Orientalia Christiana Periodica* 38 (1972), S. 64–115; ders., „Les Prières Presbytérales de la Pannychis de l'Ancien Euchologe Byzantin et la ‚Panikhida' des Défunts: I", in: *Orientalia Christiana Periodica* 40 (1974), S. 314–343; ders., „Les Prières Presbytérales de la Pannychis de l'Ancien Euchologe Byzantin et la ‚Panikhida' des Défunts: II", in: *Orientalia Christiana Periodica* 41 (1975), S. 119–139; ders., „L'Office de la Veillée Nocturne dans l'Église Grecque et dans l'Église Russe: Nikolai Dmitrevich Uspensky, ‚Čin Vsenoščnogo Bdenija v Grečeskoj i Russkoj Cerkvi' Leningrad 1949", in: *Orientalia Christiana Periodica* 42 (1976), S. 117–155 und 402–425; ders., „Les Grandes Étapes de la Liturgie Byzantine: Palestine – Byzance – Russie. Essai d'Aperçu Historique", in: *Liturgie de l'Église Particulière et Liturgie de l'Église Universelle: Conférences Saint-Serge; XXIIe Semaine d'Études Liturgiques; Paris, 30 juin – 3 juillet 1975* (= Bibliotheca ‚Ephemerides liturgicae'. Subsidia, 7), hrsg. von Jean-Jacques von Allmen, Rom 1976, S. 43–72; ders., *Istorija Tipikona*, Leningrad 1978; ders., „L'Office de l'Asmatikos Hesperinos (Vêpres Chantées de l'Ancien Euchologe Byzantin)", in: *Orientalia Christiana Periodica* 44 (1978), S. 107–130 und 391–419; ders., „Les ‚Fêtes Théologiques' du Calendrier Byzantin", in: *La liturgie, expression de la foi: Conférences Saint-Serge, XXVe Semaine d'Études Liturgiques, Paris, 27-30 Juin 1978* (= Bibliotheca ‚Ephemerides liturgicae'. Subsidia, 16), hrsg. von Achille M. Triacca, Rom 1979, S. 29–55; ders., „N.D. Uspensky: The Office of the All-Night Vigil in the Greek Church and in the Russian Church", in: *St. Vladimir's Theological Quarterly* 24 (1980), S. 83–113 und 169–195; ders., „L'Office de l'Asmatikos Orthros (‚Matines Chantées') de l'Ancien Euchologe Byzantin", in: *Orientalia Christiana Periodica* 47 (1981), S. 122–157.

2 Die Genese der byzantinischen Vesper

2.1 Das monastische und das kathedrale Tagzeitengebet

Die Geschichte der Tagzeitenliturgie beginnt schon in vorchristlicher Zeit: Das Gebet zu festen Zeiten ist wahrscheinlich die christliche Übernahme einer für das Judentum schon früh belegten Praxis. Die Bücher der Thora sehen in Ex 30,8 sowie Lev 24,1–4 ein Abendgebet mit Lichtritus vor[12] und im Neuen Testament wurden, wenn auch nicht zwingend in direkter Verwandtschaft hierzu, aber zumindest in Anknüpfung an diese Praxis, Gebete zu festen Zeiten vorgeschrieben.[13] Insbesondere der Morgen und der Abend waren als Gebetszeiten wohl auch im griechischen und römischen Umfeld verbreitet und somit für die ersten Christen naheliegend.[14] Aus dem neutestamentlichen Aufruf, ohne Unterlass zu beten (vgl. 1 Thess 5,17) entwickelten sich feste Gebetszeiten am Tag, die erstmals bei Klemens von Alexandrien zu Ende des 2. Jahrhunderts belegt sind: Er erwähnt Gebete am Morgen und Abend, in der Nacht, zu den Mahlzeiten, sowie zur dritten, sechsten und neunten Stunde (vgl. *Stromateis* VII,7,40,4), steht diesen festen Zeiten aber ablehnend gegenüber und betont, dass man Gott in seinem ganzen Leben zu preisen habe.[15] Aus der gleichen Zeit stammt das Werk des Origenes, der in seiner Abhandlung über das Gebet bezeugt, dass der Psalm 140 LXX am Abend gesprochen wurde, was ein erster Hinweis auf den konkreten liturgischen Vollzug ist.[16] Es gibt in den Quellen zur frühen christlichen Liturgie einige weitere Andeutungen eines täglichen Gebets, aber eine Rekonstruktion der christlichen Gebetspraxis in den ersten drei Jahrhunderten ist auf dieser Basis nicht möglich. Gerade mit Blick auf die musikalische Gestaltung können aber Erkenntnisse gewonnen werden: Zum einen überliefert Eusebius von Cäsarea den Hinweis, dass mit beliebten Hymnen häretische Gedanken verbreitet wurden (*Kirchengeschichte* 7,30,10) und zum anderen berichtet Tertullian, dass Psalmen gelesen wurden (*Über das Gebet* 27). Ansonsten müssen sich die Liturgiewissenschaftlerinnen und Liturgiewissenschaftler jedoch auf die Formkritik der Exegetinnen und Exegeten verlassen, die verschiedene musikalische Gattungen in den Texten des Neuen Testaments zu

---

12 Vgl. Nikolaj Dmitrievič Uspenskij, *Evening Worship in the Orthodox Church*, Crestwood 1985, S. 14.

13 Vgl. Robert Taft, „The Theology of the Liturgy of the Hours“, in: *Handbook for Liturgical Studies: Vol. V: Liturgical Time and Space*, hrsg. von Anscar J. Chupungco, Collegeville, Minn. 2000, S. 119–123, hier S. 123.

14 Vgl. Robert Taft, *The Liturgy of the Hours in East and West: The Origins of the Divine Office and Its Meaning for Today*, Collegeville, Minn. 1985, S. 11.

15 Vgl. Mateos, „Origins of the Divine Office“, S. 478 mit Bezugnahme auf Klemens von Alexandria, *Stromateis* VII, S. 7.

16 Vgl. Taft, *Liturgy of the Hours in East and West*, S. 16. Die Kapitelnummerierung des Psalmenbuchs folgt der griechischen Übersetzung, die mit der Septuaginta, der griechischen Übersetzung der Torah (der ersten fünf Bücher der Bibel) zusammengefasst und in diesem Essay mit dem Kürzel „LXX“ („Siebzig/Septuaginta“) bezeichnet wird.

identifizieren suchen. Der eigentliche musikalische Vollzug wird dann wiederum genauso partikular und lokal gewesen sein wie das Gebet selbst.[17] In dieser frühen Phase festigten sich auch erste Parameter einer Theologie der Tagzeiten,[18] allen voran die Parallelisierung von Sonnenuntergang und Sonnenaufgang mit Tod und Auferstehung Jesu, ergänzt um die Gebetszeiten zur dritten (Kreuzigung), sechsten (Sonnenfinsternis) und neunten (Tod Jesu) Stunde und verstärkt durch Gebetsostung als Ausrichtung hin auf Christus als die aufgehende Sonne. Entsprechend ist für das Abendgebet häufig ein Lichtritus vorgesehen, bei dem Christus als das ewige Licht angesprochen wird sowie – je nach Kontext – auch ein abendliches bzw. nächtliches Beten als Wachehalten in Erwartung des Bräutigams (vgl. Mat 25,1–13). Ab dem 4. Jahrhundert finden sich dann gefestigte Gebetszeiten, die seit Anton Baumstark in „kathedral" und „monastisch" unterschieden werden,[19] was von Mateos in „kathedral", „monastisch" und „urban-monastisch" ausdifferenziert wurde.[20] Über diese Terminologie wird in der Fachwelt heftig gestritten. Den Anstoß hierzu gab Byron Stuhlmann, der in einem Aufsatz von 1989 die Anwendung auf das gesungene kathedrale Tagzeitengebet Konstantinopels kritisierte, das seiner Ansicht nach ebenfalls als monastisch zu charakterisieren sei.[21] Diese Kritik wurde aufgegriffen und bemängelt, dass man gar nicht trennscharf zwischen monastischem und kathedralem Tagzeitengebet unterscheiden könne und ein Festhalten an dieser Begrifflichkeit die Forschung einschränke.[22] Zugleich hatte Robert Taft aber betont, dass diese Trennung bereits in der Manuskripttradition grundgelegt sei.[23] Bradshaw schlug daraufhin als Kompromiss vor, statt zwischen „kathedral" und „monastisch" zwischen „city" und „desert" zu unterscheiden – jedoch nicht bezogen auf den Entstehungskontext einer Gebetsform, sondern auf ihr Selbstverständnis.[24] Dieser Vorschlag macht die Terminologie in der Anwendung aber noch unspezifischer.

Ein eigentlicher Konsens wurde nicht erreicht, doch ist an dieser Stelle festzuhalten, dass es nach gegenwärtigem Kenntnisstand kein rein monastisches Tag-

---

17 Vgl. Jan M. Joncas, „Liturgy and Music", in: *Handbook for Liturgical Studies: Vol. II: Fundamental Liturgy*, hrsg. von Anscar J. Chupungco, Collegeville, Minn. 1998, S. 281–321, hier S. 287 f.

18 Vgl. Taft, *Liturgy of the Hours in East and West*, S. 28 f.

19 Vgl. ebd., S. 32.

20 Vgl. Mateos, *Origins of the Divine Office*.

21 Vgl. Byron D. Stuhlmann, „The Morning Offices of the Byzantine Rite: Mateos Revisited", in: *Studia Liturgica* 19 (1989), S. 162–178, hier S. 163 f.

22 Vgl. Peter Knowles, „A Renaissance in the Study of Byzantine Liturgy?", in: *Worship* 68 (1994), S. 232–241, hier S. 234 f.

23 Vgl. Robert Taft, „Comparative Liturgy Fifty Years after Anton Baumstark (d. 1948): A Reply to Recent Critics", in: *Worship* 73 (1999), S. 521–540, hier S. 532 f.

24 Vgl. Paul Bradshaw, „Cathedral and Monastic: What's in a Name?", in: *Worship* 77 (2003), S. 341–353.

zeitengebet gibt.[25] Man kann weiterhin zwischen typisch monastischen Elementen und typisch kathedralen Elementen unterscheiden. Kathedrale Elemente haben häufig gleichbleibende Texte für die Gemeinde, verschiedene Rollen (unter Vorsitz des Bischofs), viel Symbolik und Gesang, und beschränken sich in der Regel auf Gebete am Abend und am Morgen. Monastische Elemente verzichten auf priesterliche Elemente und variieren stärker bei den Schrifttexten, insbesondere bei den Psalmen. In monastischem Kontext begegnet eher der Anspruch, den ganzen Psalter zu beten bzw. zu meditieren, wofür in der Geschichte eine Fülle an Varianten der Aufteilung entwickelt wurde. Zugleich wird auf Symbolik und Gesang weitgehend verzichtet. In der Regel sind mehrere Gebetszeiten am Tag vorgesehen, zusätzlich werden im Alltag Psalmen meditiert.

In den verschiedenen Riten des Ostens haben sich sieben Traditionen der Tagzeitenliturgie herausgebildet – bei manchen dominieren die kathedralen Elemente (Armenier, Ostsyrer, Assyro-Chaldäer), bei manchen die monastischen (Kopten, Äthiopier), andere – darunter auch der byzantinische (und der westsyrische/maronitische) Ritus – sind offensichtlich hybride Formen.[26]

Deutlicher wird dies bei einem Vergleich: Das klassische Beispiel für eine kathedral geprägte Vesper findet sich im Reisebericht der Egeria, einer gallischen Nonne, die im 4. Jahrhundert die Liturgie in Jerusalem beschreibt. Es gibt in ihrer Darstellung keine Anzeichen monastischer Einflüsse.[27] Hieran wird deutlich, dass sie die Kathedralliturgie Jerusalems und keine Gemeindeliturgie beschreibt. Das ist in der Quellenlage auch durchaus der Regelfall. Beschreibungen der Liturgie finden sich vorwiegend für besonders angesehene Orte. Egeria beschreibt im *Reisebericht* (24,4–6[28]) ein Abendgebet:

> In der zehnten Stunde jedoch, die man hier Lychnikon nennt, wir sagen nämlich Luzernar, versammelt sich wieder die ganze Menge in der Anastasis, alle Kerzen und Leuchter werden angezündet und es gibt unendliches Licht. Das Licht jedoch wird nicht von außen herbeigetragen, sondern aus der Grotte im Inneren wird es geholt, wo nachts und tags immer eine Lampe leuchtet, das heißt innerhalb von der Absperrung. Es werden sowohl die Luzernarpsalmen rezitiert, als auch lange Zeit hindurch die Antiphonen. Und siehe, der Bischof wird gerufen. Er steigt hinab und setzt sich erhöht hin. Ebenso setzen sich auch die Presbyter auf ihre Plätze. Es werden Hymnen und Antiphonen gesprochen.
>
> Und sobald das Sprechen gemäß der Gewohnheit vollendet ist, erhebt sich der Bischof und stellt sich vor das Gitter, das heißt vor die Grotte und einer von den Diakonen

25 Vgl. Stig R. Frøyshov, „The Cathedral-Monastic Distinction Revisited: Part I: Was Egyptian Desert Liturgy a Pure Monastic Office?“, in: *Studia Liturgica* 37 (2007), S. 198–216, hier S. 215.

26 Vgl. Robert Taft, „The Liturgy of the Hours in the East“, in: *Handbook for Liturgical Studies: Vol. V: Liturgical Time and Space*, hrsg. von Anscar J. Chupungco, S. 29–57, Collegeville, Minn. 2000, hier S. 32.

27 Vgl. Mateos, „Morning and Evening Office“, S. 40.

28 Vgl. Taft, *Liturgy of the Hours in East and West*, S. 51; Gabriele Winkler, „Über die Kathedralvesper in den verschiedenen Riten des Ostens und Westens“, in: *Archiv für Liturgiewissenschaft* 16 (1974), S. 53–102, hier S. 59.

spricht das Gedächtnis der Einzelnen, wie man es als Gewohnheit pflegt. Und wenn der Diakon die Namen der Einzelnen nennt, antworten sehr viele Kinder, deren Stimmen unendlich sind, die dort stehen immer ‚Kyrie eleison', wo wir sagen: ‚Erbarme dich, Herr'.
Und sobald der Diakon alles gesprochen hat, was er zu sagen hatte, spricht der Bischof das erste Gebet und betet für alle. Und dann beten alle, sowohl Gläubige als auch Katechumenen. Sodann erhebt der Diakon die Stimme (und sagt), dass jeder Katechumene, dort wo er steht, den Kopf neigen soll. Und so spricht der Bischof stehend den Segen über die Katechumenen. Dann ergeht ein Gebet und wieder erhebt der Diakon die Stimme und fordert dazu auf, dass jeder Gläubige stehend seinen Kopf neigt. Dann segnet der Bischof die Gläubigen und so erfolgt die Entlassung aus der Anastasis. Und die einzelnen beginnen, zum Bischof zur Hand zu kommen [um sich segnen zu lassen].[29]

Diese Feier eines Luzernars besteht demnach aus:

- dem Anzünden der Lichter
- dem Singen von Vesperpsalmen mit Antiphonen
- dem Einzug des Bischofs
- weiteren Hymnen und Antiphonen
- einer Fürbittlitanei
- einem Gebet, bei dem alle ihr Haupt neigen, das mit einer Segnung abschließt
- einer liturgischen Entlassung
- einem Ausklang an verschiedenen Stationen im unmittelbaren Umfeld mit Gebeten und Segnungen

Demgegenüber ist das klassische Beispiel für ein monastisches Abendgebet bei Johannes Cassianus zu finden, einem Mönch, der nach Unterägypten reiste und dort die Klöster besuchte. Zwanzig Jahre später schrieb er in der Retrospektive über die Liturgie, die er dort gesehen hatte; nicht, weil er Geschichtsschreibung betreiben wollte, sondern weil er das gallische Mönchtum (seiner Heimat) nach dem ägyptischen Vorbild reformieren wollte. Er beschrieb die Tagzeitenliturgie in Kapitel II und III seines Werks *Von den Einrichtungen der Klöster*. Demnach gab es nur ein Abend- und ein Morgengebet. Beide waren gleich strukturiert und bestanden aus[30]

- dem Gesang von zwölf Psalmen, beginnend mit dem Psalmenvortrag durch einen Solisten, darauf eine Gebetsstille, und ein abschließendes Kollektengebet (II,7–10)
- der Doxologie (II,8)
- der Lesung von zwei Abschnitten der Heiligen Schrift

Der Psalter wurde vollständig gesprochen. Johannes Cassianus erwähnt auch nirgends eine Auswahl von Psalmen. Darüber hinaus sind weder Gesänge noch ver-

---

29 Text: Egeria, *Itinerarium = Reisebericht: Mit Auszügen aus Petrus Diaconus De Locis Sanctis = Die Heiligen Stätten* (= Fontes Christiani, 20), hrsg. von Georg Röwekamp, Freiburg i. Br. 1995, S. 228–230. Übersetzung: M.L.

30 Vgl. Taft, *Liturgy of the Hours in East and West*, S. 60 f.

schiedene Rollen oder Funktionen vorgesehen. Dieses monastische Gebet in der Beschreibung Cassians ist jedoch eine Idealform, die so möglicherweise gar nicht existiert hat, sondern ausschließlich in Mischformen bestand. Eine solche beschreiben die *Pandekten* des Nikon vom Schwarzen Berg, in denen er das Abendgebet beschreibt, das Iōannēs Moschos und Sophrōnios von Jerusalem bei einem Aufenthalt am Sinai in der Zelle des Anachoreten Nilos vom Sinai beobachtet haben sollen. Diese Zuschreibung muss nicht authentisch sein, es kann sich auch um Pseudepigraphie handeln.[31] Wahrscheinlich ist die Geschichte irgendwann zwischen dem 7. und dem 13. Jahrhundert entstanden.[32] Darüber hinaus lassen auch einige Widersprüche in der Darstellung an der Authentizität zweifeln.[33] Über die Vesper heißt es:

> Als wir zur Vesper (εἰς τὰ ἑσπερινά) gingen, begann der Älteste ‚Ehre sei dem Vater' (Δόξα Πατρὶ) mit dem folgenden, und sie sprachen das ‚Selig ist der Mann' [Ps 1] und das ‚Herr, ich rief zu dir' [Ps 140 LXX] ohne Troparien (χωρὶς τροπαρίων). Und sie sprachen das ‚Heiteres Licht' (Φῶς ἱλαρὸν) und das ‚Gewähre, o Herr' (Καταξίωσον, Κύριε). Er begann ‚Nun entlässt du' [Lk 2,29] mit dem folgenden (σὺν τοῖς ἑξῆς). Und, nachdem wir das Abendgebet vollendet hatten, bereitete er uns den Tisch.[34]

Die Elemente, die hier genannt werden, sind:

- die Doxologie („mit dem folgenden")
- Ps 1
- Ps 140 LXX („ohne Troparien")
- der Lichthymnus „Heiteres Licht" (φῶς ἱλαρὸν)
- das Gebet „Gewähre, o Herr" (Καταξίωσον, Κύριε)
- und das Nunc dimittis („mit dem folgenden")

Damit sind bereits die Grundelemente der byzantinischen Vesper heute bezeugt. Was jedoch noch fehlt, sind die Gesänge, die Priestergebete, die Litaneien und der Lichtritus mit Einzug. Nilos vom Sinai beschränkt sich also auf das, was er als einzelner Mönch leisten kann. Deutlich an dieser Erzählung wird auch, dass das (sinaitische) Mönchtum des 5./6. Jahrhunderts offenbar den Gesang rigoros ablehnte.[35] Vom Charakter her ist es ein monastisches Tagzeitengebet, das mit dem

---

31 Vgl. Augusta Longo, „Il Testo Integrale della Narrazione degli Abati Giovanni e Sofronio Attraverso Hermêneiai di Nicone", in: *Rivista di Studi Bizantini e Neoellenici* 12–13 (1965–1966), S. 223–267, hier S. 238.

32 Vgl. Heinrich Husmann, „Der Aufbau der byzantinischen Liturgie nach der Erzählung von der Reise der Äbte Johannes und Sophronios zum Einsiedler Nilos", in: *Musicae Silentiae Collectanea: Festschrift Karl Gustav Fellerer zum sechzigsten Geburtstag am 7. Juli 1972 überreicht von Kollegen, Schülern und Freunden*, hrsg. von Heinrich Hüschen, Köln 1973, S. 243–249, hier S. 248. Es gibt jedoch auch Ansätze zur Frühdatierung, vgl. Taft, *Liturgy of the Hours in East and West*, S. 198 f.

33 Vgl. Husmann, „Aufbau der byzantinischen Liturgie", S. 248.

34 Wortlaut: Longo, „Testo Integrale", S. 251 f. Übersetzung: M.L.

35 Vgl. Egon Wellesz, *A History of Byzantine Music and Hymnography*, Oxford [2]1961, S. 171.

Ps 140 LXX, dem Lichthymnus, dem Kataxiōson und dem Nunc dimittis[36] bereits deutlich kathedrale Elemente aufweist. Hier hat also bereits eine Synthese stattgefunden.

2.2 Die Synthesen in der Genese der byzantinischen Vesper

Grundbeobachtung

Ebenso ist auch die gegenwärtige byzantinische Tagzeitenliturgie das Ergebnis einer Synthese, genauer: einer doppelten Synthese aus monastischen und kathedralen Elementen einerseits sowie aus konstantinopolitanischen und palästinischen (hagiopolitischen) Elementen andererseits. Der gegenwärtige byzantinische Ritus hat seine Wurzeln in Jerusalem und in Konstantinopel. Der bis heute unbestrittenen Theorie von Arranz zu Folge[37] gab es an beiden Orten nicht nur jeweils eine kathedrale und eine monastische Tradition, sondern jeweils auch zwei prägende Daten, die eine Restauration und Umformung der Liturgie angestoßen haben und sich jeweils in besonderer Weise auf die Hymnologie auswirkten: In Jerusalem war dies einerseits die Einnahme der Stadt durch die Perser 614 mit der Zerstörung der heiligen Stätten und andererseits die Zerstörung der Grabeskirche 1009 durch den Kalifen al-Ḥākim.[38] In Konstantinopel war es die erste Welle des Byzantinischen Bildersturms ab 726 sowie die Einnahme der Stadt durch die lateinischen Kreuzfahrer 1204. An diesen zwei Daten wurde der kontinuierliche Vollzug eines liturgischen Alltags in diesen Zentren abgebrochen und der Ritus nach einiger Zeit restauriert oder umgestaltet. Daraus ergeben sich drei Phasen der byzantinischen Liturgieentwicklung, denen Taft im Anschluss an Alexander Schmemann für Byzanz noch zwei weitere Phasen voranstellt: eine paläo-byzantinische Phase und eine imperiale Phase. Somit ergibt sich ein Schema aus fünf Phasen:[39]

- eine erste paläo-byzantinische Phase von den Anfängen bis zu Konstantin
- eine zweite imperiale Phase, insbesondere seit Justinian
- eine dritte Phase nach der Einnahme Jerusalems durch die Perser und der ersten Welle des Byzantinischen Bildersturms
- eine vierte Phase bis zur Einnahme Konstantinopels durch die lateinischen Kreuzfahrer
- eine fünfte Phase ab der Einnahme Konstantinopels

36 Vgl. Uspenskij, *Evening Worship in the Orthodox Church*, S. 67–68.

37 Vgl. Arranz, „Les Grandes Étapes“, S. 46 f. Über die Schwächen dieses Modells vgl. Daniel Galadza, „«Les Grandes Étapes de la Liturgie Byzantine» de Miguel Arranz, Quarante ans après“, in: 60 Semaines Liturgiques à Saint-Serge. Bilans et Perspectives Nouvelles. 60e Semaine d'études liturgiques, Paris, Institut Saint-Serge, 24–27 juin 2013, hrsg. von André Lossky und Goran Sekulovski, Münster 2016, S. 295–310.

38 Hinterfragt wurde dieser Ansatz zuletzt durch Galadza, *Liturgy and Byzantinization in Jerusalem*, S. 13.

39 Vgl. Robert Taft, *The Byzantine Rite: A Short History* (= American Essays in Liturgy Series), Collegeville, Minn. 1992, S. 18 f.

Die erste und die zweite Phase

Gerade für diese ersten beiden Phasen ist die Quellenlage sehr dünn, insbesondere im Hinblick auf Konstantinopel, das in der paläo-byzantinischen Phase seine liturgische Prägung von Antiochien her erhielt, dem seinerzeit bedeutendsten theologischen Zentrum.[40] Die imperiale Phase begann mit Theodosios I. (379–395), erreichte ihren Höhepunkt aber erst unter Justinian I. (527–565) und war geprägt von der Aufnahme höfischen Zeremoniells.[41] In dieser Phase seien vor allem neue Feste und neue Gesänge entstanden.[42]

Die dritte Phase

Für die Beschreibung der dritten Phase beruft sich Arranz auf Mansvetov und erklärt, dass zunächst der Tageskreis entstanden sei und die grundlegenden liturgischen Bücher entwickelt wurden: das Euchologion mit den Priestergebeten und das Hōrologion mit dem Ordinarium der Tagzeitenliturgie.[43] Zeitgleich entwickelte sich in Konstantinopel auch der liturgische Gesang. Ursprünglich sang man Troparia zu einfachen Melodien, die man wahrscheinlich auch für die Psalmen verwendete.[44] Ab dem 6. Jh. entstanden dann komplexere Formen.[45] Nun jedoch hatte sich aus der von Egeria beschriebenen Jerusalemer Kathedralvesper[46] in Konstantinopel die gesungene Vesper entwickelt, in der mit Ausnahme der Gebete und Litaneien praktisch alle vorgesehenen Texte gesungen wurden.[47] Für den Vollzug waren nun Chöre mit geübten Sängern erforderlich, ebenso auch qualifizierte Vorsteher und Solisten.[48] Die Musik wurde immer weiter ausgeschmückt und es entwickelte sich ein kalophonischer melismatischer Stil.[49] Überliefert wird die gesungene Vesper unter anderen von Symeōn von Thessalonikē, der aber zugleich berichtet, dass sie zu seiner Zeit (im 15. Jahrhundert) bereits weitgehend verdrängt war.[50] Ältere Zeugen sind verschiedene Euchologia, die mindestens die gesungene Tagzeitenliturgie für den Abend und den Morgen bezeugen.[51] Im Mit-

40 Vgl. Gregor Hanke, *Vesper und Orthros des Kathedralritus der Hagia Sophia zu Konstantinopel: Eine strukturanalytische und entwicklungsgeschichtliche Untersuchung unter besonderer Berücksichtigung der Psalmodie und der Formulare in den Euchologien*, Frankfurt a. M. 2002, S. 25.

41 Vgl. Taft, *Byzantine Rite*, S. 19.

42 Vgl. ebd., S. 28 f.

43 Vgl. Arranz, „Les Grandes Étapes“, S. 45.

44 Vgl. Wellesz, *History of Byzantine Music and Hymnography*, S. 178.

45 Vgl. ebd., S. 179.

46 Vgl. Uspenskij, *Evening Worship in the Orthodox Church*, S. 37.

47 Vgl. Arranz, „Office of the All-Night Vigil“, S. 97.

48 Vgl. Dimitri E. Conomos, „Music“, in: *The Oxford Dictionary of Byzantium*, hrsg. von Aleksandr Petrovič Každan, Oxford 1991, S. 1424–1426, hier S. 1425.

49 Vgl. ebd.

50 Vgl. Hanke, *Vesper und Orthros des Kathedralritus der Hagia Sophia zu Konstantinopel*, S. 153.

51 Vgl. Robert Taft, „Asmatike Akolouthia“, in: *The Oxford Dictionary of Byzantium*, hrsg. von Aleksandr Petrovič Každan, Oxford 1991, S. 209.

telpunkt des Abendgebets steht demnach der Ps 140 LXX, um den herum sich Gesänge, insbesondere Psalmen mit Antiphonen, sowie Gebete und Litaneien angesiedelt haben. Abgeschlossen wurde die Vesper an Sonntagen mit einer Prozession. Die Beschreibung Symeōns legt außerdem nahe, dass es nicht nur eine gesungene Vesper und eine gesungene Laudes gab, sondern praktisch für alle Horen gesungene, kathedral geprägte Fassungen vorlagen, die strukturell völlig unabhängig von den zeitgenössischen monastischen Formen waren.[52] In dieser Zeit entstand auch der Barberini-Codex (Handschrift Codex Barberini graecus 336),[53] das älteste vollständig erhaltene Euchologion, das auch die Gebete für die Tagzeitenliturgie enthält:[54] Vesper, Mesonyktikon, Matutin, Terz, Sext, Non und ggf. auch Pannychis. Diese Gebete bestanden aus einer Vielzahl an Priestergebeten, denen Litaneien voran- und Psalmenantiphonen nachgestellt wurden.[55] Die meisten dieser Gebete gingen in der weiteren Tradition verloren, ein paar jedoch werden immer noch in der Vesper oder der Laudes (Orthros) gesprochen.[56]

Zur gleichen Zeit begann in Jerusalem die Entwicklung der monastischen Gebetstradition, angestoßen durch Sabas, den Gründer des Klosters Mār Sābā. Zu seiner Zeit begann die schriftliche Fixierung der Tagzeitenliturgie (Psaltērion, Hōrologion, Euchologion).[57] Dennoch haben wir gerade für diese Frühzeit kaum verwertbare Informationen: Im sogenannten „Testament" des Sabas wird das Abendgebet lediglich erwähnt, aber nicht beschrieben[58] und gerade im Blick auf musikalische Elemente wird nie erwähnt, wie sie umgesetzt wurden.[59] Ähnliches gilt auch für die Jerusalemer Kathedralliturgie; immerhin ist hier aber die Quellenlage mit dem Reisebericht der Egeria, dem Armenischen Lektionar und dem Georgischen Lektionar schon etwas reichlicher.

Die vierte Phase

Freistehende, nicht-biblische Gesänge gab es bis zum 7. Jahrhundert fast keine. Nur wenige sind als Psalmenantiphonen[60] überliefert. Die Vesper des Nilos vom Sinai zeigt außerdem, dass es anscheinend auch Widerstand gegen Hymnen gab. In der vierten Phase entwickelte sich nun aber eine viel umfangreichere Hymnographie,

52 Vgl. Arranz, „L'Office de l'Asmatikos Hesperinos", S. 108.

53 Eine Edition liegt vor in *L'Eucologio Barberini gr. 336: ff. 1–163* (= Bibliotheca ‚Ephemerides liturgicae'. Subsidia, 80), hrsg. von Stefano Parenti, Rom 1995.

54 Vgl. Arranz, „Les Grandes Étapes", S. 49.

55 Vgl. ebd., S. 50.

56 Siehe hierfür die Aufstellung in Arranz, *Prières Sacerdotales des Vêpres Byzantines* für die Vesper sowie ders., *Prières Presbytérales des Matines Byzantines I* und ders., *Prières Presbytérales des Matines Byzantines II* für das Morgengebet.

57 Vgl. Arranz, „Les Grandes Étapes", S. 47–52.

58 Vgl. ebd., S. 48.

59 Vgl. Joncas, „Liturgy and Music", S. 290.

60 Vgl. Robert Taft, „The Structural Analysis of Liturgical Units: An Essay in Methodology", in: *Worship* 52 (1978), S. 314–329, hier S. 327.

die in die Tagzeitenliturgie aufgenommen wurde. Als möglichen Anstoß sieht dabei Arranz den Kontakt mit der arabischen Poesie.[61] Nachdem erst die Elemente für den Tageszyklus entstanden waren, entwickelte sich die Hymnographie der Sonn- und Ostertage. Berühmte Hymnographen dieser Zeit waren Sophrōnios von Jerusalem (gest. 640), Andreas von Kreta (gest. 720), Johannes von Damaskus (gest. 780) und Kosmas von Maiuma (gest. 787). Möglich wurde die Aufnahme ihrer Kompositionen in die Liturgie durch die notwendige liturgische Restauration in Jerusalem aufgrund der Zerstörungen durch die Perser, bzw. in Konstantinopel ca. 150 Jahre später aufgrund des Byzantinischen Bilderstreits. Diese Phase war eine Blütezeit des liturgischen Gesangs. Zunächst entstanden Troparia zur Begleitung der Lesungen im Stundengebet, später entwickelte sich das sogenannte Kontakion, ein komplexer Gesang mit achtzehn bis vierundzwanzig Strophen mit gleicher Silbenzahl, Gliederung und Akzentsetzung.[62] Diese Vielzahl an Gesängen machte zwei neue liturgische Bücher notwendig: den Oktōēchos mit jeweils acht vollständigen Kirchentonarten für die Gesänge im Jahreskreis und das Triōdion, als Pendant zum Oktōēchos, mit den Gesängen für die Fastenzeit. Die Kirchentonarten orientierten sich dabei an den alten griechischen und dann auch westlichen Vorbildern,[63] und geben weniger den Umfang der verwendeten Töne als die Summe der kombinierbaren melodischen Floskeln an.[64] Ein Vorteil hierbei war sicher, dass es seit dem 9. Jahrhundert auch die Möglichkeit zur Notation von Melodien gab.[65] Die zeitgleich in Jerusalem gefeierte Kathedralliturgie wird im sogenannten „Anastasis-Typikon" (Handschrift Hagios Stavros 43[66]) überliefert, einem Fragment mit der Liturgie an der Jerusalemer Grabeskirche in der Karwoche und an Ostern.[67] Das Manuskript wurde 1122 geschrieben. Heute wird debattiert, ob es die Liturgie von vor 1009 wiedergibt, als die Grabeskirche noch nicht zerstört war, oder ob es doch die Liturgie von 1122 in der teilweise zerstörten Grabeskirche dokumentiert.[68] Diese Jerusalemer Kathedralliturgie war bereits konstantinopolitanisch beeinflusst. Im Grundschema orientiert sich die Tagzeitenliturgie am palästinischen Mönchtum, offenbar wurden auch Elemente der gesungenen Tagzeitenliturgie Konstantinopels aufgenommen.[69] Zugleich ist festzustellen, dass die monastische Dichtung aus Palästina aufgegriffen wurde. Es fand wohl auch eine Beeinflussung

61 Vgl. Arranz, „Les Grandes Étapes", S. 53.

62 Vgl. Beck, *Kirche und theologische Literatur im Byzantinischen Reich*, S. 263–265.

63 Vgl. Dimitri E. Conomos, „Chant (ψαλμῳδία)", in: *The Oxford Dictionary of Byzantium*, hrsg. von Aleksandr Petrovič Každan, Oxford 1991, S. 409.

64 Vgl. Wellesz, *History of Byzantine Music and Hymnography*, S. 325 f.

65 Vgl. Conomos, „Music", S. 1425.

66 Vollständige Edition bei *Analekta Hierosolymitikēs Stachyologiashē Syllogē Anekdotōn kai Spaniōn Hellēnikōn Syngraphōn peri tōn kata tēn Heōan Orthodoxōn Ekklēsiōn kai Malista tēs tōn Palaistinōn: Bd. 2*, hrsg. von Athanasios Papadopulos-Kerameus, Petrupolis 1963.

67 Vgl. Arranz, „L'Office de la Veillée Nocturne dans l'Église Grecque et dans l'Église Russe", S. 144.

68 Vgl. Galadza, *Liturgy and Byzantinization in Jerusalem*, S. 143 f.

69 Vgl. Arranz, „Les Prières Presbytérales", S. 339.

durch das palästinische Mönchtum statt,[70] was naheliegend ist, wenn man bedenkt, dass sabaitisch (durch die Bräuche des oben erwähnten Klosters Mār Sābā) geprägte Mönche in der Grabeskirche unabhängig vom Patriarchen Gottesdienste feierten.[71]

Die fünfte Phase

In einer fünften Phase entstand nun die Hymnographie für die übrigen Tage. Praktisch an jedem Tag wurde eines Heiligen gedacht und es wurden eigene Texte zum Heiligengedächtnis gedichtet, woraus ab dem 11./12. Jahrhundert die sogenannten Mēnaia entstanden, liturgische Bücher, die das Tagesproprium in Abhängigkeit vom kalendarischen Datum enthalten.[72] Damit kam die Hymnendichtung praktisch zum Stillstand. Sie war nun kodifiziert und es wurden allenfalls noch einige wenige Hymnen neu aufgenommen.[73] Das hymnographische Material für die Tagzeitenliturgie (Stichēra, Troparia, Kanōnoi) gab es also vielfach pro Hore: aus dem Oktōēchos und aus dem Mēnaion.[74] Der Liturge musste nun Tag für Tag eine Abwägungsentscheidung treffen, wieviel schwerer das Fest aus dem einen Jahreskreis als das Fest aus dem anderen Jahreskreis wiegt und entsprechend das Proprium wählen. Um dies zu vereinheitlichen und den Gebrauch der liturgischen Bücher zu regulieren, entstand das Typikon. Im Hintergrund der Entwicklung dieses Buches stand die studitische Synthese aus Elementen der palästinischen und konstantinopolitanischen Liturgie. Das monastische Stundengebet Palästinas war bereits hybrid, weil die ursprüngliche, schlichte Struktur um eine Fülle liturgischer Dichtungen erweitert worden war.[75] Als dann im Nachgang zum Byzantinischen Bildersturm in Konstantinopel die Liturgie reformiert wurde, übernahm man im Studios-Kloster zur Restauration der Liturgie die palästinische Liturgie als Grundgerüst,[76] die mit der gesungenen Tagzeitenliturgie Konstantinopels zusammengeführt wurde, von der man Gebete und Litaneien übernahm.[77] Hieraus entstand das sogenannte studitische Typikon.[78] Sukzessive verdrängte diese hybride Tagzeitenliturgie des Studios-Klosters die gesungene Tagzeitenliturgie der Kirchen Konstantinopels.[79] Wann sie auch die Liturgie an der Hagia Sophia verdrängte, ist umstritten.[80] Sie fand ihre

70 Vgl. Hanke, *Vesper und Orthros des Kathedralritus der Hagia Sophia zu Konstantinopel*, S. 123.

71 Vgl. Arranz, „Office of the All-Night Vigil“, S. 178.

72 Vgl. Arranz, „Les Grandes Étapes“, S. 46.

73 Vgl. Wellesz, *History of Byzantine Music and Hymnography*, S. 127.

74 Vgl. Arranz, „Les Grandes Étapes“, S. 62 f.

75 Vgl. Taft, „Liturgy of the Hours in the East“, S. 52.

76 Vgl. Arranz, „Les Grandes Étapes“, S. 52.

77 Vgl. Taft, „Liturgy of the Hours in the East“, S. 52.

78 Vgl. Arranz, „Les Grandes Étapes“, S. 64–65.

79 Vgl. ebd., S. 52.

80 Vgl. Winkler, „Über die Kathedralvesper in den verschiedenen Riten des Ostens und Westens“, S. 74 f.

endgültige Form im 12./13. Jahrhundert.[81] Als diese Tradition in der Rus (Russland, Ruthenien) übernommen wurde, übersetzte man sie sehr bald vollständig ins Slawische.[82] Neben dieser studitischen Form der Tagzeitenliturgie bestand die Tradition der sabaitischen in Palästina weiter. Sie war noch frei von den Einflüssen der gesungenen Tagzeitenliturgie Konstantinopels, für die die Vesper des Nilos vom Sinai möglicherweise ein Zeuge ist. Diese Form der Tagzeitenliturgie, die im sabaitischen Typikon überliefert ist, erfreute sich einer gewissen Beliebtheit. Dennoch gelangte das studitische Typikon im 12. Jahrhundert nach Palästina, wo man einige Elemente daraus übernahm. Es fand also eine weitere Beeinflussung statt, deren Ergebnis man als „neo-sabaitische" Synthese bezeichnet.[83] Diese neo-sabaitische Tagzeitenliturgie gelangte zurück nach Konstantinopel, erreichte den Athos und die Rus spätestens im 14. Jahrhundert,[84] wo sie jeweils kleinere Anpassungen erfuhr und die studitische Tagzeitenliturgie verdrängen konnte,[85] einerseits sicher aufgrund der besonderen Autorität, die den palästinischen Mönchen zukam, andererseits aber auch, da für den Vollzug weniger qualifizierte Sänger erforderlich waren.

Zwischenfazit

Der Überblick über die Entwicklung zeigt, dass die Gestalt der Tagzeitenliturgie einem steten Wandel unterworfen war. Oft geschah dies losgelöst von den kirchlichen Hierarchien. Am Ende dieses Prozesses stand dabei weder die Durchsetzung der monastischen Tradition Jerusalems – auch wenn die Bezeichnung „neo-sabaitisch" das erahnen lässt – noch die Durchsetzung der konstantinopolitanischen – eben byzantinischen – Praxis. Das Resultat ist vielmehr eine hybride Tradition mit konstantinopolitanischer ebenso wie hagiopolitischer (Jerusalemer) Prägung, die sowohl typisch kathedrale als auch typisch monastische Elemente verbindet.

81 Vgl. Arranz, „L'Office de la Veillée Nocturne dans l'Église Grecque et dans l'Église Russe", S. 150.

82 Vgl. Arranz, „Les Grandes Étapes", S. 70.

83 Vgl. John P. Thomas, „The Imprint of Sabaitic Monasticism on Byzantine Monastic Typika", in: *The Sabaite Heritage in the Orthodox Church from the Fifth Century to the Present* (= Orientalia Lovaniensia Analecta, 98), hrsg. von Joseph Patrich, Leuven 2001, S. 73–84, hier S. 75.

84 Vgl. Taft, „Liturgy of the Hours in the East", S. 52.

85 Vgl. Arranz, „L'Office de la Veillée Nocturne dans l'Église Grecque et dans l'Église Russe", S. 407.

3 Die gegenwärtige Gestalt der byzantinischen Vesper

3.1 Feste Eröffnung

Die byzantinische Vesper wird als Eröffnung des liturgischen Tages angesehen.[86] Sie beginnt mit einer feststehenden Eröffnung aus Doxologie und Gemeindegebeten, während derer der Diakon mit Weihrauch die Kirche durchschreitet. Sollte es sich um eine Vesper in der Osterzeit handeln, wird dabei mehrfach die Auferstehung besungen. Dann wird die Gemeinde mit Versen in Anlehnung an Ps 94,6 LXX zum Gebet gerufen.

3.2 Monastische Psalmodie

Daran schließt sich die monastische Psalmodie an, beginnend mit Ps 103 LXX als festem Invitatoriumspsalm – ein Lobpreis des Schöpfers, der dem Ablauf des Tages und der Nacht sein Gesetz gegeben hat. Hierbei werden die Verse 19f. wiederholt: „Die Sonne kennt ihren Untergang. Du hast die Finsternis gesetzt und es wurde Nacht." Dieser Ps 103 LXX wäre als unveränderliches und stetig wiederkehrendes Element typisch kathedral und findet sich darum beispielsweise nicht in der Vesper des Nilos vom Sinai. Während des Psalmenvortrags spricht der Priester leise die Vespergebete, die z.T. noch aus der konstantinopolitanischen kathedralen Tagzeitenliturgie stammen und sich ab dem 8.–10. Jahrhundert in der Zusammenstellung nachweisen lassen, möglicherweise aber noch älter sind.[87] Es ist anzunehmen, dass die Gebete ursprünglich anders verteilt waren und zu den einzelnen Litaneien gehörten.[88] Ihre heutige Position en bloc während des Psalmenvortrags ist weder inhaltlich logisch noch ursprünglich.[89] Die Diataxis forderte zunächst, dass diese sieben Gebete während der Verse Ps 103, 24–35 LXX gesprochen werden. Das ist offensichtlich unmöglich und so war es nur logisch, dass die Vespergebete bereits ab Vers 1 gesprochen werden.[90] Daran schließt sich die Fürbittlitanei der Großen Synaptē an. Sie wird vom Diakon vorgetragen und die Chöre respondieren jede Fürbitte mit „Kyrie eleison". Bezüglich ihrer Position im Ritus der Vesper formulierte Skaballanovič die interessante Hypothese, dass damit die Gemeinde wieder zur Aufmerksamkeit gerufen werden sollte.[91] Jetzt erst folgt die variable Psalmodie, bei der ein Abschnitt aus dem Psalter vorgetragen wird. Der ganze Psalter wird in 20 solche Abschnitte, Kathismata genannt, unterteilt. Die

---

86 Vgl. Hans-Joachim Schulz, „Liturgie, Tagzeiten und Kirchenjahr des byzantinischen Ritus", in: *Handbuch der Ostkirchenkunde: Bd. 2*, hrsg. von Wilhelm Nyssen u. a., Düsseldorf 1989, S. 30–100, hier S. 56.

87 Vgl. Arranz, „Prières Sacerdotales des Vêpres Byzantines", S. 104.

88 Vgl. ebd., S. 85–86.

89 Vgl. Arranz, „Prières Presbytérales des Matines Byzantines I", S. 408.

90 Vgl. Arranz, „Prières Sacerdotales des Vêpres Byzantines", S. 85 f.

91 Vgl. Skaballanovič, *Tol'kovyj Tipikon II*, S. 75 f.

Auswahl des Kathismas soll je nach Wochentag variieren. Vorgesehen ist der Vortrag eines Psalms durch einen Solisten, auf den dann der Chor mit einer Antiphon antwortet.[92] Der Psalm endet mit einer Kleinen Doxologie.[93] Im Gemeindegottesdienst wird heute die Psalmodie meist auf wenige Verse verkürzt.

3.3 Luzernar

Es folgt das Herzstück der byzantinischen Vesper: das Luzernar. Dem Anzünden der Lichter schließt sich der Vortrag der Vesperpsalmen 140 LXX, 141 LXX, 129 LXX und 116 LXX, in deren letzte 8–10 Verse kleine poetische Einheiten, die Stichēra, eingeschaltet werden. Damit wird das Lichtthema aus dem vorangegangenen Teil aufgegriffen – zwar ist nicht vom Licht selbst die Rede, jedoch vom Abendgebet. Die Verwendung von Ps 140 LXX in Verbindung mit einem Lichtritus ist ein uraltes Element der Kathedralliturgie. Demgegenüber neu ist der Anschluss einer Psalmengruppe. Es folgt eine Inzens. Bei einer feierlichen Vesper wird nun der Einzug mit Einzugsgebet und Lichthymnus gehalten. Der Einzug beginnt nach dem Gesang des Lichthymnus, wobei der Diakon mit Weihrauch vorangeht. Ein solcher Einzug wird auch schon bei Egeria bezeugt und markiert in der von ihr beschriebenen Vesper den Beginn eines kathedralen Teils unter Leitung des Bischofs. Im Falle der Jerusalemer Liturgie war der Einzug aber auch praktisch motiviert, da das Licht vom Grab Christi hereingebracht wurde. Der Einzug während der Vesper dürfte in den byzantinischen Bischofskirchen schon früh der Regelfall gewesen sein und erst im 12. Jahrhundert wurde dies dahingehend geändert, dass der Einzug mit Lichtprozession der Großen Vesper vorbehalten war.[94] Der Lichthymnus greift abermals das Thema auf und identifiziert Christus mit dem Licht, das alle erleuchtet:[95]

> „Freudiges Licht heiligen Glanzes des unsterblichen Vaters, des himmlischen, des heiligen, des seligen Jesus Christus.
> Gekommen zum Untergang der Sonne, sehend das Licht des Abends, singen wir in Hymnen dem Vater, dem Sohn und dem Heiligen Geist, Gott.
> Würdig bist du zu allen Zeiten mit heiligen Stimmen besungen zu werden: Sohn Gottes, Spender des Lebens, dich verherrlicht das All."[96]

Dieser Lichthymnus, das Phōs hilaron, wurde bereits in die Beschreibung der Vesper des Nilos vom Sinai aufgenommen. Seine Ursprünge sind umstritten. Basilius

---

92 Vgl. Mateos, „Psalmodie dans le Rite Byzantin", S. 107.

93 Vgl. Taft, „Structural Analysis of Liturgical Units", S. 322.

94 Vgl. Uspenskij, *Evening Worship in the Orthodox Church*, S. 81.

95 Vgl. Robert Taft, „Sunday in the Eastern Tradition", in: *Sunday Morning: A Time for Worship*, hrsg. von Mark Searle, Collegeville, Minn. 1982, S. 54 f.

96 Im Original: „Φῶς ἱλαρὸν ἁγίας δόξης ἀθανάτου Πατρός, οὐρανίου, ἁγίου, μάκαρος, Ἰησοῦ Χριστέ, ἐλθόντες ἐπὶ τὴν ἡλίου δύσιν, ἰδόντες φῶς ἑσπερινόν, ὑμνοῦμεν Πατέρα, Υἱόν, καὶ ἅγιον Πνεῦμα, Θεόν. Ἄξιόν σε ἐν πᾶσι καιροῖς ὑμνεῖσθαι φωναῖς αἰσίαις, Υἱὲ Θεοῦ, ζωὴν ὁ διδούς· διὸ ὁ κόσμος σε δοξάζει." Übersetzung: M.L.

von Cäsarea (gest. 379) zitiert daraus in *De Spirito Sancto* 29 und merkt an, dass der Hymnus so alt sei, dass niemand mehr wisse, wer ihn komponiert habe.[97] Franz-Joseph Dölger und Mateos vermuten in der Kommentierung des Phōs hilaron, dass dieses ursprünglich antiphonal vorgetragen wurde in drei Strophen, wovon die mittlere in die Anrufung Christi übergeht.[98] Beide vermuten außerdem einen Ursprung in der vorchristlichen Tradition eines heidnischen Lichtgrußes, der unter anderem auch von Varro bezeugt wird,[99] und dann durch die Identifikation von Christus und Licht christianisiert und in das Abendgebet aufgenommen wurde[100]. Über die Liturgie sei der Hymnus – so Dölger – auch in das häusliche Abendgebet eingeflossen,[101] wo er auch unter anderen von Gregor von Nyssa[102] bezeugt wird. Mateos hingegen geht davon aus, dass er erst in die häusliche Liturgie aufgenommen wurde und von dort in den kirchlichen Gottesdienst kam.[103] Gabriele Winkler vermutet den Ursprung des Lichthymnus in der jüdischen Lichtbracha an den Sabbatabenden, die den Mahlfeiern vorausging.[104] Peter Plank unterstützt diese These und betont, dass gerade wenn der Lichthymnus Mateos zufolge aus der Hausliturgie in die kirchliche Liturgie gekommen sei, dies eher für einen jüdischen Ursprung spreche.[105] Ebenso umstritten wie die Entstehung ist auch die Datierung des Hymnus: Die Datierungen schwanken zwischen dem 2. Jahrhundert (Dölger[106]) und dem 4. Jahrhundert (Plank[107]), wobei die Aufnahme in die Vesper erst ab dem 7. Jahrhundert belegt ist.[108]

3.4 Responsorium und Lesungen

Der nächste Abschnitt beginnt mit einem Prokeimenon, d.h. einem Responsorium auf Basis von Psalmversen. Vom ersten Psalmvers wird zum Gesang weiterer

---

97 Vgl. Basilius von Cäsarea, *De Spiritu Sancto* (= Fontes Christiani, 12), hrsg. von Hermann J. Sieben, Freiburg 1993, S. 300–302.

98 Vgl. Mateos, „La Psalmodie Variable dans l'Office Byzantin", S. 74.

99 Vgl. Antonia Tripolitis, „Phōs Hilaron: Ancient Hymn and Modern Enigma", in: *Vigiliae Christianae* 24 (1970), S. 189–196, hier S. 190 f.

100 Vgl. Mateos, „Quelques Anciens Documents sur l'Office du Soir", S. 350; Franz-Josef Dölger, „Lumen Christi: Untersuchungen zum abendlichen Lichtsegen in Antike und Christentum", in: *Antike und Christentum* 5 (1936), S. 1–43, hier S. 25.

101 Vgl. ebd., S. 22.

102 Vgl. Gregor von Nyssa, „Lebensbeschreibung der Heiligen Makrina 25,6–15", in: Gregor von Nyssa, *Vie de Sainte Macrine*, hrsg. von Pierre Maraval (= Sources Chrétiennes 178), Paris 1971, S. 226.

103 Vgl. Mateos, „Quelques Anciens Documents sur l'Office du Soir", S. 349.

104 Vgl. Winkler, „Über die Kathedralvesper in den verschiedenen Riten des Ostens und Westens", S. 60.

105 Vgl. Peter Plank, *Phōs Hilaron: Christushymnus und Lichtdanksagung der frühen Christenheit*, Bonn 2001, S. 42.

106 Vgl. Dölger, „Lumen Christi", S. 17; Tripolitis, „Phōs Hilaron", S. 196.

107 Vgl. Plank, *Phōs Hilaron*, S. 144.

108 Vgl. ebd., S. 31 f.

Psalmverse jeweils der hintere Teil respondiert. Eine durchschnittliche Gemeinde könnte diese Gesänge wohl vollziehen. Sie sind aber auch zu einer Aufgabe der Chöre geworden.[109] An den Vorabenden bestimmter Hochfeste sind nun drei Lesungen aus dem Alten Testament zu halten, an Vespern in der Fastenzeit zwei Lesungen.

3.5 Interzessionen

Unabhängig von den Lesungen schließt sich daran die Ektenē an. Dabei handelt es sich um eine Fürbittlitanei, ähnlich der Synaptē, die vom Diakon vorgetragen und vom Chor respondiert wird. Es folgen das Gebet des Vorstehers (Kataxiōson), eine große Fürbittlitanei (große Synaptē), das Friedensgebet und sodann das Gebet zur Kephaloklisia, zu dem alle den Kopf neigen:

> Unser Gott, du hast die Himmel sich verneigen lassen und du bist herabgestiegen zur Erlösung des Geschlechts der Menschen, schaue auf deine Knechte und auf dein Erbe. Denn dir, dem furchtbaren und menschenliebenden Richter, haben deine Knechte ihre Häupter geneigt und ihre Nacken gebeugt. Nicht erwarten sie Hilfe von Menschen, sondern harren auf deine Gnade und erwarten dein Heil. Behüte sie in aller Zeit, so auch an diesem Abend und in der anbrechenden Nacht, vor jedem Feind, vor jeder feindlichen teuflischen Wirkung, vor eitlem Sinnen und schlechten Gedanken.[110]

Nur dieses Inklinationsgebet ist im eigentlichen Sinn ein sazerdotales Gebet und muss zwingend von einem Priester vorgetragen werden, weil es Elemente des aaronitischen Segens (Num 6,24–26) aufgreift und einen Mittler zwischen Gott und der Gemeinde voraussetzt.[111] Zugleich ist es eine inhaltliche Zusammenfassung des Gottesdienstes.[112]

3.6 Aposticha, (gegebenenfalls) Litē und Schlussgebete

Danach werden die Aposticha gesungen, proprietäre poetische Verse zu ausgewählten Psalmversen. Diese Verse müssen inhaltlich nicht mit dem Psalm übereinstimmen, in den sie eingefügt werden.[113] Es kann auch eine Litē stattfinden, eine Pro-

---

[109] Vgl. Mateos, „Psalmodie dans le Rite Byzantin“, S. 123.

[110] Im Original: „Ὁ Θεὸς ἡμῶν, ὁ κλίνας οὐρανούς, καὶ καταβὰς ἐπὶ σωτηρίᾳ τοῦ γένους τῶν ἀνθρώπων, ἔπιδε ἐπὶ τοὺς δούλους σου καὶ ἐπὶ τὴν κληρονομίαν σου· σοὶ γάρ τῷ φοβερῷ καὶ φιλανθρώπῳ κριτῇ οἱ σοὶ δοῦλοι τὰς ἑαυτῶν ἔκλιναν κεφαλάς, τοὺς δὲ αὐτῶν ὑπέταξαν αὐχένας, οὐ τὴν ἐξ ἀνθρώπων ἀναμένοντες βοήθειαν, ἀλλὰ τὸ σὸν περιμένοντες ἔλεος, καὶ τὴν σὴν ἀπεκδεχόμενοι σωτηρίαν, οὓς διαφύλαξον ἐν παντὶ καιρῷ, καὶ κατὰ τὴν παροῦσαν ἑσπέραν, καὶ τὴν ἐπιοῦσαν νύκτα, ἀπὸ παντός ἐχθροῦ, ἀπὸ πάσης ἀντικειμένης ἐνεργείας διαβολικῆς, καὶ διαλογισμῶν ματαίων, καὶ ἐνθυμήσεων πονηρῶν.“. Übersetzung: M.L.

[111] Vgl. Arranz, „Prières Presbytérales des Matines Byzantines I“, S. 406.

[112] Vgl. Taft, „Sunday in the Eastern Tradition“, S. 55.

[113] Vgl. Gregory Woolfenden, „The Processional Appendix to Vespers: Some Problems and Questions“, in: *Inquiries into Eastern Christian Worship: Selected Papers of the Second Internatio-*

zession durch die Kirche bei besonders feierlichen Gebeten, beispielsweise zu Hochfesten. In diseem Fall kommen der Priester und der Diakon durch die mittlere Tür der Ikonostase und gehen in den Vorraum der Kirche (Narthēx). Dort spricht der Diakon eine Fürbittlitanei, zu der üblicherweise tiefe Verneigungen gemacht werden, und an die sich ein Gebet des Priesters anschließt. Zu besonderen Festen kann nun auch eine Brotsegnung (Artoklasia) vorgenommen werden, bevor ein weiteres Gebet zur Kephaloklisia gesprochen wird und Priester und Diakon unter Gesang des Ps 33 wieder in das Sanktuarium (Hierateion) zurückkehren. Der Ursprung der Litē ist umstritten. Bei allen Hypothesen spielt jedoch die Verbindung mit der Artoklasia eine zentrale Rolle. Wenn die Ursprünge der Litē in der Kathedralliturgie Jerusalems oder Konstantinopels zu verorten sind, dann kann die Brotsegnung mit Brotausteilung allenfalls symbolische Bedeutung gehabt haben. Es wäre nie möglich gewesen, mit so wenig Brot eine so große Gemeinde, die gerade an Festtagen um eine beträchtliche Zahl an Pilgern erweitert ist, zu sättigen. Vor diesem Hintergrund ist zu fragen, warum überhaupt eine Brotsegnung und -austeilung stattfinden sollte.

Anders verhält es sich im monastischen Kontext: Hier war zum einen die Gemeinde kleiner, da sie in der Regel nur aus den zum Kloster gehörigen Mönchen bestand. Zum anderen mussten diese auch für ein ganznächtliches Gebet gestärkt werden, so dass eine an die Brotsegnung anschließende Brotbrechung und -austeilung auch pragmatisch begründet werden kann. Die Litē wäre dann eine Prozession, bei der möglicherweise auch das Kirchengebäude selbst verlassen und die Backstube des Klosters aufgesucht wurde. Nikolaj Dmitrievič Uspenskij vermutet darum, dass die Litē in der palästinisch-monastischen Ganznachtvigil wurzelt und das hierbei die heiligen Stätten des Klosters, wie beispielsweise das Grab des Stifters, aufgesucht wurden.[114] In der Form ist die Litē auch in den Überlieferungen des Klosters Mār Sābā belegt, es scheint aber, dass es gar nicht diese Form ist, die für die heutige Praxis prägend wurde. Arranz, John Baldovin, André Lossky und Gregory Woolfenden verweisen auf das kathedrale Gepräge der Litē und führen diese darum auf die Prozessionen im Anschluss an die von Egeria beschriebene Jerusalemer Kathedralvesper zurück.[115]

nal Congress of the Society of Oriental Liturgy Rome, 17–21 September 2008 (= Eastern Christian Studies, 12), hrsg. von Bert Groen u. a., Louvain 2012, S. 121–134, hier S. 125.

114 Vgl. Nikolaj D. Uspenskij, „Čin Vsenoščnogo Bdenija (ἡ ἀγρυπνία): Wypusk I", in: *Bogoslovskie Trudy* 18 (1978), S. 5–117, hier S. 75; ders., *Evening Worship in the Orthodox Church*, S. 88.

115 Vgl. Arranz, „L'Office de la Veillée Nocturne dans l'Église Grecque et dans l'Église Russe", S. 404 f;. André Lossky, „La Litie, un Type de Procession Liturgique Byzantine: Extension du Lieu de Culte", in: *Les Enjeux Spirituels et Théologiques de l'Espace Liturgique: Conférences Saint-Serge LIe Semaine d'Études Liturgiques* (= Bibliotheca ‚Ephemerides liturgicae'. Subsidia, 135), hrsg. von Carlo Braga, Rom 2005, S. 170. John Francis Baldovin, *The Urban Character of Christian Worship: The Origins, Development, and Meaning of Stational Liturgy* (= Orientalia Christiana Analecta, 228), Rom 1987, S. 86; Gregory Woolfenden, „The Processional Appendix to Vespers: Where and Why?", in: *Worship* 82 (2008), S. 339–357, hier S. 343 f.

Im Anschluss an die Vesper war eine Verehrung des Kreuzes üblich und darum eine Prozession nötig. Job Getcha schlägt darum eine umgekehrte Beeinflussung vor. Die Litē sei demnach ein Element der Kathedralliturgie, das in der Klosterliturgie aufgegriffen und überformt wurde.[116] Und in dem Kontext könnte dann die Verbindung mit der Artoklasia stattgefunden haben. Das entspricht auch durchaus den Überlegungen zur kathedral-monastischen Synthese in der Genese des Stundengebets, jedoch wäre diese Synthese dann sehr früh anzusetzen. Als stützendes Argument wird angeführt, dass in der Vesper des Nilos vom Sinai auch keine Litē erwähnt wird. Allerdings hätte ein einzelner Anachoret auch keine Prozession vornehmen können. Außerdem findet im Anschluss an die Vesper des Nilos ein Abendessen statt, was als Teil des Rituals und damit als Referenz auf eine Litē mit Artoklasia gedeutet werden kann. Es folgen die üblichen Schlussriten, zunächst der Lobgesang des greisen Symeōn (Lk 2,29–32), danach das Trishagion, das Vaterunser und die Tagestroparia (Apolytikion) mit Theotokion (ein Hymnus an Maria). Sofern zuvor eine Artoklasia stattgefunden hat, werden bei der Entlassung den Gläubigen Stücke des gesegneten Brotes gereicht, mitunter wird auch eine Stirnsalbung mit gesegneten Öl angeboten. Der Vollzug des Rituals zeigt, dass entgegen der griechischen Bezeichnung bei der Artoklasia kein Brot gebrochen, sondern nur gesegnet wird. Die Brechung erfolgt erst am Ende der Vesper.

4 Fazit

Mit Blick auf die Gesamtgestalt der byzantinischen Vesper lassen sich also sowohl typisch monastische als auch typisch kathedrale Elemente identifizieren. Einige Elemente wie der Ps 103 LXX, der Lichthymnus, das Kataxiōson und der Lobgesang des Symeōn sind als typisch kathedral anmutende Elemente schon in der Vesper des Nilos vom Sinai oder in den ältesten erhaltenen palästinischen Hōrologia, also in unzweifelhaft monastischen Quellen, enthalten.[117] Offenkundig kathedralen Ursprungs sind die Vespergebete, der große Einzug zum Lichthymnus sowie das Gebet zur Kephaloklisia. Dies sind Elemente der gesungenen Vesper, die bei den verschiedenen Synthesen stets beibehalten wurden.[118] Im Gesamteindruck erscheint die byzantinische Vesper damit als eine Zusammenstellung aus monastischer Vesper mit durchgehender Psalmodie, an die ein kathedrales Luzernar mit Vesperpsalm, Lichtritus, Weihrauchdarbringung und Litaneien anschließt. Das Luzernar ist deutlich vom Jerusalemer Kathedralritus geprägt und in seiner Grundstruktur auch bereits bei Nilos vom Sinai für den monastischen Kontext belegt. In diese Struktur wurden Gebete und Litaneien aus der konstantino-

116 Vgl. Job Getcha, *Le Typikon Décrypté: Manuel de Liturgie Byzantine* (= Liturgie. Collection de Recherche du Service National de Pastorale Liturgique et Sacramentelle, 18), Paris 2009, S. 123.

117 Vgl. Uspenskij, *Evening Worship in the Orthodox Church*, S. 69.

118 Vgl. ebd., S. 69.

politanischen Kathedraltradition eingefügt, während gleichzeitig eine monastische Psalmodie vorangestellt wurde.[119] Es gibt eine Fülle an proprietären Texten. Deren Rezitation ist in der byzantinischen Vesper heute eine Angelegenheit von Klerus und Chor.[120] Denn in der Regel werden diese Texte gesungen. Ursprünglich geschah dies unbegleitet - vokal und monophonisch. Es entwickelten sich jedoch später typische slawische und griechische Singweisen.[121] Die byzantinische Vesper enthält zahlreiche Elemente aus der kaiserlichen Liturgie Konstantinopels, dazu Elemente aus der Pilgerliturgie Jerusalems und der Gebete in den Klöstern, die meist als Gesang vorgetragen werden und dadurch die Botschafter Fürst Wladimirs, wie dem titelgebenden Zitat zu entnehmen ist, in hohem Maße überwältigt haben sollen. Wie auch die Eucharistiefeier ist die Tagzeitenliturgie in den verschiedenen christlichen Riten eine Feier des Gedächtnisses von Tod und Auferstehung Jesu und eine Danksagung dafür. Gegenüber dem römischen Ritus in seiner gegenwärtigen Form ist im byzantinischen Ritus die Tagzeitenliturgie die wichtigste Trägerin des Propriums und verbindet in ihren Gesängen das Gedächtnis der Tagesheiligen mit dem Osterfestkreis und dem Jahreskreis. Der Hymnenschatz ist entsprechend umfangreich und wird bis heute bewahrt und gepflegt in Erfüllung des Auftrags zum beständigen Gebet.

119 Vgl. Taft, „Liturgy of the Hours in the East“, S. 53.

120 Vgl. Taft, „Sunday in the Eastern Tradition“, S. 67.

121 Musikologen unterscheiden hierbei zwei weitere Entwicklungsstufen (vgl. Joncas, „Liturgy and Music“, S. 291): die neo-byzantinische in der Zeit vom 15. bis 18. Jh., in der die Ornamentierung der Musik zunahm und die Texte immer schwerer zu verstehen waren (vgl. Wellesz, *History of Byzantine Music and Hymnography*, S. 127 f.) sowie die chrysanthinische, benannt nach Erzbischof Chrysanthos, seit dem frühen 19. Jh. Diese Singweisen begründen auch den feierlichen Charakter des Gesamteindrucks.

Die byzantinische Musik beim Vollzug der griechisch-orthodoxen Gottesdienste

Konstantin Nikolakopoulos (München)

1 Einführendes

Die Vielfalt der religiös-kulturellen Errungenschaften, die sich während der Ära des byzantinischen Reiches in den verschiedenen christlichen Lebensbereichen entwickelt und entfaltet haben, sind durch die einschlägigen wissenschaftlichen Forschungen inzwischen zweifellos belegt. Dieser Aufsatz fokussiert dennoch auf einen besonderen Lebensbereich von Byzanz, nämlich auf die Welt der Musik, und zwar der liturgischen Kirchenmusik, die nun unter der Bezeichnung „byzantinische Musik" bekannt geworden ist.

Die byzantinische Musik ist nichts Anderes als die seit den frühchristlichen Jahrhunderten überlieferte musikalische Tradition des Griechentums, oder anders gesagt des von der griechischen Kultur geprägten Christentums schlechthin. Diese Musik wurde innerhalb des liturgischen Lebens im oströmischen Reich geboren und hat ihre Urgestalt in den ersten christlichen Jahren angenommen. Im Rahmen des Kultus fingen die Christen zuerst an, lyrische alttestamentliche Texte wie die Davidpsalmen zu singen, und im Nachhinein wurden viele weitere gottesdienstliche Hymnentexte vertont. Die ersten christlichen Hymnen bezogen sich entweder auf christologische bzw. triadologische Aspekte oder auf konkrete zu ehrende Märtyrer. Allmählich deckte aber dieses musikalische System auch den Bereich der Volksmusik ab. Bis Ende des 19. Jahrhunderts gebrauchte das Griechentum einerseits für den kirchlichen Gesang und andererseits für die profane Volksmusik ausschließlich die byzantinische Melodik. Heutzutage wird sie besonders mit dem liturgischen Leben der Orthodoxen Kirche, in dessen Rahmen sie intensiv und traditionsgemäß gepflegt wird, in enge Verbindung gebracht.

Hauptsächlich als liturgischer Gesang, oder, wie man es am besten ausdrückt, als (kirchliche) Psalmodie, ist die byzantinische Musik nicht nur ein gemeinsames Gut aller Kirchen griechischer Sprache. Hierzu gehören nicht nur die Patriarchate von Konstantinopel, Alexandrien, Jerusalem, die Kirchen von Griechenland und Zypern, sondern auch alle Orthodoxen Kirchen von Syrien und Palästina, die dem Patriarchat von Antiochien angehören und sich der arabischen Sprache bedienen. Schließlich ist die byzantinische Musik ebenfalls eine gemeinsame Tradition aller orthodoxen Balkanvölker, insbesondere der Bulgaren und Rumänen sowie zum großen Teil auch der Serben. Bei der russischen und finnischen Kirchenmusik sind zwar große Abweichungen festzustellen. Es finden sich jedoch auch Spuren des früheren Einflusses der byzantinischen Musik. Auf dem Gebiet des russischen Reichs lassen sich historisch die größten Umwälzungen beobachten, nachdem die russische Orthodoxie seit der Christianisierung der Rus im 10. Jahrhundert von Konstantinopel die monophone byzantinische Musik und ihre Notation übernahm. Im 11. Jahrhundert führten griechische Gesangslehrer in Russland das byzantinische Achttonsystem (Oktoechos) ein, woraus entsprechende Gesangsschulen in Smolensk, Nowgorod, Wladimir und anderen Städten Russlands sowie verschiedene Chöre entstanden. Während der Herrschaft von Peter dem Großen (1682–1725) wurde im Rahmen der westorientierten „Petrinischen Reformen“ die byzantinische Notation von den runden europäischen Notenzeichen abgelöst. Diese setzten sich im alten Russland endgültig durch und bestimmen bis heute die russische Kirchenmusik. Seitdem wurde die heute in der Regel polyphone Kirchenmusik Russlands ebenso durch die italienische, polnische oder deutsche Musik beeinflusst. Trotz dieser Entwicklungen ist die byzantinische Musiktradition in Russland nicht ausgestorben. Neben den großen russischen Komponisten (Bortnjanski, Turchaninow, Lwow, Glinka, Tschaikowski) gibt es mit der bulgarischen und griechischen Art des Singens sowie dem Portessingen verschiedene musikalische Strömungen.[1]

2 Notation und handschriftliche Überlieferung

Die Musik der Frühkirche hat sich parallel mit der Hymnographie entwickelt. Nach orthodoxem Verständnis hat der liturgische Gesang einen genuin geistigen Charakter, indem er für die persönliche Kommunikation des Gläubigen mit dem Göttlichen steht. All dies wird durch die Tatsache deutlich, dass die alten Meloden, wie z.B. Johannes Damaskenus (8. Jahrhundert), der als einer der ältesten Väter der byzantinischen Musik und als Gründer des achttonalen Systems (Oktoech) gilt, gleichzeitig berühmte Hymnographen und Heilige der Kirche sind.[2] Die byzantinisch-musikalische Tradition ist bis heute durch ihre sorgfältige Überlieferung und ihre traditionstreue Bewahrung von Generation zu Generation gekennzeichnet.

Die erste Phase[3] des kirchlichen Gesangs zeichnet sich durch die zwischen den Zeilen eines Textes hinzugefügten Neumen aus. Bereits im 9. Jahrhundert waren die wichtigsten musikalischen Zeichen oder, wie sie am besten genannt werden,

---

1 Mehr zum Gebrauch der byzantinischen Musik in den verschiedenen orthodoxen Ortskirchen siehe in der elektronischen Publikation von Konstantin Nikolakopoulos, „Musik in den orthodoxen Kirchen“, in: https://themen.miz.org/kirchenmusik/musik-orthodoxe-kirchen-nikolakopoulos, letzter Zugriff: 26.03.2019.

2 Vgl. die ausführlichen Informationen bei Antonios Alygizakis, *Θέματα Ἐκκλησιαστικῆς Μουσικῆς*, Thessaloniki 1985.

3 Zentrale Informationen über die handschriftliche Entwicklung der byzantinischen Notation finden sich auch in der Publikation von Konstantin Nikolakopoulos, „Hymnographie und Musik in der byzantinischen Ostkirche“, in: *Die Orthodoxe Kirche in der Selbstdarstellung. Ein Kompendium* (= Lehr- und Studienbücher Orthodoxe Theologie, 4), hrsg. von Ioan Vasile Leb u. a., Berlin 2016, S. 165–167.

„Charaktere“ der kirchlichen Musik festgelegt, so dass im 10. Jahrhundert ein vollständiges schriftliches System der byzantinischen Musik feststand, die sogenannte byzantinische Notation oder Parasemantik. Bemerkenswert ist die Tatsache, dass selbst auf dem Heiligen Berg Athos verhältnismäßig viele musikalische Handschriften in den Jahren 950 bis 1100 verfasst wurden, wobei die erste datierte Handschrift, die von einem gewissen Anthimos geschrieben wurde, das Datum des 31. Mai 1106 trägt. Die Entwicklungsgeschichte der byzantinischen Kirchenmusik teilt sich in Hinblick auf Entstehung, Entfaltung und zuletzt Festlegung der heute gültigen Parasemantik in drei große Zeitabschnitte:

a) Die frühbyzantinische Notation (9.–12. Jahrhundert)
b) Die mittel- und spätbyzantinische Periode mit der alten synoptischen Notation (12. Jahrhundert – 1814)
c) Die Zeit der neuen analytischen Notation (1814 – heute)

Im Laufe der gesamten mittel- und spätbyzantinischen Zeit hat sich eine an Zeichen reichhaltige Parasemantik entwickelt, die aber allmählich nicht mehr übersichtlich sein konnte. Diese alte Notation umfasste um die 60 Zeichen/Charaktere. Davon bezogen sich 15 Stimmzeichen (σημαδόφωνα) auf Quantität (Ansteigen und Abfallen der Stimme) und ca. 45 große Hypostasen von Gestikulation (μεγάλες ὑποστάσεις χειρονομίας) auf Qualität, künstlerische Ausführung, Verzierung, Rhythmus etc. Die meisten Zeichen bargen eine vorbestimmte und in sich geschlossene Melodie, die deswegen synoptisch genannt wurde.[4] Ein Schüler musste sich deshalb beim Erlernen dieser Notation auch die melodische Linie einprägen, die sich von jedem Zeichen und jeder Hypostase aus ergab. Es handelte sich offensichtlich um eine verwirrende Situation, die sowohl durch die Quantitäts- als auch die Qualitätszeichen hervorgerufen war. Die Reform dieser synoptischen Notation erfolgte rechtzeitig im Jahre 1814, nämlich kurz vor dem Beginn des griechischen Freiheitskampfes gegen die Türkenherrschaft. Sie wurde von drei ausgezeichneten Gelehrten jener Zeit vorgenommen, die unter der Bezeichnung „Die drei Lehrer“ bekannt geworden sind: Chrysanthos von Madyta, Erzbischof von Dyhrrachion (gest. 1843), Gregorios Lampadarios (gest. 1822) und Chourmouzios Chartophylax Hieropsaltes (gest.1840).

Die drei Lehrer schlossen mehrere ältere Zeichen von der neuen Methode aus, so dass von den Quantitätszeichen nur zehn und von den zeitlosen Hypostasen nur sieben beibehalten wurden. Es handelte sich um eine Reform, die sich im Laufe der vorherigen Jahrzehnte vorbereiten und durchführen ließ, wobei Petros Lampadarios von Peloponnes (gest. 1777) und Georgios von Kreta (gest. 1814) als die Vorläufer der neuen Notationsmethode gelten. Im Rahmen dieser schwerwiegenden Reform erfolgte eine einheitliche Festlegung der verschiedenen Intervalle in-

---

4 Zu dieser neuralgischen Thematik der byzantinischen Musiktheorie siehe die Ausführungen von Georgios I. Papadopoulos, *Συμβολαὶ εἰς τὴν Ἱστορίαν τῆς παρ' ἡμῖν ἐκκλησιαστικῆς μουσικῆς*, Athen 1890 (ND: 1977).

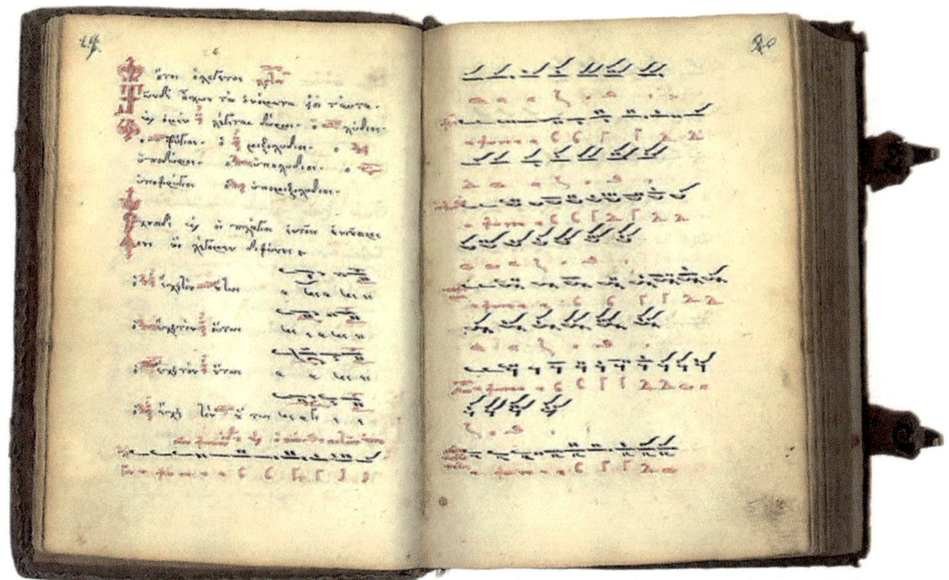

Abb. 1: Handschrift mit der byzantinischen Notation nach der Reform von 1814 (Foto: Nikolakopoulos)

nerhalb der Quarte und der Tonleitern der drei Genera (*diatonisch*, *chromatisch*, *enharmonisch*), denen alle acht byzantinischen Kirchentöne zugeordnet werden. Ein weiterer Punkt der Musikreform von 1814 war auch die Ersetzung der alten mehrsilbigen Benennungen der Noten durch neue einsilbige, vom griechischen Alphabet herrührende Namen für die Töne (πA, Bου, Γα, Δι, κE, Zω, νH). „Die … unternommene Reform des griechischen Kirchengesanges bezweckte, das schwer erlernbare System der byzantinischen Notenzeichen durch ein einfacheres, leichter zu erlernendes zu ersetzen“, wie Egon Wellesz treffend bemerkt.[5] Das neue analytische Parasemantiksystem von 1814 erwies sich als deutlich übersichtlicher und praktikabler und fand trotz mancher Bedenken[6] eine rasche Verbreitung unter den Kirchenmusikern.

Die neue vereinfachte und überschaubare analytische Notation verursachte keinen Bruch mit den alten Gesangstraditionen, zumal die für die neue Methode ausgewählten Notenzeichen auch Bestandteile der alten waren. Die neue Notation hat hinsichtlich des technischen Aufbaus und der Zusammensetzung des byzantinischen Gesangs nichts Neues hervorgebracht. Georgios Papadopoulos überliefert eine interessante Nachricht über die Praxis des Kirchengesangs, die sich auf die Übergangsphase in den 20er und 30er Jahren des 19. Jahrhunderts bezieht:

---

5 Egon Wellesz, *Aufgaben und Probleme auf dem Gebiete der byzantinischen und orientalischen Kirchenmusik*, Münster 1923, S. 108.

6 Siehe beispielsweise die entsprechenden Ausführungen zur westlichen Musikwissenschaft bei Wellesz, *Aufgaben*, S. 108 f.

Abb. 2: Miniatur mit vier wichtigen byzantinischen Komponisten (Petros, Daniel, Ioakim, Iakovos) (Foto: Nikolakopoulos)

> Viele Kirchensänger im rechten Chor benutzten Bücher mit der Parasemantik von Petros Peloponnesios, während man im linken Chor – und umgekehrt – sich des neuen Notationssystems bediente. Dennoch hat sich niemand beklagt, dass der andere die Melodien falsch ausführe.[7]

Die mehr als 5500 bekannten Handschriften aus aller Welt zeigen sehr charakteristisch die ununterbrochene und sicherlich lebendige sowie vielfältige Entwicklung des byzantinischen Musiksystems. Alle bisher bekannten Meloden/Komponisten (über 500) bewegen sich innerhalb ein und derselben musikalischen Kirchentradition. Man kann mit Sicherheit behaupten, dass sowohl Kosmas von

[7] Georgios I. Papadopoulos, *Ἱστορικὴ ἐπισκόπησις τῆς βυζαντινῆς ἐκκλησιαστικῆς μουσικῆς ἀπὸ τῶν ἀποστολικῶν χρόνων μέχρι τῶν καθ' ἡμᾶς (1-1900 μ.Χ.),* Athen 1904 (ND Katerini 1990), S. 196 f.

Majum (8. Jh.), als auch Johannes Kladas (15. Jh.) oder Konstantinos Pringos (20. Jh.) in derselben byzantinischen Musiktradition stehen. Ihr gemeinsamer Anknüpfungspunkt innerhalb dieser großen zeitlichen Distanz ist hauptsächlich die mündliche Überlieferung. Daher wird bis heute berechtigterweise die Bezeichnung „Byzantinische Musik" verwendet.

3 Merkmale der byzantinischen Musik

Die liturgische, byzantinische Musik war und ist schon immer reine Vokalmusik. Die Abwesenheit von Musikinstrumenten bzw. Kirchenorgeln ist kein Mangel, sondern eine theologisch und anthropologisch begründete Selbstverständlichkeit.[8] In der orthodoxen Tradition gilt die von Gott geschenkte menschliche Stimme als das natürlichste und im Grunde perfekte Instrument zum Ausdruck des „Wortes" und darüber hinaus der Musik, welche den geschriebenen Text wiedergibt. Die reichhaltige Hymnographie der Kirche hat das unmittelbare Gespräch der Gläubigen mit Gott zum Zweck und setzt die unmittelbare Beziehung zwischen beiden voraus. Zugunsten dieser persönlichen Beziehung setzt also der Mensch seine Stimme im Rahmen der Gottesdienste ein, weil allein sie in der Lage ist, sich direkt an Gott zu wenden und zu bitten sowie darüber hinaus die geistliche Atmosphäre des Gottesdienstes der Gemeinde gebührend auszudrücken. In diesem Zusammenhang wird die menschliche Stimme hochgeschätzt, indem allein sie Musik und Sprache kombinieren und hervorbringen kann. Es gab und gibt zwar noch heute sogenannte byzantinische Instrumente. Sie wurden und werden aber nur außerhalb des kirchlichen Raumes verwendet, entweder als Hilfe und Begleiter zum Erlernen der byzantinischen Musik, oder als Instrumente im Rahmen der weltlichen Volksmusik.

In der Regel ist die im Westen vorherrschende Kirchenorgel im liturgischen Bereich der Orthodoxie unbekannt, wobei das Abendland die Orgel zunächst als profanes Instrument im frühen Mittelalter von Byzanz übernahm. Im Jahre 757 nämlich schenkte der byzantinische Kaiser Konstantinos V. dem Frankenkönig Pippin eine Orgel. Im Lauf der Geschichte wurde die Orgel zum Kircheninstrument in der lateinischen Kirche schlechthin.

Die Abwesenheit der Musikinstrumente in der orthodoxen Kirche und die daraus folgende Festlegung der Kirchenmusik als reine Vokalmusik setzen eine patris-

8 Zur Bereicherung dieser Ausführungen siehe auch die Studie von Konstantin Nikolakopoulos, „Das Wesen und die Funktion der byzantinischen Musik", in: *Hermeneia. Zeitschrift für ostkirchliche Kunst* 8 (1992), S. 141–154. Diesen Ausführungen über die zwei wichtigen Merkmale der byzantinischen Musik (Vokalität und Monophonie) liegt außerdem das Kapitel „Byzantinische Musik: Entstehung und Merkmale" der Publikation von Konstantin Nikolakopoulos, *Hymnographie und Musik in der byzantinischen Ostkirche*, S. 167 f. zugrunde.

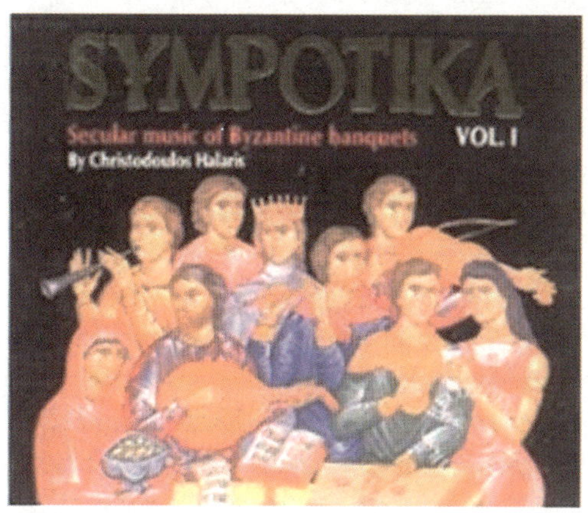

Abb. 3: Wandmalerei mit byzantinischen Instrumenten (Außenblatt des CD Sympotika von Christodoulos Halaris – Foto: Nikolakopoulos

tische und spätere byzantinische Musiktradition fort. Wie es sich aus diesbezüglichen Reden vieler Kirchenväter ergibt (z. B. Eusebios von Kaisareia, Gregor des Theologen oder auch Isidor von Pelusion[9]), wurden alle Instrumente, die von der Kirche als solche nicht verurteilt werden, vom Gebrauch im Gottesdienst ausgeschlossen, damit der Unterschied sowohl zwischen christlichem und jüdischem Kultus, als auch zwischen Orthodoxie und häretischen Sekten, die zum Gewinn naiver Gläubigen profane Instrumente verwendeten, verdeutlicht werde. Viele alttestamentliche Verse, welche die wichtigsten Musikinstrumente jener Zeit und dazu auch den Tanz in Verbindung mit dem Lobpreisen Gottes bringen, kommen zwar in den liturgischen Texten der Orthodoxie vor. Sie werden allerdings nicht wortwörtlich, sondern im Geist und Licht des Neuen Testaments verstanden. Diesen Versen kommen eine symbolische Bedeutung und ein geistlicher Sinn zu.

Neben diversen theologischen Überlegungen muss noch eine musikalische Tatsache erwähnt werden, die den Ausschluss aller Instrumente unterstützt. In der byzantinischen Musik ist eine verschiedenartige Unterteilung des Tonabstandes in größere und kleinere Intervalle möglich, sodass dieser Intervallreichtum der byzantinischen Gammen (Tonleitern) mit den profanen Instrumenten, die nur über die Hauptintervalle (Ton und Halbton) der europäischen Musik verfügen, nicht authentisch wiedergegeben werden kann. Jeder der acht Kirchentöne der byzantinischen Musik, der durch seine eigenen Zwischentöne und Verschleifungen bestimmt ist, würde etwa durch seine Übertragung ins europäische Musiksystem nicht authentisch wiedergegeben. Die byzantinische Musik besitzt eine eigene musikalische Farbe und einen konkreten Charakter, welche für die Mitwirkung der Psalmodie bei den verschiedenen Gottesdiensten eine grundlegende Rolle spielen.

9 Diesbezügliche schwerwiegende Erwägungen siehe bei Eusebios von Kaisareia, „Commentaria in Psalmos LXX“, in: PG 23, 788 D und Gregor der Theologe, „Oratio V, Contra Julianum II, XXXV“, in: PG 35, 709 B; vgl. darüber hinaus Isidor von Pelusion, „Epistula CCCLXIV: PG 78, 388 D–389 A“ und „Epistula CDLVII“, in: PG 78, 433.

Ein weiteres, sehr bedeutendes Merkmal der liturgischen Musik in der orthodoxen Kirche bildet ihre seit den ersten Jahrhunderten belegte Einstimmigkeit. Das monophonische Melos, d. h. die kirchliche Psalmodie, die keine Polyphonie westlicher Art kennt, wird ausschließlich von einem Grundton, dem sogenannten Isokratema unterstützt bzw. getragen, wodurch ein falscher Eindruck der Mehrstimmigkeit entsteht. In Wirklichkeit bildet aber dieser Grundton, der einfach die Basis des jeweiligen zu singenden Kirchentones ist, keine eigenständige Melodie, sondern eine Begleitung, wie es auch die alten Texte mit dem Wort „ὑπήχησις“[10] andeuten. Die Einstimmigkeit der byzantinischen Musik wird durch den individuellen und dramatischen Charakter der kirchlichen Dichtung selbst erklärt; Johannes Chrysostomos kommentiert diesen eigenartigen Charakter der kirchlichen Musik folgendermaßen: „Und der Singende singt allein; wenn auch alle anderen leise mitsingen, trotzdem klingt die Stimme, als ob sie aus einem Munde käme“.[11]

4 Praktische Ausführung der byzantinischen Musik

Nachdem Liedkompositionen eine enorme Entfaltung und Ausdehnung erfahren hatten, war es notwendig, dass der Gesang der meisten Hymnen nicht mehr vom Volk, sondern von ausgebildeten Psalten/Kantoren und Chören übernommen wurde.[12] Beim Vollzug der orthodoxen Gottesdienste wirken im musikalischen Bereich also sowohl Kantoren als auch Lektoren. Die Kantoren singen abwechselnd die Mehrheit der Hymnen oder leiten einen am Gottesdienst beteiligten Chor. Dabei kann der zentrale Kirchensänger dirigieren und als Mitglied des Chors die einstimmige Melodie mitsingen oder aber auch bestimmte Hymnenabschnitte, die eine besondere Ausführungsweise mit Verschleifungen erfordern, mit Isokratema-Begleitung solo singen. Traditionsgemäß sind fast alle Kirchensänger Männer, das heißt aber nicht, dass der Gesang den Frauen verboten wird. Es gibt erwähnenswerte Ausnahmen von weiblichen Kantorinnen und nicht zuletzt in den Frauenklöstern fällt das Singen ausschließlich Nonnen zu. Die Lektoren übernehmen in der Regel das Vortragen oder Rezitieren von gewissen Psalmen und Gebeten. In den Klöstern und in manchen Stadtgemeinden führen sie aber auch das sogenannte Kanonarchema aus. Dabei handelt es sich um das schrittweise Rezitieren der Texteinheiten eines Hymnus, als ob er vom Kanonarches oder dem Kirchensänger diktiert wird, um dann von den Solisten oder Chören melodisch gesungen zu werden. Durch dieses rezitative Vortragen der Texte, das sich

[10] Vgl. dazu Basileios der Große, „Epistula 207“, in: PG 32, 764.

[11] Johannes Chrysostomos, „Epistula I ad Corinthios, Homilia XXXVI, 6“, in: PG 61, 315.

[12] Informationen zur praktischen Ausführung der byzantinischen Musik finden sich auch in Nikolakopoulos, „Hymnographie und Musik“, S. 168. Wegweiser für den ordentlichen Gebrauch der Musik in der Kirche sind viele Kanones von Ökumenischen Konzilien, die mit Klarheit die Richtlinien der Psalmodie aufzeigen. Charakteristisch dafür ist der 75. Kanon des Trullanums (691 n. Chr.), bei: Hamilkar Alivizatos, *Οἱ ἱεροὶ κανόνες*, Athen [3]1997, S. 131.

musikalisch auf der Basisnote des jeweils zu singenden Kirchentones bewegen muss, kann das gläubige Volk die Einzelwörter und den gesamten Inhalt des Hymnus deutlich und somit verständlich hören.

5 Der Charakter oder das Ethos der byzantinischen Musik

Die byzantinische Musik ist sehr stark von Gefühlen geprägt.[13] Aus einem anderen Blickwinkel wird der Musik aber zugleich der Charakter der Ruhe und der Leidenschaftslosigkeit zugeschrieben, wobei sie auch zur seelischen bzw. körperlichen Heilung des Menschen beizutragen weiß. Diese Vorstellungen der Antike, welche mehr oder minder bis heute vertreten werden, bilden keine Neuheit im Rahmen der byzantinischen Musik. Es ist für die Kirchenmusik der Orthodoxie charakteristisch, dass sie alle obengenannten Elemente entschieden zum Ausdruck bringt. Durch die Musik kann man einerseits die christliche Lehre und die theologischen und erlösenden Wahrheiten im Gedächtnis und im Herzen festhalten und andererseits seinen Glauben samt seinen persönlichen Gefühlen ausdrücken. Der Psaltes, aber auch jeder Mensch, der tief in den Sinn der Musik eingeweiht ist, kann durch das Singen eine Vielfalt von Gefühlen empfinden und zugleich ausdrücken. Man könnte, grob eingeteilt, zwei Grundelemente im orthodoxen Kultus anführen: das des Gebetes und das des Lobes. Auf diese Weise ist die byzantinische Musik aufgefordert, auf der einen Seite das Leid und die Trübsal des Sünders und seine Furcht vor dem Jüngsten Gericht und auf der anderen Seite den Jubel, die Fröhlichkeit und die Freude über die Auferstehung bzw. die Erlösung zum Ausdruck zu bringen. Diese zwei Elemente, welche sich zu der in der östlichen Theologie bekannten „freudestiftenden Trauer" (χαρμολύπη) zusammensetzen, bilden den Kern des orthodoxen Kultus. Der byzantinische Gesang ist durch seinen technischen Aufbau in der Lage, die gebührende liturgische Atmosphäre wiederzugeben. Diese Kunst basiert auf die Verschiedenheit der acht Kirchentöne, von denen jeder einen einzigartigen Charakter hat und mit denen sie eine Vielfalt von Gefühlen vermittelt. Alle Theoretiker und Väter der byzantinischen Musik benutzen das Wort „Ethos", wenn sie vom Charakter jedes Tones reden; ein Begriff, der viel tiefer und viel ausdrucksvoller ist als die Bezeichnung „Charakter".

Die byzantinische Musik wird mit Recht als die „Bekleidung des Wortes" bezeichnet, weil sie dazu dient, den Sinn der Texte, der hinter den Buchstaben verborgen ist, lebhaft und entschieden zum Ausdruck zu bringen. Es ist eines der wichtigsten Prinzipien des byzantinischen Melos, jedes Wort eines Hymnus treffend zu betonen und seinen eigentlichen Sinn absolut ernst zu nehmen. Je nach dem inhaltlichen Stil des jeweiligen Hymnus wird derjenige Kirchenton angewandt, der den beabsichtigten Ausdruck und die zu äußernden Gefühle am besten wie-

[13] Den theoretischen Ausführungen dieses Abschnitts liegen die entsprechenden Teile der Publikation von Nikolakopoulos, „Hymnographie und Musik", S. 168 f. zugrunde.

dergeben kann. Es ist z. B. kein Zufall, dass fast alle Hymnen, die das Thema Buße bzw. Reue behandeln, innerhalb des diatonischen Genus und vorzugsweise im achten, dem Nebenton des vierten Kirchentones gesungen werden; es handelt sich um einen Modus, dem eine besondere Ausdruckfähigkeit von Demut und Reue zugesprochen wird.

Die Genera werden innerhalb des byzantinischen Musiksystems abhängig von der Bedeutung des Textes sehr häufig kombiniert. Ein Hymnus, der das christliche Leben eines Heiligen beschreibt und preist, wird z.B. wegen des fröhlichen Charakters im diatonischen Genre gesungen. Wenn im Verlauf des Textes die Formulierung „er hat den Weg der Sünder nicht bestritten" vorkommt, ist es möglich und wahrscheinlich, dass das Wort „Sünder" durch eine außerordentliche Zeichenänderung nicht mehr im diatonischen, sondern im chromatischen Genus gesungen wird, welches als geeignet empfunden wird, Leidenschaft und Trauer musikalisch hervorragend zum Ausdruck zu bringen. Ein zweites Beispiel könnte die durch die Musik geschaffene Emphasis des Textes vielleicht noch deutlicher zeigen. Ein Doxastikon, das den Menschen zu Gerechtigkeit, Almosen und Demut aufruft, endet mit der Phrase des Hymnographen, „auf diese Weise wird Gott uns die himmlischen anstelle der irdischen Güter gewähren"[14]. Um die unterschiedliche Bedeutung der beiden Dimensionen am besten zu veranschaulichen, vertont der Melode das Wort „himmlisch" mit höheren Tönen der oberen Oktave und lässt das Wort „irdisch" durch charakteristische Töne der unteren Gamme eindrucksvoll tief klingen. Dadurch wird der Text ausdrucksvoll, und seine theologischen Wahrheiten werden für das gläubige Volk anschaulich gemacht. Letztendlich kann man sagen, dass die byzantinische Musik als Begleiterin und Interpretin der Hymnographie dem kultischen Leben der Kirche einen unschätzbaren Dienst erweist.

6 Schlussbemerkung

Es ist eine Tatsache, dass die byzantinische Musik innerhalb des liturgischen Lebens der Orthodoxie geboren und im Rahmen des ostkirchlichen Kultus entsprechend gestaltet wurde. Das, was gemäß dem orthodoxen Verständnis von Gewicht ist, ist die Verwirklichung der angestrebten Beziehung des Menschen zu Gott. Die verschiedenen Charaktere aller acht Kirchentöne geben dem Menschen, der sich vor Gott stumm und unwürdig fühlt, Mittel, Ihn zu preisen, und gleichzeitig die Möglichkeit, durch die Musik seine Gefühle zu äußern und darzubringen. Im orthodoxen Verständnis gilt jeder Gottesdienst als das Bekenntnis des Glaubens der betenden Gemeinde und zugleich als Ausdruck der lebendigen Hoffnung auf die Fülle des Heils. Die eigentliche Mitte bzw. der Höhepunkt aller Gottesdienste ist

14 „*Τριῴδιον κατανυκτικόν*", hrsg. von Apostoliki Diakonia tes Ekklesias tes Hellados, Athen 1994, S. 720.

die Feier der sogenannten „Göttlichen Liturgie“,[15] die sich durch den Vollzug der heiligen Eucharistie als die Danksagung der Gläubigen für die ihnen geschenkte Erlösung und letztendlich als deren Gabe an Gott selbst erweist. Sowohl das kirchliche als auch das profane Leben aller Orthodoxen wird von dem Verlauf des liturgischen Kirchenjahres geprägt. Der jährliche Festkreis in der Orthodoxen Kirche bietet den Gläubigen ein stets andauerndes liturgisches Erlebnis, indem alle 365 bzw. 366 Tage des Jahres zahlreichen Heiligen und kirchlichen Ereignissen gewidmet sind. Das gesamte Kirchenjahr mit seinen Gottesdiensten wird durch die dafür vorbestimmten hymnologischen Texte, deren Facetten dem jeweiligen Fest sein eigentliches Profil verleihen, begleitet:

> Das Kirchenjahr heiligt die Zeit und entfaltet im Kranz der Sonntage und Feste das Mysterium des in der Person Jesu Christi erschienenen Erbarmens Gottes. Dadurch wird die Heilsgeschichte immer wieder aufs Neue in Erinnerung gebracht, vergegenwärtigt und für die Gläubigen wirksam erschlossen.[16]

Die Musik ist ein vom Anfang der christlichen Kirche an in Anspruch genommenes Mittel im Kultus, gleich wie die Hymnendichtung, die Ikonen, der Weihrauch, die priesterlichen Gewänder und ähnliches. In der Orthodoxie nahm die byzantinische Musik seit jeher einen zentralen Platz ein, zumal es absolut keinen orthodoxen Gottesdienst ohne psalmodische Begleitung gibt. Zugleich hat diese Musik ebenfalls den profanen weltlichen Bereich des oströmischen Reiches geprägt, indem sie als Volksmusik alle wichtigen Situationen des Lebens, wie Geburt, Liebe, Freude, Hochzeit, Emigration, Freundschaft oder Tod begleitet und musikalisch zum Ausdruck brachte. Es handelt sich also tatsächlich um eine der erwähnenswertesten Errungenschaften in der byzantinischen Ära.

---

15 Konstantin Nikolakopoulos, „Die Göttliche Liturgie der Orthodoxie: Struktur – Theologie“, in: *Una Sancta* 56 (2001), S. 308.

16 Georg Galitis u. a., *Glauben aus dem Herzen. Eine Einführung in die Orthodoxie*, München 1994, S. 143.

Lieder der Reformationszeit: Konfessionelle, politische und gesellschaftliche Implikationen

Jürgen Heidrich (Münster)

I

Dass die reformatorische Bewegung als ein vielschichtiger Kommunikationsprozess begriffen werden muss, ist unstrittig: Insbesondere deren Frühzeit kann als ein Vorgang verstanden werden, „dessen Verlauf und dessen Dynamik durch Kommunikation, das heißt den Austausch von Mitteilungen und die Verständigung über diese“ gekennzeichnet ist.[1] Unabdingbar erschien sämtlichen beteiligten politischen wie religiösen Parteien und Strömungen, eine regelrechte reformatorische Öffentlichkeit nicht nur herzustellen, sondern in die Gestaltungsprozesse einzubinden, im weiteren Sinne insbesondere für die eigene Position zu gewinnen. Und so hat sich mit Blick auf die reformatorische Bewegung die Vorstellung eines kommunikationswissenschaftlichen Medienereignisses durchgesetzt, das durch den Wandel von einer „Kommunikation unter Anwesenden“ zur „medialen Kommunikation“ gekennzeichnet ist.[2] Zugleich ist ein anderer Transformationsprozess bemerkenswert: Galt als wesentliche vorreformatorische Intention des Publikationswesens die Vermittlung bzw. Konservierung von Wissen, so wandelte sich nun der Charakter des Schrifttums in Richtung der Vermittlung von (aktuellen) Meinungen.[3] Wichtige Zentren des Publikationswesens waren zunächst Augsburg, Basel, Leipzig, Nürnberg und Straßburg; alsbald trat auch Wittenberg hinzu: Bereits nach wenigen Jahren war die Stadt der Reformation hinter Augsburg die zweitbedeutendste im Blick auf die Produktion reformatorischen Schrifttums. Dass sich dessen Herstellung und Verbreitung zum Teil nur gegen erhebliche Widerstände, ja eine regelrechte Zensur durchsetzen ließ, sei nur am Rande erwähnt. Die Aufzählung der Druckorte verweist allerdings noch auf einen anderen Sachverhalt: Der Kommunikationsprozess der Reformation war ein „urban event“, und eine reformatorische Öffentlichkeit war zunächst vor allem in den Städten zu erreichen.

---

1 Bernd Moeller, „Die Reformation als Kommunikationsprozess“, in: *Bernd Moeller. Luther-Rezeption: kirchenhistorische Aufsätze zur Reformationsgeschichte*, hrsg. von Johannes Schilling, Göttingen 2001, S. 74.

2 Rudolf Schlögl, „Kommunikation und Vergesellschaftung unter Anwesenden. Formen des Sozialen und ihre Transformation in der Frühen Neuzeit“, in: *Geschichte und Gesellschaft* 38/2 (2008), S. 155–224.

3 Moeller, „Reformation als Kommunikationsprozess“, S. 75.

II

Stichwort Kirchenlied: Es ist explizit diese „Erfindung" Martin Luthers, die als genuin neue und eigenständige reformatorische Gattung zu gelten hat und deren Wirkmächtigkeit außerordentlich war. Die Reformation an der Basis vollzog sich gerade nicht mithilfe komplexer liturgischer Prozederes in einem dezidiert theologisch-hermetischen Milieu, sondern vermittels des deutschsprachigen Kirchenlieds, somit einer im weitesten Sinne populären Gattung. Worum aber handelt es sich im Einzelnen? Der Begriff „Kirchenlied" definiert „einen geistlichen Text christlicher Prägung, gleichgültig welchen Bekenntnisses, in metrischer Form von strophischem Bau, der mit einer für den Gesang einer Gruppe geeigneten Melodie zu wiederholtem Gebrauch" intendiert ist,[4] er suggeriert und dokumentiert damit im weiteren Sinne eine in Aussage und Form autorisierte Teilhaberschaft des Einzelnen am geistlichen Leben. Erst in seiner späteren Wirkungsgeschichte erfolgt die Einbindung des Kirchenlieds der Reformation in den Gottesdienst samt Miteinbeziehung der Gemeinde in das liturgische Geschehen. Lieder werden, zumal in den niederen Bevölkerungsschichten, in der Regel oral tradiert durch das unmittelbare, oft gemeinschaftliche Singen. So heißt es etwa in einer Gesangbuchvorrede nach der Mitte des 16. Jahrhunderts:

> Mir zweifelt nicht, durch das eine Liedlein Lutheri ‚Nun freut Euch, lieben Christen g'mein', werden viel hundert Christen zum Glauben bracht seyn worden, die sonst den Namen Lutheri vorher nicht hören mochten, aber die edlen theuren Worte Lutheri haben ihnen das Herz abgewonnen […].[5]

Als Folge der Verbreitung des Buchdrucks nach Gutenbergs Erfindung (ab 1450) und besonders im Zuge des Kommunikationsprozesses der Reformation gewinnt, neben der selbstverständlich auch weiterhin wichtigen mündlichen Weitergabe geistlichen und weltlichen Liedguts, die schriftliche Fixierung enorm an Bedeutung. Tatsächlich ist die beispiellose Geschwindigkeit, mit der die Zahl der Kirchenlieder in der Reformationszeit anwuchs und Verbreitung fand, ohne das Medium des Drucks nicht denkbar. Gedruckte, weiterhin aber auch handschriftliche Zeugnisse in Einzelblättern und später Liederbüchern begleiten und prägen seit 1500 den Entwicklungsgang vieler Lieder.[6]

Längst nicht von Anfang an waren die Lieder der Reformatoren also als gottesdienstliche Gemeindelieder intendiert, im Sinne einer flächendeckenden, sämtliche Bedürfnisse des liturgischen Jahreskreises abdeckenden Ausstattung und zugleich als Substitut der lateinischen Liturgie. Vielmehr erscheinen die frühen Liedschöp-

4 Hans-Otto Korth, „Kirchenlied", in: *MGG2* Sachteil 5 (1996), Sp. 59 ff.

5 *Geistliches Wunderhorn. Große deutsche Kirchenlieder*, hrsg. von Hansjakob Becker u. a., München ^{2}2003, S. 114.

6 Rolf Wilhelm Brednich, *Die Liedpublizistik im Flugblatt des 15. und 16. Jahrhunderts*, Bd. I: Abhandlung, Bd. II: Katalog (= Bibliotheca bibliographica Aureliana, 55/ 60), Baden-Baden 1974–1975.

fungen zunächst als außerkirchliches, mediales Phänomen des unmittelbaren Zugriffs auf Kreise und Bevölkerungsanteile, die mit der Reformation sympathisierten bzw. für diese sensibilisiert werden sollten. Für das Kirchenlied spricht dessen unmittelbare Wirkmächtigkeit, die einfache, strophische Versstruktur, der Rekurs Luthers und seiner Mitstreiter mitunter auf bekannte vorreformatorische Melodien, schließlich die Option, spezifisch reformatorische Anliegen in den entsprechenden Liedtexten allgemeinverständlich zu artikulieren.

Soweit wir wissen, begann Luther im Jahre 1523 damit, Kirchenlieder zu verfassen und umgehend auch zu publizieren. Wir besitzen einen Brief Luthers vom Jahreswechsel 1523/24: Darin entwickelt er den Plan, „deutsche Psalmen für das Volk zu schaffen, also geistliche Lieder, damit das Wort Gottes auch durch den Gesang unter den Leuten bleibt.“[7] Luthers Idee ist, geeignete Dichter zu diesem Vorhaben zu bewegen, und so ergeht eine entsprechende Aufforderung an die beiden am kursächsischen Hof tätigen sprachkundigen Sekretäre Georg Spalatin und Johann Dolzig gleichermaßen. Wichtig als Textgrundlage waren Luther in dieser Planungsphase offenbar die Bußpsalmen; deren Auslegung hatte er selbst bereits im Jahre 1517 publiziert. Luther wünschte sich von Spalatin *Herr strafe mich nicht in deinem Zorn* oder *Herr, erhöre mein Gebet*, von Dolzig hingegen *Wohl dem, dem die Übertretungen vergeben sind*. Den Psalm *Aus der Tiefe*, so Luther weiter, habe er schon selbst bereimt (und als Muster beigegeben), und *Gott sei mir gnädig* sei schon anderweitig, nämlich an Erhard Hegenwald, vergeben. Allerdings haben Spalatin und Dolzig nicht geliefert, und auch Luther selbst hat seinen eigenen Vorschlag, ausgehend von den Bußpsalmen sukzessive ein umfassendes Repertoire an Psalmliedern zu erstellen, nicht weiterverfolgt: Den im Brief genannten Texten hat er sich nicht mehr zugewandt. Stattdessen aber schuf er wirkmächtige Lieder auf der Grundlage anderer Psalmen, die wir heute prominent dem Kanon der lutherischen Kirchenlieder zurechnen, darunter *Aus tiefer Not schrei ich zu dir* (Ps 130), *Ein feste Burg ist unser Gott* (Ps 46), *Ach Gott, vom Himmel sieh darein* (Ps 12) oder *Es wolle Gott uns gnädig sein* (Ps 67). So waren die Psalmen der maßgebliche Impuls für Luthers Kirchenlieddichtungen. Musik- und kompositionsgeschichtlich bedeutsame Entwicklungen im Kommunikationsprozess der Reformation waren in der Folge die Gattungen Psalmlied und Motette. Die ‚romantische‘ Vorstellung, dass die Protagonisten der unteren sozialen Schichten – Tuchmacher, Schuster, rauhe Burschen, wandernde Handwerksgesellen oder vagierende Bettler – die Verbreitung des neuen Liedguts beförderten, ist für den Einzelfall belegt: In Göttingen etwa stimmten die Wollweber im Jahre 1529 bei einer Bittprozession infolge einer seinerzeit herrschenden Seuche Luthers *Aus tiefer Not schrei ich zu dir* an.[8] Und ein Magdeburger Chronist des Jahres 1524 berichtet:

---

7 Abdruck und Übersetzung in: *Martin Luther. Die Lieder*, hrsg. von Jürgen Heidrich und Johannes Schilling, Stuttgart 2017, S. 193.

8 Inge Mager, „Lied und Reformation. Beobachtungen zur reformatorischen Singbewegung in norddeutschen Städten“, in: *Das protestantische Kirchenlied im 16. und 17. Jahrhundert*

> Im selben Jare am tage Johannis vor der pforten [6. Mai] zwischen pfingsten und ostern ist ein alter armer Man ein tuchmacher bey Keyser Otten [an dem Standbild Kaiser Ottos des Großen] gestanden und alhie die ersten Geistlichen lieder feile gehabt, als Aus tieffer noht schrey ich zu dir und: Es wolt uns Gott genedig sein, und solche den leuten fürgesungen.[9]

Ob die damit assoziierten Bevölkerungsgruppen indes in ganzer Breite daran partizipierten, ist schwer zu entscheiden. Unbestritten ist hingegen – was hier allerdings nicht weiter verfolgt werden soll –, dass die Schüler in den seit der Reformation gegründeten bzw. verändert fortgeführten Dorf- und Stadtschulen als wichtiger, von Luther unmittelbar angesprochener Rezipientenkreis, mehr noch: als institutionell etablierte Katalysatoren zu gelten haben. In den von Luther selbst oder anderen Reformatoren verfassten Schul- bzw. Kirchenordnungen sind Singstunden, die wöchentlichen Gottesdienste wie auch das Kurrende-Singen festgeschrieben.

Die systematische Sammlung und Publikation reformatorischen Liedguts setzte jedenfalls früh ein. Mit dem sogenannten *Achtliederbuch* von 1524[10] und den beiden *Erfurter Enchiridien*[11] des gleichen Jahres beginnt die lange, differenzierte und im Grunde bis heute andauernde Wirkungsgeschichte protestantischer Gesangbuchkultur. Bereits im Reformationsjahrhundert entsteht sodann eine Fülle unterschiedlicher, lokal variierender, in der Repertoirezusammenstellung wechselnder (nota bene: einstimmiger) Gesangbücher, von denen das sogenannte *Babstsche Gesangbuch* (benannt nach seinem Verleger Valentin Babst, gedruckt Leipzig 1545)[12] eine besonders prächtige und aufwändige Gestaltung aufweist; ein Jahr vor dem

(= Wolfenbütteler Forschungen, 31), hrsg. von Alfred Dürr und Walther Killy, Wiesbaden 1968, S. 25 ff.

9 Brednich, *Liedpublizistik*, Bd. I, S. 87.

10 *Etlich Cristlich lider Lobgesang/ vnd Psalm/ dem rainen wort Gottes gemeß/ auß der heyligen schrifft/ durch mancherley hochgelerter gemacht/ in der Kirchen zuo singen/ wie es dann* [z]*um tayl berayt zuo Wittenberg in uebung ist. wittenberg* [recte: Nürnberg] *M.D.Xiiij* [recte: 1524], RISM 1524[13] (Faksimile-Ausgabe hrsg. von Konrad Ameln, *Das Achtliederbuch.* In originalgetreuem Nachdruck [d. Ausg.] Nürnberg, 1523/24, in: *Jahrbuch für Liturgik und Hymnologie* 2 (Beilage 1956), Kassel 1956).

11 *Eyn Enchiridion oder Handbuechlein. eynem ytzlichen Christen fast nutzlich bey sich zuhaben/ zur stetter vbung vnd trachtung geystlicher gesenge vnd Psalmen/ Rechtschaffen vnd kunstlich verteutscht,* Erfurt 1524 („Färbefass-Enchiridion“, Faksimile-Ausgabe hrsg. von Konrad Ameln, *Das Erfurter Enchiridion. Gedruckt in der Permentergassen zum Ferbefaß 1524* (= Documenta Musicologica, XXXVI), Kassel u. a. 1983); *Enchiridion Oder eyn Handbuchlein/ eynem yetzlichen Christen fast nutzlich bey sich zuhaben/ zur stetter vbung vnnd trachtung geystlicher gesenge vnd Psalmen/ Rechtschaffen vnnd kunstlich vertheutscht,* Erfurt 1524 (Enchiridion „zum Schwarzen Horn“, Faksimile-Ausgabe hrsg. von Karl Reinthaler, [Titel wie vorstehend]); *Nach dem einzigen zu Straßburg noch bewahrten Urdrukke dieses 1524 zu Erfurt/ vermuthlich von Justus Jonas vnd Johannes Lange/ herausgegebenen Enchiridions/ des ersten für den kirchlichen Volksgesang/ durch Philipp Wakkernagels Vermittelung/ neu und treu wieder zu Erfurt in Gerhardt und Schreibers Steindrukkerei/ auf Kosten und zum Besten des Martinsstiftes/ besorgt von dem Vater dieses lebendigen Luthermales/ Karl Reinthaler/ im Denkjahre des Deutschen Kirchenfriedens 1848,* Erfurt 1848.

12 *Geystliche Lieder. Mit einer newen vorrhede/ D. Mart. Luth.*, Leipzig 1545 (Faksimile-Ausgabe hrsg. von Konrad Ameln, *Das Babstsche Gesangbuch von 1545* (= Documenta Musicologica, XXXVIII), Kassel u. a. 1988).

Tod Luthers entstanden, wurde es mitunter auch als ‚Ausgabe letzter Hand' bezeichnet.

III

Einige Gedanken seien in der Folge der musikalischen Gestalt des reformatorischen Liedguts gewidmet. Denn nicht uninteressant ist die Frage nach der Herkunft der Melodien: Betrachten wir die musikalischen Anteile, so können wir im Grunde vier wesentliche Bereiche dokumentieren, aus denen Luther, auf den wir uns hier konzentrieren wollen, seine Melodien bezog: So wurden die Dichtungen des Reformators mit solchen Melodien gesungen, die aus volksfrömmigkeitlichem Kontext entstammen, etwa Wallfahrtslieder, reformatorische Kirchenlieder anderer Verfasser, vor allem aber Leisen: Eine Leise ist ein mittelalterliches deutschsprachiges Kirchenlied, das mit *Kyrieleis*, der Bitte um Erbarmen, endet.

Nahe liegt zunächst die Vermutung, dass die Lieder der zweiten, kleineren Gruppe, nämlich der vorreformatorisch-liturgischen Melodien (Hymnen, Antiphonen), denen lateinische Texte zugehören, im Volk weniger bekannt gewesen sein dürften. Zu bedenken ist allerdings, dass auch hierzu durchweg deutsche Vorlagen im Umlauf waren, von denen Luther Kenntnis gehabt haben dürfte und die auch in den niederen Schichten verbreitet waren. Den Hymnus *Veni redemptor gentium* etwa hat schon Heinrich von Lauffenberg als *Kum Har, Erlöser Volkes Schar* ins Deutsche übertragen; bei Luther wird daraus *Nun komm, der Heiden Heiland.*

Noch kleiner erscheint eine dritte Gruppe: Nur im Einzelfall hat Luther auf präexistentes weltliches Liedgut zurückgegriffen. Am bekanntesten ist sein Weihnachtslied *Vom Himmel hoch, da komm ich her*, das unter anderem als Kontrafaktur des Bänkelliedes *Ich kumm aus frembden landen her* in Gebrauch war. Und ebenfalls überraschend schmal präsentiert sich eine vierte Gruppe, die sich der unvoreingenommene Betrachter womöglich umfangreicher vorgestellt hat, nämlich diejenigen Lieddichtungen, die allein mit originären musikalischen Neuschöpfungen in die Welt gingen. Der Überlieferungsbefund bei Liedern wie *Ein neues Lied wir heben an*, *Ein feste Burg ist unser Gott* und *Sie ist mir lieb, die werte Magd* zumindest ist eindeutig: In diesen Fällen können wir keine Vorläufermelodie nachweisen, und die Lieder kursierten in der Reformationszeit ohne parallele oder alternative Melodieoptionen. Hier Luther als Autor anzunehmen, ist plausibel, wenn auch in letzter Konsequenz nicht belegbar.

Über welche Instrumente verfügen wir überhaupt, um eine Zuschreibung vorzunehmen oder zu verwerfen? Und wie hat sich Luther zu der geschilderten uneinheitlichen Melodienvielfalt positioniert? Sicherlich spielt in Einzelfällen – und darauf liegt die Betonung – die Wort-Ton-Beziehung bei Luther eine Rolle, und wir glauben mitunter – wiederum in Einzelfällen –, musikalische Charakteristika, eine spezifisch lutherische Faktur, einen „lutherischen Ton" zu erkennen. Doch die zahlreichen Kontrafakturen mahnen zur Vorsicht, erst recht die durchweg unsichere Zuschreibung; ein Beispiel mag exemplarisch die Probleme im Allgemeinen veranschaulichen: *Wohl dem der in Gottes Furcht* steht, eine Reimdichtung zu Ps 128, wird mit nicht weniger als sechs zeitgenössischen Melodien überliefert. Die älteste, im *Erfurter Enchiridion zum Färbefaß* von 1524 publizierte, wird aufgrund mangelhafter Adaption des Textes für untauglich gehalten. Die zweite Melodie (ebenfalls aus dem Jahre 1524) stammt von Johann Walter und ist in einen mehrstimmigen Satz integriert. Erst die dritte Melodieform von 1533 (1529) bringt jenen Satz, der von der hymnologischen Forschung, allein aufgrund seiner Melodiegestalt, als Gemeindeliedmelodie Luther zugeschrieben wird;[13] drei Melodievarianten aus Straßburg und Konstanz vervollständigen den Reigen. Unabhängig davon, ob man den – auf tönernen Füßen stehenden – Befund akzeptiert, wäre immerhin eine Beobachtung nicht unwichtig: Luther hätte demnach zunächst allein den Text lanciert und erst Jahre später dann eine Melodie hinzugefügt, vielleicht, um die bisher wenig überzeugenden bzw. allein im polyphonen Kontext brauchbaren zu ersetzen. Die Vorstellung, Luther habe die enge Verknüpfung von Liedtext und einer einzigen charakteristischen Melodie angestrebt, im Sinne eines *opus perfectum et absolutum* und des vor allem im 19. Jahrhundert ausgeprägten Werkbegriffs, lässt sich demzufolge kaum halten. Dass Luther in Personalunion als Text- und Melodienschöpfer gleichermaßen gewirkt hat, ist allenfalls im Einzelfall wahrscheinlich zu machen. Wir wissen einfach nicht, ob Luther bei der Abfassung seiner Texte eine Melodie gewissermaßen bereits ‚mitgedacht' hat.

Wir müssen uns sodann klarmachen: Betrachten wir die Melodien zu den Luther-Liedern, so sprechen wir über niederschwellige musikalische Artefakte. Die Erfindung einer Liedmelodie bedingt nicht annähernd vergleichbare musikalisch-technische Fähigkeiten, wie die Komposition einer Symphonie, eines Streichquartetts, einer Motette oder einer polyphonen Messe. Um einmal die Voraussetzungen für die Erfindung einer Melodie zu einem vorgelegten Text zu pointieren: Jeder musikalisch auch nur mittelmäßig begabte, unter der Obhut eines versierten Kantors ausgebildete Lateinschüler der Zeit dürfte dazu in der Lage gewesen sein. Das hat zur Folge, dass ein wirklicher Personalstil im Blick auf die Melodien nicht akzentuiert werden kann, jedenfalls nicht überzeugend, dazu ist das musikalische Material einerseits zu karg, zu wenig charakteristisch, überdies andererseits auch zu variantenreich. Dagegen steht die im Einzelfall und anhand charakteristischer Wendungen zu begründende Beobachtung, Luther habe zum Zwecke der plakativen Textausdeutung eine enge Wort-Ton-Beziehung angestrebt. Als besonders aussagekräftiges Beispiel kann etwa der die „Tiefe" veranschaulichende Quintfall zu Beginn von *Aus tiefer Not schrei ich zu dir* angeführt werden – ungeachtet des Umstandes, dass wir auch in diesem Falle gar nicht sicher wissen, ob Luther deren Schöpfer war. Markus Jennys Bemerkung, „Es ist auch hier kaum denkbar, daß der

---

13 *Luthers geistliche Lieder und Kirchengesänge. Vollständige Neuedition in Ergänzung zu Band 35 der Weimarer Ausgabe*, bearbeitet von Markus Jenny (= Archiv zur Weimarer Ausgabe der Werke Martin Luthers. Texte und Untersuchungen, 4), Köln/Wien 1985, S. 61.

Melodieschöpfer ein anderer ist als Luther selbst", steht zugleich bezeichnend für die auf Luther fokussierte Deutungsmethode der Hymnologie:[14] Warum ist eigentlich kaum denkbar, dass jemand anderes die Melodie komponierte? Und könnte nicht die gerade auch in diesem Falle irritierende Melodienvielfalt (*Aus tiefer Not* kennen wir in der Reformationszeit in ebenfalls sechs verschiedenen Melodiefassungen bzw. Melodievarianten) gerade als Gegenargument gegen Luthers Autorschaft verstanden werden? Der Schluss liegt nahe: Luther ging es weniger um die künstlerisch-ambitionierte musikalische Gemütsergötzung, sondern um die problemlose, rasche Verbreitung seiner reformatorischen Texte. Und wenn sich diese mit völlig unterschiedlichen Melodien vollzog, war ihm das auch recht, „damit das Wort Gottes auch durch den Gesang unter den Leuten bleibt."

IV

Dass den Liedern der Reformatoren eine geistliche wie geistige Dimension innewohnt, bedarf keiner Begründung. Die Lieder der Reformatoren sind einerseits – und vor allem – Manifeste des Glaubens und des konfessionellen Bekenntnisses, andererseits aber auch Instrumente der provokant-polemischen, anti-katholischen Attacke, Instrumente einer regelrechten Protestbewegung, die Johann Hinrich Clausen als konfessionelle „Guerilla" bezeichnete.[15] Gleich Luthers allererste Liedschöpfung überhaupt *Ein newes Lied wir heben an* dokumentiert dieses Spannungsfeld. Regelrecht nacherzählt wird darin, wie die beiden Ordensleute Hendrik Voes und Johann van Esschen in Antwerpen standhaft an ihrem reformatorischen Bekenntnis festhielten und am 1. Juli 1523 auf dem Marktplatz in Brüssel als Ketzer auf dem Scheiterhaufen verbrannt wurden. Luther schuf das Lied offenbar unter dem unmittelbaren Eindruck der Brüsseler Ereignisse.

Erfolgreiches Medium der Verbreitung dieser Lieder in der frühen Reformation war, wie bereits angedeutet, der sogenannte Einblattlieddruck, ein einzelnes loses Blatt also, das auf Märkten und Versammlungen verkauft wurde und vor allem die Texte, seltener auch die Noten der Melodien, unter die Leute brachte. Beispielsweise ist uns das Lied *So treiben wir den Babst heraus* auf diese Weise erhalten geblieben. Zugleich steht es für das seinerzeit charakteristische Verfahren der Kontrafaktur, der Um- bzw. Neutextierung vorhandener Stücke. Denn zugrunde liegt das auch im thüringisch-sächsischen Brauchtum beliebte Lied *So treiben wir den Winter aus*; die erste Strophe daraus lautet:

So treiben wir den Winter aus,
Durch unsre Stadt zum Thor hinaus
Mit sein' Betrug und Listen
Den rechten Antichristen

---

14 Ebd., S. 68.

15 Johann Hinrich Claussen, *Gottes Klänge: Eine Geschichte der Kirchenmusik*, München 2014.

In der konfessionellen Propaganda wird daraus:

So treiben wir den Babst heraus,
Aus Christus Kirch und Gottes haus,
Darin er mördlich hat regiert,
Unzelich viel Seelen verfürt.[16]

Dieses Verfahren der Umtextierung durch oft anonyme Autoren begegnet ausgesprochen häufig und findet sich in einem Einzeldruck von 1524, in dem die Melodien bekannter und weitverbreiteter Weihnachtslieder mit anti-päpstlichen Schmähungen unterlegt sind, ebenso, wie in einer Variante des bekannten Osterliedes *Christ ist erstanden.* Dieses hatte schon im Mittelalter in Liturgie wie Volksfrömmigkeit gleichermaßen seinen Platz und wurde sodann auch von Martin Luther sehr geschätzt: „Aller Lieder singt man sich mit der Zeit müde, aber das Christ ist erstanden muß man alle Jahre wieder singen", notierte er.[17] In der garstigen Kontrafaktur schließlich wird dem wiederauferstandenen Erlöser der Papst als Antichrist gegenübergestellt:

Christ ist erstanden,
Man weist in allen landen,
Daß der Babst ist der Antichrist,
Syt uns dz liecht uffgangen ist,
Kyrielais

Und wer er nit erstanden,
So wer Teütschland zergangen
Durch pfründen fresser, ablaßkrom,
Den man zu fürt dem Babst zu Rom,
Kyrielais

Sant Peter hinder dem steine lag,
Da wir geirrt hand jar und tag,
Yetz kompt vnns gutte mere
Durch Martin Luthers lere,
Kyrielais[18]

Als besonders wirkungsvoll wurden solche Neutextierungen offenbar dann angesehen, wenn sie sich auf vormals katholische Vorlagen bezogen: *Dein Heiligkeit verfluchet ist,* um ein anderes Beispiel anzuführen, paraphrasiert das lateinisch-liturgische *Te Deum.* Plakativ werden darin Missstände im katholischen Klerus angeprangert, die in Teilen überraschend aktuell anmuten: „Buben und Knabnschender on zal/ mit einem Mund dich loben all", lautet etwa eine durchaus verstörende Passage.[19]

16 Zitiert nach: Kurt Hennig, *Die geistliche Kontrafaktur im Jahrhundert der Reformation,* Halle (Saale) 1909, S. 160.

17 Zitiert nach: *Geistliches Wunderhorn,* S. 36.

18 Zitiert nach: Philipp Wackernagel, *Das deutsche Kirchenlied von der ältesten Zeit bis zu Anfang des XVII. Jahrhunderts,* Bd. 3, Leipzig 1870, S. 399.

19 Zitiert nach: Tilmann Walter, *Unkeuschheit und Werk der Liebe* (= Studia Linguistica Germanica, 48), Berlin/New York 1998, S. 129.

Zahlreiche weitere Beispiele ließen sich anführen. Übersieht man jedenfalls die von Rebecca Wagner Oettinger gesammelte liedspezifische Reformationspropaganda, so begegnen Texte, die an Schärfe und Eindeutigkeit nichts zu wünschen übrig lassen.[20] Und dass selbst der Psalter nicht nur als Textgrundlage für die seriöse Kirchenlieddichtung diente, sondern auch für die polemische Propaganda herangezogen wurde, ist vielfach zu belegen: Unter dem Titel *Zwe schöne Ge-/senge. Der eine vber die/ vier ersten vers des 36. Psalms/ David* [...] *auff/ diese unser zeit applicirt,/ wider alle/ Gottlose, Rotten Geister vnd/ Schwermer, vnd sönderlich/ wider die Papisten vnd Interimist.*[ischen] *Diaphoristen* publizierte Joachim von Magdeburg um 1550 rabiate und aggressive Lieddichtungen; darin heißt es etwa:

> Noch muß ein ieder sagen frey
> der warheit wil bekennen,
> Das Adiaphoristerey,
> wie man es nu will nennen,
> Sey Teuffels Tand und schedlich weiß,
> umbs pabstes will ertichtt mit fleiß,
> Sathan und Christ zu sünen.[21]

Es verwundert nicht, dass die katholische Seite, durch das heftige propagandistische Störfeuer der Protestanten provoziert, alsbald mit gleicher Münze zurückzahlte. Nicht nur gab Michael Vehe 1537 in Leipzig das erste katholische Gesangbuch, gewissermaßen als theologisch-geistlichen Widerspruch heraus,[22] sondern auch Kompositionen wie beispielsweise die berühmte fünfstimmige Mottete *Te Lutherum damnamus* des in Ferrara tätigen Komponisten Maistre Jhan stimmen einen harschen polemischen Ton an. Der Text des Stückes bezieht sich ebenfalls auf das *Te Deum laudamus*: „Dich Gott loben wir" mutiert zu „Dich Luther verdammen wir."[23]

V

Nicht nur liturgische Verfahren, katholische Glaubensdinge oder Personen zogen den Spott der Protestanten auf sich, sondern auch konkrete konfessionspolitische Ereignisse. Insbesondere entzündete sich heftiger Widerstand am sogenannten *Augsburger Interim*, einer Verordnung Kaiser Karls V., mit der er nach dem Sieg

---

20 Rebecca Wagner Oettinger, *Music as Propaganda in the German Reformation*, Aldershot 2004.

21 Ebd., S. 361.

22 Michael Vehe, *Ein new Gesangsbüchlin geistlicher Lieder*, Leipzig 1537 (Faksimile-Druck der ersten Ausgabe hrsg. und mit einem Geleitwort versehen von Walther Lipphardt, Mainz 1970).

23 Klaus Pietschmann, „Te Lutherum damnamus. Zum konfessionellen Ausdrucks- und Konfliktpotential in der Musik der Reformation", in: *Musikgeschichte im Zeichen der Reformation. Magdeburg – ein kulturelles Zentrum in der mitteldeutschen Musiklandschaft* (= Ständige Konferenz für Mitteldeutsche Barockmusik, Jahrbuch 2005), hrsg. von Peter Wollny, Beeskow 2006, S. 23–33.

über den Schmalkaldischen Bund seine religionspolitischen Ziele im Heiligen Römischen Reich durchzusetzen gedachte. Der Kaiser sah es als seine Verpflichtung an, die religiöse Einheit im Reich wiederherzustellen. Das 1548 als Reichsgesetz erlassene Interim sollte für eine Übergangszeit die kirchlichen Verhältnisse regeln, bis ein allgemeines Konzil über die Wiedereingliederung der Protestanten in die katholische Kirche endgültig entscheiden würde. Allerdings stieß das Interim sowohl auf protestantischer als auch auf katholischer Seite auf Ablehnung, denn theologisch erschien der gefundene Kompromiss für beide Seiten nicht hinreichend. Überdies war die Mehrzahl der Kritiker nicht bereit, dem Kaiser Kompetenzen in Religionsfragen zuzubilligen. Und so war dieser nach einem Aufstand protestantischer Fürsten bereits 1552 gezwungen, das Interim wieder zurückzunehmen und die konfessionelle Spaltung des Reiches zu akzeptieren.

Folgerichtig erscheint, dass der Widerstand gegen das Interim auch musikalisch zum Ausdruck gebracht wurde. Es dürften Lieder, wie *Bewar mich Godt vorm Interim* gewesen sein, die die öffentliche Meinung maßgeblich beeinflussten und eine breite Ablehnung der kaiserlichen Pläne auch in den niederen Bevölkerungsschichten herbeiführten. Die volksnahe Verortung solcher Stücke kommt beispielhaft dadurch zum Ausdruck, dass das Lied, wie der Titel vorgibt, „von einem Berckman gemacht“ wurde. Unmittelbar fordert der Text zum kollektiven Widerstand auf:[24]

> Du fromme Sechsisch nacion, nimm die falsche Lehr nicht an,
> Wag ehr, gut, leib und leben dran, und bleib bei Gottes Wort fest stan.

Verweilen wir noch einen Moment beim *Augsburger Interim*. Eine Nuance anders stellt sich die Situation für die Motette *Herre, wir erkennen unser gottlos Wesen* von Johann Reusch dar, dem Kantor an der Fürstenschule St. Afra in Meißen. Ihr zugrunde liegen nicht etwa aktuell neugedichtete Spottverse, sondern Abschnitte aus dem Buch Jeremia, und als Anlass für die Komposition wird die um 1546 in Mitteldeutschland allerorten wahrgenommene Bedrohung durch den Schmalkaldischen Krieg vermutet, in dem der Kaiser gegen den Schmalkaldischen Bund zu Felde gezogen war, eine Allianz protestantischer Landesfürsten und Städte unter der Führung von Kursachsen und Hessen; in der entscheidenden Schlacht bei Mühlberg am 24. April 1547 siegte Karl V. Doch damit nicht genug: Ihm gelang die Gefangennahme des sächsischen Kurfürsten Johann Friedrich und des hessischen Landgrafen Philipp, damit der beiden Anführer des Schmalkaldischen Bundes. Johann Friedrich ging infolge dieser Niederlage seiner Kurwürde verlustig. Diese fiel an seinen ebenfalls lutherischen Vetter Moritz von Sachsen, der im vorausgegangenen Waffengang auf Seiten der Kaiserlichen und gegen seine Glaubensbrüder gekämpft hatte. Aus dieser knappen Skizze deutet sich schon an, dass die Partei der Protestanten sich keinesfalls homogen präsentierte, sondern in diversen Sachfragen zerstritten war. Nach dem Tode Luthers im Februar 1546 entwi-

---

24 Wagner Oettinger, *Music as Propaganda*, Anhang Nr. 26, Strophe 9.

ckelten sich teilweise heftige innerprotestantische Krisen und Seitenkonflikte, nicht selten – wie im Falle des fortan als „Judas von Meißen" gebrandmarkten Moritz – aus persönlichem Machtkalkül heraus. Reuschs Jeremia-Motette, im Vorfeld des Krieges komponiert und nachweislich im Rahmen eines Bußgottesdienstes in Meißen aufgeführt, formuliert in der sich zuspitzenden Krise die eindringliche Bitte um Errettung.[25]

Wir bleiben noch ein wenig im Umfeld des Schmalkaldischen Krieges, allerdings ist die Stoßrichtung im Lied *Ach Karle, großmechtiger Mann* eine differenzierte: Es handelt sich um einen leidenschaftlichen Appell an den Kaiser. Beklagt wird einerseits dessen (selbstverschuldete) Abhängigkeit von päpstlichen Interessen, andererseits kann es als Warnung und Aufruf zu stärkerer politischer Autonomie verstanden werden:

> Gedenk zurück du weiser Mann,
> Und sich der Päbst groß Schalkheit an.[26]

Das anonym überlieferte Lied richtet sich ausdrücklich an den Soldatenstand, handelt es sich doch um „Ain lied für die landsknecht gemacht. Inn disen kriegsleufen nützlich zusingen".

Schließlich ist bemerkenswert, dass es, trotz der sich weiter verhärtenden Fronten und der oft polemischen musikalischen Kommunikationsstrategien, auch Bemühungen gegeben hat, die Musik als Medium des Ausgleichs zu verstehen. An der anonymen Motette *Iuxta est dies domini* lässt sich zudem eine charakteristische Strategie der Textgewinnung für musikalische Propaganda im Reformationszeitalter veranschaulichen.[27] Um eine konkrete Aussage zu pointieren, werden verschiedene, eigentlich nicht zusammengehörige Bibelstellen miteinander kombiniert. In diesem Falle sind sie unter anderem dem alttestamentlichen Buch Sophonias, dem Psalm 121 sowie den Klageliedern Jeremias entnommen. Demzufolge werden die abgespaltenen Protestanten als Schiffbrüchige gesehen, die in den sicheren Hafen zurückzuführen vordringliches Anliegen aller Christen sein sollte. Gelänge das nicht, würde das „Schiff des Petrus [eben die Kirche], täglich bedrängt vom spaltenden Sturm, zersplittert und in naher Zukunft untergehen." Der lateinische Text der Motette wie auch die sublime musikalische Gestalt dürften nicht primär im Blick auf populäre Breitenwirkung angelegt worden sein, sondern eher ein elitäres, gebildetes Publikum angesprochen haben. Der heute

---

25 Wolfram Steude, *Untersuchungen zur mitteldeutschen Musiküberlieferung und Musikpflege im 16. Jahrhundert*, Leipzig 1978, S. 72.

26 *Die Volkslieder der Deutschen*, Bd. II, hrsg. von Friedrich Karl Freiherr von Erlach, Mannheim 1834, S. 202.

27 *Die Musik des 15. und 16. Jahrhunderts* (Teil 2) (= Neues Handbuch der Musikwissenschaft, 3/2), hrsg. von Ludwig Finscher, Laaber 1990, S. 340.

noch erhaltene Bestand von rund 150 deutschen Psalmmotetten dokumentiert überdies die Bedeutung auch dieser intellektuellen Reformationspropaganda.[28]

VI

Ein Gedanke zum Schluss: Bemerkenswerterweise liegen einstimmige Entstehung und mehrstimmige Bearbeitung der neuen Gattung Kirchenlied in der polyphonen Kunstmusik zeitlich außergewöhnlich nahe beieinander. Prototypisch für die neue Gattung steht eben das von Johann Walter 1524 erstmals in Wittenberg publizierte *Geystliche gesangk Buchleyn*, das in den kommenden Jahren und Jahrzehnten mehrfach nachgedruckt und erweitert wurde, so schon 1525 von Peter Schöffer in Worms.[29] In der Erstauflage enthalten sind 38 Lieder, zudem fünf lateinische geistliche Gesänge. Walter hat 24 – und damit sämtliche – der frühen, in den Jahren 1523/24 entstandenen Lieder Luthers aufgenommen und mehrstimmig bearbeitet, darunter bis heute populäre Melodien wie *Nun komm der Heiden Heiland*, *Christ lag in Todesbanden* oder *Gelobet seist du Jesu Christ.* Weitere Lieder stammen etwa von Lazarus Spengler (*Durch Adams Fall ist ganz verderbt*) oder Johann Agricola (*Fröhlich wollen wir Alleluia singen*). Musikalisch orientierte sich Walter an der für die Ausprägung der deutschen Musikgeschichte wichtigen Gattung des, in seiner prinzipiellen Variante weltlichen deutschen Tenorlieds. Dieses ist ab 1450 in zahlreichen Quellen nachweisbar, liegt bis zum Ende seiner Blütezeit rund einhundert Jahre später in ca. 1500 Beiträgen vor und gilt als erste genuin deutsche musikalische Gattung überhaupt.[30] Walters Leistung ist die Übernahme und Adaption einer prononciert ‚bürgerlichen', also nicht-höfischen und nicht-liturgischen Gattung. Die Melodie liegt je in der Tenorstimme der drei-, vier- und fünfstimmigen Liedsätze, und zwar in einer Gestalt, die sich nur geringfügig von der einstimmigen Überlieferung unterscheidet. Jedenfalls markiert Walters *gesangk Buchleyn* den Beginn der bedeutenden Tradition protestantischer Choralbearbeitungen, die im 17. Jahrhundert in vielschichtiger Weise weiterentwickelt wurde und mit Johann Sebastian Bach, etwa in seinem Choralkantaten-Jahrgang von 1724/25, zweihundert Jahre später ihren künstlerischen Höhepunkt erreichte.

---

28 Walther Dehnhard, *Die deutsche Psalmmotette in der Reformationszeit* (= Neue musikgeschichtliche Forschungen, 6), Wiesbaden 1971.

29 *Johann Walter. Das geistliche Gesangbüchlein „Chorgesangbuch"* (= Documenta Musicologica, XXXIII), Faksimile-Nachdruck des Zweitdruckes Worms 1525, hrsg. von Walter Blankenburg, Kassel u. a. 1979.

30 *Das Tenorlied. Mehrstimmige Lieder in deutschen Quellen 1450–1580* (= Catalogus Musicus, IX), bearbeitet von Norbert Böker-Heil, Harald Heckmann und Ilse Kindermann, 3 Bde., Kassel u. a. 1979–1986.

Zwischentöne

Das deutsche Kunstlied des 19. Jahrhunderts zwischen Religion und Bürgerlichkeit

Thomas Bauer (Münster)

Einleitung

„Viele Zeitgenossen und manche Historiker haben das 19. Jahrhundert als ein Zeitalter gesehen, in dem Wissenschaft und säkulares Denken den religiösen Glauben untergruben und ihn allmählich an die Ränder des gesellschaftlichen Lebens drängten", stellt Christopher A. Bayly fest und widerspricht. Er sieht im „19. Jahrhundert eine Zeit, welche die triumphale Wiedergeburt und Ausbreitung von ‚Religion' in dem Sinn erlebte, wie wir den Begriff heute verwenden."[1] Dies gilt, so Bayly, auch für die Kunst, denn „religiöse Bauwerke und religiöse Kunst entwickelten sich mit einer Dynamik weiter, wie man sie seit der Renaissance in der christlichen Welt oder dem großen Zeitalter der persischen Safawiden und der Mogul-Dynastie des 17. Jahrhunderts in der muslimischen Welt nicht mehr erlebt hatte."[2]

Offensichtlich ist diese Entwicklung auch in der europäischen Kunstmusik zu spüren, denn während einerseits in allen etablierten Gattungen geistlicher Musik weiterhin neue Werke in hoher Zahl und Qualität entstehen, erschließt sich religiöse Musik im bürgerlichen Musikleben neue Räume und neue Ausdrucks- und Rezeptionsformen. Einer Ausprägung davon, die in der Forschung bislang nicht im Mittelpunkt stand, sei der folgende kursorische Überblick gewidmet: dem religiösen Lied. Mit dem Begriff „Lied" ist im Folgenden stets das klavierbegleitete Kunstlied für eine Solostimme gemeint. Die Skizze beschränkt sich auf den deutschsprachigen Raum und das 19. und frühe 20. Jahrhundert und kann nicht mehr als einen Problemaufriss und einen Überblick über die aus der (freilich oft ungerechten) Rückschau wichtigsten Kompositionen geben. In dieser Zeit vollzog sich allerdings eine Entwicklung, die in einem Band über *Musik und Religion* nicht übergangen werden kann, weil sie sowohl für die Religion als auch die Musik bis in die Gegenwart prägend war und ist, nämlich das Ausgreifen sakraler Musik auf nichtsakrale Räume und profane Kontexte im Zuge der Verbürgerlichung des Kunst- und Musiklebens im 19. Jahrhundert.[3]

---

1 Christopher A. Bayly, *Die Geburt der modernen Welt. Eine Globalgeschichte 1780–1914*, Frankfurt a. M. 2008, S. 400.

2 Ebd., S. 410.

3 Vgl. das Kapitel „Kirchenmusik und bürgerlicher Geist", in: Carl Dahlhaus, *Die Musik des 19. Jahrhunderts*, Laaber 1980, S. 147–158.

Vom Sakralraum in den bürgerlichen Säkularraum

Christliche religiöse Musik, das liegt nahe, gehört zunächst in die Kirche, und tatsächlich wäre bis zum Ende des 18. Jahrhunderts niemand auf den Gedanken gekommen, Messen außerhalb des liturgischen Kontexts und anderswo als im Sakralraum aufzuführen. Doch im Zuge einer allmählichen Verbürgerlichung des Musiklebens änderte sich das.

Vorangegangen war die Verbürgerlichung weltlicher Musik. Oper und Konzert waren zuerst eine vorwiegend höfische Angelegenheit, ehe sich das bürgerliche Musikleben ihrer bemächtigte und man öffentliche Konzerte veranstaltete und in ganz Europa Opernhäuser baute, die jedem gegen Eintrittsgeld offenstanden. Im Zuge dieser Entwicklung breitete sich die geistliche Musik allmählich auch vom Sakralraum (den sie natürlich nie verließ) in den bürgerlichen Säkularraum aus. Das vielleicht berühmteste Beispiel ist Beethovens *Missa solemnis*.[4] Zwar dachte Beethoven, als er die Komposition begann, an einen konkreten feierlichen liturgischen Anlass. Als die Messe dafür nicht rechtzeitig fertig wurde, fasste der Komponist eine Aufführung durch die Sing-Akademie zu Berlin ins Auge. Diese Sing-Akademie, die bis heute existiert, wurde 1791 als erste gemischte Chorvereinigung der Welt gegründet und steht beispielhaft für die Verbürgerlichung des Musiklebens. Am 8. Februar 1823 schrieb Beethoven einen Brief an den Leiter der Sing-Akademie, Karl Friedrich Zelter, mit der Bitte, ihm bei der Beschaffung von Subskribenten für seine gerade fertiggestellte Messe zu helfen. Dabei erwägt er auch die Möglichkeit, die Messe für die Konzerte der Sing-Akademie zu verwenden:

> [...] ein d.g. werk könnte auch der singakademie dienen, denn Es dörfte wenig fehlen, daß es nicht beynahe durch die Singstimmen allein aufgeführt werden könnte, je mehr verdoppelter u vervielfältigt selbe aber mit vereinigung der Instrumente seyn <wird>werden, desto geltender dörfte die wirkung seyn – auch als *oratorium*, da die Vereine für die Armuth d.g. nöthig <geben>haben, dörfte es am Plaze seyn[5]

Beethoven sieht seine Messe also ausdrücklich für Aufführungen im bürgerlichen Konzertbetrieb vor, und tatsächlich wurde die Messe zuerst in weltlichem Kontext gegeben, nämlich am 7. April 1824 bei der Philharmonischen Gesellschaft in Sankt Petersburg. Einen Monat später hat Beethoven drei Teile daraus (*Kyrie*, *Credo*, *Agnus Dei*) am k.k. Kärntnertortheater in Wien dirigiert. Um Vorbehalten der katholischen Kirche zu begegnen, wurden die Sätze als „Hymnen" deklariert. Liturgische Aufführungen folgten bald.[6]

---

[4] Vgl. Hermann Beck, „Das Religiöse in der nichtliturgischen Musik Ludwig van Beethovens", in: *Religiöse Musik in nicht-liturgischen Werken von Beethoven bis Reger*, hrsg. von Walter Wiora u. a., Regensburg 1978, S. 59–82, hier besonders S. 68–78.

[5] Ludwig van Beethoven, *Briefwechsel. Gesamtausgabe,* hrsg. von Sieghard Brandenburg, München 1996, Bd. 5, Brief Nr. 1563, S. 39 f.

[6] Wolfgang Rathert, „Die Messen", in: *Das Beethoven-Handbuch. 4. Beethovens Vokalmusik und Bühnenwerke*, hrsg. von Birgit Lodes und Armin Raab, Laaber 2014, S. 190 f.

Mit diesem Ausgreifen religiöser Musik in den säkularen Raum geht eine Sakralisierung weltlicher Kunst und Musik einher, nämlich in der von Richard Wagner proklamierten Idee einer „Kunstreligion“: „Wagners Kunst- und Religionsbegriff der späten Jahre markierte die extreme Konsequenz eines schon lange währenden Prozesses zunehmender Sakralisierung der Kunst bei gleichzeitiger Säkularisierung – und Ästhetisierung – der Religion.“[7] Da jedoch dieser mit dem leicht irreführenden Begriff „Säkularisierung“ bezeichnete Prozess des Hineinwachsens religiöser Musik in den säkularen Raum die Musik weder weniger religiös macht noch ihre Bedeutung in ihrer liturgischen Funktion beeinträchtigt, haben wir es auch hier eher mit einem Bedeutungsgewinn des Religiösen zu tun als mit einem Bedeutungsrückgang.[8]

Richard Wagner erhob hinsichtlich des Aufführungsorts seines „Bühnenweihfestspiels“ *Parsifal* Ansprüche, wie sie umgekehrt keinem Messkomponisten in den Sinn gekommen wären. Man könne, so erläutert er am 28. September 1880 König Ludwig II. seine Festspielhausidee, ein solches Werk nicht „neben einem Operettenrepertoire und vor einem Publikum, wie dem unsrigen“ vorführen, sondern nur in einem „Bühnenfestspielhaus“.[9]

In diesem außergewöhnlichen Fall schuf sich also weltliche Musik ihren eigenen Sakralraum. Weitaus gewöhnlicher war es dagegen, dass geistliche Musik vom Sakralraum in den Säkularraum wanderte, wo keine Liturgie stattfand, nicht gebetet wurde und das Publikum konfessionell gemischt war. Vor allem aber mussten die Zuhörer Eintrittsgeld zahlen. Dies dürfte wohl ein noch gravierenderer Unterschied sein, denn selbst wenn ein geistliches Werk in einer Kirche aufgeführt wird, erkennen die Zuhörer spätestens an der Kasse, dass es sich um eine primär weltliche und nicht um eine primär religiöse Veranstaltung handelt. Gerade mit dem Erheben von Eintrittsgeld wird der Sakralraum temporär zum Säkularraum, ebenso wie eine Kirche temporär und partiell Museumscharakter annimmt, wenn Besucher, die an den dort befindlichen Kunstgegenständen interessiert sind, ein Eintrittsbillet erwerben müssen.

Natürlich blieb diese Entwicklung nicht unwidersprochen. Schon 1814, also zehn Jahre vor der Uraufführung der *Missa solemnis*, sprach sich E.T.A. Hoffmann gegen die außergottesdienstliche Darbietung von Messen aus.[10] Noch im 20. Jahrhundert musste sich Wilhelm Furtwängler dafür rechtfertigen, dass er Bachs

---

7 Heinz von Loesch, „Kunst als Religion und Religion als Kunst. Zur Kunst- und Religionsphilosophie Richard Wagners“, in: *Musik und Religion*, hrsg. von Helga de la Motte-Haber, Laaber 2003, S. 187–208, hier S. 191.

8 Zu einem vergleichbaren Befund gelangt auch Dominik Höink für das Oratorium, wenn er in der steigenden Zahl von Oratorienaufführungen im säkularen Raum (bei gleichzeitig konstant bleibender Aufführungspraxis im Kirchenraum) gerade von einer „Steigerung der Bedeutung von religiöser Musik im öffentlichen Raum“ spricht. Dominik Höink, „Oratorium und Säkularisierung“, in: *Kirchenmusikalisches Jahrbuch* 98 (2014), S. 125–134, hier S. 131.

9 Vgl. von Loesch, „Kunst als Religion“, S. 201.

10 Vgl. Marion Saxer, „Nicht-liturgisch gebundene religiöse Musik: Franz Liszt und Anton Bruckner“, in: *Musik und Religion*, S. 155–186, hier S. 160.

Matthäuspassion im Konzertsaal aufführt. So heißt es in einer seiner Kalender-Notizen von 1934: „Die Kirche als Raum bildet heute eine Beschränkung. Überall, wo die Matthäus-Passion aufgeführt wird, ist Kirche!“ [11]

Dieser Prozess der „Entstehung einer ‚geistlichen‘ Musik in der Kirche auf der einen und einer kompositorisch anspruchsvollen ‚religiösen‘ Musik für den Konzertsaal auf der anderen Seite“[12] erfasste nicht nur Messen und Passionen, sondern auch das geistliche Lied, das allmählich zu dem wurde, was ich im Unterschied dazu als „religiöses Lied“ bezeichnen möchte.

Das geistliche Lied hatte mit der Reformation einen enormen Aufschwung erfahren und wurde von Protestanten und bald danach auch von Katholiken gepflegt. Zunächst geschah dies auch wieder vorwiegend als Kirchenlied im sakralen Raum, oft von der Gemeinde oder von einem Chor gesungen und von einer Orgel begleitet, immer häufiger aber auch im Rahmen einer häuslichen Andacht. Immer aber verstehen die Ausführenden und die Zuhörer das Singen eines geistlichen Lieds als religiöse Handlung. Dabei wurde im 19. Jahrhundert gelegentlich bereits „zwischen Geistlichen Liedern zur häuslichen und Kirchenliedern zur gottesdienstlichen Verwendung“ unterschieden, doch dienten auch erstere „zu der noch von weiten Kreisen gepflegten häuslichen Erbauung.“[13]

Allerdings verschmolz im bürgerlichen Salon das geistliche Lied allmählich immer mehr mit der Kunstgattung Lied, also dem klavierbegleiteten, solistisch gesungenen Kunstlied, das gerade im deutschsprachigen Raum mit Beethoven, Schubert, Schumann, Brahms und anderen den Höhepunkt seiner historischen Entwicklung erlebte. Das Lied war und ist nun, zusammen mit anderen Gattungen der Kammermusik wie Streichquartett oder Klaviertrio, eine der typischsten Formen bürgerlichen Musizierens.

Diese Verbürgerlichung führt nun dazu, dass sich auch die Rezeptionshaltung ändert. Das Lied mit religiöser Thematik wird hier im bürgerlichen Salon und bald darauf auch im Konzertsaal nicht anders rezipiert als nicht-religiöse Lieder auch. Die Aufführung und Rezeption des religiösen Lieds wird nun primär als künstlerisch-ästhetische und allenfalls sekundär, wenn überhaupt, als religiöse Handlung verstanden. Die Zuhörer hören einfach zu, lesen eventuell den Text mit, nehmen aber keine Gebets- oder Andachtshaltung ein, müssen weder mitbeten noch innerlich fromm gestimmt sein. Zwar appelliert auch das religiöse Lied an religiöse Gefühle, doch steht der Kunstgenuss im Vordergrund, weshalb religiöse Lieder auch im Wechsel mit weltlichen Liedern vorgetragen werden können. Dass es diese Re-

---

11 Wilhelm Furtwängler, *Vermächtnis. Nachgelassene Schriften*, hrsg. von Brockhaus, Wiesbaden [5]1975, S. 12.

12 Manuela Jahrmärker, „Die Kirchenmusik“, in: *Schubert-Handbuch*, hrsg. von Walther Dürr und Andreas Krause, Kassel 1997, S. 345–378, hier S. 346.

13 Irmgard Scheitler, „Von Arndt bis Spitta. Das 19. Jahrhundert als hymnologischer Forschungsschwerpunkt“, in: *Geistliches Lied und Kirchenlied im 19. Jahrhundert. Theologische, musikologische und literaturwissenschaftliche Aspekte*, hrsg. von Irmgard Scheitler, Tübingen 2000, S. 9–18, hier S. 14 f.

zeptionshaltung ist, die die wichtigste Differenz bildet, zeigt sich auch in der Kunst. In einem Museum händefaltend vor einem Marienbild niederzuknien, was in einer Kirche unauffällig und gewöhnlich wäre, würde als unangemessen empfunden und vom Aufsichtspersonal nicht lange geduldet werden. Ebenso kann man zwar als Atheist einen katholischen Gottesdienst besuchen, weil man die dort aufgeführte Haydn-Messe hören möchte; bei einer Aufführung in einem Konzertsaal ist es dagegen nicht angemessen, niederzuknien, sich zu bekreuzigen oder beim Kyrie aufzustehen und sich an die Brust zu klopfen.

Diese unterschiedlichen Rezeptionshaltungen dürften in den meisten Fällen von den Komponisten intendiert worden sein. Dabei ist davon auszugehen, dass Vertonungen des Ordinarium missae schon in aller Regel als primär religiös zu rezipierende und in einem Sakralraum aufzuführende Werke geschaffen wurden, auch wenn eine Aufführung im Konzertsaal vom Komponisten von vorneherein konzipiert war. Auch wenn einige Messen allein aufgrund ihrer Länge wenig gottesdiensttauglich erscheinen, gehören sie keiner anderen Gattung an als allein für rituelle Zwecke komponierte. Beim Lied verhält sich dies anders. Klavierbegleitete Lieder wurden von Beethoven bis Wolf und darüber hinaus zweifellos fast immer primär für den häuslichen Gebrauch oder den Konzertsaal komponiert, auch wenn einige wenige Lieder dieser Art, oft in einer Fassung für Orgel und Stimme(n), den Weg in die Kirche fanden. Wenn Schubert etwa *Geistliche Lieder* von Novalis vertont, greift er gelegentlich bewusst die volkstümliche Gestaltungsweise vieler geistlicher Lieder auf. Doch, wie Walther Dürr bei seiner Analyse feststellt: „Volkstümliches erscheint dabei wohl als Zitat – aber immer als Zitat kenntlich in einem grundsätzlich subjektiven Kontext, in dem der Künstler sich aus-, nicht aber eine Gemeinde anspricht, jedenfalls nicht in dem Sinne, daß er von ihr Identifikation mit dem Vorgetragenen verlangt."[14]

Mir scheinen diese Unterschiede so gravierend zu sein, dass ich Lieder dieser Art nicht mehr unter dem Begriff „geistliches Lied" fassen möchte, sondern dafür den Begriff „religiöses Lied" verwende. In der Musikwissenschaft wird terminologisch bislang kaum zwischen beidem unterschieden. Ich glaube aber, dass es sinnvoll ist, zwischen geistlichen Liedern und religiösen Liedern auch terminologisch zu unterscheiden. Demnach wären geistliche Lieder solche, die primär religiös rezipiert werden sollen, häufig in sakralen Räumen oder in privater Andacht. Ihre Hörer sollen den Inhalt in andächtiger, eventuell mitbetender Haltung nachvollziehen und den religiösen Gehalt über die musikalische Kunstfertigkeit stellen, während die Musik den geistlichen Gehalt eher unterstreichen als Eigenwert erhalten soll. Eine öffentliche Aufführung vor zahlendem Publikum ist hier unangemessen. Geistliche Lieder entstehen bis heute und füllen unsere Gesangbücher. Kaum eines davon würde sich für das Programm eines Liederabends eignen.

---

14 Walther Dürr, „Hymne und Geistliches Lied: Franz Schuberts Novalis-Vertonungen", in: *Geistliches Lied und Kirchenlied*, S. 105–122, hier S. 122.

Das religiöse Lied ist dagegen in erster Linie Kunstlied. Es ist eine Innovation aus der Zeit Beethovens (ohne das geistliche Lied abzulösen). Es wird im Salon und im Konzertsaal (und hier in der Regel vor zahlendem Publikum) präsentiert. Die Zuhörer können, müssen aber nicht religiös empfinden, und exaltierte Ausbrüche religiösen Gefühls sind in jedem Falle zu vermeiden. Es kann, eventuell umgearbeitet, in den sakralen Raum wechseln, sozusagen zum geistlichen Lied werden, was aber selten geschieht. Tatsächlich scheint es wenig Lieder zu geben, die sich nicht mit einiger Wahrscheinlichkeit entweder als geistliche oder als religiöse Lieder klassifizieren lassen. In der Regel wird das kompositorische Umfeld eines Lieds (etwa, wenn ein Komponist religiöse Lieder mit nichtreligiösen unter einer Opusziffer vereint), seine intendierte oder tatsächlich erfolgte Aufführungs- und Rezeptionsgeschichte und die vergleichsweise hohe Komplexität von Sing- und Klavierstimme, die oft ausgebildete Spezialisten voraussetzt, eine eindeutige Zuordnung erlauben. Im 19. Jahrhundert stammen sogar die Textvorlagen geistlicher und religiöser Lieder zu einem großen Teil von unterschiedlichen Dichtern:

> Während bis zum Ende des 18. Jahrhunderts die meisten Kirchenliederdichter auch in der profanen Literaturgeschichte als bedeutende Lyriker Anerkennung gefunden haben (...), beginnt mit dem 19. Jahrhundert das beklagenswerte Auseinanderdriften der profanen und sakralen Dichtungstradition. Die profanen Dichter finden nur noch selten ins Gesangbuch, und die sakralen finden nicht mehr in die Lyrikanthologien. Die profane Tradition ist formal und inhaltlich innovativ, während die sakrale Tradition oft von provinziellen Gemeindedichtern getragen wird (...).[15]

Während zwar religiöse Lieder von geistlichen Liedern nicht immer eindeutig unterschieden werden können, ist es wohl noch schwieriger, religiöse Lieder von anderen Liedgattungen abzugrenzen, denn als Kunstlied jenseits des sakralen Raums tritt das religiöse Lied nun an die Seite von Liebesliedern, Naturliedern, Wiegenliedern, patriotischen Liedern, Balladen und dergleichen mehr. Mit anderen Worten: Das religiöse Lied ist nichts anderes als eine Liedgattung unter mehreren, möchte zunächst auch nicht anders rezipiert werden als diese und ist gelegentlich von diesen, etwa im Falle von Naturliedern mit pantheistischer oder deistischer Tendenz, nicht leicht zu unterscheiden, schwieriger jedenfalls, als dies bei der hier vorgeschlagenen Unterscheidung zwischen geistlichem und religiösen Lied der Fall ist.

Charakteristika des religiösen Lieds

Welches sind nun die inhaltlichen Kriterien, durch die sich das religiöse Lied fassen lässt? Zunächst möchte ich nur solche Lieder in diese Kategorie einordnen, in denen eine persönliche Religiosität zum Ausdruck kommt oder ein persönliches Ver-

15 Hermann Kurze, *Novalis*, München 1988, S. 73 f., zit. nach Heinz Röllecke „Dichtung und Gesangbuch“, in: *Geistliches Lied und Kirchenlied*, S. 217–232, hier S. 221.

hältnis zu Religion ausgesprochen wird, das auch vom Hörer als persönliches Aussprechen verstanden werden kann. Damit scheiden alle Lieder aus, in denen eine Geschichte erzählt wird, in der zwar Religion eine Rolle spielt, die sich aber nicht als Bekenntnis lesen lassen. Damit fallen etwa alle Nonnen-Lieder weg. Dichter und Komponisten des 19. Jahrhunderts waren vom Thema „Nonnen" geradezu besessen. Das LiederNet Archive verzeichnet allein 19 verschiedene Texte, die den Titel *Die Nonne* tragen und die oft mehrfach vertont wurden. Von Uhlands „Im stillen Klostergarten / Eine bleiche Jungfrau ging" verzeichnet es Vertonungen von 16 Komponisten, darunter Conradin Kreutzer, Fanny Mendelssohn, Siegismund Thalberg, Joachim Raff und Heinrich von Herzogenberg, um nur die bekanntesten zu nennen. Sogar König Ludwig I. von Bayern hat sich für das Thema begeistert und selbst ein Nonnengedicht geschrieben und vertont: „Ach! Die Zelle / wird zu Hölle, / wenn das Herz erglüht, / wer in Mauern muss vertrauern, / wenn die Liebe blüht."[16] Das Thema all dieser Nonnen-Lieder ist die Spannung zwischen Keuschheitsgelübde und Liebe. Um die persönliche Religiosität des lyrischen Ichs geht es dagegen nicht, weshalb derartige Lieder nicht in unsere Kategorie des religiösen Lieds gehören.

Wenn wir solche Lieder und noch eine Reihe von Grenzfällen, auf die ich später zu sprechen komme, ausnehmen, bleiben vor allem fünf Themen, die das religiöse Lied charakterisieren, nämlich (1) Gebet, (2) Bekenntnis, (3) Ermahnung, (4) Reflexion über Religion und (5) der Ausdruck religiöser Gefühle. Dabei ist es nicht entscheidend, ob die religiöse Aussage als diejenige des Textautors gilt, oder ob der Text etwa aus einem Drama stammt, in dem eine Person des Dramas betet oder über Religion reflektiert.

Im Gebet wird Gott oder eine heilige Person angesprochen, um etwas zu erbitten oder um zu preisen. Im Bekenntnis legt der Dichter sein eigenes Verständnis seiner Religion dar, oft verbunden mit der Aufforderung an den Hörer, sich dieses Verständnis ebenfalls zu eigen zu machen. Das Bekenntnis geht somit häufig nahtlos in die Ermahnung über. In sehr vielen Liedern wird über das Wesen Gottes und der Religion und ihrem Verhältnis zu Mensch und Natur nachgedacht – es findet also Reflexion statt – oder es werden Gefühle ausgedrückt, die der Mensch angesichts der Erhabenheit oder der Güte Gottes empfindet. Mit Ausnahme des Gebets, das relativ oft eigenständiger Gegenstand eines Lieds ist, kommen die anderen Themen meist nicht isoliert, sondern miteinander vermischt vor. Diese thematische Uneindeutigkeit ist geradezu ein Merkmal religiöser Lieder.

Wir haben nun inhaltliche Kriterien des religiösen Lieds genannt, aber gibt es auch musikalische? Gerade die religiösen Klavierstücke Franz Liszts provozieren die Frage, ob es so etwas wie eine allgemeine religiöse musikalische Faktur gibt und, wenn ja, worin diese besteht. Könnte man Liszts Klavierstücke (auf die später

16 „Die Nonne in Himmelspforten", in: *Dreyzehn Gedichte des Königs Ludwig von Bayern nebst einem Gesellschaftsliede für die musikalischen Unterhaltungen des Erlanger Bürger-Vereins*, Erlangen 1830, S. 16.

noch eingegangen wird) auch ohne Kenntnis ihrer Überschriften, die immerhin noch einen letzten Rest diskursiver Zuordnung vermitteln, als religiöse Stücke erkennen? Generell dürfte diese Frage verneint werden. Auch in religiösen Liedern verwenden Komponisten Ausdrucksmittel, die sie bei nichtreligiösen Liedern ähnlicher Stimmungslage ebenfalls verwendet hätten; bei Liedern mit innerlichem Ausdruck etwa leise Dynamik und Legatospiel, nicht zu viele Modulationen, gleichmäßige Rhythmik und Metrik sowie eine Beschränkung der Singstimme auf einen eher kleinen Tonraum. Demgegenüber stehen hymnische Lieder wie Beethovens *Die Himmel rühmen* mit großen Intervallsprüngen und mächtigen Dur-Akkorden. Wenn Komponisten aber eine spezifisch religiöse Tonsprache erstreben, greifen sie zu Kompositionstechniken aus früheren Epochen, spezifisch kirchenmusikalischen Satzweisen und Kirchentonarten. Oft finden sich auch intertextuelle Bezüge zu älteren Komponisten, etwa zu Johann Sebastian Bach. Diese Intertextualität, also die Verwendung von und der Verweis auf musikalische Elemente, wie sie für bestimmte Formen älterer religiöser Musik charakteristisch sind, bilden das wichtigste und wahrscheinlich einzige Mittel, durch das textlose und paratextlose Musik einen Verweis auf Religion geben kann. Es sind dieselben Mittel, von denen auch Richard Wagner in seinem sozusagen säkularreligiösen und keineswegs textlosen „Bühnenweihfestspiel“ Gebrauch macht, um dessen religiösen Charakter zu unterstreichen:

> Eine Häufung religiöser Topoi kennzeichnet auch die Musik des *Parsifal.* Sie reicht vom Gebrauch choralartiger Wendungen sowie dem Rekurs auf Kirchentonarten und modale Harmonik über die Anwendung liturgischer Einstimmigkeit, etwa im Abendmahlsthema, bis hin zum wörtlichen Zitat des bereits von Felix Mendelssohn Bartholdy in der *Reformationssymphonie* verwendeten Dresdner oder lutherischer Amen im Grals-Motiv.[17]

Auch für die *Gellert-Lieder* Beethovens konnte Günther Massenkeil zeigen, dass sich der religiöse Gehalt in ihrer musikalischen Gestaltung widerspiegelt.[18]

Zwei Beispiele mögen die thematische und musikalische Spannweite des religiösen Lieds veranschaulichen. Das erste ist das Lied *Gebet*, das der Wiener Katholik Hugo Wolf am 13. März 1888 auf einen Text des protestantischen schwäbischen Pastors Eduard Mörike komponierte. Es ist, wie der Titel sagt, eben ein Gebet, aber gleichzeitig eine Reflexion darüber, was man von Gott erhoffen soll:

> Herr! schicke, was du willt,
> Ein Liebes oder Leides;
> Ich bin vergnügt, dass beides
> Aus deinen Händen quillt.
> Wollest mit Freuden

[17] von Loesch, „Kunst als Religion“, S. 204.

[18] Günther Massenkeil, „Religiöse Aspekte der Gellert-Lieder Beethovens“, in: *Religiöse Musik in nicht-liturgischen Werken*, S. 83–96.

Und wollest mit Leiden
Mich nicht überschütten!
Doch in der Mitten
Liegt holdes Bescheiden.

Der choralartige Beginn schafft sofort eine feierliche, sakrale Stimmung. Rhythmisch bewegt sich das Lied fast durchgängig in einfachen Vierteln. Erst die Schlusszeile „In der Mitten liegt holdes Bescheiden“ wird rhythmisch durch eine Synkope aufgelockert. Dieses Oszillieren zwischen musikalischen Mitteln, die an die ältere Kirchenmusik anknüpfen, und der gleichzeitige Anspruch, ein Vertreter des romantischen, auf subjektive Empfindungen referierenden Kunstlieds zu sein, ist nicht untypisch für religiöse Lieder, von denen einige, die primär für den bürgerlichen Säkularraum komponiert worden waren, auch wieder in den Sakralraum wechseln konnten. Das *Gebet* ist eines davon. Es wurde schon am Karfreitag des folgenden Jahres in der Wiener Minoritenkirche im Rahmen eines geistlichen Konzerts gegeben, und zwar mit Orgelbegleitung.[19]

Doch dies ist nicht seine einzige Ambiguität. Falls nicht der Komponist eigene Texte vertont, wie Peter Cornelius dies tat, begegnen sich in jedem Lied zwei Intentionen, die des Dichters und die des Komponisten, die keineswegs identisch sein müssen. Dies ist bei jedem Lied der Fall. Beim religiösen Lied kommt aber hinzu, dass ausgesprochen häufig, vielleicht sogar in der Mehrzahl der Fälle, Dichter und Komponist unterschiedlichen Konfessionen angehören. Wie wir sehen werden, reizte es zunächst vor allem katholische Komponisten, Texte von Protestanten zu vertonen, wie sie sie im katholischen Umfeld nicht fanden, während seit dem Ende des 19. Jahrhunderts protestantische Komponisten eine verstärkte Neugier auf katholische Texte entwickeln. Bei der Aufführung solcher Lieder werden also Werke interpretiert, deren Schaffensprozess selbst bereits eine Interpretation war, die weitab von den Intentionen des Autors der Textvorlage liegen kann. Als ein Beispiel hierfür erwähnt Susan Youens auch das Lied *Gebet*, denn:

> when Hugo Wolf set Eduard Mörike's 'Gebet' to music, he bent the great poet's rebellion against Lutheran orthodoxy – not something in which Wolf had the slightest interest – to his own purposes. Mörike's worshipper begins with obedient submission to whatever God might inflict upon him and then quails in horror, begging instead for moderation in all things. Wolf begins with a wickedly apt imitation of late nineteenth-century devotional song and then breaks away to echo Chopin and Wagner. The Wagner-hating poet would not have approved.[20]

Von ganz anderem Charakter ist Franz Schuberts Lied *Dem Unendlichen* (D 291) aus dem Jahr 1815. Wieder ist es ein Katholik, der den Text eines Protestanten – Klopstock – vertont, eine Konstellation, der wir noch öfter begegnen werden. Das Gedicht beginnt als Reflexion über die Größe Gottes und die Bedürftigkeit des

---

19 Erik Werba, *Hugo Wolf und seine Lieder*, Wien 1984, S. 139–140.

20 Susan Youens, „The Grit in the Oyster or How to Quarrel with a poet“, in: *Words and Notes in the Long Nineteenth Century*, hrsg. von Phyllis Weliver und Katharine Ellis, Suffolk 2013, S. 205–222, hier S. 206, Anm. 4.

Menschen, und es endet in überschwänglichem Gottespreis, also einem Ausdruck religiösen Gefühls und der Erkenntnis, dass alle Versuche der Menschen, Gott zu preisen, angesichts der Größe Gottes unzulänglich sind:

1. Wie erhebt sich das Herz, wenn es dich,
Unendlicher, denkt! Wie sinkt es,
Wenn es auf sich herunter schaut!
Elend schaut's wehklagend dann und Nacht und Tod!

2. Allein du rufst mich aus meiner Nacht, der im Elend, der im Tode hilft.
Dann denk' ich es ganz, dass du ewig mich schufst,
Herrlicher, den kein Preis, unten am Grab, oben am Thron,
Herr, Gott, den, dankend entflammt, kein Jubel genug besingt.

3. Weht, Bäume des Lebens, ins Harfengetön!
Rausche mit ihnen ins Harfengetön, kristallner Strom!
Ihr lispelt und rauscht, und, Harfen, ihr tönt
Nie es ganz! Gott ist es, den ihr preist!

4. Welten donnert
Im feierlichen Gang, in der Posaunen Chor!
Tönt all ihr Sonnen auf der Straße voll Glanz,
In der Posaunen Chor!

5. Ihr Welten, ihr donnert,
Du der Posaunen Chor hallest
Nie es ganz, Gott, nie es ganz, Gott,
Gott, Gott ist es, den ihr preist!

Wolfs *Gebet* repräsentiert den einen Pol des religiösen Liedes (und im Grunde der religiösen Musik dieser Zeit überhaupt), nämlich Lieder, die feierlich und gemessen, oft am Choral orientiert, auf Innerlichkeit bedacht sind und die sich oft durch bewusst erstrebte Einfachheit auszeichnen, um von den Worten und dem religiösen Gehalt nicht zu sehr abzulenken. Wolfs *Gebet* entspricht dem weitgehend, vor allem in seiner einfachen Rhythmik, aber sogar harmonisch bleibt Wolf merklich hinter dem zurück, was man sonst von ihm gewohnt ist. *Dem Unendlichen* repräsentiert dagegen den Pol des Hymnischen als Ausdruck des Erhabenen. Wirkungsabsicht ist nicht Versenkung, sondern Erhebung. Erhabenheit ist ein Schlüsselbegriff der geistlichen und religiösen Musik des 19. Jahrhunderts. In *Dem Unendlichen* wird das „Erhabene als ästhetische Kategorie der Überwältigung angesichts der Größe Gottes (…) bereits in den ersten Versen explizit angesprochen: Wie erhebt sich das Herz, wenn es dich, / Unendlicher denkt!“[21]

Formal-musikalisch folgt das Lied dem Muster Rezitativ – Arie. Der rezitativähnliche Teil, in dem die Reflexion stattfindet, erweckt den Eindruck, auch von einem Barockkomponisten stammen zu können. Mit „Harfengetön“ beginnt dann die arienähnliche Passage („Langsam, mit aller Kraft“), um mit emphatisch hymni-

21 Stefanie Steiner, „Dem Unendlichen“, in: *Schubert Liedlexikon*, hrsg. von Walther Dürr u. a., Kassel 2012, S. 230 f.

schen Posaunentönen zu enden. Stefanie Steiner bemerkt zum harmonischen Verlauf: „Auf den hohen, emphatischen Hymnenton der Dichtung verweisen in der Musik ungewöhnliche (häufig mediantische) Akkordfortschreitungen, ein Kennzeichen des musikalisch erhabenen Stils".[22]

Abgrenzungen

Will man das religiöse Lied als eigenständige Gattung des Kunstlieds fassen, ist es wichtig, eine klarere Abgrenzung vom geistlichen Lied einerseits und von anderen Liedgattungen andererseits zu ziehen, als dies Paul O. Davidson in der bislang ausführlichsten Studie über das geistliche und religiöse Lied tat.[23] Davidson hat schlicht alles, was für Tasteninstrument und eine Stimme komponiert ist[24] und textlich in irgendeiner Weise mit Religion in Verbindung gebracht werden könnte, in seinen Katalog aufgenommen. So wird sogar noch ein scherzhaftes Trinklied von Karl Gottlieb Reisinger, in dem erzählt wird, wie Noah nach der Sintflut kein Wasser mehr trinken wollte und deshalb von Gott mit der Gabe des Weins entschädigt wurde, theologisch gedeutet und zu den geistlichen Liedern gerechnet.[25] Legt man dagegen Maßstäbe an, die es erlauben, eine charakteristische Physiognomie des religiösen Lieds herauszuarbeiten, reduziert sich die Zahl von 653 Liedern von 110 Komponisten, die Davidson zu Grunde legt, rasch auf einen Bruchteil davon.

Ein Großteil der von Davidson verzeichneten Lieder fällt in die Kategorie der geistlichen Lieder (so ja auch der Titel seiner Arbeit). Es handelt sich also um Lieder (eher orgel- als klavierbegleitet), die primär oder ausschließlich für die Verwendung in Gottesdienst und Andacht geschaffen wurden. Hierunter fallen viele Werke von Kirchenmusikern, darunter hauptberufliche Kantoren oder Domkapellmeister, wie die Protestanten Albert Becker (1834–1899), Max Gulbins (1862–1932), August Harder (der Komponist des Kirchenlieds *Geh aus, mein Herz, und suche Freud*; 1775–1813), Johann Georg Herzog (1822–1909), Friedrich Mergner (1818–1891), Wilhelm Rudnick (1850–1927), Oskar Wermann (1840–1906) und die Katholiken Franz Crommer (1813–1887) und Michael Haller (1840–1915). Sie alle sind Schöpfer von Sakralmusik auf hohem Niveau, doch dürfte das Gros ihres Schaffens nicht in die Kategorie „religiöses Lied" unserer Definition fallen. Eine Aussage über die Qualität der Werke ist dies selbstverständlich nicht. Schließlich fällt auch einer der ganz großen Komponisten des 19. Jahrhunderts, Josef Gabriel Rheinberger (1839–1901), in diese Kategorie. Seine geistlichen Sologesänge sind

---

22 Ebd., S. 231.

23 Paul Odgers Davidson, *The extra-liturgical* Geistliches Lied, *1800–1915: A survey with musical and theological analyses of fifty selected works*, Phil. Diss. The Southern Baptist Theological Seminary, o. O. [Louisville, KY] 1989.

24 Auch daran hält Davidson sich nicht immer; so sind etwa Heinrich von Herzogenbergs *Geistliche Gesänge* op. 89 für hohe Stimme, Violine und Orgel komponiert.

25 Davidson, *The extra-liturgical* Geistliches Lied, S. 125–129.

allesamt zunächst für den liturgischen Gebrauch mit Orgelbegleitung gedacht, auch wenn es etwa zu den *Sechs religiösen Gesängen* op. 157 und den *Sechs marianischen Hymnen* op. 171 Klavierfassungen für den Gebrauch als Konzert- und Hausmusik gibt.

Schwieriger ist es oft, das religiöse Lied thematisch von anderen Liedgattungen abzugrenzen. Dies sei am Werke Franz Schuberts gezeigt, denn zum einen ist sein Œuvre so zentral, dass es jede Mühe lohnt, und zum anderen ist bereits dreimal versucht worden, eine Liste seiner geistlichen bzw. religiösen Lieder zusammenzustellen. Zuerst hat 1978 Christof Emanuel Hahn in einer katholischen Zeitschrift eine Zusammenstellung von Schuberts geistlichen Werken gegeben und darin neben den „Kirchenwerken" auch „andere Kompositionen – mag man sie als ‚geistlich' oder ‚religiös' einstufen" aufgeführt. Insgesamt enthält seine Liste 19 Lieder auf deutsche Texte für Sologesang mit Klavierbegleitung (D 5, 59, 291, 343, 442, 444, 449, 551, 623, 632, 658-663, 799, 839, 852). Allerdings rechnet Hahn selbst mit der Unvollständigkeit der Liste, denn „eine behutsame Durchsicht der mehr als sechshundert Lieder könnte hier korrigieren und ergänzen."[26]

Die an einem baptistischen theologischen Seminar entstandene Arbeit von Davidson von 1989 kommt zu einer weit höheren Zahl und führt 63 Lieder an.[27] Noch ohne diese Arbeiten zu kennen, hatte ich eine eigene, vorläufige Liste erstellt, bei der ich auf rund 40 Titel kam. Allein die Diskrepanz zwischen diesen Zahlen zeigt, dass die Gattung des religiösen Lieds nicht einfach und nie eindeutig zu fassen ist. Suchen wir also nach Ursachen für diese Differenz. Zunächst finden sich 18 der 19 von Hahn genannten Titel auch auf meiner Liste, auf der lediglich die alttestamentarische Ballade *Hagars Klage* D 5 fehlt (die auch Davidson in seiner Liste hat). Dass D 442, 444 und 663 bei Davidson fehlen, hat sicher keine inhaltlichen Gründe. Bekanntlich liegen viele Schubertlieder nur als (später ergänztes) Fragment vor, einige fehlen in den gängigen Ausgaben, bei anderen ist die intendierte Besetzung uneindeutig oder die Klavierfassung nur eine Bearbeitung. Dass allein aus solchen Überlieferungsproblemen einige Zweifelsfälle resultieren, ist einleuchtend und im Einzelfall unproblematisch.

Inhaltlich problematisch sind vor allem folgende Fälle:

(1) Das Lied gehört primär einer anderen Gattung an oder es liegen Gattungsmischungen vor. *Balladen* (z.B. D 93, 122, 762, 990A) gehören definitiv nicht zum religiösen Lied, auch wenn sie Begebenheiten aus dem Alten Testament oder mittelalterlicher Heiligenlegenden beschreiben, denn all diese biblischen Gestalten und Kreuzritter stehen in einer Reihe mit antiken Helden, nordischen Elfenköniginnen und habgierigen Kaufleuten neuer Zeit und wollen auch entsprechend rezipiert werden. Schuberts *Die junge Nonne* (D 828) ist zwar ein genialer Wurf, ge-

26 Christof Emanuel Hahn, „Franz Seraph Peter Schubert (31.1.1797–1828): Geistliche Vokalmusik in Original und Bearbeitung, ein Werkverzeichnis", in: *Musica Sacra* 98 (1978), S. 154–166, hier S. 154.

27 Davidson, *The extra-liturgical* Geistliches Lied, S. 341–343.

hört aber, wie alle Nonnenlieder, dennoch nicht hierher. Das *Gebet während der Schlacht* (D 171, Text Körner) steht dagegen zwar auch zwischen zwei Gattungen, nämlich dem patriotischen und dem religiösen Lied. Ich würde es (mit Davidson) dennoch bei den religiösen Liedern mitzählen, ebenso etwa *Fülle der Liebe* auf einen Schlegel-Text (D 854), ein mystisch überhöhtes Liebeslied, in dem die Trennung der Liebenden in eine jenseitige *unio mystica* mündet.

(2) Ein mit den Balladen verwandter Fall sind Lieder, die mythische Stoffe behandeln oder philosophische Ideen in ein antikes Gewand kleiden. So sind sich alle Autoren einig, dass *Prometheus* (D 674) kein geistliches oder religiöses Lied ist, doch gilt gleiches für *Grenzen der Menschheit* (D 716), eine andere Goethe-Vertonung, die Davidson unter die geistlichen/religiösen Lieder rechnet.

(3) Im Lied werden religiöse Konzepte (Gott, Schöpfer, Jenseits, Vorhersehung, Sünde und Reue, vorherbestimmtes Schicksal etc.) erwähnt, ohne dass Religion im Fokus steht. *Wiegenlieder*, in denen Gott und die Engel über das Kind wachen (D 579), oder *Trauerlieder*, in denen der Verstorbene als zu Gott zurückkehrend gedacht wird, und *Hochzeitslieder*, in denen dem Brautpaar Gottes Segen gewünscht wird (D 258) sind primär noch keine religiösen Lieder und sollten nur dann, wenn der religiöse Bezug über das im 19. Jahrhundert mehr oder weniger Unvermeidliche hinausgeht, in diese Gruppe gestellt werden. Davidson ist hier geneigt, schon Lieder mit sehr geringen und peripheren religiösen Bezügen (z.B. D 318), ja sogar solche, in denen christliche Jenseitsvorstellungen ironisch behandelt werden (D 433), den „geistlichen" Liedern zuzurechnen und damit die Gattung sinnlos zu überdehnen.

(4) Lieder, in denen Natur mit religiöser Emphase besungen wird, sind oft nicht eindeutig als *Naturlieder* oder religiöse Lieder zu klassifizieren. Im 19. Jahrhundert verbreitete deistische und pantheistische Vorstellungen machen die Entscheidung hier oft nicht einfach. Viele Lieder, von Schubert und anderen, die Titel wie *Morgenlied*, *Abendlied*, *Morgenröte*, *An die Sonne / den Mond / die Sterne* tragen, fallen häufig in diese schwierige Kategorie. Ich würde mit der Zuordnung zum religiösen Lied vorsichtiger als Davidson sein. So habe ich etwa die Lieder des Schlegel-Zyklus „Abendröte" nicht aufgenommen, auch wenn „Die Sterne" (D 684) in Frage käme.

(5) Reflexion über die Welt, das Leben und den Tod geht häufig mit Gedanken über den Sinn des Lebens, das Schicksal des Menschen auf Erden und im Jenseits und dergleichen einher. Solche Gedichte lassen, auch wenn Religiöses gar nicht oder nur en passant genannt ist, eine religiöse Deutung zu oder legen eine solche nahe. Hier ist eine Abgrenzung vom religiösen Lied oft kaum möglich. Lieder aus Davidsons Liste, die in diese Gruppe fallen, die ich aber dennoch zögere, in die Liste des Kernbestands der religiösen Lieder Schuberts aufzunehmen, sind: *Bei dem Grab meines Vaters* (D 496), *Das Abendrot* (D 627), *Abendbilder* (D 650), *Der Jüngling auf dem Hügel* (D 702), *Abschied von der Erde* (D 829) (falls man dieses Melodram überhaupt zu den Liedern rechnet), *Totengräberweise* (D 869), *Das Zügenglöcklein* (D

871), *Das Weinen* (D 926), *Der Kreuzzug* (D 932); ich würde noch *Die Sterbende* (D 186) hinzufügen.

Hiermit ergibt sich also folgende List von 38 Liedern, die man mit voller oder größerer Berechtigung als Kernbestand des religiösen Lieds bei Schubert betrachten kann:[28]

D	*Titel*	*Dichter*	*Liste*	*CD*
059	*Verklärung*	Alexander Pope, übs. Herder	H, B, D	11:13
102	*Die Betende*	Friedrich von Matthisson (P)	B, D	12:16
115	*An Laura*	Friedrich von Matthisson (P)	B, D	12:17
151	*Auf einen Kirchhof*	Franz Xaver von Schlechta (K)	B, D	10:22
171	*Gebet während der Schlacht*	Theodor Körner (P)	B, D	22:22
266	*Morgenlied*	Stolberg (P→K)	B, D	22:02
276	*Abendlied*	Stolberg (P→K)	B, D	19:15
291	*Dem Unendlichen*	Friedr. Gottlieb Klopstock (P)	H, B, D	05:14[29]
307	*Die Sternenwelten*	Jarnik, übs. Fellinger (K)	B, D	05:12
313	*Die Sterne*	Kosegarten (P)	B, D	22:19
318	*Schwanengesang*	Kosegarten (P)	B, D	20:05
343	*Am Tage aller Seelen (Litanei)*	Joh. Georg Jacobi (P)	H, B, D	17:15
381	*Morgenlied*	(unbekannt)	B, D	05:13
382	*Abendlied*	(unbekannt)	B, D	23:07
442	*Das große Halleluja*	Friedr. Gottlieb Klopstock (P)	H, B	32:14
444	*Die Gestirne*	Friedr. Gottlieb Klopstock (P)	H, B	13:07
448	*Gott im Frühlinge*	Joh. Peter Uz (P)	B, D	19:02
449	*Der gute Hirt*	Joh. Peter Uz (P)	H, B, D	09:19
499	*Abendlied*	Matthias Claudius (P)	B, D	18:09
533	*Täglich zu singen*	Matthias Claudius (P)	B, D	05:08

28 Von Davidsons Liste sind mithin nicht berücksichtigt: D 5, 93, 97, 122, 189, 224, 233, 258, 285, 398, 432, 433, 454, 579, 579B, 627, 716, 731, 762, 828, 860, 990A. – Zur Tabelle: In der Kolumne „Dichter" steht P für „Protestant", K für „Katholik". In der Kolumne „Liste" steht H für Hahn, B für Bauer und D für Davidson. In der Kolumne „CD" ist Nummer der CD und Track des Titels in der bei Hyperion erschienenen Gesamteinspielung der Lieder Schuberts genannt, vor allem, um auf die ausführlichen Kommentare Graham Johnsons aus der Perspektive eines ausführenden Musikers zu verweisen.

29 2. Version 31:03.

D	Titel	Dichter	Liste	CD
551	*Pax Vobiscum*	Franz von Schober (P?)	H, B, D	03:09
579A	*Vollendung*	Friedrich von Matthisson (P)	B	11:16
623	*Das Marienbild*	Alois Schreiber (K)	H, B, D	13:01
632	*Vom Mitleiden Mariae*	Spee (K) / Schlegel (P)	H, B, D	21:24
651	*Himmelsfunken*	Johann Petrus Silbert (K)	B, D	31:04
658	*Marie*	Novalis (P)	H, B, D	13:15
659	*Hymne I*	Novalis (P)	H, B, D	29:04
660	*Hymne II*	Novalis (P)	H, B, D	29:05
661	*Hymne III*	Novalis (P)	H, B, D	29:06
662	*Hymne IV*	Novalis (P)	H, B, D	29:07
663	*Der 13. Psalm*	übs. Moses Mendelssohn	H, B	13:08
687	*Nachthymne*	Novalis (P)	B	29:08
742	*Der Wachtelschlag*	Samuel Friedrich Sauter (P)	H, B	28:10
799	*Im Abendrot*	Karl Lappe (P)	H, B, D	13:06
839	*Ellens Gesang III (Ave Maria)*	Walter Scott	H, B, D	13:14
852	*Die Allmacht*	Joh. Ladislav Pyrker (K)	H, B, D	05:09[30]
854	*Fülle der Liebe*	Friedrich von Schlegel (P→K)	B, D	27:21
955	*Glaube, Hoffnung und Liebe*	Christoph Kuffner (K)	B, D	37:18

Komponisten

Wenn wir Lieder mit religiöser Thematik von Komponisten wie Carl Philipp Emanuel Bach (1714–1788) und Johann Friedrich Reichardt (1752–1814) noch dem geistlichen Lied zurechnen und noch nicht dem religiösen Lied, beginnt die Geschichte des religiösen Lieds mit der Wiener Klassik. Und da Haydn und Mozart kaum etwas zu unserem Thema beigetragen haben, ist es gerechtfertigt, den Überblick mit Ludwig van Beethoven (1770-1827) zu beginnen, der gleich zu Beginn des 19. Jahrhunderts, nämlich mit seinen 1803 erschienenen Gellert-Liedern das religiöse Kunstlied sozusagen neu definiert.

Die Textgrundlage liefert Christian Fürchtegott Gellert (1715-1769), der mit *Geistliche Oden und Lieder* von 1757 einen der wichtigsten poetischen Beiträge zur

[30] 2. Version 31:01.

protestantischen Aufklärungstheologie geleistet hatte. Allerdings hat Beethoven für seine Auswahl aus dieser Sammlung ein Vorbild gehabt. Unmittelbar nach dem Erscheinen der *Geistlichen Oden und Lieder* vertonte nämlich Carl Philipp Emanuel Bach alle 54 Stücke.[31] Aus diesen wählt Beethoven wiederum sechs aus, um sie seinerseits zu vertonen.[32] Musikalisch hat das Resultat mit C.P.E. Bachs Fassungen nichts mehr gemein. „[D]ie ungezwungene Schlichtheit des Älteren", schreibt Werner Oehlmann, „wurde bei ihm zu einem gedrängten, gehärteten Lapidarstil, der den Hörer mit predigender Ausdruckskraft ergreift und erschüttert."[33]

Zu Beethovens Textauswahl:

(1) Am Anfang der Liedgruppe steht *Bitten*: „Gott, deine Güte reicht so weit, / So weit die Wolken gehen", das ist unverkennbar ein Gebet.

(2) Es folgt *Gottes Macht und Vorsehung*: „Gott ist mein Lied! / Er ist der Gott der Stärke". Hier steht das Bekenntnis im Vordergrund.

(3) An dritter Stelle steht *Die Liebe des Nächsten*: „So jemand spricht: Ich liebe Gott! / Und hasst doch seine Brüder, / Der treibt mit Gottes Wahrheit Spott / Und reißt sie ganz darnieder." Hier mündet die Reflexion über das Gebot der Nächstenliebe in eine Ermahnung der Hörer.

(4) *Vom Tode* beginnt mit den Worten „Meine Lebenszeit verstreicht, / Stündlich eil' ich zu dem Grabe". Auch hier mündet Reflexion über die Sterblichkeit des Menschen in eine Ermahnung, des Todes eingedenk zu sein.

(5) Einen stimmungsmäßigen Kontrast bietet das fünfte Lied, *Die Ehre Gottes aus der Natur*, besser bekannt unter seinem Textbeginn „Die Himmel rühmen des Ewigen Ehre." Hier steht der hymnische Preis Gottes im Zentrum, dessen Größe an seiner Schöpfung, der Natur und ihrer Ordnung, erkennbar ist. Die Reflexion, die auch dieses Lied enthält, mündet hier in den überschwänglichen Ausdruck des religiösen Gefühls angesichts der Größe Gottes. Die Rezeptionsgeschichte des Lieds zeigt, dass die Richtung vom Sakralraum in den bürgerlichen Säkularraum keine Einbahnstraße ist. Vor allem in Bearbeitungen für Chöre wird das Lied heute auch in Gottesdiensten aller Konfessionen gerne gesungen. Gelegentlich hat man das Lied als Ausdruck des Pantheismus verstanden,[34] aber zumindest für das Gedicht Gellerts trifft dies nicht zu. Die Natur wird in diesem Lied ja nicht als mit Gott identisch gedacht. Vielmehr ist sie ein Zeichen von Gottes „Weisheit und Ordnung und Stärke", wie es wörtlich in der dritten Strophe heißt. Noch deutlicher wird dies in der fünften Strophe (wobei allerdings schwer zu entscheiden ist, welche Strophen Beethoven gesungen haben wollte):[35]

---

[31] Das Vorwort ist auf das Jahr 1758 datiert.

[32] Es sind die Nummern 9, 16, 19, 36, 18 und 45 der Sammlung C.P.E. Bachs.

[33] Werner Oehlmann, *Reclams Liedführer*, Stuttgart [4]1993, S. 141.

[34] Z.B. Siegfried Kross, *Geschichte des deutschen Lieds*, Darmstadt 1989, S. 105.

[35] Vgl. Joanna Cobb Biermann, „Cyclical ordering in Beethoven's Gellert Lieder, Op.48: A New Source", in: *Beethoven Forum* 11/2 (2004), S. 162–180, hier S. 177–179.

Mein ist die Kraft, mein ist Himmel und Erde;
An meinen Werken kennst du mich.
Ich bin's und werde sein, der ich sein werde:
Dein Gott und Vater ewiglich.

(6) Das letzte Lied, *Bußlied*: „An dir allein, an dir hab' ich gesündigt", ist wieder ein Gebet. Damit rahmen zwei Gebete das Opus ein. Alle Lieder sind Strophenlieder, nur das *Bußlied* ist durchkomponiert, nicht nur wegen der Schlusswirkung, sondern, um wieder Oehlmann zu zitieren, „weil es hier eine innere Entwicklung von der Zerknirschung bis zur Gnadengewißheit darzustellen galt."[36]

Die Hauptthemen der Lieder sind also: (1) Gebet – (2) Bekenntnis – (3) Ermahnung – (4) Reflexion – (5) Gefühlsausdruck und (6) wieder Gebet. Damit sind alle fünf Themen, die wir als charakteristisch für das religiöse Lied erkannt haben, abgedeckt. Man hat geradezu den Eindruck, Beethoven habe mit seinen Gellert-Liedern ein archetypisches Modell für das religiöse Lied geschaffen. Nicht nur aufgrund dieser inhaltlich abgeschlossenen Struktur kommt Beethovens op. 48 einem Liederzyklus nahe. Zwar hat der Komponist zunächst nicht an einen Zyklus gedacht, sich dann aber intensiv Gedanken über die Anordnung der Lieder gemacht und ihre Reihenfolge mehrfach geändert, wie Joanna Cobb Biermann gezeigt hat: „It became a complex grouping with an order imposed by the composer (and with an implied obligation to perform all six songs)".[37] Dabei kommt der Rahmung des Zyklus durch das *Bußlied* am Anfang und *Bitten* am Ende die entscheidende Bedeutung zu: „The position of the 'Bußlied' at the end not only leads the listener to an emotionally liberating musical climax there, but also allows a musical and poetic tie back to the first song, 'Bitten', which once again strengthens the conviction that interconnections are being created here."[38]

Auch wenn deutlich weniger als zehn Prozent all seiner Lieder dem religiösen Lied angehören, ist Franz Schubert sicherlich einer der bedeutendsten Vertreter des religiösen Lieds überhaupt. Auch auf dem Gebiet der geistlichen und liturgischen Musik ragt sein Name heraus. Den sechs Messen und einer großen Zahl weiterer Vertonungen von liturgischen Texten liegen lateinische Texte zu Grunde. Das deutschsprachige *Stabat mater* (wie das einleitend angesprochene Lied *Dem Unendlichen* wieder auf einen Text Klopstocks) und die *Deutsche Messe* waren damals nicht gottesdiensttauglich. Einen deutschen Text haben auch die religiösen Lieder sowie das geistliche Drama *Lazarus*, übrigens wieder auf den Text eines Protestanten (August Hermann Niemeyer). Mit dem 92. Psalm hat Schubert auch einen hebräischen Text für die Synagoge komponiert. Schon dies zeigt eine relativ unkonventionelle religiöse Haltung des Komponisten, über die immer wieder spekuliert worden ist. Tatsächlich sind die wahrscheinlich am häufigsten diskutierten Themen in

36 Oehlmann, *Reclams Liedführer*, S. 142.
37 Cobb Biermann, „Cyclical ordering", S. 179.
38 Ebd., S. 175.

der Schubert-Biographik seine sexuelle Orientierung einerseits und seine Religiosität andererseits. Dabei wird oft übersehen, dass beides – sexuelle Orientierung und Religiosität – keineswegs immer eindeutig ist (oft nicht einmal dem Betroffenen). Klar ist, dass Schubert früh in Konflikt mit dem strengen und konventionellen Katholizismus seines Vaters kam und eine kritische Haltung zur Religion entwickelte. Diese wurde vor allem anhand von Briefstellen Schuberts oder solchen anderer über Schubert diskutiert, die gelegentlich eine freigeistige Haltung suggerieren, aber letztlich uneindeutig bleiben. Als weiteres Argument wurden die Messvertonungen Schuberts herangezogen, bei denen Schubert jedesmal in den Text des Credos eingegriffen hat. Aber daraus auf Schuberts A-Religiosität zu schließen, ist voreilig. Wäre Schubert Religion gleichgültig gewesen, dann wäre ihm der gesamte Credo-Text gleichgültig gewesen und es hätte keinen Grund gegeben, an bestimmten Stellen in den Text einzugreifen, an anderen aber nicht. Diese Eingriffe zeugen vielmehr davon, dass er sich mit dem Text intensiv auseinandergesetzt hat, und zwar aus einer religiösen, aber eben undogmatischen Perspektive.[39]

Soweit ich sehe, spielen bei diesen Diskussionen die religiösen Lieder bislang eine untergeordnete Rolle, obwohl sie in mehrfacher Hinsicht aufschlussreich sind. Zunächst zeigen sie, dass Schubert religiöse Texte keineswegs nur aus finanziellen Gründen oder um aufgeführt zu werden komponiert hat. Ein religiöses Lied hatte keine besseren Chancen auf einen Verleger oder eine Konzertaufführung als ein nichtreligiöses. Zwar sind in der Tat fast alle seine Messen zu seinen Lebzeiten öffentlich aufgeführt worden, aber für seine religiösen Lieder gilt dies nicht. Wir können also davon ausgehen, dass Schubert die meisten, wenn nicht alle seiner religiösen Lieder aus eigenem Antrieb vertont hat. Eine mögliche Erklärung dafür, dass Schubert im Gegensatz zu seinen protestantischen Kollegen das religiöse Lied so eifrig pflegte, könnte sich ergeben, wenn man die Konfession der Textdichter betrachtet. Da sind zunächst anonyme oder konfessionell nicht zuzuordnende Textdichter und Werke, bei denen Verfasser, Bearbeiter oder Übersetzer unterschiedlichen Konfessionen angehören. Hierunter fallen sechs Texte, also rund 16 Prozent der Lieder. Aber auch die Zahl katholischer Textdichter ist nicht größer. Das bedeutendste Lied aus dieser Gruppe ist sicherlich *Die Allmacht* („Groß ist Jehova der Herr") auf einen Text des hochintellektuellen Dichters und Bischoffs Johann Ladislaus Pyrker (1772–1847). Daneben finden sich eher unbedeutende Texte (insgesamt wieder sechs). Rund zwei Drittel der Texte stammen dagegen von protestantischen Dichtern; rechnet man die drei Gedichte von Schlegel bzw. Stolberg hinzu, die vom Protestantismus zum Katholizismus konvertierten, sind es fast drei Viertel. Offensichtlich waren es also protestantische Dichter wie Novalis, Klopstock, Matthisson, Claudius und Uz, welche Schubert Texte lieferten, die mit seiner persönlichen Religiosität konform gingen: Texte, die es ihm erlaubten, seine religiösen

[39] Zu dieser Thematik vgl. Jahrmärker, „Die Kirchenmusik", S. 352–354, und den Artikel „Religiosität" in: *Schubert-Lexikon*, hrsg. von Ernst Hilmar und Margret Jestremski, Graz 1997, S. 364 f. mit weiteren Angaben.

Ideen und sein religiöses Empfinden auszudrücken, alles das also, was ihm anscheinend weder die offizielle katholische Liturgie noch die geistlichen Werke katholischer Dichter bieten konnten. Gerade deshalb muss wohl katholischen Komponisten das religiöse Lied so attraktiv erschienen sein, ganz im Gegensatz zu ihren protestantischen Kollegen, die im sakralen Raum selbst ein breites Entfaltungsspektrum hatten, in dem sie deutsche Texte verwenden konnten. Es sei die These gewagt, dass sich Katholiken, wollten sie religiöse Musik für den profanen Raum komponieren, eher dem religiösen Lied zuwandten, während umgekehrt das Oratorium eine stark protestantisch geprägte Gattung war.

Dies zeigt auch ein Vergleich mit dem Werk des Schubert-Zeitgenossen Carl Loewe (1796–1869), der zwei Monate vor Schubert geboren wurde, diesen aber um mehr als 40 Jahre überlebte. Carl Loewe war Protestant und 46 Jahre lang als Organist und Kantor an der Jakobikirche in Stettin tätig, wo auch sein Herz unter seiner geliebten Orgel begraben wurde. Loewe hat eine ganze Reihe geistlicher Musik hinterlassen, u. a. 17 Oratorien. Bekannt wurde der „Schubert des Nordens" aber vor allem durch seine mehr als 600 Balladen und Lieder.

Davidson hat in seiner Zusammenstellung außerliturgischer geistlicher Lieder die stattliche Zahl von 79 Titeln aufgeführt. Damit wäre Loewe zumindest zahlenmäßig der wichtigste Komponist auf diesem Felde überhaupt.[40] Allerdings verringert sich diese Zahl rasch, wenn man die hier vorgeschlagenen Kriterien anlegt. Zunächst handelt es sich bei vielen Stücken nicht um religiöse Lieder im hier gebrauchten Sinn, sondern um geistliche Lieder für Kirche und häusliche Andacht. Dementsprechend sind sie von schlichter Ausführung, und im Vorwort zu Band XVI der Gesamtausgabe, wo mehrere davon versammelt sind (u. a. die geistlichen Lieder op. 22), wird der Leser ausdrücklich gewarnt, „daß das eigentliche Kunstlied Loewes (…) hier nur spärliche Vertretung findet".[41] Die weitaus meisten Titel sind aber – wenig erstaunlich – Balladen wie etwa *Gregor auf dem Stein* op. 38, die in fünf Liedern erzählte Geschichte der Jüdin *Esther* (op. 52) oder *Kaiser Ottos Weihnachtsfeier* (op. 121/1) und gehören nicht zu den religiösen Liedern in unserem Sinne, woran auch ein biblischer Hintergrund der Geschichte, wie in den Vertonungen der *Hebrew Melodies* von Byron, nichts ändert; zudem fällt auf, dass Davidson die nicht wenigen Lieder und Balladen mit islamischer Thematik (vor allem auf Texte von Heinrich Stieglitz), etwa *Der verschmachtende Pilger* (aus op. 10), nicht in seine Liste aufgenommen hat. *Die Uhr*, nach einem Text des auch von Schubert häufig vertonten Johann Gabriel Seidl und die vielleicht populärste Komposition Loewes, wird zumeist unhinterfragt unter die „Balladen" gerechnet, was mir bedenklich scheint. Runze hat sie in Band 15 seiner Lieder-Ausgabe unter die Überschrift „Allegorien" gestellt und damit zu jenen Formen gerechnet, „die den naturgemässen Übergang (…) von der Ballade zur ausgeprägten Gesangsform

40 Davidson, *The extra-liturgical* Geistliches Lied, S. 317–320.

41 Max Runze, *Carl Loewes Werke. Gesamtausgabe der Balladen, Legenden, Lieder und Gesänge*, Bd. XVI: *Das Loewesche Lied*, Leipzig 1902, S. iii.

bilden".[42] Es spricht also nichts dagegen, *Die Uhr* als Reflexion zu den religiösen Liedern zu zählen, während bei einem „preussischen Volkslied" wie *Des Königs Zuversicht* op. 118 zwischen dem religiösen Gehalt und der naheliegenderen Einordnung als patriotisches Lied abzuwägen ist.[43]

Hier ist nicht der Ort, Loewes umfangreiches Werk in derselben Ausführlichkeit zu behandeln, wie dies im vorausgehenden Abschnitt mit demjenigen Schuberts geschehen ist. Es scheint aber deutlich, dass Loewe zwar zahlreiche klavierbegleitete Sologesänge mit religiöser Thematik komponiert hat, dass diese jedoch mehrheitlich in die Kategorien des geistlichen Lieds, der Ballade mit einem historischen Sujet mit religiösem Bezug und des religiös-patriotischen Lieds fallen. Das hier angesprochene religiöse Lied mit seiner subjektiven Gestaltung religiösen Fühlens und Denkens spielt demgegenüber eine geringere Rolle. In jedem Falle dürfte eine nähere vergleichende Untersuchung des Religiösen bei Schubert und Loewe aufschlussreich sein.

Loewes Zeitgenosse Felix Mendelssohn Bartholdy (1809–1847) war der vielleicht bedeutendste Komponist evangelischer Sakralmusik nach Bach – man denke nur an seine Oratorien *Paulus* und *Elias*, an seine Psalmvertonungen und den *Lobgesang*. Ein *Lauda Sion* (op. 73) wurde für eine katholische Kirche komponiert, wie überhaupt Musiker konfessionell immer offener waren als Kirchenvertreter. Auf dem Gebiet des religiösen Lieds gibt es aber nur Marginalia zu verzeichnen.[44]

Kaum anders verhält es sich bei dem ebenfalls protestantischen Robert Schumann (18101856), der nach dem Tod Schuberts sicherlich der bedeutendste Liedkomponist war. Schumann war kein großer Komponist von Sakralmusik, hat aber doch einige Chorwerke auf diesem Feld hinterlassen, sogar eine lateinische Messe (op. 147), die „zum Gottesdienst, wie zum Concert-Gebrauch geeignet" sei.[45] Sein umfangreiches Liedschaffen ist dagegen weitgehend religionsfrei. Das einzig relevante Stück ist das *Requiem* aus op. 90, das mit *Sechs Lieder und Requiem* überschrieben ist. Schumann, im Glauben, Nikolaus Lenau sei verstorben, ergänzte damit sechs weltliche Lieder dieses Dichters.

Franz Liszt (1811–1886) wiederum war nicht nur Katholik, sondern hat sogar die niederen Weihen empfangen. Das Verhältnis zwischen Religion und Musik beschäftigte ihn ein Leben lang und fand auch theoretischen Niederschlag. 1834 „entwirft Liszt in seiner Schrift *Über zukünftige Kirchenmusik* die Utopie einer Kultur, in der die von ihm diagnostizierten Mißstände der Gegenwart aufgehoben

42 Ders., Bd. XV: *Lyrische Fantasien, Allegorien, Hymnen und Gesänge. Hebräische Gesänge*, Leipzig 1902, S. 3; *Die Uhr* siehe S. 53–57.

43 Dies gilt auch für die übrigen Lieder, die Runze in Bd. III: *Hohenzollernballaden und -lieder* (Leipzig 1900) aufgenommen hat (*Des Königs Zuversicht* siehe S. 78 f.).

44 Vgl. Georg Feder, „Zu Felix Mendelssohn Barthodys geistlicher Musik", in: *Religiöse Musik in nicht-liturgischen Werken,* hrsg. von Walter Wiora u. a., Regensburg 1978, S. 97–117, zu den Liedern S. 9, Anm. 83.

45 Vgl. *Harenburg Chormusikführer*, hrsg. von Hans Gebhard, Dortmund ^{2}2001, S. 801–803, hier S. 802.

sind. Leitend ist dabei die Idee einer in die Gesellschaft integrierten, religiösen Kunst, die sich freilich außerhalb der Kirche entfaltet. In Liszts Vision bilden die Sphären des Religiösen, des Sozialen und der Kunst eine Einheit."[46]

Zum religiösen Lied hat Liszt allerdings nur sehr wenig beigetragen, was auch daran liegt, dass das Lied ohnehin nicht im Zentrum seines Schaffens stand.[47] Stattdessen liegen seine wichtigen Leistungen auf dem Gebiet nicht-liturgischer religiöser Musik anderswo, vor allem im Oratorium und in der Klaviermusik. Auf letzterem Gebiet ragt ein Opus heraus, das mit *Harmonies poétiques et religieuses* überschrieben ist und Stücke wie *Ave Maria, Bénédiction de Dieu dans la solitude, Pensée des morts* oder *Pater noster* umfasst – Titel also, wie sie religiöse Lieder tragen könnten.[48] Im Grunde sind es auch solche, nur dass sie eben keinen Text haben. Damit stehen sie am Ende einer folgerichtigen Entwicklung: Zuerst vollzieht sich die Ablösung der Sakralmusik von der Liturgie, dann die Ablösung aus dem Sakralraum und die Ablösung vom sakralen Aufführungskontext hin zur Ablösung auch vom religiösen diskursiven Zusammenhang, der in Form des Textes ja auch im religiösen Kunstlied noch erhalten ist. Es bleibt also nur die Überschrift und die religiöse Gestimmtheit sowie der durch die Musik vermittelte Gefühlsgehalt. Allenfalls „bilden die stilistischen Bezüge zur Kirchenmusik einen Gegenpol zu einer rein subjektiven, innerlichen Tonsprache."[49]

Auch in einem Kurzüberblick, der sich auf die allerbekanntesten Namen beschränken muss, darf die von ihren Zeitgenossen hochgeschätzte Komponistin Josephine Lang (1815–1890) nicht fehlen. Die Münchner Katholikin widmete sich fast ausschließlich dem Lied, wohingegen öffentlichkeitswirksamere Gattungen wie Symphonie und Oper fehlen. Nach ihrem Tod verblasste ihr Ruhm rasch, doch steigt das Interesse seit einigen Jahrzehnten wieder an.[50] In ihrem reichen Liederschaffen finden sich auch über ein Dutzend religiöse Lieder, die zu einem großen Teil während ihrer letzten Lebensjahre entstanden.[51] Viele davon sind noch unveröffentlicht.

Peter Cornelius (1824–1874), ein Freund sowohl Liszts als auch Wagners, ist heute vor allem als Komponist der Oper *Der Barbier von Bagdad* bekannt, aber er hat neben seinen Opern auch katholische Kirchenmusik und Lieder komponiert. Etwa ein Viertel seiner Lieder fallen in die Rubrik „religiöses Lied", darunter eini-

---

46 Saxer, „Nicht-liturgisch gebundene religiöse Musik", S. 164.

47 *Muttergottes-Sträußlein zum Mai-Monate: Das Veilchen, Die Schlüsselblumen* (S316, Text Joseph Müller), *Ihr Glocken von Marling* (S328, Text Kuh), *Und sprich* (S329, Text Biegeleben), *Sei still* (S330, Text Schorn), *Gebet* (S331, Text Bodenstedt). Unter die geistlichen Lieder zu rechnen ist dagegen *Der Gekreuzigte / Le Crucifix* (S342; Text Hugo) mit französischem und deutschem Text und Begleitung „des Klaviers oder des Harmoniums".

48 Vgl. ausführlich Saxer, „Nicht-liturgisch gebundene religiöse Musik", S. 166–170.

49 Ebd., S. 170.

50 Vgl. Harald Krebs und Sharon Krebs, *Josephine Lang: Her Life and Songs*, Oxford 2007; Cecilia Hopkins Porter, *Five Lives in Music*, Urbana 2014, S. 78–104.

51 Vgl. Krebs, *Josephine Lang*, S. 209.

ge bis heute populäre Weihnachtslieder.[52] Eines der wichtigsten Opera auf dem Gebiet des religiösen Lieds sind aber seine Meditationen über das Vaterunser. Cornelius war gleichermaßen Komponist und Dichter; der Text zum *Barbier* stammt ebenso von ihm wie die Texte von 46 seiner 78 Lieder. Dies gilt auch für seine neun Lieder des *Vaterunser* (op. 2), den ich für den bedeutendsten Zyklus religiöser Lieder seit Beethovens *Gellert-Liedern* halte. Auch wenn ihn Cornelius mit dem Titel *Neun Geistliche Lieder* überschreibt, ist er unter die religiösen Lieder nach unserer Definition zu rechnen und entfaltet seine Wirkung auch in profanen Aufführungskontexten.[53]

Cornelius war nicht der erste, der Vaterunser-Meditationen dichtete und komponierte. Der hier schon mehrfach erwähnte Klopstock dichtete einen Text zum Vaterunser, den er *Psalm* nannte. Jeder Zeile des Gebetstexts stellt Klopstock dabei eigene Verse voran, die auf die Gebetszeile hinleiten. Die erste Strophe etwa lautet: „Um Erden wandeln Monde, / Erden um Sonnen, / Aller Sonnen Heere wandeln / Um eine große Sonne: / *Vater unser, der du bist im Himmel.*" Dieser Text wurde nun von Johann Gottlieb Naumann (1741–1801) im Jahre 1798 als Chorwerk vertont, und zwar dergestalt, dass Passagen mit Klopstocks Text im damals zeitgemäßen Stil, die Vertonungen der Zitate aus dem Vaterunser aber im alten Kirchenstil gehalten sind.[54]

Cornelius ging anders vor. Er unterteilt das Vaterunser in neun Textabschnitte. Sowohl für seine Dichtung als auch seine Komposition nimmt Cornelius den lateinischen Text und die dazugehörige Choralmelodie zum Ausgangspunkt. Der erste Textabschnitt etwa lautet: *Pater noster qui es in coelis* „Vater unser, der du bist im Himmel". Dieser Satz liefert nun zunächst das Thema für eine Meditation über seinen Inhalt. Diese Meditation findet Ausdruck in einem deutschsprachigen Gedicht, das Cornelius selbst verfasst hat und das nicht mehr direkt am Text des Vaterunsers anknüpft. Anders als bei Klopstock/Naumann führen die Worte des Dichters nicht zum Text des Gebets hin, vielmehr bildet dieser Text den Ausgangspunkt der Kontemplation des Dichters und ist „Leitfaden und Anlass zur Äußerung eigener frommer Empfindungen und zu einer bunten Vorstellungswelt des Dichters, der ja gebürtiger Katholik war und sich zeitlebens Gedanken über die Religion gemacht hat."[55] Der Text des Vaterunsers selbst wird nicht mitvertont, doch steht jene Zeile des Gebets, die Gegenstand der Meditation ist, als Über-

52 Übersichtlich zusammengestellt auf der 2014 erschienenen CD *Peter Cornelius: Complete Songs 4*, Naxos 8.572859.

53 Dokumentiert ist etwa ein Liederabend mit Hermann Prey und Günther Weißenborn (Schwetzingen, 15. Mai 1963), bei dem neben vier Liedern aus dem *Vaterunser*-Zyklus auch größtenteils weltliche Lieder von Pfitzner, Fortner, Brahms und Strauss zur Aufführung kamen (Hänssler classic, SWR music, CD 93.713).

54 Vgl. Stefanie Steiner, *Zwischen Kirche, Bühne und Konzertsaal. Vokalmusik von Haydns „Schöpfung" bis zu Beethovens „Neunter"*, Kassel 2001, S. 138–148.

55 Günther Massenkeil, „Religiöse Dichtung in Choralmelodie. Die Vater unser-Lieder von Peter Cornelius (1825–1874)", in: *Kirchenmusikalisches Jahrbuch* 94 (2010), S. 75–89.

schrift des jeweiligen Gesangs, und da nicht nur diese Gebetszeile Inspiration des Meditationstexts ist, sondern auch die Melodie des gregorianischen Chorals in die Vertonung einfließt, werden auch die Noten des Chorals in Quadratnotation beigegeben (wobei offen bleibt, ob der Sänger diese „Überschrift" mitsingen soll oder nicht). Für die Vertonung formt Cornelius diese Choralmelodie „zu einer individuellen taktgebundenen Sinneinheit" um, wobei sie „eine rhythmisch prägnante und meist akkordisch umkleidete Gestalt erhält."[56] Außer in Lied 3, wo sie auch in der Singstimme erscheint, prägt dieses so gewonnene Motiv die Klavierbegleitung. Da der Hörer die Beziehung zum gregorianischen Choral nicht unbedingt erkennt, sieht Massenkeil Parallelen zur Programmmusik „mit ihrem Hauptvertreter Liszt, dem Mentor von Cornelius." Doch während im Titel instrumentaler Programmmusik ein außermusikalisches Programm in Worten vorgestellt wird, stellt Cornelius den Liedern hier „die gattungsfremden choralen Melodiepartikel" quasi als musikalisches Programm vor: „Man könnte auch sagen: Für ihn ist hier der Choral im romantischen Sinne und in singulärer Weise eine ‚poetische Idee'."[57] Text und musikalisches „Programm" des ersten Liedes lauten:

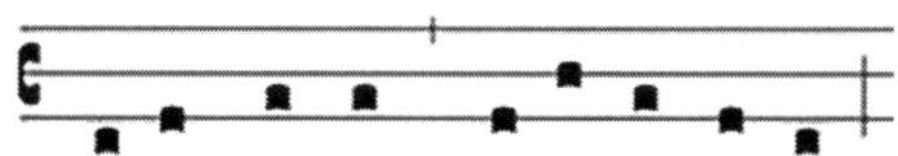

Des lauten Tages wirre Klänge schweigen,
und all der Lärm und Drang verschallt, verhallt;
nun will ich, Vater, dir mich kindlich neigen,
nun soll empor zu dir mein Flehen steigen,
verleih' den Tönen, die mein Mund dir lallt, Gewalt!
Gleich dem verlornen Sohn mein Herze zaget,
dem reines Glück sein Heimatparadies verhieß,
und der nun in der Fremde irrt und klaget,
an keine Pforte mehr zu pochen waget,
weil überall den Fremdling man verließ, verstieß.
Nun öffne, Vater, wieder ihm die Arme,
daß jeder Schmerz, der es durchbebt, entschwebt;
daß es an deinem Segenshauch erwarme,
daß es genesend von der Irrfahrt Harme,
in deiner Gnade Strahl sich neubelebt, erhebt.

Für Cornelius ist das Wichtige am ersten Satz des Vaterunsers der Akt der Hinwendung zu Gott, hierin liegt der Hauptinhalt seiner dreiteiligen Meditation. Erstens: Es ist Ruhe eingekehrt und der Gläubige wendet sich vertrauensvoll zu Gott und bittet um seine Zuwendung. Zweitens: Es ist wie mit dem Gleichnis vom verlorenen Sohn, der sich in seine Heimat zurücksehnt. Drittens die Bitte: Mögest du,

56 Ebd., S. 82.
57 Ebd., S. 85.

Gott, dich auch mir so gnädig zuwenden wie dem verlorenen Sohn. In der musikalischen Struktur drückt sich diese Dreiteiligkeit in einem A-B-A-Schema aus. Der erste und der dritte Teil sind durch die Choralmelodie geprägt, der Mittelteil weicht harmonisch in kontrastierende Moll-Gefilde ab. Die Dichtung wiederum verrät Cornelius' Affinität zur orient-inspirierten Lyrik der Zeit, wie sie die Dichter Rückert und Platen pflegten. In dieser Tradition verwendet Cornelius ein relativ kompliziertes Reimschema, das nicht nur (schon dies mutet relativ komplex an) aus der Form A-B-A-A-B besteht ("schweigen" – „verhallt" – „neigen" – „steigen" – „Gewalt") sondern jeden B-Reim zusätzlich zu einem Doppelreim macht („verschallt/verhallt" – „lallt/Gewalt" etc.), vielleicht inspiriert durch den *radīf* der persischen Poesie.

Hugo Wolf (1860–1903), selbst Katholik, hat in seinen Liedern nach Texten des Protestanten Mörike einige der großartigsten Beiträge zum deutschen Lied geleistet. Das *Gebet* wurde bereits einleitend vorgestellt. Auch der erste Teil seines *Spanischen Liederbuchs* ist „geistlichen Liedern" gewidmet. Als „spanische Lieder" sind sie zwar irgendwie katholisch, der Übersetzer oder nachschaffende Textdichter Emanuel Geibel war aber auch wieder Protestant. Damit bestätigt auch Hugo Wolf unseren Befund, dass es gerade katholische Komponisten waren, die ihre oft undogmatische Religiosität im religiösen Lied ausdrückten, das ihnen Möglichkeiten bot, die sie in offizieller Kirchenmusik nicht hatten. Dies gilt nur bedingt für Max Reger (1873–1916), einen Katholiken, der aber geistliche und liturgische Musik sowohl für Protestanten als auch für Katholiken komponierte. Die meisten seiner Lieder mit religiösen Texten dürften zu den geistlichen Liedern zu rechnen sein und sind zumindest alternativ für die Begleitung mit Harmonium oder Orgel gedacht.

Was aber passiert mit jenen Komponisten, die ein distanziertes Verhältnis zu Religion haben und Agnostiker, wenn nicht gar Atheisten sind? Ich möchte mit drei solcher Beispiele schließen, welche gleichzeitig drei der wichtigsten Liedkomponisten nach Schumann darstellen. Da ist zunächst Richard Strauss (1864–1949), getaufter Katholik, aber religiös völlig desinteressiert, und wie nicht anders zu erwarten, komponierte er weder Kirchenmusik noch religiöse Lieder.

Ein solch eindeutiger Befund ist für das späte 19. Jahrhundert eher untypisch. Strauss' Zeitgenosse Hans Pfitzner (1869–1949) scheint zunächst eine sehr ähnliche Haltung zu Religion gehabt haben. Jedenfalls stand er jeder organisierten Religion ablehnend gegenüber, hat sich selten zu diesem Thema geäußert, scheint sich aber intensiver damit beschäftigt zu haben; doch kann man mit ziemlicher Sicherheit sagen, dass er kaum erfreut gewesen wäre, hätte man ihm gegenüber behauptet, er habe religiöse Lieder komponiert.[58] Auffällig ist aber, dass derjenige Dichter, den Pfitzner am häufigsten vertont hat, der Katholik Joseph von Eichendorff war, an dessen Katholizismus Pfitzner Anstoß genommen hat und der in seinen Schriften keine Rolle spielt. Doch seine Kompositionen sprechen eine andere Sprache. Ei-

[58] Zu Pfitzners Verhältnis zur Religion vgl. Bernhard Adamy, *Hans Pfitzner*, Tutzing 1980, S. 146–148.

chendorff-Texte liegen der Chorkantate *Von deutscher Seele* op. 28, dem Orchesterlied *Klage* (op. 25.2) und 19 klavierbegleiteten Liedern zugrunde.[59] Eine seiner bekanntesten Eichendorff-Vertonungen ist das Gedicht *Nachts* (op. 26.2), das er später auch zum Orchesterlied umgearbeitet hat:[60]

Ich stehe in Waldesschatten
Wie an des Lebens Rand,
Die Länder wie dämmernde Matten,
Der Strom wie ein silbern Band.

Von fern nur schlagen die Glocken
Über die Wälder herein,
Ein Reh hebt den Kopf erschrocken
Und schlummert gleich wieder ein.

Der Wald aber rühret die Wipfel
Im Traum von der Felsenwand.
Denn der Herr geht über die Gipfel
Und segnet das stille Land.

Das Gedicht beschreibt ein Dreierverhältnis zwischen Natur, der menschlichen Zivilisation und Gott. Das Gedicht ist nicht pantheistisch, weil auch die Natur nur Gottes Schöpfung ist. Sie hat aber sozusagen ein offeneres Ohr für Gott als die laute, geschäftige Menschenwelt. Das lyrische Ich steht zwischen Natur und Zivilisation „in Waldesschatten", aber nicht im Wald, und blickt auf die Natur, die – wie in der berühmten *Mondnacht* auch – von Gott träumt. Dann macht sich in Form von Glockengeläut die Menschenwelt bemerkbar. Wunderbar der Vers, in dem sich das Reh erschreckt, aber gleich wieder einschläft. Pfitzner vertont das in ruhigem Rhythmus, bestehend aus Vierteln und Achteln, mit einer durchgehenden, glockenartigen Begleitung in Achteln. Wenn das Reh erschrickt, gehen die Achtel zwar weiter, aber es bleiben die Bässe weg: der Herzschlag des Rehs setzt quasi aus. Die letzte Strophe, in der der Herr die Natur segnet (wovon die Menschen nichts merken), dehnt Pfitzner zeitlich doppelt so lang wie die ersten beiden aus, während er die Klavierstimme diminuiert: Aus den begleitenden Achteln werden jetzt Sextolen, die sich sogar zu Sechzehnteln steigern und sich zu Akkorden verdichten. Die Glocken der Menschen verstummen und werden vom Rauschen der Wipfel, die die Präsenz des segnenden Gottes anzeigen, abgelöst. In der Wiederholung der letzten Zeile – der einzigen Zeile, die wiederholt wird – kehrt wieder die vormalige Ruhe ein. Pfitzner liefert mit seiner Persönlichkeit einerseits und seinem Schaffen andererseits ein gutes Beispiel für die Ambivalenz des Religiösen, die in der zweiten

59 Vgl. Volker Freund, *Hans Pfitzners Eichendorff-Lieder*, Hamburg 1986.

60 Eine ausführliche Analyse findet sich in Johann Peter Vogel, *Pfitzner. Leben, Werke, Dokumente*, Zürich/Mainz 1999, S. 207–216; vgl. auch Freund, *Hans Pfitzners Eichendorff-Lieder*, S. 175–182. – Für unsere Zwecke spielt es keine Rolle, dass der Text ein Pasticcio aus zwei verschiedenen Eichendorff-Gedichten ist (vgl. ebd., S. 175), was Pfitzner aber nicht wissen konnte.

Hälfte des 19. Jahrhunderts, vielleicht auf protestantischer Seite stärker als auf katholischer, auf neue Weise sichtbar wird.

Zuletzt sei noch auf Johannes Brahms (1833–1897) ausführlicher eingegangen, der mit seinen rund 200 Sololiedern einen der bedeutendsten Beiträge zu dieser Gattung geliefert hat. Brahms, der jeder offiziellen Religion skeptisch gegenüberstand, hat dennoch eine Reihe sakraler Texte vertont, jedoch für Chor und nicht im Bereich des Kunstlieds. Brahms war Leiter verschiedener Chöre und immer auf der Suche nach geeigneten Texten, die aber nicht allzu fromm sein sollten. In einem Brief schreibt er: „In der Bibel ist es mir nicht heidnisch genug; jetzt habe ich mir den Koran gekauft, finde aber auch nichts."[61] Sein Liedschaffen ist völlig religionsfrei. Als einzige Ausnahme gelten seine, wie oft vermutet, schon in Todesahnung komponierten *Vier ernsten Gesänge.*[62] Die Texte stammen aus der Bibel, aber sind sie deshalb notgedrungen von religiöser Thematik im engeren Sinn des Wortes? Brahms schreibt selbst an den Verleger Fritz Simrock über die *Vier ernsten Gesänge*: „Sie sind verflucht ernsthaft und dabei so gottlos, daß die Polizei sie verbieten könnte – wenn die Worte nicht alle in der Bibel ständen"[63]. Richard Heuberger vermerkt in seinen *Erinnerungen an Johannes Brahms* einen Ausspruch des Komponisten bei der Besprechung der *Gesänge*: „Das ist, wie vieles in der Bibel, echt heidnisch, aber echt menschlich."[64] Dies lässt nun in der Tat die Frage zu, ob es überhaupt religiöse Lieder sind, denn nicht jedes Lied mit einem Text aus einer heiligen Schrift muss notgedrungen schon ein religiöses Lied sein. In den *Vier ernsten Gesängen* kommt Gott nirgendwo vor, und auch die fünf Hauptthemen, die oben als charakteristisch für religiöse Lieder identifiziert wurden, lassen sich, mit Ausnahme der Reflexion, nicht auffinden. Doch obwohl viel Reflexion in den vier Gesängen stattfindet, ist es nicht eigentlich Reflexion über Religion. Ein Thema wie der Tod ist ja nicht schon per se ein religiöses Thema. Deshalb sind es vor allem der kompositorische Kontext und der musikalische Stil, die die *Vier ernsten Gesänge* als religiöse Lieder erweisen:

> Textherkunft (…), Herbheit und altertümliche Züge des Stils sowie emphatischer Ausdruck verweisen auf eigene geistliche Werke wie insbesondere auf das *Deutsche Requiem* wie auch auf Kirchenmusik-Traditionen des 17. und 18. Jahrhunderts. Die Affinität zu entsprechenden Solokantaten (…) erhält ihre Bekräftigung durch die teilweise orchestral anmutende Begleitung.[65]

Interessant ist, dass sich mit denselben Befunden, die für die Religiosität der *Vier ernsten Gesänge* sprechen, auch argumentieren lässt, sie seien eigentlich keine Lieder

61 Brief an Elisabeth von Herzogenberg 1882, zit. nach Hans Gál, *Johannes Brahms. Leben und Werk*, Frankfurt a. M. 1961, S. 158.

62 Vgl. Cornelia Preißinger, *Die vier ernsten Gesänge op. 121*, Frankfurt a. M. 1994.

63 Zitiert ebd., S. 22.

64 Richard Heuberger, *Erinnerungen an Johannes Brahms. Tagebuchnotizen aus den Jahren 1875 bis 1897*, hrsg. von Kurt Hofmann, Tutzing 1971, S. 105.

65 Peter Jost, „Lieder und Gesänge", in: *Brahms-Handbuch*, hrsg. von Wolfgang Sandberger, Stuttgart 2009, S. 208–267, hier S. 254.

> und nur bedingt dem gemeinhin gültigen Liedbegriff unterzuordnen; nicht nur wegen der biblischen Texte, sondern vor allem wegen der musikalischen Form, die eher von Vorbildern aus der kirchenmusikalischen Tradition, etwa von Schützschen Monodien (...) beeinflußt zu sein scheint.[66]

Auch hier leistet also die Etablierung einer Gattung des religiösen Lieds gute Dienste, weil sie solchen Ambiguitäten Rechnung trägt.

Brahms Bemerkungen über seine „heidnischen" Lieder beziehen sich wohl vor allem auf die agnostischen Texte der ersten beiden. Im ersten Lied, *Denn es gehet dem Menschen wie dem Vieh* (Prediger 3,19-22), wird eine Weiterexistenz nach dem Tod in Frage gestellt. Es ist in d-Moll gehalten, vielleicht eine Anlehnung an die dorische Kirchentonart.[67] Der zweite Gesang, *Ich wandte mich, und sahe* (Prediger 4,1-3), sagt aus, dass es angesichts des Unrechts auf der Welt die Toten besser haben als die Lebenden, am besten aber die, die nie geboren wurden. Es steht ebenfalls in einer Molltonart (g-Moll), endet aber in G-Dur. Die Aufhellung schreitet im dritten Lied, *O Tod, wie bitter bist du* (Jesus Sirach 41,1–4), allmählich voran. Es ist eine Reflexion über den Tod, und die einfache Aussage ist: Für Menschen, denen es auf dieser Welt gut geht, ist der Tod bitter. Menschen, denen es schlecht geht und die keine Hoffnung auf Besserung haben, empfinden den Tod dagegen als Wohltat. Irgendetwas Religiöses kommt nicht vor. In seiner Komposition setzt Brahms diese antithetische Aussage in einen Moll-Dur-Antagonismus um. *O Tod, wie bitter bist du* steht in e-Moll. Bei der Erwähnung des guten Lebens, das den Tod so bitter erscheinen lässt, moduliert Brahms in die parallele Dur-Tonart G-Dur, um bei der Wiederholung der Zeile „O Tod, wie bitter bist du" wieder zu e-Moll zurückzukehren. Nach einer längeren Modulation erklingen dann die Worte „O Tod, wie wohl tust du!" in E-Dur, das bei der Schilderung der Hoffnungslosigkeit diesmal in die parallele Molltonart (cis-Moll) wechselt, und dann wieder zurück nach E-Dur; mit einem strahlenden E-Dur-Akkord endet das Lied.[68]

Das vierte Lied, *Wenn ich mit Menschen- und mit Engelszungen redete* (1. Korinther 13,1–3, 12–13), ist das einzige, das einen neutestamentlichen Text vertont, nämlich die berühmte Stelle aus dem Korintherbrief, wonach die Liebe größer sei als Glaube und Hoffnung. Es ist auch das einzige Lied, das ganz in Dur gehalten ist. Doch auch die neutestamentliche Textgrundlage garantiert nicht die Religiosität des Lieds, wie Peter Jost feststellt:

> Der Text spricht von der Liebe als der wichtigsten Grundlage des menschlichen Lebens, noch vor Glaube und Hoffnung. So sehr dies der Kernaussage des Neuen Testaments entspricht, so sehr erscheint sie hier ‚gottfern', da weder von Jesu Erlösungstat noch von der Zuversicht auf das Ewige Leben die Rede ist.[69]

---

66 Oehlmann, *Reclams Liedführer*, S. 488.

67 Vgl. Preißinger, *Die vier ernsten Gesänge*, S. 38–40.

68 Vgl. auch die Analyse des Lieds in Christian Martin Schmidt, *Reclams Musikführer Johannes Brahms*, Stuttgart 1994, S. 276–280.

69 Jost, „Lieder und Gesänge", S. 255.

Die persönliche Religiosität eines Komponisten sagt mithin noch nicht viel über den religiösen Gehalt seiner Kompositionen aus, der etwa in Pfitzners *Nachts* stärker zu sein scheint als in den *Vier ernsten Gesängen*.

Resümee

Wie der schon einleitend zitierte Historiker Christopher A. Bayly zeigen kann, war das 19. Jahrhundert keineswegs ein Jahrhundert schwindender Religiosität. Gerade die vielen, damals weltweit geäußerten Klagen über religiöse Unwissenheit und spirituellen Verfall, in denen eine gottlose Gegenwart einer utopischen Vergangenheit religiöser Durchdringung entgegengestellt wird, die in dieser Form aber nie existiert hat, sind eher als Zeugnisse eines Neuaufbruchs zu werten denn als realistische Gegenwartsdiagnosen:

> Die ständigen Klagen der Anhänger von Wiedererweckungsbewegungen über den Niedergang des Glaubens, den Aufstieg weltlicher Denkweisen und die Unwissenheit der Heiden oder der arbeitenden Bevölkerung sollten deshalb nicht als historische ‚Tatsachenbehauptungen' verstanden werden. Vielmehr waren sie ein Mittel zur Mobilisierung immer durchsetzungsfähigerer religiöser Autoritäten und der christlichen, muslimischen, hinduistischen und buddhistischen Öffentlichkeit, an die sie sich jeweils wenden.[70]

Analoges dürfte für die Klagen über den Niedergang der Kirchenmusik zutreffen: „Geklagt wird über den Zustand der Kirchenmusik allgemein und den des Kirchengesangs im besonderen fast immer. Intensiv ausgeprägt war diese Klage in Deutschland des 19. Jahrhunderts."[71] Scharfsichtig erkannte aber schon ein damaliger Beobachter darin „ein ‚rühmliches Zeichen' für das wachsende Interesse an der Kirchenmusik."[72]

Es spricht einiges dafür, die Klagen über den allgemeinen Niedergang der Kirchenmusik im 19. Jahrhundert im deutschsprachigen Raum in diesem Sinne als Zeichen eines gesteigerten Interesses in Zeiten religiöser Aufgewühltheit zu betrachten. Doch solche Klagen dauern bis heute an. „Die liturgisch gebundene Kirchenmusik hat im 19. Jahrhundert längst ihren einstigen Rang eingebüßt", meint Marion Saxer feststellen zu können, u. a. mit Bezug auf eine Aussage Herders, und „die großen religiösen Werke entwickeln sich – von wenigen Ausnahmen abgesehen – außerhalb der liturgisch gebundenen Kirchenmusik."[73] Doch lässt sich tatsächlich von einem generellen „Verfall der Kirchenmusik" im 19. Jahrhundert sprechen? Ähnlich wie Bayly zeigt, dass das 19. Jahrhundert ein Jahrhundert äußerst

---

70 Bayly, *Die Geburt der modernen Welt*, S. 406.

71 Bernhard Schneider, „Spätaufklärung, Ultramontanismus und Kirchengesang. Eine katholische Debatte des 19. Jahrhunderts und ihr historischer Kontext", in: *Geistliches Lied und Kirchenlied im 19. Jahrhundert. Theologische, musikologische und literaturwissenschaftliche Aspekte*, hrsg. von Irmgard Scheitler, Tübingen 2000, S. 37–86, hier S. 37.

72 Ebd., S. 52.

73 Saxer, „Nicht-liturgisch gebundene religiöse Musik", S. 157.

aktiver und vielfältiger Religiosität war, zeigen etwa auch die Beiträge eines von Irmgard Scheitler herausgegeben Bandes, dass dieses Jahrhundert auch in der geistlichen und religiösen Musik ein Jahrhundert intensiver, häufig aufgeregter Tätigkeit war, befeuert auch von einer zunehmenden Konfessionalisierung, in deren Folge Protestanten und Katholiken sich einerseits stark gegenseitig beeinflussten, andererseits eine bewusste und deutliche Abgrenzung forderten. Veränderte Umstände religiösen Lebens und Erlebens regten zu Experimenten an, eine Vielzahl neuer Formen und Ausdrucksweisen religiöser Musik entstand, Reformen und Gegenreformen lösten sich ab, und nicht nur Musiker und Geistliche, sondern auch Literaten und Philosophen beteiligten sich an heftigen Debatten über geistliche und kirchliche Musik.[74]

Aber auch die Vertonungen des lateinischen Ordinarium missae im 19. Jahrhundert lassen sich besser als Transformationsprozess denn als Niedergangssymptom deuten. Seltener treffen wir zwar auf namhafte Komponisten, die ausschließlich als Kirchenkomponisten an wenigen Orten wirkten, zu jedem Festtag eine neue Messe lieferten, kaum andere Gattungen bedienten und kaum überregional bekannt wurden, wie dies an den Höfen des 18. Jahrhunderts häufig der Fall war. Ein solcher Fall ist etwa Jan Dismas Zelenka, sicherlich einer der wichtigsten katholischen Sakralkomponisten des 18. Jahrhunderts, dessen Werke allerdings kaum je über Dresden hinausgekommen sind und erst heute, im Zuge des Barock-Revivals, verstärkt auf Aufmerksamkeit stoßen. Im bürgerlichen 19. Jahrhundert übernahmen dagegen Kantoren diese regionale Versorgung mit Kirchenmusik. Hier sind zweifellos zahllose Werke entstanden, die „heute ästhetisch obsolet erscheinen."[75] Doch das Entstehen zahlreicher Werke, wenn auch komponiert von aus heutiger Einschätzung mittelmäßigen Komponisten, deutet gerade nicht auf einen Bedeutungsverlust der Kirchenmusik hin, sondern vielmehr auf ihre Lebendigkeit. Hinzu kommt, dass sich neben den Jahrhundertkomponisten Bruckner und Liszt, die auch Marion Saxer behandelt, nicht nur sonst unauffällige (aber für das Kirchenleben unverzichtbare), primär für den Bedarf der Gemeinden komponierende Musiker wie Ignaz Reimann (1820–1885) der Kirchenmusik annahmen. Auch durchaus namhafte Komponisten, die das Musikleben ihrer Zeit nachhaltig geprägt haben und die auch heute noch unter die ganz Großen gerechnet werden, wandten sich immer wieder liturgischer Musik zu und schufen beachtliche Messvertonungen, wenn auch in geringerer Zahl, so doch mit dem Anspruch, originelle Kunstwerke zu sein. Immerhin stehen am Anfang des 19. Jahrhundert die singulären Messvertonungen Franz Schuberts, komponiert zwischen 1814 und seinem Tod im Jahre 1828. Daneben und danach entstehen Messen von so unterschiedlichen Komponisten wie E.T.A. Hoffmann (1776–1822), Louis Spohr (1784–1859), Carl Maria von Weber (1786–1826), Franz Lachner (1803–1890), Otto Nicolai (1810–1849),

74 Vgl. Scheitler, *Von Arndt bis Spitta* und die anderen Beiträge des Bandes *Geistliches Lied und Kirchenlied im 19. Jahrhundert*.

75 Saxer, „Nicht-liturgisch gebundene religiöse Musik", S. 159.

Franz von Suppé (1819–1895), Peter Cornelius (1824–1874), Franz Wüllner (1832–1902), Felix Draeseke (1835–1913) und Heinrich von Herzogenberg (1843–1900). Mit seinen 14 Messen und zahlreichen anderen liturgischen Kompositionen nimmt Josef Gabriel Rheinberger (1839–1901) eine Ausnahmestellung ein. Außer Rheinberger sind die anderen Komponisten vor allem durch ihr Schaffen in anderen Gattungen berühmt geworden. Doch sind ihre Vertonungen liturgischer Musik alles andere als vernachlässigbare Ausnahmeerscheinungen, und gerade die Tatsache, dass sie sich neben all den anderen von ihnen bedienten Gattungen eben auch der liturgischen Musik gewidmet haben, spricht für die ungebrochene Vitalität dieser Gattung im 19. Jahrhundert. Die Tatsache, dass die liturgisch gebundene Musik des 19. Jahrhunderts heute weniger Aufmerksamkeit auf sich zieht als die viel bekannteren Opern, Symphonien und Kammermusikwerke der genannten Komponisten, konnte hierüber hinwegtäuschen.

Das Aufblühen religiöser Musik für den profanen Raum im 19. Jahrhundert ist mithin weder Folge von noch Zeichen für einen Niedergang sakraler Musik im hergebrachten Rahmen, sondern Resultat einer Suche nach neuen Ausdrucks- und Vermittlungsformen religiösen Fühlens und Denkens, die zu den herkömmlichen lediglich hinzutreten, sie aber nicht ablösen. Eine wichtige Neuerung auf diesem Gebiet ist das religiöse Lied, das das ältere geistliche Lied ebenfalls nicht ablöst. Bei ihm gewinnt die Musik jedoch weit größeren Eigenwert, während sie im geistlichen Lied vorwiegend dienende Funktion hat. Melodische und rhythmische Komplexität, Emotionalität, Experimentierfreudigkeit und deutungsoffene Ambiguität können gegenüber dem geistlichen Lied enorm gesteigert sein. Es ist primär für den profanen Raum geschaffen und zielt auf eine ästhetische weit mehr denn auf eine fromme Rezeptionshaltung ab. Deshalb sei dafür plädiert, das religiöse Lied auch terminologisch vom geistlichen Lied zu unterscheiden. Das religiöse Lied gehört primär in einen bürgerlichen Kontext, seine Aufführung gilt primär dem Kunstgenuss und der emotionalen Erhebung. Das geistliche Lied benötigt dagegen einen sakralen Kontext – und sei es nur die gläubige Haltung der Zuhörer. Seine Aufführung ist primär ein religiöser Akt, erst sekundär ein ästhetischer. Das religiöse Lied wiederum ist eine Untergattung des klavierbegleiteten Solokunstlieds und als solche ein genuin bürgerliches Ausdrucksmittel, das zur Darbietung keinen sakralen Kontext benötigt. Es bietet den Komponisten aber die Möglichkeit, religiöses Denken und Fühlen, das außerhalb oder am Rande ihrer eigenen Konfession angesiedelt ist, auszuleben. Deshalb erweist es sich seit Beethoven gerade für katholische Komponisten als besonders attraktiv. Später sind es der Religion fern stehende Protestanten, die im religiösen Lied eine kirchenferne Spiritualität gestalten, während katholische Spiritualität im 20. Jahrhundert auch nichtkatholische Komponisten anzieht (eine Entwicklung, die sich schon bei Pfitzner erkennen lässt), man denke an die *6 Monologe aus Jedermann* von Frank Martin (1890–1974) auf Texte von Hugo von Hofmannsthal und *Das Marienleben* von Paul Hindemith (1895–1963) auf Texte von Rainer Maria Rilke (Beispiele übrigens, die die Notwendigkeit, zwischen geistlichen und religiösen Lieder zu unterscheiden, nochmals unterstreichen). Es scheint, dass das religiöse Lied in besonderem Maße geeignet ist, Konfessions- und sogar Religionsgrenzen zu überwinden.

Swing low, sweet chariot? Gospel und Spiritual zwischen Religion und Politik

Wolfgang Rathert (Berlin/München)

Für Christof Decker

I

„Swing low, sweet Chariot – schwinge sanft, süßer Wagen", so beginnt ein weltberühmtes Spiritual, dessen sprachliches Bild die Vorstellung größten Friedens evoziert, unterstützt von der magischen Wirkung der Musik, die seit der Verbreitung dieses Spirituals durch die Fisk Jubilee Singers ab 1871 ungebrochen anhält, wie zahllose Übernahmen in der Popularkultur des 20. Jahrhunderts belegen. An der Glaubensgewissheit des Schöpfers von *Swing low*, des von einem Indianerstamm versklavten und dann als „Freedman" lebenden Schwarzen Wallace Wallis, kann kein Zweifel bestehen, aber das Spiritual enthält auch eine subtile politische Botschaft an die afro-amerikanischen Menschen, in eine wie auch immer ungewisse Freiheit aufzubrechen. Worin liegen die Gründe für den Erfolg und die Popularität dieses Spirituals und anderer Gospelmusik? Es scheint, dass gerade der Gospel als Inbegriff amerikanischer Musik gilt, als Kern dessen, was die USA zur Geschichte der Musik beigetragen haben. Und in der Tat sind religiöse Topoi und Motive allerorten zu finden, auch im Rap (dort vielfach in apokalyptischer Tönung) oder im Hip Hop, den es sogar in der offiziellen Spielart des „Christian Hip Hop" gibt. (Kayne Wests einschlägiger Song *Jesus Walks* hat in seiner zweiten Fassung mittlerweile 20 Millionen Clicks auf Youtube!) Und verblüfft wird man am Ende feststellen, dass diese Wirkung dann auch Bereiche der Musik erfasst hat, die damit ursprünglich nichts zu tun haben, etwa die europäische Nachkriegs-Avantgarde, wenn man an das 1954 entstandene Komposition *Nobody knows the trouble I see* des Kölner Komponisten Bernd Alois Zimmermann denkt, dessen 100. Geburtstag im Jahr 2018 gefeiert wurde. Aber auch innerhalb der nordamerikanischen Musikgeschichte sind die Verhältnisse weitaus komplexer und facettenreicher, als es zunächst den Anschein hat. Selbst wenn man mit einigem Recht behaupten kann, dass die nordamerikanische Musikkultur überwiegend religiös geprägt und determiniert war, seit sie sich im 17. Jahrhundert formierte, so zeigt sich doch, dass dieses religiöse, über weite Strecken protestantisch geprägte Fundament schnell eine gesamtgesellschaftliche Wirkung entfaltete, also im eigentlichen Sinn politisch wurde.

Wie umfassend Gospelmusik verstanden werden muss, zeigt sich an der Definition in der zweiten, 2014 erschienenen Auflage des *New Grove of American Music*:

> A large body of Christian songs and hymns of predominantly American origin with strophic texts and often refrains that reflect aspects of the personal religious experiences of evangelical Protestants. In addition to drawing on sacred sources, gospel music typically incorporates elements of popular music styles. Long distributed in published forms using music notation, gospel music increasingly has become popular through commercial recordings, radio, television, and film. In addition, the term can refer to the performance traditions, subcultures, and industries associated with those songs and hymns.[1]

Man sieht hier bereits, wie schwierig, beinahe unmöglich es ist, die sakrale inhaltliche Bestimmung von Gospelmusik von ihren profanen Darstellungsformen abzugrenzen und wie diffus im Grunde der Begriff des musikalischen Gospels ist, da er alle Bereiche sakraler wie profaner Musik umfassen kann. Er ist sogar, wie so viele Begriffe in den Künsten, ein Relationsbegriff, der sich auf alle Formen der Musikausübung beziehen kann, sofern von diesen religiöse Themen berührt werden. Die Zusammenhänge besaßen in der amerikanischen Geschichte allerdings von Anfang an eine politische Dimension durch die Versklavung von ca. 15 Millionen schwarzafrikanischen Menschen, die zwischen 1519 und 1867 in die nord- und südamerikanischen Kolonien europäischer Staaten verschleppt wurden. So erhielten geistliche, aber auch weltliche Melodien im Civil War in einem komplexen Prozess der Umkodierung (d.h. als Neutextierungen, sog. Kontrafakturen, wie sie schon im Mittelalter gebräuchlich waren und in der Reformation eine große Rolle spielten) endgültig einen explizit politischen Charakter. Bereits zuvor hatte der weiße Komponist Stephen Foster (1826–1864) – der auch als amerikanischer „Franz Schubert" tituliert wurde – Motive der afro-amerikanischen Spirituals für die sich neu formierende amerikanische Mittelklasse adaptiert. Der neu-englische Komponist und hauptberufliche Versicherungsunternehmer Charles Ives (1874–1954), den man als den Vater der amerikanischen Moderne bezeichnet hat, schärfte im Anschluss an Foster das Bewusstsein für den kulturellen Stellenwert der afro-amerikanischen Musik innerhalb der weißen amerikanischen Kultur entscheidend und setzte die Melodien mit und ohne Texte in absolute Formen der Sonate, der Symphonie und der Orchester-Suite um. In den 1960er Jahren schließlich fokussierte das Folk Movement den Jugendprotest gegen den Vietnam-Krieg mit Songs und Balladen, die in vielen Fällen nichts anderes als profanisierte Gospelmusik waren. Und auch Steve Reichs Inkunabel der Minimal Music, das Tonbandstück *It's gonna rain* von 1965, fällt darunter, denn Reich benutzte die apokalyptische Straßenpredigt eines schwarzen Predigers in San Francisco als Ausgangsmaterial für eine technologisch zugespitzte Variante des Gospelgesangs. Und so ist die „amerikanische Religion", der Harold Bloom ein provozierendes Buch widmete,[2] in welchem er scharf zwischen einer selbstzerstörerischen Gnosis der weißen christli-

1 „Gospel Music" in: *The Grove Dictionary of American Music*, Bd. 3 (2013), hrsg. von Charles Hiroshi Garrett, S. 550–571, hier S. 550.

2 Harold Bloom, *The American Religion. The Emergence of the Post-Christian Nation*, New York 1992.

chen Religionen und dem „sacred cosmos" des afro-amerikanischen Glaubens unterscheidet, gerade in der Musik am stärksten greifbar – denn sie ist emotionaler und affektgeladener Brennspiegel enttäuschter Hoffnungen, Heilsversprechungen und Tröstungen in einem. Der „good spell", die gute Botschaft, wird durch sie universalisiert.

II

Umgekehrt kann man fragen: Besitzt Musik damit auch die Kraft, die politischen Verhältnisse aufzubrechen, also über ihre religiöse Botschaft hinaus politisch unmittelbar wirksam zu werden? Der Fundamentalismus und Pragmatismus vieler protestantischer Kirchen und Kongregationen in den USA legt dies nahe,[3] doch steht dem auf der anderen Seite die Macht der Kulturindustrie entgegen, die am Ende jede revolutionäre Bewegung – und dazu könnten auch die Botschaften der Bergpredigt gehören – durch das zu ersticken scheint, was Herbert Marcuse die „repressive Toleranz" nannte. Am deutlichsten zeigt sich dieser bislang unauflösbare Widerspruch in den vielfältigen Versuchen der Afro-Amerikaner, die „color line", die Rassentrennung auch kulturell und historiographisch zu durchbrechen. 2016 gingen die Bilder von Barack Obama um die Welt, als er bei der Trauerfeier nach dem Massaker in der Gründungskirche der African Methodist Episcopal Church von Charleston spontan die Hymne *Amazing Grace* anstimmte – ein Akt, der Millionen Menschen in aller Welt ergriff, aber in der Wahl dieses Liedes auch die Absurdität und das Ausmaß der Tragödie verdeutlichte. Denn die Worte dieses wohl berühmtesten aller Spirituals, das von afro-amerikanischen Sängerinnen wie Mahalia Jackson und Aretha Franklin unvergleichlich interpretiert wurde, stammen von John Newton, einem englischen Schiffskapitän, der im 18. Jahrhundert Sklaven von West-Indien und Guinea nach England brachte. (Newton wurde später Priester und entschiedener Gegner der Sklaverei.)

Gewicht und Umfang des Anteils der afro-amerikanischen Musik, die entweder einer „cultural retention" unterlag oder in der sogenannten „acculturation" ihre ursprüngliche Identität verlor, an der amerikanischen Musikkultur sind bis heute umstritten. Gerade auch für Spiritual und Gospel, die wir in der Regel ohne Zögern als Inbegriff „schwarzer" Musik ansehen, wurde ein Primat der weißen Musik behauptet: Der Musikethnologe George Pullen Jackson unternahm 1943 in seinem Buch *White and Negroe Spirituals* den Versuch des Nachweises, dass sämtliche der von ihm dort aufgelisteten 263 Spirituals ihren Ursprung in weißen, d. h. letztlich europäischen Volks- und Kirchenliedern hätten; bar jeder Bildung und Literalität, hätten die afro-amerikanischen Sklaven sie durch bloße Nachahmung übernommen und ihren eigenen Bedürfnissen angepasst. Erst in den 1980er Jah-

3 Vgl. dazu grundlegend Michael Hochgeschwender, *Amerikanische Religion: Evangelikalismus, Pfingstlertum, Fundamentalismus*. Frankfurt a. M. 2007.

ren hat die Forschung die Unhaltbarkeit dieses Konstrukts aufgedeckt und die vielfach west-afrikanischen Wurzeln des Spirituals nachgewiesen, zu denen noch andere Einflüsse, so aus der Karibik, hinzukommen. Aber es dauerte 17 Jahre, bis Harry Belafonte seinen schon 1954, also noch mitten in der schärfsten rassischen Segregation gefassten Plan einer Tonträger-Anthologie schwarzer Musik mit dem Titel *The Long Road to Freedom* realisieren konnte; 1971, nach dem Abschluss von einem Jahrzehnt Aufnahmetätigkeit, lagen die Ermordung Martin Luther Kings und die Verabschiedung des Civil Rights Act gerade erst drei Jahre zurück. Es vergingen danach allerdings drei Jahrzehnte, bis die Anthologie veröffentlicht wurde, was zeigt, wie politisch und ideologisch aufgeladen bzw. belastet das Thema des schwarzen Gospels war. Belafonte selbst äußerte sich wie folgt dazu:

> In my lifetime, Americans of African descent have been called Colored, Negro, Black, and most recently, African American. A lifetime spent in search of title. No other group has suffered this dilemma, no other group has had our experience. To be systematically denied a relationship to and an understanding of the past, and to be forced to live an existence as second-class citizens have forever left us in conflict with society. It has always been of great wonderment to me how, in our quest of identity, Black Americans have so often alluded to our Africanness, yet, despite our proclamations, Black People know little about Africa and the history of our journey. White America knows even less. This absence of our history greatly impedes or ability to complete the journey of our liberation. It also diminishes our democracy. Hearing the songs contained in this volume and the thousands of others like them, and understanding the history from where they have come go a long way in helping us to learn the greater truth."[4]

Auch zu den geschichtlichen Voraussetzungen äußerte er sich:

> Certainly, the richness of Black music and Black culture is to be found in the group context. Most of the power that comes out of Black music comes out of the church. Much of it came out of environments in which large groups were constantly being thrown together. If it wasn't for the purpose of worship, then it was for the purpose of work and labor. So, the music that Black people sang in the fields when they worked and the music they sang in the churches they attended was very rich with expressions of Black hope and aspiration. (...) And in this music (...) was also the history of the pain and the hopes, filled with metaphor, filled with subtextual information. What people heard on the surface was only the surface. When you dug deeper in the material, in almost every instance you would find something being stated that was connected to Black hopes for a better day, for a better life, for freedom – freedom to love, freedom to worship, freedom to embrace, freedom to choose a life that was more rewarding than the ones that were being experienced.[5]

Die Ausführungen Belafontes und das hinter ihnen erkennbare Narrativ betonten verständlicherweise die Selbständigkeit der afrikanischen Musik als Form des Protests gegen die Unterdrückung: musikalisch als Weiterführung von Praktiken, die sie als Entwurzelte in Erinnerung an ihre Herkunft mitgenommen hatten, litera-

4 Harry Belafonte, *The Long Road to Freedom* [5 CDs, DVD und Begleitbuch], Buddha Records 99843, 2001, Begleitbuch S. 17.

5 Ebd., S. 21 f.

risch als Adaptionen und Umdeutungen biblischer Gestalten. Der in Philadelphia lebende Schriftsteller und Amateurhistoriker John Fanning Watson hatte 1819 in seiner Schrift *Methodist Error or Friendly Christian Advice to those Methodist Who Indulge in Extravagant Religious Emotions and Bodily Exercises* beschrieben, wie die Sklaven ihre Gemeindegottesdienste gestalteten, aus denen dann im 19. Jahrhundert die sogenannten „camp meetings" auf freiem Feld hervorgingen. Sie würden „sing for hours together, [with] short scraps of disjointed affirmations, pledges, or prayers, lengthened out with long repetition choruses".[6] Begleitet wurden diese Lieder, in denen der Ruf „Halleluja" eine zentrale Rolle besaß, von dem, was Watson in dem Titel seines Buches kritisch als „bodily exercise" beschreibt: „With every word sung, they have a sinking of one or other leg to the body alternately; producing an audible sound at the feet at every step, and as manifest as the steps of the actual negro dancing in Virginia etc.".[7] Dieses Stampfen mit den Füßen wird mit dem Wort „shouting" (im Sinne von Aufschrei) bezeichnet und ist ausschließlich für den liturgischen Rahmen reserviert, unabhängig davon, ob es von einem Einzelnen oder der Gruppe ausgeführt wird. In dem Fall, wenn es von allen praktiziert wird, heißt es „ring shout". Die Aktionen der Stimmen sind für non-verbale Äußerungen reserviert: für Summen, eine Art Jodeln sowie andere Formen des „ekstatischen" In-Zungen-Sprechens. In der Gesamtheit ergeben diese Aktionen weit mehr als den Vortrag eines Gemeindelieds, eines Verkündens der Botschaft als Wort; vielmehr handelt es sich um eine körperliche und psychische Entgrenzung, ein temporäres Aufgehen des „Weltlichen" und Diesseitigen in einer „göttlichen" Sphäre. Man erliege nicht dem Irrtum, es würde sich dabei um einfache, gar primitive Formen des Singens handeln. Zwar liegt dem „shouting" das uralte responsoriale Modell von Vorsänger bzw. Priester und Schola bzw. Gemeinde zugrunde, aber aus ihm erwächst eine komplexe musikalisch-liturgische Einheit, die von weißen Ausführenden nicht realisiert werden könnte und die einer Transkription in Notenschrift erhebliche Widerstände entgegensetzen würde (abgesehen davon, dass diese hier nicht sinnvoll ist). So transzendiert der Vortrag des auf der Anthologie zu hörenden Spirituals *Hark e' Angels* („Hör auf die Engel") in einer unwiderstehlichen Weise die künstliche Situation im Studio und wird selbst auf dem Tonträger zu einem Ereignis, das religiöse Ekstase mit einem indirekten politischen Statement verbindet, nämlich einer Beschwörung der Solidarität der Gläubigen und des Muts zur Veränderung.

Stellt man diesem „Ring Shout" Reichs *It's gonna rain* gegenüber, so treten Ähnlichkeit und Gegensatz gleichermaßen deutlich hervor. Der weiße Komponist (mit deutsch-jüdischen Vorfahren) verwandelt das Tondokument einer spontanen Predigt an einer Straßenecke in Los Angeles mit den elektronischen Mitteln der Vervielfältigung per Bandschleifentechnik, dem sogenannten tape looping, in ein

6 Zitiert nach Horence Clarence Boyer, *The Golden Age of Gospel*, Urbana/Chicago ^{5}2000, S. 8.

7 Ebd., S. 9.

Kunstwerk, das einerseits – um an Bloom anzuknüpfen – tatsächlich gnostisch-negative Züge besitzt, da der apokalyptischen Drohung des atomaren Fallout ein Zustand scheinbarer kompositorischer Irrationalität gegenüber gestellt wird. Anderseits greift Reich aber den immanenten musikalischen Kern der Predigt auf und schmilzt ihn auf eindrucksvolle Weise in eine Klangskulptur um, deren Eigendynamik ebenfalls transzendente Züge trägt und die Grenzen der Alltagserfahrung sprengt. 15 Jahre später sollte Reich sich zu seinem Judentum bekennen und mit *Tehilim* (Psalmen) ein Werk komponieren, das auf luzide Weise die Idee des Gospels universalisiert, indem es auf Ursprünge des liturgischen Singens zurückgreift.

In beiden Fällen handelt es sich freilich nicht um die Reproduktion einer originären afrikanischen Praxis bzw. um ein abgeschottetes Experiment der Avantgarde, sondern um hybride Kulturprodukte. Sie entspringen dem Vorgang der Akkulturation, der wechselseitigen Beziehung von weißer (europäischer) und schwarzer (afrikanischer) Kultur, die sich mit der Einführung der Sklaverei zwangsläufig ergab und sich in den einzelnen Regionen aufgrund der jeweiligen nationalen oder geographischen Herkunft der Ethnien jeweils anders vollzog. Ausschlaggebend für die musikgeschichtliche Dynamik dieses Prozesses sind vor allem die religiösen bzw. theologischen und damit auch kirchenmusikalischen Voraussetzungen in den neuenglischen Kolonien, die zunächst hauptsächlich von englischen Puritanern besiedelt wurden, später dann von anderen protestantischen Religionsgemeinschaften, die der Verfolgung in Europa auswichen. Die musikalische Praxis des 17. Jahrhunderts in den englischen Kolonien war im Vergleich zur europäischen Situation äußerst dürftig; es fehlte nicht nur eine „regulierte Kirchenmusik" (wie Bach es nannte) mit Repertoire, Chören, Orgeln und Instrumentalensembles. Vielmehr war der Status der Musik im Calvinismus, anders als in der lutherischen Kirche, höchst prekär und immer unter dem Verdacht der Zerstreuung und Ablenkung vom Wort stehend. So dauerte es zwei Generationen, bis sich ein bescheidenes Repertoire an geistlichen Liedern überhaupt konsolidiert hatte. Es handelte sich dabei in der Regel um Importe anglikanischer Gesangbücher und Psalmvertonungen. Im ersten englischen Psalter der Neuen Welt, dem erstmals 1640 in Boston gedruckten *Bay Psalm Book* (heute eines der teuersten Bücher der Welt), erscheint erst in der neunten Auflage von 1698 eine Handvoll gedruckter Melodien, die kontrafaktisch für eine Vielzahl der im „common meter" stehenden Psalmtexte Verwendung finden. Auch über die Praxis des Gottesdienstsingens im 17. Jahrhundert sind wir durch die zahlreichen Klagen von Geistlichen gut informiert: Standard war eine Art Heterophonie, d.h. eine vom Vorsänger bzw. Priester vorgetragene Melodiezeile wurde von der Gemeinde einstimmig und ohne Begleitung eines Instruments nachgesungen und dabei verziert oder in Form eines Organums mit parallelen Quinten begleitet (das sogenannte „lining out"). Erst mit der Erweckungsbewegung von 1734 – dem sog. „Great Awakening" – , die von dem puritanischen Geistlichen Jonathan Edwards initiiert wurde, setzte auch eine musikalische Reformbewegung ein, die das Singen nach Noten und eine Harmonisierung im Kantionalsatz einführte.[8] Auch die afrikanischen Sklaven konnten an diesen Gottesdiensten – wenngleich räumlich separiert – teilnehmen und übernahmen das „lining out“ (von ihnen „raising a hymn“ genannt), musikalisch jedoch in einer elaborierteren Form der Mehrstimmigkeit, die man als Vorstufe der späteren Spirituals ansprechen kann, wie sie nach dem Civil War von den Fisk Jubilee Singers perfektioniert wurden. Der Geistliche Samuel Davies berichtete in Briefen an seine Londoner Kirchenmitglieder von den Gesängen der Sklaven: „Sundry of them have logded all night in my kitchen, and sometimes when I have awaked two or three-o'clock in the morning, a torrent of sacred harmony has poured into my chamber and carried my mind away to heaven. In this seraphic exercise some of them spend almost the whole night.“[9]

III

Aus der Gesangspraxis der Weißen im 18. Jahrhundert erwuchs eine eigene, bis heute gepflegte Tradition des weißen Gospels in den Südstaaten, genannt „Sacred Harp“. Sie ist seit 1801 mit einer eigenen vereinfachten Form der Notation verbunden, der sogenannten „shape-note“-Notation, um möglichst vielen Menschen das Notenlesen zu ermöglichen; damit wurde sie zu einem wichtigen Hebel des „Second Great Awakening“, das durch Baptisten und Methodisten um 1790 angestoßen wurde und sich explizit gegen die Aufklärung richtete. Die Shape-Note-Notation benötigt lediglich vier Symbole für die Tonhöhen, ist also eine Variante der Solmisation. Entsprechend begrenzt sind die harmonischen Möglichkeiten, die sich auf den diatonischen, meist modal eingefärbten Tonraum beschränken und in der Regel von einem contrapunctus simplex (Note gegen Note) mit vielen Parallelführungen bestimmt sind. William Billings, der erste „autonome“ amerikanische Komponist (von Beruf eigentlich Ledergerber), hatte mit den Chorsätzen seiner *tuning books* ab den 1770er Jahren den Weg dazu gewiesen: Diese Musik erscheint im Vergleich zur gleichzeitigen europäischen Klassik in der Tat „primitiv“, ist aber von erfrischender Direktheit und Rauheit des Tons, die im Rückblick eine entscheidende Emanzipation von den ästhetischen Dogmen der europäischen Musik vollzieht. Billings selbst pflegte eine Art Geniekult und behauptete, allein der „Natur“ der Musik verpflichtet zu sein. Er orientierte sich aber vor allem an den Volksliedern europäischer Immigranten, besonders von Schotten und Iren. In seinen Vertonungen der überaus populären englischen und metrifizierten Psalmübersetzungen von Isaac Watts und dessen geistlichen Gedichten schuf Billings dann in der Tat einen eigenen, ganz unverwechselbaren Stil, der gerade durch die

8 Vgl. dazu H. Wiley Hitchcock und Kyle Gann, *Music in the United States. A Historical Introduction*, New York 2000.

9 Samuel Davies, *Memoir*, Boston 1832, S. 29.

„Satzfehler" entsteht, die er aus Sicht einer „orthodoxen" europäischen Musiktheorie beging; in der zweiten von ihm gepflegten Chorgattung, den „fuging tunes", wird dies besonders deutlich.

Die Situation der Gospelmusik bei der Gründung der Vereinigten Staaten 1776 war also schon relativ ausdifferenziert – es gab auf der einen Seite die vielfältigen Formen afro-amerikanischer, stillschweigend geduldeter oder bewunderter Gesänge und Riten, auf der anderen Seite die von weißen Gemeinden gepflegte Gesangspraxis, nun nicht mehr als archaisches „lining-out", sondern in Form der Chorsätze, die amerikanische Komponisten der ersten Generation schrieben, verlegten und verkauften. Nach 1800 wurde Boston ein Zentrum der weiteren Professionalisierung und Institutionalisierung, zunächst durch die 1815 gegründete Handel and Haydn Society, die sich der europäischen Kirchenmusik verschrieb, dann vor allem durch den Prediger und Musikpädagogen Lowell Mason, der 1827 nach Boston zog und einige Jahre später die Boston Academy of Music gründete. Mason und andere Reformer (wie Thomas Hastings) bündelten, normierten und popularisierten das Hymnen-Repertoire, um dadurch eine Grundlage der Musikerziehung zu schaffen. Das Geheimnis Masons war die Fähigkeit zur Kompilation. Er schrieb seine Hymnentexte vielfach auf bekannten Vorlagen, die in gleicher Weise europäischen Kirchenliedern, klassischen Melodien oder aber auch populären politischen Liedern der Revolutionszeit entnommen sein konnten. Und er bediente sich geschickt der Metaphorik des schwarzen Spirituals, die nach der Unabhängigkeit der USA und der Diskussion um die Sklaverei eine nationale Bedeutung erlangte; zudem gab es seit 1780 das Netzwerk der sogenannten „Underground Railroad", das die Flucht entflohener Sklaven aus den Südstaaten in den Norden und nach Kanada organisierte. In den Hymnen Masons – genannt sei hier das populäre *Bethany* auf das Gedicht *Nearer my God to Thee* der Unitarierin Sarah Flower Adams und auch anderer Autoren wie das von Joseph Webster und S. Fillmore Bennett geschriebene *In the Sweet Bye and Bye* – finden sich die Topoi der Sklaven, die von Weltflucht und Erlösung sprechen, wieder. So heißt es in *Bethany*: „Though like the wanderer, the sun gone down, Darkness be over me, my rest a stone; Yet in my dreams I'd be nearer, my God, to Thee." Die hier einsetzende Sentimentalisierung, die auf die Bedürfnisse der rapide wachsenden Mittelschicht und der Sonntagsschulen reagiert, wurde in genialer Weise von Stephen C. Foster aufgegriffen, dem wahrscheinlich wirkungsmächtigsten amerikanischen Komponisten des 19. Jahrhunderts, der bereits mit 38 Jahren starb. Als jüngstes von zehn Kindern wohlhabender Eltern in Pennsylvania geboren, erkannte Foster früh seine Begabung als Liedkomponist (wir würden heute vielleicht eher sagen: Songwriter) und schrieb bereits mit 20 Jahren das Lied *Oh Susanna*, das zur Hymne der kalifornischen Goldsucher wurde. 1849 veröffentlichte er die Sammlung der *Ethopian Melodies*, aus der das Lied *Nelly was a Lady* durch die Minstrel-Truppe „Christy's Minstrels" berühmt wurde. Für die Minstrel Shows – die rassistisch motivierte Parodie der Lebensgewohnheiten der afro-amerikanischen Bevölkerung durch Weiße, die sich als Schwarze schminkten („Blackfacing") und deren Dialekt imitierten – schrieb Foster in den folgenden Jahren eine Reihe von Songs, darunter *Camptown Races* (1850), *Old Folks at Home* (auch bekannt als *Swanee River*, 1851) oder *My Old Kentucky Home* (1853), die bis heute eine große Popularität in den USA – teilweise als staatliche Hymnen – genießen. Fosters Lieder übernahmen die Aufgaben eines weltlichen Gospel. Sie bedienten sich der literarischen Motive, aber auch der musikalischen Vokabeln und Stimmungen der afro-amerikanischen Musikkultur, waren also das Beispiel einer umgekehrten Akkulturation. Und sie gingen noch einen Schritt weiter, indem Foster die Figur des melancholischen Sklaven oder Freedman thematisierte; dadurch rückte er in die Nähe der Gegner der Sklaverei, der Abolitionisten (1852 erschien Harriet Beecher Stowes *Uncle Tom's Cabin*, das zur Bibel der Gegner der Sklaverei wurde). Einen guten Eindruck von der Faszination, die von Fosters so eingängiger und einschmeichelnder Musik ausging und auch ein ansonsten politisch passives Publikum erreichte, vermittelt das Lied *Old Black Joe*, das Foster 1853 schrieb und dessen erste Strophe und Refrain (Chorus) wie folgt lauten:

> Gone are the days when my heart was young and gay,
> Gone are my friends from the cotton fields away,
> Gone from the earth to a better land I know,
> I hear their gentle voices calling „Old Black Joe".
>
> *Chorus*
> I'm coming, I'm coming, for my head is bending low:
> I hear those gentle voices calling, „Old Black Joe".

Die dominierenden Motive der Sehnsucht nach dem Tod, der Erlösung von der Einsamkeit und der Erinnerung an die glücklichen Zeiten auf den Baumwoll-Plantagen erscheinen aus heutiger Sicht naiv, wenn nicht gar zynisch. Foster erfand zu diesen Zeilen eine bittersüße Melodie, die sich als Projektionsfläche für diametral entgegengesetzte Deutungen ideal anbietet. Die Popularität des Songs war entsprechend: er wurde von berühmten weißen Diseusen der Jahrhundertwende (wie der rumänisch-amerikanischen Opernsängerin Alma Gluck) ebenso gesungen wie von Paul Robeson, dem Mentors Belafontes, den in der McCarthy-Ära die ganze Wucht politischer und rassistischer Repression traf.

Wohl am eindrucksvollsten allerdings war die Resonanz, die Fosters Lieder bei Charles Ives fanden. In Ives' Werk spielt die Auseinandersetzung mit der amerikanischen Geschichte eine immense Rolle, und Foster wurde ein Wegbereiter, mehr noch eine Art Alter Ego für ihn. Die Bezüge auf Fosters Lieder in Ives' Musik sind äußerst zahlreich und von autobiografischen Konnotationen durchzogen, über die an anderer Stelle zu sprechen wäre. Eine zweite Quelle für Ives' musikalisches Universum spielen die bereits erwähnten Hymnen aus der ersten Hälfte des 19. Jahrhunderts, der Zeit zwischen dem „Second Great Awakening" und dem Transzendentalismus, dessen zutiefst in der Theologie verankerter romantischer Idealismus sein eigenes ästhetisches Programm verfolgte. Ives' Musik ist durch die extensive Verwendung amerikanischer Melodien geprägt, die aus religiösen, patriotischen und populären Quellen gespeist werden. Eines der eindrucksvollsten Beispiele stammt aus dem *Second Orchestral Set*, den Ives in den Jahren des Ersten Weltkriegs komponierte und dessen drei Sätze eine komplexe Programmatik entfalten. So nimmt der letzte Satz Bezug auf den Untergang des britischen Passagierschiffs Lusitania am 7. Mai 1915, das vor der irischen Küste von deutschen U-Booten torpediert wurde; unter den 1196 Toten befanden sich auch 128 Amerikaner. Ives verwendete für die musikalische Darstellung der Nachricht, von der er mit hunderten anderen Pendlern auf einem New Yorker Bahnhof erfuhr, die Hymne *In the Sweet Bye and Bye*, die hier als Vokalise vom Chor angestimmt wird und zu den ergreifendsten Momenten in der Orchestermusik des 20. Jahrhunderts gehört.[10] Im ersten Satz, der den Titel „An Elegy to our Forefathers" trägt, zitiert Ives unter anderem Fosters *Old black Joe* und den Spiritual *Nobody knows the Trouble I see*, dessen Autorschaft bis heute ungeklärt ist; er wurde schriftlich von dem afro-amerikanischen Bariton und Komponisten Harry Thacker Burleigh überliefert, einem Schüler Antonin Dvořáks während dessen Zeit als Direktor des New Yorker *National Conservatory of Music* 1893/94. Die Art und Weise, wie Ives die Vorlagen in einen komplexen Tonsatz einbettet, ist bezeichnend: die Melodien werden nur angedeutet und sind dennoch die ganze Zeit präsent, sie bilden einen chimärischen Cantus firmus und sind doch zugleich Metapher einer ewigen Verheißung. Was bei Foster aber noch Beschwörung eines sozialen „never never land" ist, wird bei Ives zur ernüchternden Wirklichkeit einer entseelten, materialistisch-aggressiven Moderne, die er als größte Bedrohung religiöser Gewissheit empfand.

IV

Es gehört zur bitteren Ironie von Stephen Fosters Biographie, dass der Ausbruch des Bürgerkriegs ihn finanziell ruinierte und er drei Jahre später verarmt starb. Wiederum drei Jahre später brachte der Bürgerkrieg 1867 zwei Pionierleistungen der amerikanischen Musikliteratur hervor, nämlich zunächst Thomas Wentworth Higginsons Text-Anthologie *Negro Spirituals*, die im *Atlantic Monthly* erschien, und die von William Francis Allen und drei anderen Abolitionisten herausgegebene Anthologie *Slave Songs of the United States*, die erstmals auch Transkriptionen der Melodien der Spirituals enthielt. Higginson hatte an der Harvard University Theologie studiert und wirkte anschließend als unitarischer Prediger, Schriftsteller, Abolitionist und Kämpfer für die Gleichberechtigung der Frauen. Im Bürgerkrieg war er Hauptmann des First South Carolina Volunteers Regiment, das aus befreiten Sklaven zusammengesetzt war. Hier lernte er den Gullah-Dialekt kennen, der von afro-amerikanischen Sklaven in South Carolina, Georgia, Florida und auf den Bahamas gesprochen wurde und in die Dichtung der Spirituals Eingang fand. Tief

---

10 Vgl. dazu vom Verfasser, „Hymne auf das Ende eines tragischen Tages – Charles Ives und sein ‚Orchestral Set No. 2'", in: *Neue Musikzeitung* 53 (2004), H. 5, S. 3 f.

beeindruckt von ihrer musikalischen und literarischen Kraft, zeichnete Higginson, den später eine enge Freundschaft mit der Dichterin Emily Dickinson verband, die Texte der Spirituals auf und veröffentlichte sie. Allen bezog sich unter ausdrücklichem Dank an Higginson darauf, als er wenig später seine Publikation vorstellte, die einen neuen wissenschaftlichen Standard setzte und die künstlerischen Relationen neu bestimmte. Am Anfang der umfangreichen Vorrede heißt es:

> The musical quality of the negro race has been recognized for so many years that it is hard to explain why no systematic effort has hitherto been made to collect and preserve their melodies. More than thirty years ago those plantation songs made their appearances which were so extraordinarily popular for a while: and if ‚Coal-black Rose', ‚Zip Coon' and ‚Ole Virginny nebber tire' have been succeeded by spurious imitations, manufactured to suit the somewhat sentimental taste of our community, the fact that these were called ‚negro melodies' was itself a tribute to the musical genius of the race. The public had well-nigh forgotten these genuine slave songs and with them the creative power from which they sprung, when a fresh interest was excited through the educational mission to the Port Royal island, in 1861. The agents of this mission were not long in discovering the rich vein of music that existed in these half-barbarous people, and when visitors from the North were on the Islands, there was nothing that seemed better worth their while than to see a ‚shout' or hear the ‚people' sing their ‚sperichils'. A few of these last, of special merit, soon became established favorites among the whites, and hardly a Sunday passed at the church on St. Helena without ‚Gabriel's Trumpet', ‚I hear from Heaven today', or ‚Jehovah Hallelujah'. The last time I myself heard these was at the Fourth of July celebration, at the church, in 1864. All of them were sung, and then the glorious shout ‚I can't stay behind, my Lord', was struck up, and sung by the entire multitude with a zest and spirit, a swaying of the bodies and lightning of the countenances and rhythmical movement of the hands, which I think no one present will ever forget.[11]

Von dieser Erfahrung aus werden die Wirkung und der Siegeszug der Fisk Jubilee Singers verständlich. Obwohl nur sieben Jahre aktiv, haben sie das Bild und die Rezeption des Spirituals grundlegend geprägt. Die zehn Sänger – sechs Frauen und vier Männer – waren Studenten an der 1866 von dem Nordstaatengeneral Clinton B. Fisk in Nashville, Tennessee gegründeten Fisk University, der ersten Bildungseinrichtung für befreite Schwarze in den USA. Unterrichtet von einem weißen Musiker, starteten die Jubilee Singers (benannt nach dem jüdischen Erlassjahr, engl. Jubilee, beschrieben in einer Passage im 3. Buch Mose, Kap. 25) mit Konzerten auf der alten „Underground Railway"-Route, um Spendengelder für die Universität zu sammeln. Erst als Henry Ward Beecher, der Bruder von Harriet Beecher Stowe, aufgrund seiner Prominenz als kongregationalistischer Prediger für sie Konzerte in den nordöstlichen Staaten vor einem ethnisch gemischten Publikum organisierte, kam der internationale Erfolg. 1873 erschien die erste Anthologie mit ihren Spirituals, darunter *Swing Low, Sweet Chariot*, zwei Jahre später in London das erste Buch über sie; das dort abgebildete Gruppenfoto ist auch ein stiller Triumph über den Südstaaten-Rassismus. Ihre Abschiedstournee führte die Jubilee Singers nach Europa, darunter auch auf Stationen durch das Deutsche Kaiserreich. Höhepunkt

11 William Francis Allen u. a., *Slave Songs of the United States* [1867], New York 1951, S. I–II.

war ein Konzert im Neuen Palais in Potsdam vor der Familie des Kronprinzen Friedrich Wilhelm von Preußen (dem späteren Friedrich III.) und seiner Frau, der Kronprinzessin Victoria von England. Das Konzert fand am Sonntag, den 4. November 1877, statt – jener Wochentag, an dem die Sänger aus religiösen Gründen normalerweise nicht auftraten. Die Ausnahme, die sie auf diplomatischen Druck hin machten, hinterließ auch bei ihnen einen unauslöschlichen Eindruck. Die Sängerin Ella Sheppard notierte über die Reaktionen nach dem Vortrag von *Nobody knows de trouble I see* in ihrem Tagebuch:

> During the latter piece (…) the Princess Victoria wept. Afterward [sic] she remarked she hoped we did not think her silly, but she could not help weeping. She is in mourning, I think, for a child [sc. ihr Sohn Sigmund], and the song probably reminded her of the lost one. (…) One of the ladies present – a princess, I think – asked me who our teacher was, and remarked that we must have studied many years to be able to sing as beautifully together. Such perfect intonation she had never heard before – & she seemed surprised to find our Mr. Director was not a *German* but an *American*.[12]

Die positive Ent-Täuschung von Vorurteilen nicht nur gegenüber Afro-Amerikanern, sondern gegenüber den USA selbst, von der hier berichtet wird, zeigt, wie sich die Verhältnisse bereits im 19. Jahrhundert gewandelt hatten. Die Fisk Jubilee Singers verkörperten ein Amerika, das mithilfe des Spirituals und kurze Zeit später des Jazz zu einer musikalischen Weltmacht aufstieg. Wenn Elvis Presley 1969 in dem Film *The Trouble with Girls* dann *Swing Low, Sweet Chariot* singt, ist ein Stand der Perfektion erreicht, der – als Reverenz vor den Aufführungen der Fisk Singers und denen des Golden Globe Quartet – die religiöse Dimension und den politischen Kontext von Gospel und Spiritual vollkommen in den Hintergrund rückt und als Triumph der Kulturindustrie erscheint.

Für die Vermutung, dass die subversive, vielleicht sogar revolutionäre Botschaft des Gospel nicht verloren gegangen ist, gibt es nicht nur in der amerikanischen Musikgeschichte des 20. Jahrhunderts eindrucksvolle Beispiele, sondern auch in der europäischen Wirkungsgeschichte. Dazu gehört insbesondere das Konzert für Trompete und Orchester *Nobody knows the trouble I see*, das der damals 36jährige Bernd Alois Zimmermann im Jahr 1954, dem Todesjahr von Charles Ives, schrieb und dem presbyterianischen amerikanischen Theologen und Kirchenhistoriker Ernest Trice Thompson (1895–1985) widmete.[13] Zimmermann kommentierte das Werk, das er im Auftrag des Norddeutschen Rundfunks geschrieben hatte und von dem Barock-Trompeter Adolf Scherbaum als Solist uraufgeführt wurde, wie folgt:

---

12 Zitiert nach Andrew Ward, *Dark Midnight when I rise. The Story of the Jubilee Singers who Introduced the World to the Music of Black America*, New York 2000, S. 351.

13 Thompson setzte sich 1954 vehement für die Umsetzung des historischen Urteils des Supreme Court ein, die Rassentrennung an amerikanischen Schulen aufzuheben und wurde damit auch zu einem brüderlichen Mitstreiter Martin Luther Kings. Wie es zu der Widmung Zimmermanns kam und ob er mit Trice Thompson in direktem Kontakt stand, ist nicht bekannt.

> Der Titel des einsätzigen Werkes ist dem gleichnamigen Negrospiritual entnommen. Dieses bildet gleichsam den geometrischen Ort des gesamten Werkes, welches in meinem Schaffen eine gewisse Sonderstellung einnimmt, insofern darin der Versuch unternommen wird, drei historisch und stilistisch voneinander abweichende musikalische Gestaltungsprinzipien miteinander zu verschmelzen: die Form des Choralvorspiels mit dem pentatonischen Negrospiritual als Cantus firmus, die freie Variationsform der noch thematisch gebundenen Dodekaphonie sowie in abgewandeltem Sinne den konzertierten Jazz. Das Negrospiritual bildet dabei das verbindende Element, wenn man will: Cantus firmus, Thema und Evergreen zugleich. Das Werk wurde unter dem Eindruck des (leider auch heute immer noch bestehenden) Rassenwahns geschrieben und will in der Verschmelzung von drei stilistisch scheinbar so heterogenen Gestaltungsprinzipien gleichsam einen Weg der brüderlichen Verbindung zeigen.[14]

1954, mitten im Kalten Krieg, ein Jahr nach dem ersten deutschen Jazzfestival in Frankfurt am Main und angesichts der Dominanz des strengen musikalischen Serialismus (mit Karlheinz Stockhausen und Pierre Boulez an der Spitze) war die ästhetische Verbindung so entgegengesetzter musikalischer Welten wie der Dodekaphonie und des Spiritual eine Provokation, ebenso die Kopplung eines Symphonie-Orchesters mit einer Jazz Combo. Der tiefgläubige Katholik Zimmermann setzte sich bewusst zwischen alle Stühle, und zwar auch, weil er dem Spiritual eine zugleich universale und enigmatische Funktion zuwies. Doch das Spiritual erweist sich als ein Fremdkörper, dessen Integration letztlich scheitert. Wenn man sich klarmacht, dass noch in Zimmermanns letzter Komposition, der kleinen Orchesterstudie *Stille und Umkehr* von 1970, die Bluestrommel eine zentrale Aufgabe übernimmt, dann fällt auch hier auf das Spiritual ein eigentümliches Licht. Die Titelzeile enthält eine doppelte Botschaft – einmal als existenzielle Selbst-Aussage des Komponisten Zimmermann, zum anderen als politische Metapher des heillosen Zustands einer Welt, die auf einer nicht enden wollenden Suche nach Versöhnung ist.

---

14 Bernd Alois Zimmermann, *Intervall und Zeit. Aufsätze und Schriften zum Werk*, hrsg. von Christoph Bitter, Mainz 1974, S. 90.

Missionsstationen im südlichen Afrika – Fluch oder Segen für die musikalische Praxis?

Rebekka Sandmeier (Kapstadt)

Mit den Europäern,[1] die das Kap als Versorgungsstation auf dem Weg nach Indien ansegelten, kam ab dem 15. Jahrhundert die christliche Religion in das südliche Afrika.[2] Zunächst waren die Geistlichen lediglich für die Betreuung der Europäer zuständig: erst für die Seefahrer, dann für die Soldaten in der Militärstation der Vereinigten Ostindischen Kompanie, und später auch für die europäischen Farmer, die sich am Kap angesiedelt hatten und die Station sowie die Seefahrer mit Nahrungsmitteln versorgten. Anfang des 18. Jahrhunderts kam der erste Missionar ans Kap, um die Khoisan zum Christentum zu bekehren, aber es dauerte noch bis zum Ende des Jahrhunderts, bis die Missionare der Herrnhuter Brüdergemeinde die erste Missionsstation in der Kapregion einrichteten.

In der Kolonialgeschichte Afrikas ist das Thema Mission immer auch ein politisches, da die Missionare zusammen mit den Kolonisten nach Afrika kamen.[3] Zudem wurde die Mission von den Kolonialmächten gezielt politisch (aus)genutzt. Die musikalische Interaktion zwischen den europäischen Siedlern und der einheimischen Bevölkerung geschah in diesem politischen Kontext und kann nicht davon getrennt werden. Der folgende Aufsatz setzt sich daher mit den Beziehungen und Wechselwirkungen zwischen Musik, Religion und Politik im Zusammenhang mit Mission und Kolonisation im südlichen Afrika auseinander,[4] denn mit den Europäern gelangte auch deren Musik ans Kap: die weltliche Musik der Militär- und Tanzkapellen sowie die geistliche Musik des Gottesdienstes und der privaten Erbauung.

---

1 Als die Europäer anfingen, die Kapregion zu besiedeln, lebten dort verschiedene Bevölkerungsgruppen: die Khoisan am Kap und an der Westküste sowie die Xhosa im Ostkap. Mit den Europäern kamen zudem Sklaven aus Indonesien ans Kap. Im Folgenden wird, wenn nicht anders angegeben, davon ausgegangen, dass Farmer, Siedler und Missionare europäisch-stämmig sind; zudem wird zwischen Khoisan, Sklaven und ehemaligen Sklaven sowie Afrikanern (bantusprachig) unterschieden.

2 Im Folgenden wird lediglich das Gebiet betrachtet, das dem des heutigen Südafrika in etwa entspricht.

3 Zur allgemeinen Geschichte der Kapkolonie im 19. Jahrhundert siehe zum Beispiel: Hermann Giliomee und Bernard Mbenga, *New History of South Africa*, Kapstadt 2007, S. 121–223; Noël Mostert, *Frontiers: The Epic of South Africa's Creation and the Tragedy of the Xhosa People*, New York 1992; Jeff Peires, *The Dead Will Arise: Nongqawuse and the Great Xhosa Cattle-Killing Movement 1856–7*, Johannesburg 2003.

4 Die Literatur zum Thema ist enorm, denn die Informationen verteilen sich auf allgemein historische, religionshistorische und musikhistorische Schriften. Im Folgenden werden zu Anfang jedes Abschnitts die genutzten Quellen genannt und ansonsten lediglich direkte Zitate und Paraphrasen belegt.

Musikalische Begegnungen zwischen den Traditionen der Khoisan und der europäischen Einwanderer sind von Anfang an belegt.[5] Im Tagebuch der Reise des Vasco da Gama 1497–1499 wird Folgendes berichtet:[6]

> On Saturday about 200 [Africans], large and small, arrived, and brought about 12 head of cattle, oxen and cows, and four or five sheep. When we saw them we went ashore at once. They at once began to play on four or five flutes, and some of them played high and others played low, harmonizing very well for [Africans] in whom music is not to be expected, and they danced like [Africans]. The Commander-in-Chief ordered trumpets to be played and we in the boat danced, and so did the Commander-in-Chief when he rejoined us.[7]

Die Vereinigte Ostindische Kompanie nutzte Musik in ihren Beziehungen zu den Khoisan, wie der folgende Eintrag aus dem Tagebuch des Jan van Riebeck zeigt:

> On being asked whether it would not be advisable to send Commissioners with presents to Oedasoa [einer der Anführer der Cochoquas], she [Krotoa; lebte im Haushalt von Riebeck und arbeitete als Übersetzerin für die Ostindische Kompanie; Schwägerin von Oedasoa] agreed that it would and added that cinnamon, which the [Khoisan] had earnestly requested, should be sent, and also cloves, nutmeg, mace and pepper to see whether they liked them also, and the very strongest brandy and tobacco obtainable; also one or two persons who could play on the fiddle and other instruments, as the [Khoisan] were very fond thereof; in fact, whatever might serve to draw them here and amuse them.[8]

Beide Zitate zeigen nicht nur deutlich die Herablassung, mit der Europäer der einheimischen Bevölkerung und ihren Aktivitäten begegneten, auch die Beschreibung der Musik an sich ist problematisch, da sie vermutlich von Personen stammt, die nicht musikalisch gebildet waren. Ähnlich heikel gestalten sich die meisten Berichte über musikalische Begegnungen in der frühen Periode der europäischen Siedler am Kap. Bis in die Mitte des 19. Jahrhunderts finden sich die meisten Informationen über europäische und einheimische Musik am Kap in Tagebüchern und Reiseberichten von europäischen Nicht-Musikern.[9] Sie sind daher mit großer Umsicht

5 Vgl. auch David Smith, „Colonial Encounters through the Prism of Music: A Southern African Perspective", in: *International Review of the Aesthetics and Sociology of Music* 33 (2002), S. 31–55.

6 In den Zitaten aus Primärquellen in diesem Kapitel wurden problematische Bezeichnungen der einheimischen Bevölkerung von der Autorin durch heute gängige Bezeichnungen ersetzt.

7 Eric Axelson, *Vasco da Gama: The Diary of His Travels through African Waters*, Somerset West 1998, S. 28. Das Tagebuch ist allerdings als Quelle problematisch, da es mit Sicherheit nicht von Vasco da Gama verfasst wurde und lediglich eine Kopie aus dem 16. Jahrhundert erhalten ist (vgl. S. 18).

8 *Journal of Jan van Riebeck, Volume II: 1656–1658*, hrsg. von Hendrik Bernardus Thom, Kapstadt 1954, S. 363 (29. Oktober 1658).

9 Nur zwei von vielen: *The Cape Diaries of Lady Anne Barnard 1799–1800* (= Van Riebeck Society for the Publication of South African Historical Documents, Second Series 29–30), hrsg. von Margaret Lenta und Basil Le Cordeur, 2 Bde., Kapstadt 1999; William Burchell, *Travels in the Interior of Southern Africa*, 2 Bde., London 1822.

zu gebrauchen, sowohl aufgrund ihrer Blickrichtung – der des Außenseiters auf die einheimische Bevölkerung – als auch im Hinblick auf ihre Aussagekraft zur musikalischen Praxis. In den Missionsstationen, die im 19. Jahrhundert besonders am Kap und Ostkap eingerichtet wurden, traf die einheimische Bevölkerung vermehrt auf europäische Musik. Im folgenden Kapitel sollen die Auswirkungen der musikalischen Begegnung mit der europäischen Musik an den Missionsstationen betrachtet werden. Dabei sollen neben den historischen Umständen der Begegnungen weniger die Unterschiede der beiden Musiktraditionen als vielmehr die Gemeinsamkeiten, die eine Verbindung ermöglichten, betrachtet werden.

1. Die Ankunft der Missionare[10]

Im Jahr 1737 kam Georg Schmidt ans Kap und begann die Mission der Khoisan. Er war in Herrnhut ausgebildet, gründete aber keine Missionsstation, sondern missionierte frei. Allerdings verließ er das Land schon 1744 wieder. Erst gegen Ende des 18. Jahrhunderts wurde die erste Missionsstation zur Bekehrung der Khoisan von der Herrnhuter Brüdergemeinde gegründet. Die Tätigkeit der Missionare wurde von den Khoisan nicht grundsätzlich abgelehnt, da diese seit Beginn der europäischen Präsenz am Kap, also etwa seit Ende des 15. Jahrhunderts, Kontakt zu Europäern hatten, die auf dem Weg nach Indien am Kap Proviant und Wasser aufnahmen. Mit der Gründung der Station der Vereinigten Ostindischen Kompanie Mitte des 17. Jahrhunderts wurden die ursprünglichen Traditionen der einheimischen Bevölkerung am Kap weitgehend durch europäische ersetzt, und die meisten Khoisan, mit denen Missionare am Ende des 18. Jahrhunderts in Kontakt kamen, waren auf Farmen und in einem europäisch geprägtem Umfeld aufgewachsen.

* * *

10 Zu Mission und Geschichte allgemein siehe *Christianity in South Africa: A Political, Social and Cultural History*, hrsg. von Richard Elphick und Rodney Davenport, Kapstadt 1997; *Missions and Christianity in South African History*, hrsg. von Henry Bredekamp und Robert Ross, Johannesburg 1995; *The London Missionary Society in Southern Africa 1799–1999: Historical Essays in Celebration of the Bicentenary of the LMS in Southern Africa*, hrsg. von John de Gruchy, Athens (Ohio) 2000; Karel Schoeman, *The Early Mission in South Africa 1799–1819*, Pretoria 2005.

Exkurs 1: Die Herrnhuter Missionare in Genadendal[11]

Die Missionare der Herrnhuter Brüdergemeinde gründeten 1792 die erste Missionsstation in der Kapregion, und zwar in Bavianskloof, das später in Genadendal (Tal der Gnade) umbenannt wurde. Zunächst beschränkte sich die Missionsstation auf eine Kirche und eine Schule, in der Khoisan unterrichtet wurden. Allerdings stießen diese Aktivitäten auf den Unwillen der (kirchlichen) Behörden in Stellenbosch, da die Kirche nicht der niederländisch reformierten Konfession angehörte. Im 19. Jahrhundert erweiterte sich die Missionsarbeit um die Ausbildung von Handwerkern wie Messerschmieden, Gerbern, Wagenmachern und Druckern. Auch Lehrer wurden in Genadendal ausgebildet, um an Schulen auf anderen Missionsstationen zu unterrichten. Erst 1926 wurde die Lehrerausbildung im Zuge der Einführung einer gesonderten Schulausbildung für Khoisan, ehemalige Sklaven und Afrikaner, der sogenannten *Bantu Education*, eingestellt. Die Druckerei in Genadendal stellte im 19. Jahrhundert zunächst christliche Schriften sowie Schulbücher auf Afrikaans her, und Anfang des 20. Jahrhunderts entstanden hier die ersten Musikdrucke. Die Musik spielte auf der Station aber von Anfang an eine wichtige Rolle:[12] Die Kirche bekam Anfang des 19. Jahrhunderts eine Pfeifenorgel,[13] die noch heute im Museum des Dorfes zu sehen ist. Dort finden sich auch Exemplare der Blech- und Holzblasinstrumente, die im 19. Jahrhundert auf der Missionsstation gespielt wurden. Allerdings war zumindest bis in die Mitte des 19. Jahrhunderts streng getrennt, wer welche Art von Musik spielen konnte. Während die Khoisan sangen, spielten die Missionare die Instrumente – belegt sind Geige, Flöte, Klavier und Orgel. Mitte des 19. Jahrhunderts gründete einer der Missionare einen Posaunenchor nach Herrnhuter Vorbild, in dem vornehmlich Schüler und Lehramtskandidaten spielten, und der an Festtagen den Gottesdienst begleitete.[14] Dass die

---

11 Zur Geschichte der Herrnhuter Mission in Südafrika siehe Bernhard Kruger, *The Pear Tree Blossoms: A History of the Moravian Mission Stations in South Africa, 1737–1869*, Genadendal 1966; ders. und Paul Willibald Schadeberg, *The Pear Tree Bears Fruit: The History of the Moravian Mission Stations in South Africa-West, 1869–1960 with an Epilogue 1960–1980*, Genadendal 1984. Zu Primärquellen siehe *Moravians in the Eastern Cape 1828–1928: Four Accounts of Moravian Mission Work on the Eastern Cape Frontier* (= Van Riebeck Society for the Publication of South African Historical Documents, Second Series 35), hrsg. von Timothy Keegan, Kapstadt 2004; *The Genadendal Diaries: Diaries of the Herrnhut Missionaries H. Marsveld, D. Schwinn and J. C. Kühnel* (= University of the Western Cape, Institute for Historical Research, B4–5), hrsg. von Henry C. Bredekamp und Harold E. F. Plüddemann, 2 Bde., Belville 1992.

12 Zur Musik in Genadendal siehe Becky Steltzner, *The History of the Clarinet in South Africa*, unveröffentlichte Doktorabeit, University of Cape Town 2016, S. 45–47 und 82–83.

13 Viele Missionare reisten mit einem tragbaren Harmonium, und Missionsstationen wurden zunächst mit einem solchen Instrument ausgestattet. Eine Pfeifenorgel auf einer Missionsstation ist Anfang des 19. Jahrhunderts eher ungewöhnlich.

14 Aus den Blaskapellen der Herrnhuter Missionsgemeinden und der Salvation Army gingen später die „Christmas Bands" der ehemaligen Sklaven hervor, die noch heute an Weihnachten und am 2. Januar durch die traditionell „farbigen" Viertel Kapstadts ziehen. Vgl. David Coplan, *In Township Tonight: South Africa's Black City Music and Theatre*, London

einheimische Bevölkerung ihre eigene Musiktradition an der Missionsstation ausgeübt hätte oder hätte ausüben können, ist – nach Kenntnis der Autorin – nicht belegt.

* * *

Mit der Übernahme des Kaps durch die Briten Anfang des 19. Jahrhunderts kamen mit der Ausweitung der Kolonie in das Ostkap auch die Missionare dorthin. Die verschiedenen Missionsgesellschaften stammten zum allergrößten Teil aus protestantischen, pietistischen und presbyterianischen Konfessionen. Neben der Herrnhuter Brüdergemeinde waren jetzt auch die *London Missionary Society* und die Rheinische Mission tätig, um nur einige wenige zu nennen. Am Ostkap erwies sich die Missionierung der afrikanischen Bevölkerung weitaus schwieriger als am Kap. Die Xhosa kamen, im Vergleich zu den Khoisan, wesentlich später in Kontakt mit den Siedlern, und sie wehrten sich vehement gegen die Europäer, die in ihr Land kamen. Zudem war zu Beginn des 19. Jahrhunderts der soziale, kulturelle und religiöse Zusammenhalt der Xhosa-stämmigen Bevölkerung noch nicht von Europäern unterwandert, und sie standen nicht unter demselben Druck zur Angleichung wie die Khoisan am Kap. Zunächst bestand bei allen missionarischen Aktivitäten ein genuines Interesse an der Christianisierung und Bildung der afrikanischen Bevölkerung. Wie unten zu zeigen sein wird, wurden ihre Initiativen jedoch später von der Kolonialmacht zunehmend politisch beeinflusst und manipuliert.

2. Musik an den Missionsstationen[15]

In den Missionsstationen wurde Musik zuvorderst als missionarisches Werkzeug eingesetzt. Sie formte einen Teil des Gottesdienstes in allen Konfessionen und wurde auch im privaten Gebet genutzt. In ihrer einfachsten Form bestand sie aus Gesang und/oder Chormusik. In der Verbreitung des christlichen Glaubens wurde sie aktiv genutzt, denn Texte und Konzepte sind einfacher zu merken, wenn sie in Verbindung mit Musik stehen. Für die Christianisierung im südlichen Afrika brachten die Missionare ihre eigene Musik mit, zunächst auch in der eigenen Sprache. Sobald sie allerdings die lokalen Sprachen erforschten – und dies geschah oft von Missionaren und im Zusammenhang mit der Mission – entstanden Wörterbücher und Grammatiken, woraufhin auch christliche Texte wie die Bibel

1985, S. 82; Trevor Herbert und Margaret Sarkissian, „Victorian Bands and Their Dissemination in the Colonies“, in: *Popular Music* 16 (1997), S. 165–179. Zu *Christmas Bands* siehe auch Sylvia Bruinders, *Parading Respectability: The Cultural and Moral Aesthetics of the Christmas Bands Movement in the Western Cape, South Africa* (= African Humanities Series), Grahamstown 2017.

15 Zur Musik an Missionsstationen siehe Coplan, *In Township Tonight*, S. 25–37; Barry Smith und David Dargie, „South African Christian Music“, in: *Christianity in South Africa*, S. 316–326.

und der Katechismus übersetzt wurden. Die Sammlung von frühen Drucken in afrikanischen Sprachen in der *Grey Collection* an der *National Library of South Africa* spiegelt diese Entwicklung deutlich wider.[16] Erst relativ spät entstanden Übersetzungen von christlichen Liedern in lokalen Sprachen, und viele Missionsstationen nutzten zunächst metrische Psalmen. Doch die Melodien, zu denen Psalmen und Choräle gesungen wurden, stammten weiterhin aus Europa. Dies brachte etliche Schwierigkeiten, da sich, aufgrund der abweichenden Betonung in den afrikanischen Sprachen, eine falsche Betonung, bisweilen sogar eine andere Bedeutung von Worten, ergab. Daher wurden zunehmend neue Melodien von den Missionaren in Afrika komponiert, und in Europa in Solfa-Notation gedruckt. Christopher Birkett schreibt im Vorwort zu seiner Sammlung von Psalmtönen *Ingoma* von 1871 dazu:

> The uniform prevalence of the penult accent in the languages of Southern Africa renders it impossible, in the absence of an adequate number of monosyllables, that the versification in these languages can sufficiently conform to the usages of versification in European languages as to make it practicable that any European Psalm Tune Book can supply the necessary number of Tunes required for Divine worship in these parts of the Mission field. […] In the absence of an appropriate collection of Tunes the Missionaries have been compelled to submit to the use of tunes altogether unfitted in accent for the words which had to be sung. […] So that for the past fifty years continuous violence has been done to the language in almost every celebration of Zion's Songs.[17]

Aus den oben beschriebenen Entwicklungen wird ersichtlich, dass sich der Kontakt und Austausch von Traditionen und Kultur an den Missionsstationen eher einseitig gestaltete. Von den Missionaren wurde der christliche Glauben, und damit zugleich die europäische Musik, zur einheimischen Bevölkerung gebracht. Die einheimische Kultur dagegen wurde von den Missionaren oft als heidnisch angesehen und daher verboten. An vielen Missionsstationen bestand der Zwang, ausschließlich die Kleidung der Europäer zu tragen, ihre Sprachen zu sprechen und ihre Musik zu praktizieren.[18] Dass die europäische Tradition durch die Christianisierung dominant wurde, wirkte sich besonders verheerend auf die Musik aus.[19] In den afrikanischen Kulturen hat die Musik immer eine Funktion, die meist an die

---

[16] Vgl. Dorothea E. Rossouw, *Catalogue of African Languages (1858–1900) in the Grey Collection of the South African Library, Cape Town*, Kapstadt 1947.

[17] Christopher Birkett, *Ingoma, or Penult Psalm-Tunes Compiled for the Use of the Native Churches in Southern Africa*, Bd. 1, London [1871], o. S.

[18] Einige wenige christlich-konservative Schulen in Südafrika verbieten es noch heute, dass sich Schüler in ihrer Muttersprache unterhalten.

[19] Musikethnologen beklagen diese Auswirkungen seit etwa den 1950er Jahren. Vgl. etwa Percival R. Kirby, „The Use of European Musical Techniques by the Non-European Peoples of Southern Africa", in: *Journal of the International Folk Music Council* 11 (1959), S. 37–40; ders., „The Changing Face of African Music South of the Zambezi", in: *Essays on Music and History in Africa*, hrsg. von Klaus P. Wachsmann, Evanston 1971, S. 243–254; Hugh Tracey, „The State of Folk Music in Bantu Africa: A Brief Survey Delivered to the International Folk Music Council on Behalf of the African Music Society", in: *African Music* 1 (1954), S. 8–11.

„life cycle events" gebunden ist. Werden diese Feiern, die zu bestimmten Anlässen stattfinden sollten, von Missionaren unterdrückt, wird auch die dazugehörige Musik nicht mehr praktiziert. Da bei den Feiern verschiedene Personen Zugang zu unterschiedlichem Repertoire, abhängig von Alter, Geschlecht und sozialer Stellung haben, kann das Repertoire nicht mehr von Generation zu Generation und in der Praxis weitergegeben werden und verschwindet langsam aus dem kulturellen Gedächtnis der Gemeinschaft.[20]

3. *Armut oder Zivilisation*[21]

Schon früh in der Arbeit der Missionare stellte sich ihnen die Frage, wie sie sich den Khoisan gegenüber verhalten sollten. Dabei gab es neben der oben beschriebenen, oft vertretenen Einstellung – dass die Missionare mit dem christlichen Glauben die Zivilisation bringen – auch eine andere Ansicht. Besonders manche Missionare, die aus Gemeinschaften mit einem Armutsgelübde kamen, nahmen die Lebensbedingungen der Khoisan an und lebten wie diese. Vom Missionar Johannes van der Kemp an der Missionsstation der *London Missionary Society* in Bethelsdorp wird Folgendes berichtet:

> His abode is a miserable little hut built of mud and reeds … The only furniture I saw … were two low bedsteads made of skins of cattle stretched over frames, a rickety table and two stools. I found the old man lying on one of these beds under a covering of sheepskins sewn together and wearing only a rough blue, striped linen shirt, a coarse woollen jacket and trousers. His nobly formed bald pate was resting on a wooden block covered with sheepskin; his features show signs of the many vicissitudes of his life, of sorrow and of age.[22]

Von den Europäern am Kap wurde dieses Verhalten sehr kritisch gesehen, und auch von anderen Missionaren wurde die Herangehensweise van der Kemps an die Mission kritisiert. Weit verbreitet war die Auffassung, dass die Annahme der christlichen Religion mit der Annahme europäischer Kultur einhergehen müsste, und nur so die einheimische Bevölkerung zivilisiert werden konnte. Der Missionar müsste dabei ein Beispiel geben, und dürfte sich nicht auf die Ebene der Khoisan oder Afrikaner herablassen. Zur Gründung der Missionsstation der *London Missionary Society* in Springvale schreibt Henry Callaway:

---

20 Zu ‚informeller' Pädagogik in afrikanischen Kulturen vgl. Robin Stevens und Eric Akrofi, „South Africa: Indigenous Roots, Cultural Imposition and an Uncertain Future", in: *The Origins and Foundations of Music Education: Cross-Cultural Historical Studies of Music in Compulsory Schooling*, hrsg. von Gordon Cox und Robin Stevens, London 2010, S. 221–235.

21 Siehe Schoeman, *The Early Mission*; Norman Etherington, „The Standard of Living Question in Nineteenth-Century Missions in KwaZulu Natal", in: *The London Missionary Society in Southern Africa*, S. 156–165.

22 Willem Bartholomé Eduard Paravicini di Capelli, *Reize in de Binnen-Landen van Zuid-Afrika … 1803*, hrsg. von Willem Johannes de Kock, Kapstadt 1965, S. 242, zitiert nach Mostert, *Frontiers*, S. 335 f.

> The Missionary must have a house. I would on no account allow it to be regarded as a matter of indifference, how or in what kind of dwelling a Missionary should live; nor let it be imagined for a moment, that there is any merit of making oneself miserable in one's external position; or that untidiness or slovenliness in the dwelling, diet or person, is any thing proper to be seen at a Mission-Station. The Missionary comes among [indigenous] people; and whilst not shrinking from any amount of self-denial, which his work may require, he must not sink to them; nor think that he is exercising any great Christian virtue, when he can boast that he has learnt to live as they. He must be their example in everything that is of good report. In his dwelling, his person, his diet, they must be taught to look to him as their superior.[23]

Die ‚Zivilisation' der einheimischen Bevölkerung zeigte sich dann nach außen durch die Annahme des europäischen Lebensstils in Kleidung, Sprache, Kultur und Lohnarbeit. Dies war die Auffassung der überwältigenden Mehrheit der Missionare, der Europäer am Kap und auch der afrikanischen Bevölkerung. Letztere sah Bildung als einen Weg aus der Armut und zur Gleichberechtigung mit den Europäern am Kap. Der christliche Glaube stellte dabei die Voraussetzung dar, an Bildung teilzuhaben. So entstand nach und nach eine afrikanische Elite, die an den Missionsschulen ausgebildet war. Diese Elite rang mit dem gespürten Widerspruch zwischen kolonialer Ausbildung und afrikanischen Wurzeln, doch die christliche Grundlage der Ausbildung wurde nicht kritisch hinterfragt. Tiyo Soga, der dieser afrikanischen Elite angehörte, schreibt in seinem Tagebuch:

> I should like to be informed – in the Second place – After what interval of Time is a nation in the state of barbarism in wh the [Africans] are after the introduction of Xty [Christianity] & civilization, to begin to ascend the scale of human progress and enlightenment – When should a nation, begin to improve in civilization after its introduction? ... Had the Europeans never set their feet in [Africa] – & allowed only the missionaries to introduce the gospel – wonders would have been wrought – & no doom of the Kaffir race would be pronounced – There is a destructive civilization – that civilization wh when it comes into contact with Barbarians – seeking to profit by their ignorance, wh in fact – seeks its own good – not their good – this civilization must come into collision with the natives & of course the natives must fair worse – It has been thus in [Africa] – The gospel has been interfered with – its good has been neutralized – the vices of Civilization, have been introduced – & never better – & hence this – doom of the [African] – but the fault of it lies at some other door – Give me the gospel alone to any people – give me Xn civilization alone to any people – that civilization carried by Xn men – carried on philanthropically – for the good of native – & the world would be subdued – it might take time – but it wd ultimately conquer – & it wd be unattended by those evils of the civilization I complain of[24]

Die Aufnahme der europäischen Überzeugung, dass nur durch die Annahme der christlichen Religion und der europäischen Kultur Bildung und Gleichberechti-

23 Brief von Callaway an Hawkins vom 6. Februar 1863, zitiert nach Etherington, „The Standard of Living Question", S. 161.

24 *The Journal and Selected Writings of the Reverend Tiyo Soga*, hrsg. von Donovan Williams, Kapstadt 1983, S. 39–40, zitiert nach Ntongela Masilela, „The New African Movement: The Early Years", unveröffentlichtes Manuskript, http://pzacad.pitzer.edu/NAM/general/essays.shtml, letzter Zugriff am 19. März 2018.

gung in der afrikanischen Bevölkerung erlangt werden könnten, wird heute von vielen Afrikanern stark kritisiert. Als problematisch wird angesehen, dass die Missionare im gleichen Prozess verlangten, die eigene Kultur und Traditionen aufzugeben. Heute gibt es viele Initiativen zur Wiederbelebung von Traditionen in neuer Form, die auf ein Nebeneinander von europäischer und afrikanischer Kultur in Südafrika zielen, und dies auch in Bezug auf die Religion. Viele schwarze Südafrikaner praktizieren ihren christlichen Glauben und ihre traditionelle Religion, nutzen westliche und traditionelle Medizin. Dennoch sind die Auswirkungen der Geringschätzung von afrikanischer Kultur und Tradition durch die Europäer generell und die Missionare im Besonderen noch heute sichtbar. Dies zeigt sich zum Beispiel in der Abteilung für afrikanische Musik am *South African College of Music* der Universität Kapstadt: Obwohl ein Studienprogramm für afrikanische Musik mit praktischen und theoretischen Anteilen – ähnlich dem zur westlichen Musik – existiert, entscheiden sich nur wenige Studierende für diese Musikausbildung. Fragt man nach den Gründen, wird oft bezweifelt, dass die eigene Musiktradition wert und wichtig genug wäre, um sie an einer Universität zu studieren.

4. *Musikunterricht an Missionsschulen*[25]

In den meisten Missionsstationen wurden mit der Zeit auch Missionsschulen aufgebaut. Anfangs gab es darüber einige Kritik aus der europäischen Bevölkerung. Mostert[26] beschreibt die Situation wie folgt: Anfang des 19. Jahrhunderts sollte die Sklaverei abgeschafft werden, viele Farmer in den Grenzregionen des Ostkaps konnten sich keine Sklaven leisten, die Söhne der Farmer weigerten sich körperliche Arbeit auf den Farmen zu leisten, und zudem war es (noch) verboten, Xhosa zum Arbeiten einzustellen. Es herrschte also ein akuter Mangel an Arbeitskräften auf den Farmen, und die Kapkolonie brauchte die Arbeit der Khoisan, um zu überleben. Dafür benötigten diese aber keine Schulbildung, so das Argument der Regierung:

> In regard to the [Khoisan] learning to write, that may be deferred until they are so far advanced that it can be useful to them. But I cannot understand how it will benefit people who have neither knowledge to build a house to live in, nor a desire to wear clothes, nor the least share of civilisation.[27]

Nach Ansicht der Missionare jedoch gingen Christianisierung und Bildung Hand in Hand. Auch sie waren der Auffassung, dass Bildung die einheimische Bevölke-

---

25 Zu Musikunterricht generell und an Missionsschulen siehe Stevens und Akrofi, „South Africa: Indigenous Roots, Cultural Imposition and an Uncertain Future“; Anri Herbst u. a., „A Survey of Music Education in the Priamry Schools of South Africa's Cape Peninsula“, in: *Journal of Research in Music Education* 53 (2005), S. 260–283.

26 Mostert, *Frontiers*, S. 336 f.

27 Jane M. Sales, *Mission Stations and the Coloured Communities of the Eastern Cape 1800–1851*, Kapstadt 1975, S. 31, zitiert nach Mostert, *Frontiers*, S. 337.

rung zur Gleichberechtigung führen würde, denn von den Missionaren wurde die einheimische Bevölkerung immer als Menschen, und zudem als Menschen mit Potenzial angesehen. Daher setzten sie auf gleiche Bildung für alle. Das Ziel der Missionsschulen war zunächst aber die Bildung einer Elite unabhängig von der Hautfarbe, nicht die Bildung der Massen.

* * *

Exkurs 2: Die Glasgow Missionary Society in Lovedale[28]

Die Missionsstation in Lovedale wurde 1824 von der *Glasgow Missionary Society* gegründet. Neben der Unterweisung der afrikanischen Bevölkerung im christlichen Glauben bauten die Missionare auch eine Schule für Handwerksberufe auf. Eine allgemeine Schulbildung erhielten zunächst nur Kinder der umliegenden weißen Bevölkerung und wenige Kinder der afrikanischen politischen Führungselite. In den 40er Jahren des 19. Jahrhunderts wurde in Lovedale die Ausbildung für Pastoren der *Free Church of Scotland* eingeführt und eine weiterführende Schule aufgebaut. Nun setzte sich die Missionsstation neben der Christianisierung auch das Ziel, möglichst vielen Kindern eine Allgemeinbildung oder handwerkliche Ausbildung zu ermöglichen. Es wurden neben Handwerkern und Pastoren nun auch Lehrer ausgebildet, und die Schüler der weiterführenden Schule auf ein Studium an einer Universität vorbereitet. Die politische Elite des *New African Movement*[29] wurde hier ausgebildet und gründete 1916 das *South African Native College*, die erste Universität für Afrikaner. An dieser Universität, heute die *University of Fort Hare*, studierte später die politische Elite, die den Widerstand gegen das Apartheidsregime führte. Bis 1910 wurden an der weiterführenden Schule in Lovedale alle Schüler gemeinsam und in Fächern wie Religion, Latein, Griechisch, Geographie und Mathematik unterrichtet. Erst mit der Einführung von *Bantu Education* musste die Schule in Lovedale die Ausbildung für Afrikaner auf technische und handwerkliche Berufe einschränken. Wie Genadendal besaß Lovedale schon früh eine Druckerpresse. Sie wurde mehrmals in den Grenzkriegen zwischen der britischen Kolonialmacht und der afrikanischen Bevölkerung zerstört. Ab 1861 gab es dann eine ständige Druckerei, in der auch ausgebildet wurde. Zunächst stellte sie christliche Schriften wie Bibeln und Gesangbücher sowie Schulmaterial auf Englisch und in afrikanischen

---

28 Zu Lovedale siehe Robert H. W. Shepherd, *Lovedale, South Africa: The Story of a Century 1841–1941*, Lovedale [1940]; ders., *Lovedale, South Africa 1824–1955*, Lovedale 1971; ders., *Lovedale and Literature for the Bantu: A Brief History and a Forecast*, Lovedale 1945.

29 Zum *New African Movement* siehe Ntongela Masilela, *An Outline of the New African Movement in South Africa*, Trenton (New Jersey) 2013 und ders., *The Historical Figures of the New African Movement*, Trenton (New Jersey) 2014.

Sprachen her. Gegen Ende des 19. Jahrhunderts wurden hier auch Literatur von afrikanischen Autoren und Musikpublikationen in Solfa-Notation gedruckt.[30]

* * *

Ab Mitte des 19. Jahrhunderts wuchs der politische Einfluss auf die Schulen in Südafrika, und er war im Wesentlichen ökonomisch motiviert. Durch die Abschaffung der Sklaverei am Anfang und die ersten Diamantfunde in der Mitte des 19. Jahrhunderts entstand ein großer Mangel an billigen Arbeitskräften im Land. Die britische Kolonialmacht versuchte daher, die afrikanische Bevölkerung zur Lohnarbeit zu zwingen, und das System der „indentured labour" wurde eingeführt. Den Kolonialherren kam in dieser Strategie zudem eine Hungersnot unter den Xhosa zu Hilfe, und durch repressive Gesetzgebung konnte die britische Regierung viele Afrikaner in die Städte und in die Lohnarbeit zwingen. Diese Arbeiter mussten nun auch ausgebildet werden, und mit der Einführung der Lohnarbeit wurde das Schulsystem zunehmend nach Rassen getrennt. Die Schulen für die afrikanische Bevölkerung dienten nun lediglich zur Ausbildung von Arbeitern. Die Ausbildung einer afrikanischen Elite wurde von der Regierung nicht für notwendig gehalten. Zwar wurde nach und nach die Schulbildung für alle eingeführt, aber diese war nun nicht mehr für alle gleich.

Diese Entwicklungen im Schulsystem hatten auch Einfluss auf den Musikunterricht. Singen war von Anfang an Teil des Unterrichts und meist mit religiöser Erziehung verbunden. Später gab es separaten Musikunterricht, der aber auch zumeist lediglich Singen beinhaltete. Meist wurden Choräle und christliche Lieder mündlich überliefert und von den Kindern auswendig gelernt; später gab es Noten in Solfa-Notation. Diese Noten wurden zuerst von den Missionsgesellschaften in Europa oder den USA gedruckt und importiert, später gab es Druckereien auch in Südafrika – zum Beispiel an den Missionsstationen in Lovedale (Solfa-Notation) und Genadendal (Notation auf Notenlinien). Der Großteil der Musik an den Missionsschulen und in deren Musikunterricht diente der religiösen Erbauung.

In den Städten am Kap gestaltete sich die Musiklandschaft dagegen ganz anders.[31] Neben der Musik im Gottesdienst und zum häuslichen religiösen Gebrauch fanden organisierte musikalische Aktivitäten auch außerhalb der Kirchen statt. Bis zur Mitte des 19. Jahrhunderts gab es westliche Musik in privaten Konzerten in den Räumlichkeiten der europäischen Bevölkerung zu hören, später auch in speziell dafür eingerichteten Konzerträumen. Um diese Aktivitäten zu bedienen, ließen sich im 19. Jahrhundert professionelle Musiker, Musiklehrer, Musikalienhändler

30 Zur Solfa-Bewegung in der Mission siehe Charles Edward McGuire, *Music and Victorian Philanthropy: The Tonic Sol-fa Movement*, Cambridge 2009, S. 113–164.

31 Einen Überblick zur Musik in den Städten Südafrikas im 19. Jahrhundert geben Coplan, *In Township Tonight*, S. 8–55 und Denis-Constant Martin, *Sounding the Cape: Music, Identity and Politics in South Africa*, Somerset West 2013, S. 53–100.

und Musikinstrumentenbauer in Kapstadt nieder. Neben dieser Musiklandschaft, die hauptsächlich von der europäischen Bevölkerung frequentiert wurde, gab es – zumindest zu Beginn des Jahrhunderts – auch eine populäre Musikszene für die gesamte Bevölkerung bei den sogenannten „Rainbow Dances". Im Laufe des Jahrhunderts jedoch wurde die Musik der ehemaligen Sklaven und Khoisan, die sich eher im Freien abspielte, zunehmend eingeschränkt und als Rowdytum verboten. Der zusätzliche Zuzug von afrikanischen Arbeitern in die Städte ab der Mitte des 19. Jahrhunderts brachte neben der europäischen Musik und der Musik der ehemaligen Sklaven noch eine weitere Musiktradition in die europäisch geprägten Städte und leitete eine ‚Creolisierung' der Musik am Kap ein.

5. Ntsikana Gaba und John Knox Bokwe[32]

Trotz der generell ablehnenden Haltung der Missionare gegenüber der einheimischen Kultur gab es einige musikalische Berührungspunkte schon im 19. Jahrhundert, und damit vor den Bemühungen, eine originär südafrikanische Kirchenmusik zu schaffen, die im 20. Jahrhundert von Missionaren wie zum Beispiel Dave Dargie initiiert wurden. Ntsikana, einer der ersten Konvertiten unter den Xhosa, hielt selbst Gottesdienste ab und komponierte dafür Choräle in Text und Musik. Die Legende besagt, Ntsikana habe direkt nach seiner Konversion in einer Vision seine *Great Hymn* erhalten. Der Text ist im Stil eines traditionellen *izibongo* (Preislied) gehalten. Dabei wird hier nicht ein weltlicher Herrscher verehrt, sondern Gott. Nicht nur der Stil folgte den Mustern der traditionellen afrikanischen Musik, der Hymnus wurde dementsprechend auch mündlich tradiert. Erst viel später wurde der Text aufgeschrieben und im Druck verbreitet, und wiederum später wurde auch die Musik verschriftlicht. Die schriftliche Fixierung des Hymnus stammt von John Knox Bokwe und ist ein Arrangement in Solfa-Notation.

Bokwe erhielt seine Schulbildung an der Schule der Missionsstation Lovedale. Er half im Haushalt von James Stewart, dem Direktor der Missionsstation, aus und lernte dort Klavierspielen. Später wurde er Pfarrer der *United Free Church of*

---

32 Zu Ntsikana und John Knox Bokwe siehe Bokwe, *Ntsikana: The Story of an African Convert*, Lovedale [2]1914; Vuzani Booi, „Ntsikana", in: *African Intellectuals in 19th and Early 20th Century South Africa*, hrsg. von Mcebisi Ndletyana, Kapstadt 2008, S. 7–15; Dave Dargie, „The Music of Ntsikana", in: *South African Journal of Musicology* 2 (1982), S. 7–28; Janet Hodgson, *Ntsikana's great Hymn: A Xhosa Expression of Christianity in the Early 19th Century Eastern Cape* (= Communications: Centre for African Studies, 4), Kapstadt 1980; Jonathan T. Knight, „Sing on Ntsikana: The Story of Christian Music among the Xhosa People of South Africa", in: *Musical Offering* 1 (2010), S. 21–31; Grant Olwage, „John Knox Bokwe, Colonial Composer: Tales about Race and Music", in: *Journal of the Royal Musical Association* 131 (2006), S. 1–37; Austin C. Okigbo, „Musical Inculturation, Theological Transformation and the Construction of Black Nationalism in Early South African Choral Tradition", in: *Africa Today* 57 (2010), S. 42–65; Jeff Opland, *Xhosa Oral Poetry: Aspects of a Black South African Tradition*, Johannesburg 1983, S. 194–233.

ULO TIXO MKULU.

THOU GREAT GOD.

NTSIKANA'S HYMN. Arranged by JOHN KNOX BOKWE.

KEY F. *Gravely.*

ad lib. *tempo.*

s :- .f	f,f .,m:r	l :l	l :l
:	:	fe :fe	fe :fe
:	:	r :r	r :r
U - - lo	Tixo omku-	lu ngo -	se - - zu -
:	:	fe :fe	fe :fe
:	:	r :r	r :r

s :—	s :—	l :s	l :s
m :—	m :—	fe :m	fe :m
d :—	d :—	r :d	r :m
lwi - -	- ni,	U - lo	Ti - xo
m :—	m :—	fe :m	fe :m
d :—	d :—	r :m	r :d

m :s	r :m	d :l,	s, (fermata) :s,
d :m	t,	d :l,	s, :s,
d :d	s, :m		
o - mku	- lu ngo-	se - zu	- lwi - ni.
m :s	r :s	m :r	d :d
d :d	s, :d	m, :r,	d, :d,

Abb. 1: Ntsikanas *Great Hymn*[33]

33 John Knox Bokwe, *Amaculo Ase Lovedale – Lovedale Music*, Lovedale ²1894, S. 24–25.

Ulo Tixo omkulu ngosezulwini;
Ungu Wena-wena kaka lenyaniso.
Ungu Wena-wena Nqaba yenyaniso.
Ungu Wena-wena hlati lenyaniso.
Ungu Wena-wen' uhlel' enyangwaneni.
Ulo dal' ubomi wadala pezulu.
Lo Mdal' owadala, wadala izulu.
Lo Menzi wenkwenkwezi nozilimela;
Yabinza inkwenkwezi, isixelela.
Lo Menzi wemfaman' uzenza ngabomi?
Lateta ixilongo, lisibizile.
Ulonqin' izingela imipefumlo.
Ulohlanganis' imihlamb' eyalanayo.
Ulo Mkokeli wasikokela tina.
Ulengub' inkul' esiyambata tina.
Ozandla Zako zinamanxebaWena.
Onyawo Zako zinamanxeba Wena.
Ugazi Lako limrolo yinina?
Ugazi Lako lipalalele tina.
Lemali enkulu-na siyibizile?
Lomzi wakona-na siwubizile?*

* Words and Music of *Ulo Tixo 'Mkulu* were the composition of the first Christian convert among the Amaxosa Kaffirs, whose name was "Ntsikana Gaba," and the music had been traditionally handed down, till committed to print as above arranged.

E

(Abb. 1)

Scotland und missionierte selbst. Von Ntsikanas *Great Hymn* existierten auch nach der Verschriftlichung bis in die 1950er Jahre verschiedene mündlich überlieferte Versionen. Hugh Tracey hat einige davon aufgenommen und Dave Dargie fertigte Transkriptionen der Aufnahmen an.[34] Dabei zeigt sich, dass die schriftliche Version von Bokwe europäisiert wurde: Sie ersetzte die erhöhte vierte Stufe der traditionellen Xhosa-Skala und formte eine diatonische Dur-Skala. Die Xhosa-Skala wird aus zwei Dur-Dreiklängen, deren Grundtöne einen Ganzton entfernt sind, gebildet. Die Dreiklänge über *F* (*F-A-C*) und *G* (*G-H-D*), zum Beispiel, ergeben so die Skala *F-G-A-H-C-D*. Bokwes Arrangement des Hymnus steht jedoch in F-Dur, da durchgängig ein *B* notiert ist. Zudem wirkt die Melodieführung ungewöhnlich, sowohl nach europäischen wie auch nach afrikanischen Mustern. Dies erklärt sich allerdings aus den Transkriptionen von Traceys Aufnahmen. Bokwe schrieb hier wohl eine Art Verschnitt der Melodie von Vorsänger und Chor nieder. Dies ist nicht verwunderlich, da er den Hymnus aus dem Gedächtnis niederschrieb. Dargie nimmt an, dass manche Aufnahmen aus den 1950er Jahren vermutlich dem Original Ntsikanas näher stehen als Bokwes Transkription. Die mündliche Überlieferung hat sich somit scheinbar noch Jahrzehnte gehalten und zeigt geringen Einfluss der schriftlichen Version, obwohl diese weit verbreitet war. In Ntsikanas *Great Hymn* und ihrer Überlieferung, mündlich wie schriftlich, zeigen sich die verschiedenen Ansätze, Musikkulturen zu betrachten: Werden eher die Gegensätze oder die Schnittmengen wahrgenommen? In Bokwes Transkription sind es eher Schnittmengen, die zum Tragen kommen. Er nutzte die Eigenschaften der Musik, die in den beiden Traditionen ähnlich sind, und verband sie. Die Varianten des Hymnus erscheinen daher in der schriftlichen Fassung eher europäisch und in mündlicher Überlieferung eher traditionell. Die Verbindung von beiden Musiksphären ist noch deutlicher in Bokwes eigenen Kompositionen zu sehen. Sie sind stark beeinflusst von der Tradition der *revivalist hymns*,[35] die durch die Missionare nach Südafrika kamen und mit der Tournee der *Virginia Jubilee Singers* einen enormen Aufschwung erlebten.

* * *

34 Vgl. Dargie, „The Music of Ntsikana" und *Songs and Dances of the Xhosa-speaking Ngqika People*, aufgenommen von Hugh Tracey, Grahamstown: International Library of African Music 1957.

35 In der Literatur wird oft nicht immer deutlich unterschieden zwischen *revivalist hymns*, *Ethiopian hymns* und *spirituals*. Im Folgenden werden Chorlieder mit deutlichem Bezug zu den amerikanischen Plantagen und der Befreiungsbewegung als *Spiritual* bezeichnet, neuere Kompositionen vom Ende des 19. Jahrhunderts aus amerikanischen und britischen Kontexten dagegen als *revivalist hymns*.

Exkurs 3: Musik und Politik[36]

In den Jahren 1890–1892 und 1895–1897 tourten die *Virginia Jubilee Singers* unter der Leitung des ehemaligen Sängers der *Fisk Jubilee Singers*, Orpheus McAdoo, durch Südafrika. Für die Zuhörer war das, was der Chor in seinen Konzerten präsentierte, ganz neu, denn bisher waren nur *Minstrel*-Gruppen in der Kolonie aufgetreten, also Chöre mit weißen Sängern, die sich die Gesichter schwärzten und in Liedern und Tänzen das Leben der Afro-Amerikaner karikierten. Grundlegend für die Auftritte der *Minstrel*-Gruppen war die Geringschätzung der Lebensweise der ehemaligen Sklaven und Afro-Amerikaner. Dies kam bei den vornehmlich europäischen Zuhörern in Südafrika gut an. Mit den *Virginia Jubilee Singers* jedoch trat zum ersten Mal ein Chor von Afro-Amerikanern in Südafrika auf. Vorbild waren die *Fisk Jubilee Singers*, die in den 1870er Jahren auf Tourneen durch die USA, Europa und Asien Spenden für die *Fisk Universität* sammelten.[37] Auch das Repertoire ähnelte dem der *Fisk Jubilee Singers*: Neben *Spirituals* und christlichem Repertoire wurden weltliche, traditionelle Lieder und Tänze aufgeführt. Die *Virginia Jubilee Singers* begeisterten ihre europäischen Zuhörer in Südafrika. Zudem gaben sie Konzerte speziell für Afrikaner, bei denen sie von der Befreiungsbewegung der amerikanischen Sklaven und von den Bildungschancen an Universitäten wie Fisk, Hampton oder Wilberforce berichteten. Schließlich kritisierten sie die Behandlung der einheimischen Bevölkerung und stellten sich gegen die repressiven Gesetze für Afrikaner in Südafrika. Als amerikanische Staatsbürger waren sie zwar weniger von staatlichen Repressalien betroffen, bekamen aber den alltäglichen Rassismus zu spüren. Ihre Auftritte machten einen großen Eindruck auf die afrikanische Bevölkerung, besonders auf die gut ausgebildete Elite, und in den Rezensionen in afrikanischen Zeitungen wurden erste Ideen zur eigenen Emanzipation – wenn auch vorsichtig – formuliert:

> Their [the *Virginia Jubilee Singers*'] visit will do their countrymen here no end of good. Already it has suggested reflection to many who, without such a demonstration, would have remained sceptical as to the possibility, not to say the probability, of the natives of this country being raised to anything above remaining as perpetually hewers of wood and drawers of water. The recognition of the latent abilities of the natives [...] cannot fail to exert an influence for the mutual good of all the inhabitants of this country.[38]

---

[36] Zu den *Virginia Jubilee Singers*, dem *African Native Choir* und ihren Auswirkungen in der Politik Südafrikas siehe Veit Erlmann, „'A Feeling of Prejudice'. Orpheus M. McAdoo and the Virginia Jubilee Singers in South Africa 1890–1898", in: *Journal of Southern African Studies* 14 (1988), S. 331–350; ders., „'Africa Civilised, Africa Uncivilised': Local Culture, World System and South African Music", in: *Journal of Southern African Studies* 20 (1994), S. 165–179; Zubeida Jaffer, *Beauty of the Heart: The Life and Times of Charlotte Mannya Maxeke*, Bloemfontein 2016, S. 33–72; Tembeka Ngcukaitobi, *The Land Is Ours: South Africa's First Black Lawyers and the Birth of Constitutionalism*, Kapstadt 2018, S. 27–34.

[37] Zu den *Fisk Singers* vgl. den Beitrag von Wolfgang Rathert in diesem Band.

[38] John Tengo Jabavu in *Imvo Zabantsundu*, 16. Oktober 1898 zitiert nach Ngcukaitobi, *The Land Is Ours*, S. 31.

Als direkte, musikalische Reaktion wurde ein eigener Chor gegründet, der sich *Jubilee Singers* nannte und dem einige Absolventen der Schule in Lovedale angehörten. Im Jahr 1891 ging der Chor auf Tournee durch England. Allerdings mussten sie sich, auf Betreiben ihrer Impresarios und zu Werbezwecken, trotz Protesten der Sänger in „K****r Choir" umbenennen. Spätere Auftritte wurden unter dem Namen *African Native Choir* angezeigt. Der Höhepunkt der Tournee war ein Auftritt vor Königin Victoria. Hier, wie auch bei anderen Auftritten, bestand das Programm aus zwei Teilen: Im ersten Teil wurden afrikanische Lieder und Tänze in traditioneller Kleidung dargeboten, im zweiten Teil *Spirituals* und christliches Repertoire in viktorianischer Kleidung. Die Tournee endete, vermutlich aufgrund von Unterschlagung durch die Impresarios, im finanziellen Ruin, und nur durch die finanzielle Unterstützung des Rektors von Lovedale, James Stewart, konnten die Sänger wieder nach Südafrika zurückkehren. Auf anderer Ebene jedoch war die Reise ein voller Erfolg: Die Künstler begegneten in England politischen Aktivisten, die den Abolitionisten- und Suffragettenbewegungen angehörten. Auf diese Weise wurden sie weiter politisch gebildet. Darüber hinaus informierten sie die englische Öffentlichkeit über die Situation der afrikanischen Bevölkerung in den Kolonien. Nicht zuletzt erlebten sie zum ersten Mal eine gewisse Gleichberechtigung gegenüber der europäischen Bevölkerung. Im Jahr 1893 unternahm der Chor eine weitere Tournee in die USA. Nach wenigen Monaten war er allerdings erneut bankrott. Dieses Mal wurden die Sänger durch die *African Methodist Episcopal Church* unterstützt. Mehrere Sänger blieben mit Stipendien der Kirche für einen Studienaufenthalt an der Wilberforce Universität in den USA. Die Reisen der verschiedenen Chöre starteten einen Austausch von gut gebildeten und kirchlich organisierten Afrikanern in Südafrika und den USA. Viele Südafrikaner gingen zum Studium in die USA, doch genauso wichtig war es ihnen, dort über das Leben von Afrikanern in den Kolonien zu informieren. Die Auswirkungen dieses Austausches zeigten sich einige Jahrzehnte später in Südafrika, als die Afrikaner mit Universitätsabschlüssen wieder zurückkehrten: Es entstand eine afrikanische Elite von Rechtsanwälten, Politikern und Lehrern; 1912 wurden der *South African Native National Congress*, die Vorläuferorganisation des *African National Congress*, und 1916 die erste Universität für Afrikaner gegründet.

* * *

Eine der populärsten Kompositionen Bokwes ist das Chorlied *A Plea for Africa*, das er für die erste Tournee des *African Native Choir* nach England komponierte. Wie viele seiner Kompositionen steht es der Tradition der *revivalist hymns* sehr nahe. Zudem zeigen sie seinen Kontakt mit Musik während seiner Ausbildung in Lovedale, und vermutlich auch mit den *Virginia Jubilee Singers* während deren Tournee in Südafrika. Auch hier sind die Schnittmengen zwischen europäischer und afrikanischer Musik gut genutzt. Die Skalen und Harmonien stammen aus der europäischen Musik, während die Melodieführung, die hauptsächlich abwärts

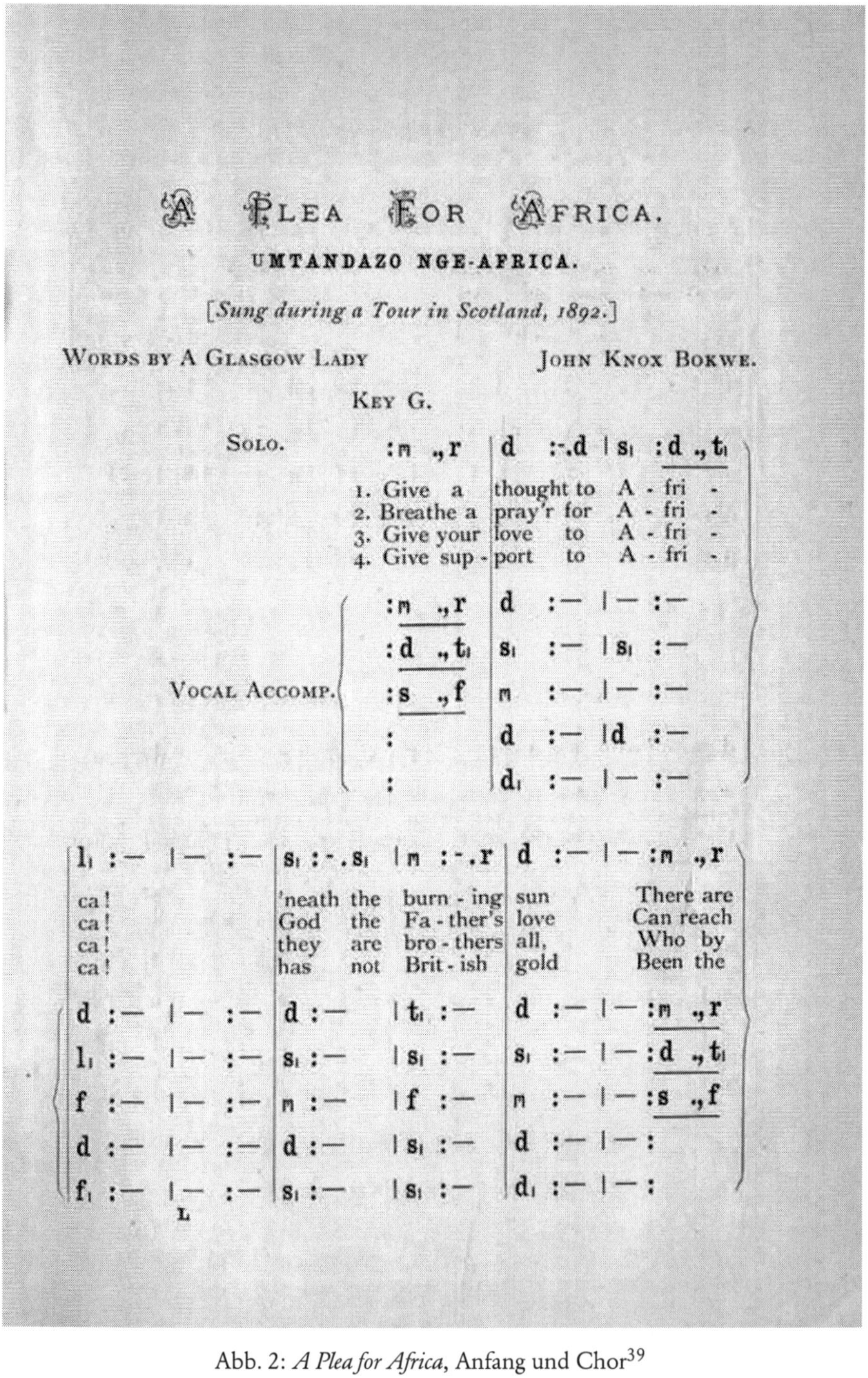

A PLEA FOR AFRICA.

UMTANDAZO NGE-AFRICA.

[*Sung during a Tour in Scotland, 1892.*]

WORDS BY A GLASGOW LADY JOHN KNOX BOKWE.

KEY G.

SOLO. :m ,,r | d :-.d | s_1 :d ,,t_1

1. Give a | thought to A - fri -
2. Breathe a | pray'r for A - fri -
3. Give your | love to A - fri -
4. Give sup - | port to A - fri -

VOCAL ACCOMP.

:m ,,r | d :— | — :—
:d ,,t_1 | s_1 :— | s_1 :—
:s ,,f | m :— | — :—
: | d :— | d :—
: | d_1 :— | — :—

| l_1 :— | — :— | s_1 :-.s_1 | m :-.r | d :— | — :m ,,r

ca! 'neath the burn - ing sun There are
ca! God the Fa - ther's love Can reach
ca! they are bro - thers all, Who by
ca! has not Brit - ish gold Been the

| d :— | — :— | d :— | t_1 :— | d :— | — :m ,,r
| l_1 :— | — :— | s_1 :— | s_1 :— | s_1 :— | — :d ,,t_1
| f :— | — :— | m :— | f :— | m :— | — :s ,,f
| d :— | — :— | d :— | s_1 :— | d :— | — :
| f_1 :— | — :— | s_1 :— | s_1 :— | d_1 :— | — :

L

Abb. 2: *A Plea for Africa*, Anfang und Chor[39]

[39] Bokwe, *Amaculo Ase Lovedale*, S. 81 und 84.

84 A PLEA FOR AFRICA.

CHORUS.

:s „fe | s :-.r | s :-.f | m :— | — :s „fe
Tell the | love of | Je - | sus, | By her
: | :t,.t, | m :-.r | d :d | — :
Tell the love of Je - sus,
: | :r .r | s :-.s | s :s | — :
: | :s,.s, | s, :-.s, | d :d, | — :

s :-.r | s :-.f | m :— | — : | m :— | f :s „s
hills and wa - - ters God bless A - fri -
:t,.t, | m :-.r | d :d | — : | d :— | d :ta, .,ta,
By her hills and wa - ters God bless A - fri -
:r .r | s :-.s | s :s | — : | s :— | s :d „d
:s,.s, | s, :-.s, | d :d, | — : | d :— | d :m, „m,

l :— | — :f .r | d :s, | m :-.r | d :— | —
ca, And her sons and daugh - ters.
l, :— | — :l, .l, | d :s, | s, :-.t, | d :— | —
ca. And her sons and daugh - ters.
d :— | — :r .f | m :m | s :-.f | m :— | —
f, :— | — :f, .f, | s, :s, | s, :-.s, | d, :— | —

(Abb. 2)

gerichtet verläuft, und die Anlage von Vorsänger und Chor im Kontext der *revivalist hymns* die afrikanische Musiktradition nachempfinden.

Das Chorlied wurde in ganz unterschiedlichen Kontexten gesungen: Ursprünglich für die Konzerttournee des *African Native Choir* in England komponiert, erlangte es sehr bald eine immense Verbreitung und Popularität. So wurde es zum Beispiel 1912 spontan von den Anwesenden zum Abschluss der Gründungsveranstaltung des *South African Native National Congress* gesungen, und während der Apartheid-Zeit wurde es durch Wiedergaben von Sängern wie Sibongile Khumalo zu einem der Lieder der Widerstandsbewegung.

Indigene Musik im katholischen Gottesdienst

Dave Dargie, Ntsikana und das Zweite Vatikanische Konzil

Bernhard Bleibinger (East London, Südafrika)

1 Einleitung

Die Messe, zelebriert von Kardinal Marx und Bischöfen aus Afrika, war längst vorbei, aber noch immer wurde im Münchener Dom auf die Musik der African Marimba Band des Music Departments der University of Fort Hare getanzt und gesungen. Wie zuvor im Gottesdienst, spielte die Gruppe um Jonathan Ncozana mit der Unterstützung von Dave Dargie und seiner Frau Moni an jenem Sonntag im Oktober 2013 indigene Kirchenmusik der amaXhosa aus der Eastern Cape Province in Südafrika. Das spontan aus dem Schlussgesang entstandene Kirchenkonzert musste allerdings nach einer halben Stunde unterbrochen werden, da Raum und Zeit für die nächste Sonntagsmesse benötigt wurden.

Kirchenmusik, wie ich Dave Dargie des Öfteren sagen hörte, sollte die Herzen der Gemeinde berühren und sie zur aktiven Teilnahme am Gottesdienst einladen, sie soll verständlich sein und zur Befreiung der Menschen beitragen. Singen und Rhythmus (teils auch instrumentales Spiel), die Kernelemente der aktiven Teilnahme, sind typische Bestandteile in der Musik der Xhosa, die, wie viele andere afrikanische Musiken, als „Gemeinschaftsmusik“ beschrieben werden könnte. Ihr Gebrauch im katholischen Gottesdienst hängt teils mit den Beschlüssen des zweiten Vatikanischen Konzils und teils mit Dargies Wirken im Eastern Cape zusammen. Entscheidende und richtungsweisende Impulse kamen dabei auch von zwei aus Deutschland stammenden Bischöfen, die die Verwendung indigener Musik in der Liturgie im Zuge des zweiten Vatikanums förderten und Dargie bei seiner Arbeit unterstützten.

Im folgenden Beitrag werde ich mich nach einer kurzen Einführung in die Eastern Cape Provinz mit Dargies Vita und Schaffen in Zusammenhang mit dem zweiten Vatikanum widmen. Dabei werde ich versuchen, auch Standpunkte der Kirche einfließen zu lassen. Am Ende folgt eine kurze Beschreibung zu Dargies Tätigkeit als Leiter von Workshops sowie als Katalysator und Mitgestalter der indigenen Kirchenmusik in Südafrika.

2 Das Eastern Cape

Das Eastern Cape im Südosten von Südafrika ist vielen wegen seiner landschaftlichen Vielfalt (Strände am indischen Ozean, Buschland und Berge), seiner Naturparks und vor allem wegen Nelson Mandela ein Begriff, dem ersten nach dem Ende der Apartheid gewählten Präsidenten des Landes, dem auch ein friedlicher Übergang zur Demokratie gelang – ein Meisterstück in Anbetracht der konfliktreichen Geschichte der Provinz. Den größten Bevölkerungsanteil des Eastern Cape stellen die amaXhosa, die zusammen mit den Zulus, Swatis und Ndebeles zu den Nguni gehören. Die Xhosa sind unterteilt in Thembu, Mpondo, Mpondomise und Bomvana, wobei einige ihrer wichtigsten Chiefdom Clusters erst vor etwa 250 Jahren in das Eastern Cape gelangten. Quellen aus dem 18. Jahrhundert berichten von Ehen zwischen den aus dem Norden eingewanderten Nguni und den ansässigen Khoi und San.[1] Indizien dieser Mischung finden sich noch heute in Form von traditionellen Musikinstrumenten, wie z.B. den Musikbögen, sowie im Vokabular und den Klicklauten im isiXhosa, das, wie die meisten Bantusprachen, eine Tonsprache ist. Wie später noch gezeigt wird, nutzte Dargie die Sprachmelodie und den Sprachrhythmus bei Workshops für indigene Musik. Die Abwanderung weißer Siedler aus dem Western Cape gegen Ende des 18. Jahrhunderts und die kontinuierliche Ausweitung des Britischen Kolonialreichs im Osten Südafrikas zu Beginn des 19. Jahrhunderts führte zu einer Reihe kriegerischer Auseinandersetzungen, den sogenannten „Frontier Wars", die bis etwa 1880 andauerten und mit der Unterwerfung der Xhosa endeten. Ortsnamen wie Fort Hare, Fort Beaufort oder Fort Brown sind Zeugnisse jener konfliktreichen Zeit. Während Krieg den Xhosa ein Mittel zur Machtdemonstration war, im Zuge dessen die unterlegene Seite unterworfen und integriert wurde, so diente er den neuen Kolonialherren der Vernichtung und Vertreibung von Ansässigen, um den eigenen Siedlern Platz zu schaffen. Dabei wurden gezielt Rinderherden getötet und Felder verbrannt; ein Vorgehen, das aus Sicht der Xhosa jeder Logik entbehrte, da Krieg der Einverleibung von Produktionsmitteln diente. Das Prinzip des Vernichtungskrieges war ihnen bis dahin unbekannt gewesen.[2] Dem Beginn jener konfliktreichen Zeit, d. h. am Beginn des 19. Jahrhunderts, entstammen zwei Xhosa-Persönlichkeiten, die für konträre Lösungswege stehen: Nxele, der, obgleich christlich erzogen, für eine gewaltsame Lösung eintrat, und Ntsikana, der erste Xhosa, der zum Christentum konvertierte (auch als Prophet bezeichnet wird), und sich für ein friedliches Zusammenleben mit den weißen Siedlern einsetzte.[3] Seine Hymnen wurden mündlich und später durch Tiyo Soga und John Knox Bokwe teils auch schriftlich tradiert und im 20. Jahrhundert als „Freedom Songs" verwendet.[4] Mit der Niederlage der Xhosa im

1 Dave Dargie, *Xhosa Music – Its Techniques and Instruments. With a Collection of Songs*, Cape Town/Johannesburg 1988, S. 24–26.

2 Jeff B. Peires, „Nxele, Ntsikana and the origins of the Xhosa Religious Reactions", in: *The Journal of African History* 20/3 (1979), S. 51–61, hier S. 54.

3 Ebd.

4 Dave Dargie, *Ntsikana Music Collection 2000. A Collection of Music Transcriptions and Scores of the Songs of the Xhosa Prophet St. Ntsikana, for Study and Performance, with an Introduction to the Life of Ntsikana, and Photographs (Including Performers)*, Booklet und CD, Fort Hare/München: Eigenverlag 2000; ders., „Hidden words of the prophet: Texts appearing in traditional versions of the songs of Ntsikana", in: *Missionalia* 26/3 (1998), S. 342–357.

letzten Frontier War um 1880 kamen faktisch alle Regionen, in denen sie lebten, unter britische Kontrolle.[5] In den folgenden Jahrzehnten wurde die Kluft zwischen der weißen und schwarzen Bevölkerung durch eine Reihe von Acts weiter vertieft. Frank Welsh schreibt beispielsweise über den „Native Land Act" von 1913:

> The Act's intention was to effect a geographic separation between blacks and whites by restricting black land purchases outside the reserves – which were to be increased – and other designated areas. Share-cropping was to be forbidden, forcing blacks into paid employment by ending their cooperation with white owners.[6]

Wie Bessie Head schreibt, wurde dadurch gleichsam über Nacht ein landloses Proletariat geschaffen, dessen Arbeitskraft willkürlich benutzt und manipuliert werden konnte. Gleichzeitig wurde dadurch sichergestellt, dass das Land in den Besitz der regierenden weißen Bevölkerung überging.[7] Ein weiterer Schritt zur Bevölkerungstrennung erfolgte 1948 nach der Machtübernahme durch die Nationalist Party und der Einführung der Apartheid. Dabei wurden diskriminierende Praktiken, wie Richard Wilson schreibt, auf konstitutionellem Wege institutionalisiert.[8] Mit der Errichtung sogenannter Homelands, wie z. B. der Transkei und Ciskei in den 1970er Jahren, erreichte die Trennung eine neue geographische Dimension, die bis heute nachwirkt (u. a. wird bis heute von den „Leuten in der Transkei" gesprochen, obwohl es diese offiziell nicht mehr gibt). Zwar wurden nach Ende der Apartheid die obengenannten Homelands abgeschafft und in die neustrukturierten Provinzen eingegliedert, jedoch wurden damit nicht alle Probleme gelöst. Das Eastern Cape zählt mit Limpopo heute noch zu den ärmsten Provinzen im Land und zeichnet sich durch eine hohe Arbeitslosenquote, Korruption, eine schlechte Bildungssituation und eine hohe Rate an HIV-Infizierten aus (2007 29% im Eastern Cape). Als Dunkelziffer wurden zeitweise sogar 50% angegeben.[9] Allerdings

---

5 Zu den Frontier Wars siehe: Noël Mostert, *Frontiers. The Epic of South Africa's Creation and the Tragedy of the Xhosa People*, London 1993.

6 Frank Welsh, *A History of South Africa*, London [2]2000, S. 376.

7 Michael C. Hawn, *Gather into one. Praying and Singing Globally*, Michigan/Cambridge 2003, S. 110.

8 Richard A. Wilson, „The politics of culture in post-apartheid South Africa", in: *Anthropology Beyond Culture*, hrsg. von Richard G. Fox und Barbara J. King, New York 2002, S. 209–233, hier S. 212 f.

9 Bernhard Bleibinger, „La oralidad, la conservación de tradiciones y la batalla contra el SIDA. Observaciones y orientaciones en el Departamento de Música de la Universidad de Fort Hare, Sudáfrica", in: *Oráfrica. Revista de oralidad Africana* 4 (2008), S. 29–48, hier S. 42–46; ders. „Solving Conflicts: Applied Ethnomusicology at the Music Department of the University of Fort Hare, South Africa, and in the Context of IMOHP", in: *Applied Ethnomusicology: Historical and Contemporary Approaches*, hrsg. von Klisala Harrison, Elizabeth Mackinlay und Svanibor Pettan, Newcastle 2010, S. 36–50, hier S. 45–48; ders. „Altes neu gemacht und Neues alt gedacht: Beispiele von modifizierten, adaptierten und reinterpretierten Musikinstrumenten und -stücken bei den Xhosa im Eastern Cape in Südafrika", in: *Altes neu gedacht – Rückgriff auf Traditionelles bei Musikalischen Volkskulturen*, hrsg. von Klaus Näumann und Gisela Probst-Effah, Aachen 2014, S. 209–230, hier S. 210–213; ders. „The struggle, global challenges and international strategies in the University of Fort Hare's music department", in: *One world, many knowledges. Regional experiences and cross-regional*

versucht die Regierung seit Jahren die Situation durch eine Reihe von Kampagnen zu verbessern; sei es durch Aufklärung im Gesundheitssektor, bessere polizeiliche Arbeit, die Schaffung von Arbeitsplätzen oder, wie erst kürzlich, durch neue Verträge mit Investoren. 2018 kündigte Daimler-Benz an, in das bestehende Werk in East London weiter zu investieren.

3 Dave Dargie – ein biographischer Überblick

David John Dargie wurde am 29. Juli 1938 in East London in Südafrika geboren. Aufgrund des frühen Todes seiner Eltern verbrachte er die Ferien während der ersten Jahre seiner Studien (1955–1957) und im Priesterseminar (1958–1964) auf der Farm eines Onkels im Eastern Cape; eine Zeit, die er aufgrund gegensätzlicher Weltauffassungen zwischen ihm und seinem Onkel als konfliktreich erinnert, und in der ihm das Unrecht der britischen Kolonialregierung und der Apartheid bewusst wurde. Seine Studien beschreibt er dagegen als Jahre der Befreiung. 1961 schloss er an der University of South Africa (UNISA) erfolgreich seinen Bachelor of Arts (in Englisch und Philosophie, Mathematik und Physik) ab. Es folgten weitere Studien an verschiedenen Universitäten, darunter der Bachelor of Theology (Pretoria 1965), der Bachelor of Music (UNISA 1974) und der Ph.D. (Rhodes 1987) mit einer Doktorarbeit mit dem Titel „Techniques of Xhosa Music“, die später publiziert wurde und heute als Standardwerk zur Musik der Xhosa gilt. Insbesondere aufgrund seiner Musikstudien an der UNISA war Dave Dargie prädestiniert für die Arbeit, die er später in Lumko und anderen Orten zu leisten hatte. Durch den Studienschwerpunkt Komposition und Klavier war Dargie mit der Musikanalyse sowie Kompositionsprozessen vertraut. Darüber hinaus war er Praktiker, der durch seine Tätigkeit als Geistlicher wertvolle soziale Kompetenzen erworben hatte, die ihm später in der Forschung, bei Workshops und bei der Erarbeitung indigener Kirchenmusik von Vorteil waren. Seine von Prof. Andrew Tracey an der Rhodes University in Grahamstown betreute Doktorarbeit war wiederum das Resultat und die logische Konsequenz seiner intensiven Beschäftigung mit indigener Musik in den 1970er Jahren. 1976 war, wie Dargie selbst angibt, von zentraler Bedeutung hinsichtlich seines musikwissenschaftlichen und geistlichen Arbeitsschwerpunktes.[10] In jenem Jahr wurde er von zwei aus Deutschland stammenden Bischöfen, die sich mit der aktiven Einbindung von Laien in der Liturgie befassten, nämlich Fritz Lobinger und Oswald Hirmer, gebeten, Wege zu finden, um Kirchenmitglieder bei der Entwicklung von Gesängen für den afrikanischen Gottesdienst mit ein-

links in higher education, hrsg. von Tor Halvorsen and Peter Vale, University of the Western Cape: Southern African-Nordic Centre 2012, S. 103–118, hier S. 104–107.

10 Dave Dargie, „Group Composition of African Songs: a Way of bringing African Music into its rightful Place in African Christian Worship“, in: *Entgrenzte Welt? Musik und Kulturtransfer*, hrsg. von Jin-Ah Kim und Nepomuk Riva, Berlin 2014, S. 245–268, hier S. 247.

zubinden. Lobinger und Hirmer hatten bereits eine Reihe von Handbüchern und Lehrmaterial für verschiedenste Aktivitäten in den Pfarreien herausgegeben. Auch im Bereich der Xhosa-Musik hatten beide Erfahrungen gesammelt. In den 1960er Jahren hatten sie Benjamin Tyamzashe engagiert, den bekanntesten Komponisten für Xhosa-Chormusik, damit er Kirchenmusik im Stil der Xhosa komponiert. Als Tyamzashe 1965 während einer Versammlung in Lumko seine „Missa I" vorstellte, war Dave Dargie anwesend und beeindruckt von den Möglichkeiten, die sich durch die Verwendung indigener Elemente in der neuen Kirchenmusik boten. Im Gloria von Tyamzashes „Missa I" finden sich z. B. Passagen, die auf der hexatonischen Leiter und Rhythmen der Xhosa beruhen.[11] Zu jener Zeit hatte Hirmer selbst bereits Erfahrungen in von ihm initiierten Kompositionsworkshops mit Kindern sammeln können. Wie Dargie selbst schreibt, gab es weitere Anstöße von außen, die ihn dazu veranlassten, sich mit Xhosa-Musik in der Liturgie zu befassen. Dazu zählen zum einem das zweite Vatikanum von 1962, das die Verwendung von Muttersprachen und regionale Eigenheiten im Ritus (einschließlich Musik) förderte, um Christen in der weltweit veränderten politischen Situation näher an die katholische Kirche zu führen, und zum anderen Impulse aus afrikanischen Nachbarländern, in denen die Umsetzung des Konzils bereits stattfand, insbesondere in Zimbabwe.[12] Dargie verweist darauf, dass Tyamzashe und Hirmer insbesondere den Initiativen aus Zimbabwe folgten. Er selbst sah darin eine Art der kulturellen Befreiung vom europäischen Joch, für die auch in Südafrika die Zeit reif war, und er war interessiert, daran mitzuarbeiten.[13] 1976 gab er zusammen mit Hirmer das Handbuch *The Training of Hymn Leaders* heraus, in dem Hirmer seinen Beitrag mit folgenden Worten begann:

> Make your own song!
> African people have the wonderful gift of music. Why is this gift so little used for expressing the heart in prayer? (...) God wants the whole man. Let us try to make a new song which involves the whole man, heart and body, head and feet.[14]

Wie bei den meisten Bantusprachen handelt es sich beim isiXhosa um eine Tonhöhensprache, d.h. dass auf der einen Seite bei gesungenen Texten die Sprach- und Liedmelodie genau korrelieren müssen, um den Textinhalt nicht zu verzerren oder sogar komplett zu verändern.[15] Das heißt auf der anderen Seite aber auch,

---

11 Ebd., S. 249–250.

12 Ebd., S. 248; ders. „Building on Heritage, Preserving Heritage: Music Work in Southern Africa, 1976–2016", in: *Applied Ethnomusicology in Institutional Policy and Practice* (= Collegium, 21), hrsg. von Klisala Harrison, Helsinki 2016, S. 163–188, hier S. 166.

13 Dargie, „Group Compositions", S. 248.

14 Oswald Hirmer und Dave Dargie, *The Training of Hymn Leaders* (= Training for Local Ministeries, 4), Lumko 1977, S. 18.

15 Eine ungenaue Aussprache mit falschen Tonhöhen kann bisweilen zu unvorhergesehenen Bedeutungsänderungen führen, die, wie mir Dave Dargie berichtete, der Andacht im Gottesdienst wenig zuträglich sein können (z.B. „Lamm Gottes, Du furzt hinweg die Sünde der Welt" anstatt „Lamm Gottes, Du nimmst hinweg die Sünde der Welt").

dass bei Neukompositionen die Sprachmelodie beim Finden von Liedmelodien hilfreich sein kann. Hirmer nutzte diese Beobachtung bei seiner Arbeit mit Kindern, indem er eine Gruppe Texte auf Xhosa rufen und eine andere Gruppe daraus Melodien ableiten ließ. Seinen Erfahrungen folgend schlug Hirmer in *Training for Hymn Leaders* daher drei Schritte bei Gruppenkompositionen vor:[16]

Erster Schritt: Die Gruppe soll sich einen geeigneten Text wählen („One verse with two lines").

Zweiter Schritt: Die Gruppe soll die natürliche Wortmelodie finden. Dabei wird der zuvor gewählte Text auf eine Tafel geschrieben und von einem Mitglied der Gruppe gerufen. Die Gruppe ist dadurch in der Lage die natürliche Wortmelodie zu finden.

Dritter Schritt: Auf der Basis der Wortmelodie sollen die Hymn-Leaders eigene Melodien entwickeln, die dann im Wechsel gesungen werden. Die Gruppe sucht danach die beste Melodie aus.

Zwar war Dargie der Zusammenhang von Tonhöhen in Lied und Sprache bekannt, Hirmers Ansatz führte jedoch zu einer neuen Bewusstwerdung dieser Tatsache. Dargie entwickelte daraus ein zwölfstufiges Modell, das dann in einer Reihe von Gruppenkompositionsworkshops zur Anwendung kam – doch davon wird später noch berichtet. Um Ideen und Anregungen für das neue Xhosa-Gotteslob zu sammeln, wurde Dargie von der letzten Woche 1976 bis zur ersten Woche 1977 von Hirmer und Lobinger auf einen Gruppenkompositionsworkshop am Kwanomgoma College of Music in Bulawayo in Zimbabwe geschickt. Der von Olaf Axelsson geleitete Workshop erwies sich als richtungsweisend und produktiv (29 Teilnehmer komponierten innerhalb einer Woche 28 neue Gesänge) und veranlasste Dargie ähnliche Kurse in Südafrika durchzuführen; allerdings, wie er ausführt, mit weniger Erbauungsreden und mehr praktischer Kompositionsarbeit. Die Erfahrungen in Bulawayo führten des Weiteren dazu, Marimbas (afrikanische Xylophone) ins Eastern Cape einzuführen.[17] Über das Osterwochenende 1977 wurde der erste Xhosa-Workshop in Zwelitsha bei King Williams Town abgehalten, bei dem u.a. Stephen Cuthbert Molefes „Masithi-Amen!" erstmals aufgeführt wurde, das heute in mehreren Ländern gesungen wird. Es folgten Workshops in verschiedenen Regionen und Sprachen Südafrikas, und später auch im Ausland. Von 1979 bis 1989 leitete Dave Dargie das Lumko Music Department bei Lady Frere in der Nähe von Queenstown im Eastern Cape von Südafrika. Seine damaligen Aufgaben beschreibt er mit folgenden Worten:

---

16 Siehe: Dargie, „Group composition", S. 248 f.

17 Dave Dargie, „The Lumko Music Department and Cultural Heritage", in: *Studia Historiae Ecclesiasticae* 43/2 (2017), S. 8–10.

> When I began at Lumko my work there had three main focus points: first, the publication of the materials already produced; second, the running of workshops for producing more new church music in African styles; and third, concentration on traditional African music.[18]

Wie sich herausstellte, erwiesen sich Musikkassetten mit Textbüchern als bestes Medium zur Verbreitung der neuen indigenen Kirchenmusik. Technische Geräte waren dafür am Music Department vorhanden, und der Bestand an Aufnahmegeräten wurde von Dave Dargie über die Jahre ausgebaut. Während seiner Zeit am Lumko Music Department lernte Dargie auch Nofinish Dywili aus Ngqoko (das nur etwa zwei Kilometer von Lumko entfernt liegt) kennen – ein Schlüsselereignis, wie sich bald herausstellte. Nofinish stellte sich nicht nur für Aufnahmen zur Verfügung, sondern führte Dargie in Xhosa-Gesänge und die Spieltechnik der Musikbögen „Uhadi" (Musikbogen mit Kalebasse als Resonator) und „Umrhubhe" (Musikbogen ohne Resonator, bei dem die Mundhöhle als Resonator zum Verstärken von Obertönen dient) ein. In der Gegend um Lumko erfuhr er auch vom „Umngqokolo Ngomgqangi", einer einzigartigen und bis dahin unbekannten Form des Obertongesangs im Eastern Cape, die er seitdem zu erhalten versucht; z. B. durch Workshops mit indigenen Musikgruppen wie der Ngqoko Group, DVDs mit Begleitheften und einer seit 2017 bestehenden Kooperation mit dem UNESCO Chair on Transcultural Music Studies an der Hochschule für Musik Franz Liszt in Weimar.[19] 1986 befasste sich Dargie mit christlicher Xhosa-Musik, 1987 bereitete er seine Dissertation zur Xhosa-Musik für die Publikation vor und von 1988 an folgten weitere Kompositionsworkshops und Auftritte mit der Marimbagruppe in München, wo er seine spätere Frau Moni Schmidinger kennenlernte.[20] 1989 begleitete er die Ngqoko Cultural Group zum Festival d'Automne à Paris,[21] verließ Lumko und verlegte seinen Wohnsitz nach München, weil ihm das südafrikanische

---

18 Ebd., S. 11.

19 Die Gründung der Ngqoko Group erfolgte mit Hilfe von Nofinish und anderen Frauen aus dem Dorf Ngqoko (bei Lumko) auf einen Vorschlag von Dave Dargie und erhielt weitere Unterstützung von Andrew Tracey, der die Gruppe u. a. zu Musikfestivals nach Europa und Amerika vermittelte. Die Gruppe versucht derzeit jüngere Xhosas im Umngqokolo Ngomqangi zu unterrichten, um das traditionelle Erbe zu erhalten. Aufnahmen sind direkt über Dave Dargie (Dave Dargie Series) sowie über die International Library of African Music in Grahamstown (Dave Dargie Collection) erhältlich. Im Zuge von Feldforschungen, die im August und September 2017 mit Hilfe von Tsolwana Mphayipheli und mit der Unterstützung des von Tiago Oliveira Pinto geleiteten UNESCO Chair for Transcultural Music Studies durchgeführt wurden, konnten bei Ncobo weitere Personen identifiziert werden, die noch mit Umngqokolo vertraut sind.

20 Dargie schreibt darüber in „The Lumko Music Department", S. 22: „In 1988 I was asked by the Catholic organisation Missio München to come to Germany with a marimba group, to perform in churches around Bavaria for the 150th jubilee of Missio. This project turned out to be very satisfactory for Missio, and had an unexpected result for me. Doing her practical work at Missio for her social work studies was a lady whom later, after I had concluded my work with Lumko (in mid-1989) and with the permission of the church, I most happily married."

21 Ebd., S. 23.

Apartheidsregime unerträglich geworden war. Die veränderte Situation in Südafrika, d.h. das Ende der Apartheid und die ersten freien Wahlen im Jahr 1994, brachten jedoch eine neue Wende in Dargies Leben. 1995 wurde ihm an der University of Fort Hare, einer „previously disadvantaged black university" und Alma Mater Nelson Mandelas in der Eastern Cape Province in Südafrika, die Stelle als Professor of Music am dortigen Music Department angeboten, womit sich für ihn eine weitere Möglichkeit ergab, mit Xhosa-Musikern zu arbeiten und seine DVD-Serie zur traditionellen Musik der Xhosa zu beginnen. Den Grundstock dazu bildeten Aufnahmen aus seiner Zeit in Lumko, die ihm Laurence Anselm überließ. Durch seine Position im universitären Bildungssektor konnte er darüber hinaus direkt am Aufbau der Gesellschaft im neuen Südafrika mitwirken, das den Bedürfnissen vormals unterdrückter Gruppen gerecht zu werden versuchte. So entwickelte und implementierte er 1998 ein BA in Music Degree Programme, das von Andrew Tracey für seinen afrikanischen Lehrplan in Südafrika gewürdigt und empfohlen wurde. Besagter Lehrplan sieht u.a. eine gleichwertige Behandlung von westlicher und afrikanischer Musik vor und folgt teils indigenen Lehrmethoden, die Dargie während seiner Arbeit in Lumko kennenlernte. Afrikanische Musiktheorie wird dabei praktisch und ganzheitlich beim Spiel in Gruppen vermittelt und im Feld gesammeltes indigenes Wissen im Unterricht an die ursprüngliche Kulturträgergemeinschaft zurückgegeben. Im Rahmen der Applied Ethnomusicology würde dieses Vorgehen als „Inreach" bezeichnet werden.[22]

2001 übergab er die Leitung des Music Departments an andere Kollegen[23] und arbeitete fortan in Teilzeit, u.a. bis Ende 2015 als Adjunct Professor. Dave Dargie ist gegenwärtig als Visiting Professor für die International Library of African Music an der Rhodes University in Grahamstown tätig und arbeitet zusammen mit dem UNESCO Chair in Weimar am Erhalt und an der Anerkennung des Umngqokolo Ngomqangi als Weltkulturerbe.

4 Dargie, Ntsikana und die Liberation

Wie Dargie selbst berichtet, kam er 1965 durch die Musik Benjamin Tyamzashes in Kontakt mit Ntsikana und dessen Hymnen:

---

22 Daniel Sheehy, „A few notions about philosophy and strategy in applied ethnomusicology", in: *Ethnomusicology* 36/3 (1992), S. 323–336, hier S. 330 f.

23 Nach mehreren Krisen am Music Department wurde ich 2006 gefragt, ob ich bereit wäre, das Department zu leiten und stabilisieren. Im Juli 2007 wechselte ich von der Escola Superior de Música de Catalunya in Barcelona zur University of Fort Hare und leitete als vierter Head of Department nach Dave Dargie das dortige Music Department bis Ende 2015, d. h. bis zum Beginn meines Sabbatical. Gegen Ende 2015 übergab ich die Leitung des Music Departments einer Kollegin, weil ich mich während meines Forschungsjahrs 2016 meist im Ausland befand. Leider wurde während meiner Abwesenheit Dave Dargies Vertrag „aus Altersgründen" nicht mehr verlängert.

> I had first heard about Ntsikana and his hymns when Hirmer and Lobinger published a mass composed by B.K. Tyamzashe, at Lumko in 1965. Ntsikana's hymns were an example for all Xhosa Christians who desired to create their own church music. Soon after I came to Lumko I began to look for a possible survival of the hymns (or hymn) as a traditional song. In 1981 I had the very great good fortune to discover and record a traditional version of the song – as a bow song, sung with the uhadi bow by two women from the village next to Mackay's Nek mission (...). This was as exciting to me as the discovery of a live coelacanth had been to Professor J.L.B. Smith at about the time I was born.[24] Later I found another different bow version of the song performed by women in Ngqoko village, plus several other traditional survivals of the song.[25]

Ntsikanas Hymnen waren durch John Knox Bokwe schriftlich überliefert worden. Mündlich tradierte traditionelle Versionen zu finden war in der Tat eine Sensation; denn Ntsikana war 1821 gestorben. Im Wirken Dargies waren sie in mehrfacher Hinsicht von Bedeutung. Zum einem handelt es sich um die ersten indigenen christlichen Gesänge der Xhosa. Sie sind nach wie vor in der Bevölkerung bekannt. Zum zweiten konnten sie aufgrund ihres christlichen Gehaltes direkt in den Gottesdienst übernommen werden und indigenen Neukompositionen im Zuge und Sinne des zweiten Vatikanums als Modell dienen. Schließlich spendeten sie Trost und Hoffnung während der Britischen Kolonialzeit und unter der Apartheidregierung. Dave Dargie erwähnt sie daher in seiner Sammlung von Freedom Songs.[26] Ntsikana war Zeitgenosse von König Ngqika (ca. 1778/9 bis 1829) und kam erstmals durch die Missionierungsversuche Van der Kemps am Hofe Ngqikas im Jahr 1799 in Kontakt mit christlichen Anschauungen. Van der Kemps Bemühungen waren allerdings wenig erfolgreich, denn nicht ein einziger Xhosa konvertierte. Etwa um 1814 trat Ntsikana zum Christentum über. Die Gründe für seine Konversion betreffend existieren verschiedene Auffassungen. Nach traditionellen Darstellungen konvertierte er ohne das Zutun von Missionaren, sondern aufgrund außerordentlicher Erlebnisse. Allerdings ist es nach mündlichen Überlieferungen sehr wahrscheinlich, dass ihn die Predigten Van der Kemps und anderer Missionare beeinflussten. In allen Überlieferungen ist des Weiteren von einer göttlichen Offenbarung die Rede. Demnach wurde damals Ntsikanas Lieblingsochse Hulushe von einem regenbogenartigen Lichtstrahl beleuchtet, den nur Ntsikana sehen konnte, und den er deshalb als göttliches Zeichen wertete. Als er anschließend in seine Hütte ging, flammten nacheinander drei Flammen aus dem Feuer auf. Am Nachmittag desselben Tages war Ntsikana auf der Hochzeit von Chief Hlahla. Doch wann immer er am Tanz teilnehmen wollte, zog ein orkanartiger Sturm auf, der ihn umblies. Dies geschah dreimal. Danach verließ er mit den Seinen das Fest,

24 Dargie bezieht sich dabei auf den im Dezember 1938 vor der Küste East Londons gefangenen Quastenflosser. Smith meinte nach der Entdeckung, dass er nicht weniger überrascht gewesen wäre, wäre ihm auf der Straße ein Dinosaurier begegnet. Der Quastenflosser galt bis dahin als ausgestorben.

25 Dargie, „The Lumko Music Department", S. 15.

26 Dave Dargie, *How Long? How Long? More than a century of South African Freedom Songs*, Booklet und CD, München: Eigenverlag 2009.

wusch sich beim Heimweg im Gqorha River den Ocker vom Körper und gab Anweisung, dass die anderen dies auch tun müssten. Den nächsten Tag verbrachte er summend und singend am Eingang seines Krals, wo zum ersten Mal sein „Round Hymn" erklang. Danach wandte er sich an die Leute und erklärte, dass man nicht Nxeles Weg der kriegerischen Auseinandersetzung folgen solle.[27] Die Zeichen der Zeit standen damals auf Konflikt. Es drohte Krieg zwischen Ngqika und seinem Onkel Ndlambe sowie zwischen den Xhosa und der neuen Kolonialmacht Großbritannien. Wie bereits erwähnt, erschienen in jener Zeit auch zwei religiöse und teils politische Gegenspieler: Nxele, der sich für eine kriegerische Auseinandersetzung aussprach und Ntsikana, der eine friedliche Lösung propagierte und das Wort Gottes verkündete. Im Jahr 1820 erkrankte Ntsikana auf dem Weg zur Tyhume Mission, sagte seinen baldigen Tod voraus, gab Anweisung, dass er beerdigt werden solle und starb 1821. Nach seinem Tod ließen sich seine Anhänger in der Nähe der Missionsstation nieder; der Grund dafür, dass seine Geschichte und seine Lieder der Nachwelt erhalten blieben. Tiyo Soga, der Sohn eines Anhängers Ntsikanas, berichtete im 19. Jahrhundert über die Wirkung von Ntsikanas Gesängen unter den Xhosa, und John Knox Bokwe, der Enkel eines Ntsikana-Anhängers, fertigte die ersten Transkriptionen von Ntsikanas vier Hymnen an, nämlich „Bell", „Life-Creator", „Round Hymn" und „Great Hymn".[28]

Wie oben bereits erwähnt wurde, kam Dargie im Zusammenhang mit Workshops und Forschungen, an denen er im Rahmen des zweiten Vatikanums teilnahm, in Kontakt mit Ntsikanas Gesängen. Allerdings gibt es darüber hinaus noch einen weiteren persönlichen Bezug zu Ntsikana, nämlich den Anti-Apartheidkampf, in dem Dargie als Priester involviert war; in Workshops motivierte er u.a. Teilnehmer, christliche Freedom Prayer Songs zu komponieren:

> […] I soon realized that creating their own church music for worship was a form of cultural and religious liberation for those people. In Zimbabwe, the movement for new liturgical music went hand-in-hand with a national freedom struggle. So far as possible, I tried to point things that way in my own workshops. I not only tried to show people that by going to the roots of their own culture they were working for their liberation, I was also sometimes able to persuade them to create freedom prayer songs. Unfortunately, it was also clear that people felt afraid at times, as for example on one occasion when people composed a number of such freedom prayer songs at a workshop in 1984, planned to use the songs at the community mass on the Sunday, and then did not sing a single freedom prayer song at the mass. I did not ask why – the reason was clear.[29]

In *How long? How long?* berichtet Dargie, wie er 1985 an einer Beerdigung teilnahm, auf der ein Jugendlicher namens Mgcini Bigboy Mginya von südafrikanischen Polizeikräften getötet wurde. Dargies schriftliche Zeugenaussage führte jedoch nicht zu einer Aufarbeitung des Falles, sondern nur zu seiner eigenen Überwachung und

[27] Janet Hodgson, *Ntsikana: History and Symbol Studies in a Process of Religious Change Among Xhosa-Speaking People*, Diss. University of Cape Town 1985, S. 132–136.

[28] Dave Dargie, *Ntsikana Music Collection 2000*, S. 2 f.

[29] Dargie, „Applied Ethnomusicology in Institutional Policy and Practice", S. 176.

Repressalien. In jenem aggressiven politischen Klima der Apartheid sammelte Dargie nicht nur traditionelle Versionen von Ntsikanas Hymnen, die schon im 19. Jahrhundert während der Kolonialkriege von Xhosa-Christen oder im 20. Jahrhundert zu Beginn von ANC Tagungen gesungen wurden, sondern verwendete sie auch im Gottesdienst.[30] Die Texte sind selbstredend, wie folgendem Beispiel zu entnehmen ist:

Ntsikana's song:

> Homna hom, this is the Bell of Ntsikana.
> He is[31] the Great God, who is in the heavens.
> You, you are the true shield.
> You, you are the true fortress.
> Alas, Alas! The hands are wounded.
> Your blood, why is it pouring out?
> Your blood, it was poured out for us.
> Alas! Alas, this war of Mlanjeni!
> Alas! Alas, our struggle for freedom!
> Look, Our Father, on the blood of the African people.

Die letzten beiden Verse wurden von der Marimbagruppe, mit der Dave Dargie 1988 musizierte, hinzugefügt.[32]

5 Das zweite Vatikanische Konzil – Dave Dargie, Sprache und Musik

Wie Dargie selbst anführt, erfolgten seine Forschung zur Musik der Xhosa sowie seine Kompositionsworkshops in Zusammenhang mit den Beschlüssen des zweiten Vatikanischen Konzils, wobei er spezifische Quellen angibt:

> In my article the institutions whose ‚policy and practice' are referred to include the Catholic Church, in particular the changes in Church attitudes to church music reflected in the writings of Pius XII and the Second Vatican Council, and Lumko, whose policy of working to promote lay involvement and leadership in Church practice, provided the grounding for my work of involving church members in producing their own church music for use in ways suited to their cultural and emotional needs in worship.[33]

In Hinblick auf Lumko waren dabei die Missionare und späteren Bischöfe Fritz Lobinger und Oswald Hirmer treibende Kräfte. Was Papst Pius XII. und das zweite Vatikanische Konzil anbelangt, nennt er die Enzyklika *Musicae Sacrae Disciplina* (Artikel 69 und 70, vom 25. Dezember 1955), sowie Artikel 36 über den Gebrauch der Muttersprache und die Artikel 112–121 zur liturgischen Musik aus *Sacrosanctum Concilium* (von Papst Paul VI. am 4. Dezember 1963 promulgiert).[34] Artikel 70

30 Ders., *How Long? How Long?*, S. 5–15.
31 Im Original, laut Dargie, wahrscheinlich „You are the Great God".
32 Dargie, *How Long? How Long?*, S. 14.
33 Ders., „The Lumko Music Department", S. 3.
34 Ebd., S. 3, Fußnoten 3 und 4.

der Enzyklika *Musicae Sacrae Disciplina* spricht sich für musikalische Toleranz seitens der Missionare aus und erkennt den Nutzen von Musik, die Menschen anderer Länder vertraut ist:

> Viele der den Missionaren anvertrauten Völker haben eine überraschende Freude an rhythmischer Musik und schmücken die Zeremonien zu Ehren ihrer Götzen mit religiösem Gesang. Es wäre also kein Zeichen von Klugheit, wenn dieses wirksame Hilfsmittel des Apostolates von den Herolden Christi, des wahren Gottes, geringgeschätzt oder gar vernachlässigt würde. Darum sollen die Verkünder der Frohbotschaft in den Heidenländern ihre Freude der ihnen Anbefohlenen am religiösen Lied in ihrer Missionspraxis gern fördern, und zwar so, dass diese Völker ihren religiösen Gesängen, die nicht selten auch bei den Kulturvölkern Bewunderung erregen, ähnliche christliche religiöse Gesänge entgegenstellen, durch welche die Glaubenswahrheiten, das Leben Christi des Herrn sowie das Lob der Allerseligsten Jungfrau Maria und der Heiligen in der Sprache und den Weisen verherrlicht werden, wie sie diesen Völkern vertraut sind.

Mit der Enzyklika von Pius XII. manifestierte sich somit die Tendenz zu einer globalen Weichenstellung der katholischen Kirche, die zu mehr Toleranz und Anerkennung aufforderte und in Hinsicht auf die Musik und rituelle Eigenheiten den Weg zum zweiten Vatikanum vorzeichnete. Artikel 36 der Konstitution über die Liturgie (*Sacrosanctum Concilium*) vom 4. Dezember 1963 sprach sich für einen weiteren Raum hinsichtlich des Gebrauches der Muttersprache aus, da diese für das Volk sehr nützlich sein könne. Jedoch müssten aus dem Lateinischen übersetzte Text von der jeweiligen kirchlichen Autorität approbiert werden. Damit war eine wichtige Vorbedingung für die akkurate Verwendung indigener Musik in der Liturgie geschaffen; denn wie bereits vorher erwähnt, mussten im Falle der Musik der Xhosa die Sprach- und Gesangsmelodie korrelieren, um Bedeutungsverzerrungen zu vermeiden.

Abschnitt D von *Sacrosanctum Concilium* (37–39) befasst sich spezifisch mit „Regeln zur Anpassung an die Eigenart und Überlieferung der Völker“:

> In den Dingen, die den Glauben oder das Allgemeinwohl nicht betreffen, wünscht die Kirche nicht eine starre Einheitlichkeit der Form zur Pflicht zu machen, nicht einmal in ihrem Gottesdienst; im Gegenteil pflegt und fördert sie das glanzvolle geistige Erbe der verschiedenen Stämme und Völker; was im Brauchtum der Völker nicht unlöslich mit Aberglauben und Irrtum verflochten ist, das wägt sie wohlwollend ab, und wenn sie kann, sucht sie es voll und ganz zu erhalten. Ja, zuweilen gewährt sie ihm Einlass in die Liturgie selbst, sofern es grundsätzlich mit dem wahren und echten Geist der Liturgie vereinbar ist. (…) Innerhalb der Grenzen, die in der ‚editio typica‘ der liturgischen Bücher bestimmt werden, wird es Sache der für ein Gebiet im Sinne von Art. 22 § 2 zuständigen kirchlichen Autorität sein, Anpassungen festzulegen, besonders hinsichtlich der Sakramentenspendung, der Sakramentalien, der Prozessionen, der liturgischen Sprache, der Kirchenmusik und der sakralen Kunst, jedoch gemäß den Grundregeln, die in dieser Konstitution enthalten sind.

Artikel 40 erklärt, worauf bei Anpassungen zu achten ist, wobei die jeweiligen kirchlichen Autoritäten einbezogen sein müssen. Spezifische Stellungnahmen zur Musik finden sich in Kapitel VI, „Die Kirchenmusik“. Darin wird dem Gregorianischen Choral der wichtigste Platz eingeräumt neben der der Liturgie förderlichen und angemessenen Mehrstimmigkeit. Ein wesentliches Anliegen von Kapitel VI ist es, die Teilnahme des Volkes an der Liturgie zu fördern, sei es in oder außerhalb von Ordenshäusern. Dementsprechend wird auf die Förderung von Sängerchören und die damit verbundene Verantwortung verwiesen. Artikel 118 und 119 sind von besonderer Bedeutung hinsichtlich Dargies späteren Wirkens, weil sie die Bedeutung des Volksgesanges und Musiküberlieferungen in anderen Ländern betonen:

> Der religiöse Volksgesang soll eifrig gepflegt werden, so dass die Stimmen der Gläubigen bei Andachtsübungen und gottesdienstlichen Feiern und auch bei den liturgischen Handlungen selbst gemäß den Richtlinien und Vorschriften der Rubriken erklingen können. Da die Völker mancher Länder, besonders in der Mission, eine eigene Musiküberlieferung besitzen, die in ihrem religiösen und sozialen Leben große Bedeutung hat, soll dieser Musik gebührende Wertschätzung entgegengebracht und angemessener Raum gewährt werden, und zwar sowohl bei der Formung des religiösen Sinnes dieser Völker als auch bei der Anpassung der Liturgie an ihre Eigenart, im Sinne von Art 39 und 40. Deshalb soll bei der musikalischen Ausbildung der Missionare sorgfältig darauf geachtet werden, dass sie im Rahmen des Möglichen imstande sind, die überlieferte Musik der Betreffenden Völker sowohl in den Schulen als auch im Gottesdienst zu fördern.

Auch Artikel 121 erlaubt es, Dargies Wirken aus kirchenrechtlicher Sicht besser zu verstehen, da er Kirchenmusiker dazu auffordert, den Schatz der Kirchenmusik zu pflegen und zu mehren, und Vertonungen zu schaffen, die die tätige Teilnahme der ganzen Gemeinde der Gläubigen fördern:

> Die Kirchenmusiker mögen, von christlichem Geist erfüllt, sich bewusst sein, dass es ihre Berufung ist, die Kirchenmusik zu pflegen und deren Schatz zu mehren. Sie sollen Vertonungen schaffen, welche die Merkmale echter Kirchenmusik in sich tragen und nicht nur von größeren Sängerchören gesungen werden können, sondern auch kleineren Chören angepasst sind und die tätige Teilnahme der ganzen Gemeinde der Gläubigen fördern. Die für den Kirchengesang bestimmten Texte müssen mit der katholischen Lehre übereinstimmen; sie sollen vornehmlich aus der Heiligen Schrift und den liturgischen Quellen geschöpft werden.

Entsprechende nachkonziliare Instruktionen, wie *Inter oecumenici*, die erste Instruktion zur Liturgiekonstitution des Konzils vom 26. September 1964, regelten die Umsetzung der Beschlüsse des Konzils; in § 42 der besagten Instruktion heißt es in Hinblick auf die Messe, dass neue Melodien für Singstücke in der Muttersprache gefunden werden sollten.[35] In diesem Sinne sammelte und wahrte Dargie Schätze der indigenen Kirchenmusik und schuf bzw. ließ neue Vertonungen durch Kompositionsworkshops schaffen. Dass ein entscheidender Anstoß dazu von zwei bayerischen Missionaren kam, dürfte wahrscheinlich kein Zufall sein. Zum einem war der Erzbischof von München-Freising, Kardinal Julius Döpfner, während des zweiten Vatikanischen Konzils bekannt als Wortführer des Reformflügels. Er wirkte im

---

35 „Instruktion zur Durchführung der Konstitution über die heilige Liturgie", in: *Herder Korrespondenz* 19 (1964/65), S. 203 ff.

Sinne einer sich ständig prüfenden und erneuernden Kirche bis zu seinem Tod 1976. Zum anderen gab es schon vorher weltweit und auch in Deutschland Strömungen, die sich für eine Öffnung der Kirche, für die Muttersprache, eine bessere Einbindung der Gläubigen und Neuerungen in Bezug auf die Liturgie aussprachen. 1916 äußerte beispielsweise Josef Göttler Reformwünsche und forderte, dass die Liturgie nicht mehr nur nicht mehr nur Kleriker und Geistliche anvisieren solle, womit das Volk vom geistlichen Verstehen ausgeschlossen würde.[36]

Auch Romano Guardini bemerkte in „Vom Geist der Liturgie" von 1919:

> Tatsächlich ist jetzt die Liturgie ausschließlich Sache der Priester, lebendige Beziehungen zum gläubigen Volk hat sie nicht.[37]

Guardini forderte damit Verständlichkeit für die Gemeinde der Gläubigen. In der Tat gab es zu jener Zeit bereits Beispiele für die Verwendung der Muttersprache in der Liturgie. Zu erwähnen wären hier das slawische Hochamt (seit 1920), das chinesische Hochamt (seit 1615), das polnische Hochamt, das irokesische Hochamt in Kanada, das im 17. Jahrhundert von Jesuiten als vollständige Übersetzung eingeführt wurde, sowie das deutsche Hochamt, das bis 1943 gepflegt wurde (mit wenigen Ausnahmen, wie z. B. München-Freising, Eichstätt, Regensburg und Passau). Letzteres war keine wörtliche Übersetzung der Liturgischen Texte. Es herrschten die Regeln wie bei der Missa Cantata bzw. Solemnis. Die vom Chor oder Volk ausgeführten Gesänge wurden durch Lieder in deutscher Sprache ersetzt. Die Akklamation durch das Volk und die Intonationes zu Gloria und Credo waren auf Latein. Nach einem Gesangbuch aus Bautzen aus dem Jahr 1576, waren z.B. das Offertorium und die Communio durch deutsche Lieder ersetzbar. Nach der Münsterer Anweisung von 1677 sollten sogar alle Propriums- und Ordinariumsteile durch deutsche Lieder ersetzt werden, womit man eine bessere Verständlichkeit der Liturgie zu erreichen suchte. Durch das Decretum Generale der Ritenkongregation vom 22. Mai 1894 und durch das Motuproprio von Pius X. vom 22. November 1903 wurden muttersprachliche Texte in der Missa Cantata verboten. Allerdings wurde ein Gesuch Kardinals Bertram an den Heiligen Stuhl von 1943 um ein „tolerari posse" zum Deutschen Hochamt positiv beantwortet. Am 24. Dezember 1943 wurde das Deutsche Hochamt durch die Ritenkongregation im Sinne einer „consuetudo contra legem" genehmigt.[38]

Die Enzyklika *Mediator Dei* von 1947 könnte als weiterer Markstein beschrieben werden. Zwar weist Papst Pius darin auf Gefahren hin, doch zeigt er auch seine Anerkennung für die liturgische Bewegung. Auch Messbücher für Gläubige in Volkssprache, die Pflege des lateinischen Volkschorals, sowie Messgesänge in der Volkssprache und die Gemeinschaftsmesse werden darin gelobt, und der Heilige

---

36 Ferdinand Kolbe, „Die Liturgische Bewegung", in: *Der Christ in der Welt. Eine Enzyklopädie. Reihe 9: Die Liturgie der Kirche*, Aschaffenburg 1964, S. 42.

37 Ebd., S. 43.

38 Balthasar Fischer, „Das ‚Deutsche Hochamt'", in: *Liturgisches Jahrbuch* 3 (1953), S. 41–53.

Stuhl erbot sich sogar, ein „Rituale Germaniae" zu genehmigen, sollte dies gewünscht sein.[39] Eine Folge von *Mediator Dei* war die Gründung des Liturgischen Instituts 1947, das mit der Umsetzung der Enzyklika (und später der Liturgischen Konstitution des zweiten Vatikanischen Konzils) im deutschen Sprachraum betraut war.[40] Wenngleich Deutsch noch den Status einer tolerierten liturgischen Sprache hatte, so gab es doch bald nach Erscheinen von *Mediator Dei* Vorversuche mit der Muttersprache, in denen sich zeigte, dass das einigende Band der Katholiken nicht durch die Muttersprache zerrissen wurde, sondern sich vielmehr der Ritus und der Inhalt liturgischer Texte als verbindende Elemente herausstellten.[41]

Die oben erwähnten Verlautbarungen des Heiligen Stuhls, Erneuerungsbewegungen, Diskussionen, die Gründung des Liturgischen Instituts und Vorversuche waren wichtige Orientierungshilfen auf dem Weg zum zweiten Vatikanischen Konzil, in dessen Vorfeld und späterer Umsetzung es intensive Auseinandersetzungen zwischen konservativen und liberalen, d. h. Reformen gegenüber positiv gesinnten, Kräften gab,[42] mit denen Hirmer und Lobinger vertraut gewesen sein mussten. Wie bereits angemerkt, befand sich mit Kardinal Döpfner ein Vertreter des Reformflügels in München, der wie Hirmer und Lobinger die Laienbewegung und die aktive Anteilnahme von Gläubigen am Gottesdienst unterstützte. Obgleich es kein direktes Zusammentreffen gab, so waren Döpfners Verdienste und Arbeit im Zuge des Konzils in Südafrika bekannt, wie folgenden Äußerungen Dargies und Lobingers zu entnehmen ist:

Dargie über Döpfner: „We knew of Cardinal Döpfner in South Africa. He was deeply honoured by the Catholics who believed in what the Second Vatican Council had tried to achieve. I am also certain that Lobinger and Hirmer had a great respect for him. Unfortunately I don't remember any special discussions about him at Lumko."[43]

---

39 Theodor Maas-Ewerd, „‚Mediator Dei' – vor 50 Jahren ein Signal", in: *Liturgisches Jahrbuch* 57 (1997), S. 129–150.

40 Johann Wagner, „Liturgisches Referat – Liturgische Kommission – Liturgisches Institut", in: *Liturgisches Jahrbuch* 1 (1951), S. 8–14.

41 [Ohne Autor], „Vom Lateinischen zum Muttersprachlichen Offizium – Erfahrungsbericht aus einer Schwesterngenossenschaft", in: *Liturgisches Jahrbuch* 7 (1957), S. 229–236.

42 Die Auseinandersetzung wurde auch nach dem Konzil weitergeführt. Siehe dazu beispielsweise: Georg May, *Die alte und die neue Messe. Die Rechtsgrundlage hinsichtlich des Ordo Missae*, Rachary in Kamm [3]1984; Gabriel Petöcz, *Das Attentat auf Liturgie und Glaube. Eine Schrift zur Verteidigung des heiligen römisch katholischen Glaubens*, Wien 1978; Marcel Lefebvre, „Von der Luthermesse zur neuen Messordnung", gedruckte Rede, Florenz 15.02.1975, in: *Die Luthermesse*, Édition Saint-Gabriel, Martigny 1975; Hans Bernhard Meyer, *Lebendige Liturgie. Gedanken zur gottesdienstlichen Situation nach Beginn der Liturgiereform* (= Tyrolia, 35), Innsbruck u. a. 1966.

43 Dargie an Bleibinger, E-Mail vom 1. August 2018.

Lobinger über Döpfner: „Your friend asks about our possible contacts with Cardinal Doepfner – No, we never met him, though we greatly admired him and his way of seeing things. He made a tremendous impact on the Church and on Vatican II.“[44]

Hirmers, Lobingers und Dargies Wirken und aktive Kirchenarbeit sind daher nicht als isolierte Erscheinung zu betrachten, sondern in Verbindung und als Resultat einer überregional kirchlichen Erneuerungsbewegung mit regionalen Ausprägungen.

6 *Workshops und Neuerungen im Dienste des Konzils*

> At Lumko I called myself the ‚catalyst‘, the enabler, like a chemical compound which does not change itself but enables other chemicals to change. I have felt that I was like a locomotive running on a pre-ordained track: getting off that track on initiatives of my own would have simply been a derailment. Once I started to follow the track, things almost started to work by themselves: they just needed a catalyst. The experts I served were wonderfully creative African church musicians, and equally wonderful traditional musicians who were carriers of ancient traditions seriously threatened with extinction. To be able to do this was perhaps the greatest privilege I could ever have hoped for – though when I started on the track I had no idea where it would lead.[45]

Wie dem Zitat zu entnehmen ist, verstand sich Dargie als Katalysator, d. h. als jemand, der andere zu kreativem und produktivem Handeln befähigt. Dies geschah einerseits durch Workshops und Lehrmaterial und andererseits durch die Einführung von Musikinstrumenten. Wie bereits erwähnt, begann Dargies Workshop-Arbeit im Jahr 1976 am Kwanongoma College of Music in Bulawayo in Zimbabwe, wo 29 Teilnehmer 28 neue Kompositionen schufen. Auf seinen Vorschlag hin wurde bald darauf ein Workshop in Zwelitsha bei King Williams Town organisiert, der Neukompositionen auf isiXhosa zum Ziel hatte. Hirmer bereitete dazu Hymnentexte vor und schickte diese zuvor an die Komponisten Lambert Mpotulo und Stephen Cuthbert Molefe. Zum Workshop, der über das Osterwochenende 1977 stattfand, ließ Hirmer Molefe und zwölf seiner Sänger nach East London einfliegen. Am Ende waren 53 neue Gesänge komponiert, darunter Molefes berühmtes „Masithi-Amen!“ („Lasst uns Amen sagen!“), das heute in Gesangbüchern in aller Welt zu finden ist.[46] Auf den Erfolg jenes Osterwochenendes wurden bis in die 1980er Jahre weitere Workshops in Südafrika und Namibia in verschiedenen Sprachen durchgeführt, u. a. in Redacres bei Pietermaritzburg in Kwazulu-Natal (organisiert von Erzbischof Hurley), in Lumko (auf Xhosa), in Ma-

44 Lobinger an Dargie, E-Mail vom 2. August 2018.

45 Dargie, „The Lumko Music Department“, S. 3.

46 Dargie, „Building on Heritage“, S. 169; siehe auch: Missio München, *Masithi-Messe. Gesänge für den Gottesdienst aus Südafrika*, München [o. J.].

riannhill by Durban (auf Zulu), drei Workshops auf Tswana und zwei auf Sotho.[47] 1982 gab Dargie ein eigenes Handbuch mit dem Titel „Establishing Local Church Music" heraus, das den Workshopleitern – von Dargie „catalysts" genannt – als Grundlage bei der Durchführung von Kompositionsworkshops diente. Neben einer Einführung in die afrikanische Musik, praktischen Hinweisen zur Organisation von Workshops sowie zum Umgang mit Musikern und zur Stellung der Kirche, enthält es von Dargie entwickelte Stufenmodelle von Kompositionsprozessen in spezifischen Situationen, wie z. B. Gruppenkompositionen aus dem gesprochenen Wort, solche mit Hilfe von Musikinstrumenten, solche mit Komponisten und mit indigenen Musikern.[48] Wie der von Dargie verwendete Begriff „catalyst" bereits andeutet, ging es darum, Gemeindemitglieder zur Komposition eigener musikalischer Werke anzuregen. Dargies vereinfachtes zwölfstufiges Gruppenkompositionsmodell sieht wie folgt aus (nach einem auf Call-and-Response basierenden Stück mit Leader und Follower):[49]

1. Ein Text soll gewählt und in singbare Phrasen arrangiert werden. Am besten wird mit einem Chorus begonnen, den alle mitsingen können.
2. Um die Sprachtöne und Akzente des Chorus zu finden, soll dieser gesprochen werden oder ein Musiker soll sie auf seinem Instrument „sprechen".
3. Aus den Sprachtönen soll nun eine Melodie gebildet werden.
4. Aus den Akzenten soll der Rhythmus des Stücks abgeleitet werden. Dabei soll der Text gesprochen und dazu geklatscht oder getrommelt werden.
5. Ist eine passende Melodie gefunden, werden Begleitstimmen hinzugefügt.
6. Der „leader part" wird arrangiert, um den Chorus zu führen.
7. Instrumente werden zur Unterstützung hinzugenommen (z.B. Trommeln, Marimbas, Rasseln usw.).
8. Unter Berücksichtigung des Rhythmus und der Struktur des Stückes werden Verse hinzugefügt.
9. Dem Stück entsprechende Körperbewegungen oder Tanzschritte werden entwickelt.
10. Sänger sollen dazu ermuntert werden, zu improvisieren und neue melodische Einschübe mit neuem Text zu erfinden (wie in Afrika üblich).
11. Lokale afrikanische „vocal techniques" können angewandt werden (Summen, Schreie, „ululation" etc.).
12. Talentierte Personen können auch gesprochene Texte oder „praise poetry" einfließen lassen.

---

47 Dargie, „Building on Heritage", S. 169.

48 Davie Dargie, *Establishing Local Church Music* (= Training For Local Ministries, 40), Lumko 1982.

49 Siehe Dargie, „Group Composition", S. 267.

Als Kondensat aus Dargies Erfahrungsschatz versucht obiges Modell afrikanischen Erfordernissen und Erwartungen gerecht zu werden und lässt dabei Raum für spezifisch lokale Eigenheiten.

Als ethische Wegweiser, die zu Toleranz und Respekt gegenüber anderen Kulturen mahnen, nennt Dargie in „Establishing Local Church Music", neben der Enzyklika *Musicae Sacrae Disciplina* und der Liturgiekonstitution des zweiten Vatikanischen Konzils folgende Texte:

> Instruction of the Sacred Congregation for the Propagation of the Faith, To Vicars Apostolic of the Society of the Missions to Distant Lands, 1659 A.D.: ‚In no way and under no pretext should the missionaries try to persuade the people to change their rites, customs and manners, except those that are openly opposed to religion and morals'.
>
> Encyclical Summi Pontificatus of Pius XII, 1939: ‚Respect for the particular genius of each race is the guiding star by which the missionaries should conduct themselves, and on which they should fix their attention constantly in their apostolic march'.[50]

Wie bereits erwähnt veranlassten die Erfahrungen in Bulawayo, Zimbabwe Dave Dargie, Marimbas im Eastern Cape einzuführen, da sich diese Instrumente für afrikanische wie westliche Musikstücke und zur Begleitung von Chören eigneten. Laut Andrew Tracey waren die dortigen Instrumente gegen Ende der 1950er Jahre von Robert Sibson, dem späteren Direktor der Rhodesian Academy of Music, auf der Grundlage von Modellen aus Guatemala und Mexico entwickelt worden. Die auf afrikanischen Instrumenten gängige heptatonische Reihe erwies sich jedoch als Einschränkung, und so wurden durch Einfügung des Fis zwei Dur-Tonleitern, nämlich C und G, verfügbar gemacht. Weitere Verbesserungen erfolgten durch Olof Axelsson, Elliot Ndlovu und Bruder Kurt Huwiler. Letzterer zog Anfang der 1980er Jahre nach Umtata in Südafrika und errichtete an der katholischen Ikhwezi Lokusa School eine Marimba-Werkstatt, wodurch sich für Dargie und Tracey eine Möglichkeit ergab, das Instrument für lokale Bedürfnisse weiter zu modifizieren. So wurde die Stimmung an die von Naturtönen abgeleitete Tonreihe der Xhosa angepasst, und die Instrumente wurden auf Anregung von Dargie aus gesangstechnischen Gründen auf Es gestimmt, was zu einer schnellen Aneignung und Verbreitung der als Sets (bestehend aus Piccolo-, Alt-, Tenor- und Bariton-Marimba) konzipierten Instrumente im Eastern Cape führte. 1993 wurde Huwilers Werkstatt von Power Marimbas und 1999 von African Musical Instruments (AMI) in Grahamstown übernommen.[51] Dave Dargie setzte die Marimbas von Beginn an in seinen Kompositionsworkshops, in Konzerten und im Gottesdienst ein. Heute finden die Instrumente darüber hinaus in Schulen und Universitäten Verwendung, womit das Erbe Dave Dargies und des zweiten Vatikanischen Konzils auf unvorhergesehene Weise weiterlebt.

---

50 Dargie, „Establishing Local Church Music", S. 28.

51 Andrew Tracey, „Marimbas History. How the Southern African Marimbas came into existence", in: *African Musical Instruments*, 2004. http://www.kalimba.co.za/old/marimba history.html, letzter Zugriff: 15. April 2019.

7 Ein Schluss

In seinem Wirken reagierte Dave Dargie auf lokale Notwendigkeiten seiner Zeit, wobei die Liturgiekonstitution des Zweiten Vatikanischen Konzils, *Sacrosanctum Concilium*, den kirchenrechtlichen Rahmen bildete, mithilfe dessen er trotz der politisch widrigen Situation in Südafrika zum Wohl der vormals unterdrückten Bevölkerung agieren konnte. Dies geschah u. a. durch die Dokumentation und Forschung an indigener Musik, durch Gruppenkompositionsseminare, sowie durch „Inreach" im Bildungsbereich. In diesem Zusammenhang verweist er des Öfteren auch auf zwei aus Bayern stammende Missionare, Fritz Lobinger und Oswald Hirmer, die ihn zu seiner Arbeit anregten, dabei unterstützten und mitunter als Vorbilder dienten (man denke an Hirmers dreistufiges Kompositionsmodell). Lobinger und Hirmer entstammten einer Zeit der Diskussion um die liturgische Erneuerung und praktische Reformen in der katholischen Kirche, die sie nach dem Zweiten Vatikanischen Konzil und gemäß der Liturgiekonstitution in Südafrika umsetzten. Dieser sogenannte Reformflügel war in vielen Regionen Deutschlands sehr stark und strahlte über Missionare wie Lobinger und Hirmer nach Südafrika aus. Was Lobingers, Hirmers und Dargies Wirken betrifft, setzte das zweite Vatikanische Konzil nicht nur den kirchenrechtlichen Rahmen, sondern es fungierte gleichzeitig in der Praxis als Motivator. Die Kirche war dabei Teil des postkolonialen Nation Building, sei es durch die liturgische Erneuerung und mentale Befreiung in Ländern, die ihre Unabhängigkeit erlangt hatten, wie das von Dargie oft erwähnte Zimbabwe, oder in solchen, in denen der „Struggle for Freedom" noch anhielt, wie Südafrika. In letzterem Fall konnte die Arbeit im Rahmen der Liturgischen Konstitution sogar als Teil des „Liberation Struggle" bezeichnet werden, da sie die regionale, indigene Kultur vormals unterdrückter Gruppen anerkannte, dokumentierte und zu erhalten versuchte. Dies geschah teils durch das direkte Eingreifen externer Akteure oder durch interne Kräfte, d. h. durch die eigentlichen Kulturträger, in Folge von „katalytischer" Beihilfe. Gerade dadurch zeichnet sich Dargies bis heute nachwirkende Arbeit aus.

Klang der Welt und Yoga für jedermann – Religion und Musik in Indien

Annette Wilke (Münster)

Zweifellos spielt Musik in vielen, vielleicht allen religiösen Traditionen und Kulturen der Welt eine fundamentale Rolle, aber wie wir ebenfalls wissen, war das Verhältnis zwischen Religion und Musik nicht immer ganz einfach, teilweise skeptisch bis ablehnend, oft hoch ambivalent, z. B. im alten China oder in der islamischen Welt. Im hinduistischen Indien ist dies anders. Wohl keine andere große Religionskultur oder sogenannte „Weltreligion" hat ein so ungebrochenes und geradezu symbiotisches Verhältnis zur Musik entwickelt wie der klassische Hinduismus. Dies ist nicht zuletzt einer ausgesprochen klangzentrierten Lebenswelt zu verdanken und einer außergewöhnlich hohen Wertschätzung des Klanglichen, welche die vielen Hindu-Traditionen quer durch die Jahrhunderte wie ein rotes Band verbindet.[1] Diese hohe Wertschätzung beginnt damit, dass religiöse Texte in der gelebten Praxis kaum still gelesen oder nur reflektiert, sondern auch vokalisiert, deklamiert, rezitiert, gesungen und sogar getanzt werden, dass der übliche devotionale Text eine Lieddichtung ist, und dass es eine Reihe musizierender und tanzender Gottheiten gibt, wie die Göttin Sarasvatī und die großen Götter Śiva und Kṛṣṇa, mit denen vielfältige religiöse Vorstellungen von Klang und Musik zur Darstellung kommen. Der erste Teil dieses Artikels soll in diese kulturelle Matrix einführen, für die es typisch ist, dass Sprache, Musik und Bewusstsein/Lebendigkeit als untrennbare Einheit wahrgenommen werden.

Im zweiten Teil wird das indische Musikverständnis detaillierter reflektiert. Hierzu gehört nicht nur, dass sich Musik (*saṅgīta*) klassischerweise dadurch definiert, Emotionen auszulösen und Freude, Verzückung und Absorption herbeizuführen. Vielmehr wird Musik auch mit dem Nāda-Brahman („Klangbrahman") assoziiert, der Idee eines klanglichen absoluten göttlichen Seins, das die Welt durchdringt und in der Musik, insbesondere der Rāga-Musik, unmittelbar sinnlich und emotional erfahrbar ist. In gewisser Hinsicht ist das komplexe Nāda-Brahman-Konzept Kulminations- und Höhepunkt der indischen Klangzentriertheit. Musik wird hier zum Schlüssel des Weltganzen und eine besonders angenehme Form von Yoga.

---

1 Vgl. Annette Wilke und Oliver Moebus, *Sound and Communication. An aesthetic cultural history of Sanskrit Hinduism*, Berlin/New York 2011; Guy L. Beck, *Sonic Theology. Hinduism and Sacred Sound*, Columbia 1993; Angelika Malinar, *Hinduismus*, Göttingen 2009, S. 151 f.; Annette Wilke, „Sonic Perception and Acoustic Communication in Hindu India", in: *Exploring the Senses*, hrsg. von Axel Michaels und Christoph Wulf, New Delhi 2014, S. 120–144. Ich beziehe mich in diesem Artikel weitgehend auf die Monographie *Sound and Communication* und danke meinem Ko-Autor, dem Sanskritgelehrten und Musiker Oliver Moebus. Er war es, der wesentlich zum Musikteil des Bandes beigetragen hat, doch musste er krankheitshalber aus dem Buchprojekt aussteigen, bevor es die heutige Form erreicht hatte.

Mit (durchaus zutreffenden) Formeln wie „die Welt ist Klang" und „Klang ist Gott" wurde der Nāda-Brahman-Begriff in Europa und Amerika vom Jazzhistoriker und New Age-Propagandisten Joachim Berendt in seinem viel gelesenem Buch *Nada Brahma: die Welt ist Klang* (1983, engl. 1987) popularisiert und bekannt gemacht. Auf Berendt wird im abschließenden Kapitel kurz näher eingegangen. Der Hauptfokus von Teil zwei liegt jedoch auf dem indischen Original: dem Nāda-Brahman der indischen Musikologen und Musiker in Theorie und Praxis.

1 Musik und Nāda-Brahman im Kontext – die Klangkultur des Hinduismus als kulturelle Matrix

Was im Folgenden zunächst interessiert, ist der kulturelle Rahmen, der dem Nāda-Brahman zugrunde liegt bzw. der Rahmen, der dieses Konzept ermöglichte, hervorbrachte und es außerordentlich erfolgreich in der Religionsgeschichte Indiens und im religiösen Leben werden ließ. Diese kulturelle Matrix war – und ist bis heute – selbst in hohem Maße von Klanglichkeit geprägt. Das hinduistische Indien ist eine ausgeprägte Performanzkultur, die dem Klang einen außergewöhnlich hohen Wert beimisst. Und das beginnt nicht mit Musik, sondern mit Texten, dem gesprochenen und klingenden Wort. Wenn ich von ausgeprägter Stimm- und Klangkultur spreche, meine ich zuerst und primär die Texttradition in Sanskrit – und zwar nicht nur die Sakralliteraturen, auch wenn hier die Vokalisierung bis heute am wichtigsten geblieben ist.[2]

Gleichwohl lässt sich sagen, dass das, was über den Sprachklang festgestellt werden kann, weitestgehend ebenso für das indische Verständnis von Musik gilt. Zum einen ist das verbindende Element von Musik und gesprochenem und klingendem Wort eben genau das Klangliche. Das Leitparadigma indischer Musik ist die Vokalmusik. Zum anderen herrscht ein großes Bewusstsein dafür, dass nicht nur die Musik, sondern auch Sprachklang ins Präterminologische und Nicht-Semantische hineinreicht. Sprache als expressiver Klang hat eine eigene Bedeutungsvalenz, Kommunikationsfähigkeit und Auratik. Sie wirkt nicht nur in der Sphäre des Terminologisch-Logischen, sondern auch in der Sphäre des Sinnlich-Emotiven. Hier überschneidet sie sich mit der Musik, welcher in Indien in besonderem Maße zugeschrieben wird, Emotionen zu wecken und zu kanalisieren. Sprache und Musik wurden in Indien deshalb stets als eine Einheit gesehen, und dies hatte nicht nur tiefgreifenden Einfluss auf den Gebrauch von Texten, sondern auch auf die Konzeptualisierung von Musik. Die kurze Besprechung der populären Göttin Sarasvatī

---

[2] Der Band von Wilke und Moebus, *Sound and Communication*, aus dem ich hier hauptsächlich schöpfe, hatte denn auch als Hauptfokus Texttraditionen und nicht die Musik vor Augen, wenn von Indien als einer klangzentrierten Kultur die Rede war und Klang als zentrales Medium kultureller Reproduktion analysiert wurde. Becks *Sonic Theology* sieht im Klanglichen sogar das zentrale Mysterium des Hinduismus und hatte weniger die Performanz als die vielfältigen Texttraditionen und Lehren im Blick.

und die detailliertere Nāda-Brahman-Diskussion werden verdeutlichen, wie wenig Sprache und Musik voneinander abgesetzt werden im Gegensatz zum europäisch-westlichen Verständnis.[3]

1.1 Klang statt Schrift

Im hinduistischen Indien treffen wir auf eine kulturelle Matrix, in der Klang und weniger die Schrift über die Jahrhunderte Priorität behielt. Diese Präferenz des gesprochenen *und* klingenden Wortes hat alte Wurzeln in vedischer Zeit und setzte sich im klassischen Sanskrit und den Volkssprachen bis heute fort – auch wenn wir natürlich eine Mischung und ein Nebenher von Schrift und Wort oder klanglicher Realisierung schon seit vielen Jahrhunderten finden. Literalität und Oralität haben sich in Indien nie ausgeschlossen und in gewissem Sinne war genau die Klanglichkeit und bewusste Vokalisierung der Texte das verbindende Glied. Diese soziale Praxis und ihre Kontinuität durch die Jahrhunderte ist eine auffallende Gemeinsamkeit, welche die ansonsten teils sehr unterschiedlichen Hindu-Religionen vereint. Die Vorrangstellung des gesprochenen und klingenden Wortes blieb gegenüber historischem Wandel und sogar gegenüber den großen medialen Umbrüchen erstaunlich resistent. Schriftkultur und Buchdruck (letzterer eingeführt durch die Briten) hatten in Indien nicht dieselben tiefgreifenden Effekte wie in Europa. Die primäre Aufmerksamkeit wurde nicht dem Buchstaben geschenkt, sondern der Stimme.

Die besondere Wertschätzung von Oralität, Memorisierungssystemen und mündlicher face-to-face Tradierung vom Lehrer an den Schüler wurde in indologischen Studien immer wieder hervorgehoben. Was in der Regel aber übersehen wurde war, dass die Klanglichkeit eine ebenso große Wichtigkeit besitzt und ihr eigenes Feld an Bedeutung und eine eigenständige Wirkmacht auf unsere Wahrnehmung hat. Über die Jahrhunderte wurde in Indien deshalb nicht nur großes Gewicht auf das gesprochene Wort als Hauptmedium der Kommunikation gelegt, sondern auch auf das klingende Wort und seine eigene Spannweite an Expressivität, Bedeutung und Wert – in Ritualen und Performanzen, in der poetischen Produktion und ästhetischen Rezeption, in Habitusformen wie auch in der philosophischen und theologischen Reflexion und in der Symbolformation und Weltinterpretation. Sowohl Aufführungspraxen wie auch das Götterpantheon zeugen davon, welch bedeutender Stellenwert dabei auch der Musik zukommt.

---

3 Dieses wird u. a. deutlich im eindrücklichen Werk der Philosophin Susanne Langer, *Philosophy in a new key: A study in the symbolism of reason, rite, and art,* London [3]1979.

1.1.1 Performanz, sinnlich-emotive Textrezeption, Habitusformen akustischer Pietät und die Zentralität der Musik

Texte sind im hinduistischen Indien nicht zum stillen Lesen da, sondern für das Hören, auch wenn sie niedergeschrieben sind. Texte werden memorisiert, rezitiert, gesungen, gepredigt, getanzt und dramatisch aufgeführt. Sie werden vokalisiert präsentiert in gefälliger Form, halbmusikalisch oder musikalisch, und sind auch bereits als Hörtexte komponiert. Indische Autoren waren in der Regel sehr sensibel für Klangmuster, Metren, Alliterationen etc., wie auch für den emotiven Gehalt und die Kommunikation von Stimmungen und Gefühlen.

Dergestalt wurden Texte in diesem Kulturraum ästhetische Ereignisse, verkörpert in der Stimme und auch sinnlich-emotiv rezipiert. Da Lesungen Performanzen und Rituale sind und Texte Klangereignisse, blieben sie nie auf nur semantische Information beschränkt, sprachen vielmehr auch alle Sinne, den Körper und nicht zuletzt die Gefühle stark an. Heiligkeit wurde und wird in den Sakralliteraturen nicht nur in Worten und Sätzen gefunden, sondern bereits in der klanglich-auditiven Dimension.[4] Die semantische Bedeutung kann sogar vollkommen in den Hintergrund treten oder gar nicht vorhanden sein in einem lexikalischen Sinne. Dies ist vor allem bei *mantras* (heiligen Formeln) und Devotionalmusik der Fall – zwei häufigen und sehr populären Formen religiöser Praxis, die sich im Singen des/der göttlichen Namen verbinden, da die Namen selbst als (devotionale) *mantras* gelten.

Im performativen Umgang mit Texten, in welchem Text, Klang und Ritual zu einer Einheit verschmelzen, bildeten sich spezifische Habitusformen aus, die auf der inhärenten Wertigkeit des Klangs als eigenständiges Kommunikationsmittel basieren. Akustische Pietät spielt eine ganz herausragende Rolle in der gelebten Frömmigkeit und dies verbindet sich mit spezifischen Formen kulturellen Wissens, z. B. dem Glauben, dass das bloße Hören eines religiösen Textes glückverheißend, purifizierend und Erlösung spendend ist oder dass *mantras* aus sich selbst heraus intrinsische Wirkmacht besitzen – unabhängig von der Intention des Sprechers. Zu solch weit verbreiteten Vorstellungen gehört nicht zuletzt auch die Überzeugung, dass die Musik – ob in kunstvollen *rāgas* oder in *kīrtanas* (lautes Singen von Preishymnen) und einfachen *bhajans* (devotionale Lieder oft im Gruppengesang) vorgetragen – Devotion und Gottesliebe (*bhakti*) viel besser kommunizieren könne als jedes Wort, da die Musik die beste Sprache der Gefühle sei und direkt ins Göttliche einschwingen lasse. Musik, insbesondere Rāga-Musik, wird in Indien mit dem Auslösen von Emotionen – der Fähigkeit, das Gemüt „einzufärben" – assoziiert und in einem weiteren Sinn mit der Fähigkeit zu affizieren und zu erfreuen.[5] Deutlich

4 Vgl. neben Wilke und Moebus, *Sound and Communication*, Thomas Coburn, „‚Scripture' in India. Towards a Typology of the Word in Hindu Life", in: *Journal of the American Academy of Religion* 52 (1984), S. 435–459 und Finnian M. Gerety, *This Whole World is OM: A History of the Sacred Syllable in India*, Oxford [im Druck].

5 Vgl. auch Lars-Christian Koch, „*Raga*-Music in North India between Religious Meaning and Courtly Culture", in: *Religion and Music. Proceedings of the Interdisciplinary Workshop at*

stehen positive Gefühle, Stimmungen und Dispositionen wie Freude, Seligkeit, Frieden, Versenkung und Verschmelzung im Vordergrund, die sich nahtlos mit dem religiösen Pietismus und der hingebungsvollen Devotion und Gefühlsintensität der Bhakti („Gottesliebe", „Teilhabe") verbanden.

Seit ca. dem 13. Jahrhundert, als der devotionale Hinduismus, d. h. die hingebungsvolle und oft auch sehr gefühlvolle Bhakti-Frömmigkeit, in ganz Indien religiöser Mainstream wurde, wurde zugleich die Musik zu einem der machtvollsten und populärsten religiösen Medien. Die meisten *bhakti*-Texte sind Lieddichtungen, viele in indischen Volkssprachen und nicht in der liturgischen und wissenschaftlichen Hochsprache Sanskrit. Aber wohl ebenfalls nicht von ungefähr bildete sich im 13. Jahrhundert mit dem Musikwissenschaftler Śārṅgadeva und seinem musiktheoretischen Klassiker *Saṅgīta-Ratnākara* auch das Nāda-Brahman-Konzept aus, welches besonders prägnant illustriert, wie nahtlos Musik und Religion gerade auch im Sanskrithinduismus ineinander überfließen. Mit seinem Nāda-Brahman gab Śārṅgadeva sowohl klassischer Kunstmusik (Rāga-Musik) wie auch volkstümlichen, devotionalen Liedern eine metaphysische Basis.

1.1.2 Musizierende und tanzende Gottheiten und durch sie repräsentierte Klangwelten

Das enge, oft geradezu symbiotische Verhältnis von Religion und Musik ist typisch für den klassischen Hinduismus, der hier im Zentrum steht. Ein derart ungebrochenes Verhältnis zur Musik mag möglicherweise auf die alte vedische Zeit nicht ganz zutreffen, wo Musik etwas Geisterhaftes, gar Gefährliches, anhaftete. Sie wurde oft mit der anderen Welt und dem Tod, z. T. auch mit Dämonen assoziiert.[6] Aber schon in dieser alten Zeit finden wir unter den vier Veden einen Veda der Gesänge, den *Sāmaveda* und im späten *Ṛgveda* den Gedanken der Göttin Stimme – Vāc oder Vāk-Devi genannt, die als Mutter aller Götter und Quelle allen Seins vorgestellt wird.[7] Der klassische Hinduismus kennt dann gleich mehrere musizierende und tanzende Gottheiten. Die Entwicklung von universalen Hochgöttern (seit Anfang der christlichen Zeitrechnung) und devotionalen Strömungen[8] war

the Institute for Scientific Studies of Religions, Freie Universität Berlin, May 2006 (= Religionen in Kultur und Gesellschaft), hrsg. von Lidia Guzy, Berlin 2008, S. 64–65.

6 Dies wird in manchen, v. a. den „körperlosen", Sāman-Gesängen deutlich wie auch in der Ouvertüre des *Nāṭyaśāstra* 29.89. Siehe Wilke und Moebus, *Sound and Communication*, S. 423–435, bes. 432–435, 514.; zur weiteren Entwicklung ebd. S. 879–887.

7 Interessanterweise umfasst die Vāc nicht nur die menschliche Stimme und semantisch durchsichtige Rede, sondern auch nichtmenschliche Stimmen und unstrukturierte Klänge wie Donnergrollen und Tierstimmen, etwa das Muhen einer Kuh und das Quaken von Fröschen. Siehe Wilke und Moebus, *Sound and Communication*, S. 292–293, 361–363, 370–373.

8 Die *Bhagavadgītā* (ca. 2. Jahrhundert n. Chr.) ist vermutlich der erste *bhakti*-Text – hier in Form eines Lehrgedichts in Sanskrit. Es waren jedoch tamilische Dichterheilige, die seit dem 6./7. Jahrhundert n. Chr. erstmals eine innige, leidenschaftlich-ekstatische Gefühlsreligiosität propagierten, die sich in regionalsprachlichen Preishymnen und Gesang ausdrückte und mit Tempelgang und Kultbildverehrung verband. Das *Bhāgavata-Purāṇa* (kurz *Bhāga-*

Abb. 1: Die Göttin Sarasvatī. Frühes „dharmic picture" der Göttin. Privatbesitz A. Wilke (Foto: A. Wilke)

für die positive Wertschätzung der Musik sehr wichtig, welche sich nicht zuletzt in musizierenden Gottheiten ausdrückt. Die wichtigsten und populärsten Beispiele – Sarasvatī, Śiva und Kṛṣṇa, die panindisch verehrt werden – machen zugleich die vielfältigen Vorstellungen deutlich, die sich in Indien mit dem Wechselverhältnis von Musik und Religion verbinden bis hin zu regelrechten Klangtheologien.

Sarasvatī ist die Göttin der Musik, der Sprache und der Weisheit. Sie ist die populärste Göttin des klassischen Hinduismus, in der sich die alte vedische Sprachgöttin Vāc in neuem Gewand inkarniert. Nach dem *Śāradā-Tilaka-Tantra* besteht Sarasvatīs Körper aus den klingenden Silben des Sanskritalphabets, die nach tantrischer Auffassung der materiellen Welt zugrunde liegen und Intelligenz und Leben erst ermöglichen.[9] Im populären und im nicht-tantrischen gelehrten Hindu-

vatam) im 9. Jh. war das erste, überaus populäre und einflussreiche Sanskritwerk, das eine analog ekstatisch-gefühlvolle Gottesliebe stark machte.

9 So heißt es im *Śāradā-Tilaka-Tantra* 6.1.4: „Und nun sprechen wir von [der Göttin Sarasvatī] mit dem Alphabetkörper, welche Intelligenz im Universum erst ermöglicht. Wäre dieses [Alphabet] nicht wahrnehmbar vorhanden, dann wäre die ganze Welt ohne Leben." Wie die Vāc hat auch Sarasvatī kosmogonische Relevanz. Das ganze Kapitel ist den „Riten der Sprachgottheit" gewidmet, zu denen Gebete wie auch die *mātṛkā-pūjā* gehören, die rituelle Rezitation des Sanskritalphabets im esoterischen Tempelgottesdienst und in der persönlichen Praxis.

Abb. 2: Śiva Naṭarāj. Südindische Bronze, 10. Jh. Mit freundlicher Genehmigung des Los Angeles County Museums of Art

ismus wird Sarasvatī stark mit der Musik assoziiert, aber ebenso mit der Dichtkunst und allgemein den Künsten und der Kreativität sowie mit Lernen und Gelehrsamkeit. Sarasvatīs Theologie und Ikonographie lehren uns, wie eng in Indien

Musik und Sprache als eine Einheit gesehen werden und ebenso, dass Sprache, Musik und Bewusstsein zusammengehören und mit Weisheit und Spiritualität konnotiert sind. Darauf verweist ikonographisch der Rosenkranz in Sarasvatīs Hand, während das alte Saiteninstrument Vīna, das sie spielt, für die Musik und das Buchmanuskript für die Sprache steht. Auch im Nāda-Brahman-Konzept wird diese Verbindung von Musik, Sprache und Bewusstsein deutlich werden.

Ein zweites prägnantes Beispiel ist Śiva Naṭarāj, der universale Gott Śiva als „König der Tänzer". Er tanzt den Tanz der Schöpfung und der Zerstörung bzw. Re-Absorption der Welt ins göttliche Sein, um sie dann wieder neu daraus entstehen zu lassen. Mit seiner Handtrommel schlägt Śiva den Rhythmus der Schöpfung und lässt aus den Klängen der Handtrommel die Welt entstehen. Die ganze Welt ist nach dem tantrischen Āgama-Śivaismus deshalb von Klang erfüllt. Klang oder vibrierender Schall (*nāda*) gilt als primordialer noch als Geist und Materie. Der anthropomorphe Śiva Naṭarāj kann als Repräsentation dieser Klangkosmologien gesehen werden, welche wesentlich auch das Nāda-Brahman-Konzept inspiriert haben. Typischerweise ist in diesen Philosophemen und Theologumena nicht nur der männliche Gott Śiva zentral, sondern auch seine Schöpfermacht und Energie, genannt Śakti, die anthropomorph als große Göttin und Śivas Gattin verehrt wird. Von Interesse sind die mehrfachen Deutungsebenen. Großer Gott und große Göttin, Śiva und Śakti, sind als anthropomorphe Personen/Kultbilder Gegenstand inniger Verehrung. Sie werden aber auch als genderübergreifende männlich-weibliche Einheit wahrgenommen – in Doktrin wie Kultus. Sehr wichtig im ritualorientierten gelehrten Āgama-Śivaismus ist überdies die entmythologisierende Deutung von Śiva und Śakti als Licht und Energie und als Bewusstsein und Glückseligkeit, die als eigentliche Quellen des Universums gelten, wobei Energie wiederum stark mit Klang identifiziert wird.

Das dritte Beispiel entstammt wiederum einer anderen Hindu-Tradition: Es ist der flötespielende pastorale Gott Kṛṣṇa, der oft im Kreis der Gopīs (Kuhhirtinnen) oder im Tanz mit ihnen dargestellt wird. Vorlage ist das *Bhāgavatam* (9. Jahrhundert), der erste Sanskrittext gefühlvoll-ekstatischer Kṛṣṇa-Verehrung, welche zuvor nur ‚volksreligiös' und bei den tamilischen Dichterheiligen greifbar war. Im *Bhāgavatam* wird erzählt, wie der pastorale Gott mit seinem Flötenspiel und seiner Schönheit die jungen Frauen unwiderstehlich anzieht, sodass sie Kochtöpfe, Männer und Kinder verlassen, um mit ihm zusammen zu sein, mit ihm zu tanzen, zu musizieren und sich mit ihm zu vereinen. Der Text war Skript für eine ekstatische Gottesliebe und indische Brautmystik, die im 16. Jahrhundert mit dem Kṛṣṇa-Bhakti-Heiligen Caitanya einen neuen Höhepunkt erreichte – eine Traditionslinie, welche die indische Vorlage der Hare-Krishna-Bewegung darstellt. Zentral in dieser Frömmigkeitsform devotionaler Kṛṣṇa-Verehrung ist nicht nur bzw. nicht in erster Linie die Vereinigung oder „unio mystica" mit dem Gott,[10] sondern

10 Bei Caitanya ist dies ohnehin nur indirekt, über die visualisierende Identifizierung mit einer Dienerin Rādhās und Kṛṣṇas möglich.

Abb. 3: Gott Kṛṣṇa. Kultbild des flötespielenden Gottes aus schwarzem Granit. Mit freundlicher Genehmigung der religionsgeschichtlichen Sammlung der Universität Münster (Foto: M. Radermacher)

das Sehnsuchtsmotiv (*viraha*), die Agonie des Getrenntsein (von dem oft als fern empfundenen Gott), der Liebesdienst und die Unterwerfung, aber auch die ekstatische Verzückung und meditative Schau sowie die Verinnerlichung, Kṛṣṇa in allen

Dingen sehen zu lernen und sich einen geistigen Körper aus reiner Emotion zu schaffen, um beständig seine Gegenwart und eine intensive wechselseitige Liebe zu erfahren.

Zu den wichtigsten Praktiken dieser sehr gefühlvollen bis ekstatischen Kṛṣṇa-Frömmigkeit gehören das beständige Repetieren, Chanten und Singen der Namen Gottes wie auch das gemeinschaftliche Singen devotionaler Lieder. Es sind Praktiken akustischer Pietät, die vor allem im Viṣṇuismus, aber auch in anderen Hindu-Traditionen sehr populär sind. In ihnen spielt die kulturell inhärente Verbindung von Musik und Emotion eine wichtige Rolle. Wichtig ist ferner, dass nicht nur hingebungsvolles und rhythmisches Singen und Musizieren, sondern bereits intensives und ausschließliches Musikhören oder „deep listening“[11] zu tranceartiger Versenkung führen kann. Dies ist wohl der Hauptgrund dafür, dass der „Nāda-Brahman-Erfinder“ Śārṅgadeva Musikhören als eine besonders angenehme und gefühlvolle Form von Yoga charakterisierte.

Die oft volkssprachlichen Bhakti-Hymnen und -Lieder machen deutlich, dass das Nāda-Brahman aus der brahmanischen Sanskrittradition nur ein Beispiel unter vielen im großen Klangkosmos und Resonanzraum indischer Religionskulturen ist. Diesbezüglich muss auch der sogenannte Volks- oder Dorfhinduismus erwähnt werden, der ganz eigene Götter und Riten kennt. Auch hier spielen Klang und Musik eine ganz herausragende Rolle, wie die Berliner Ethnologin Lidia Guzy zeigt.[12] Einige der Volksgottheiten manifestieren sich in Instrumenten, Musik und Gesangsekstase. Generell gehören zu jedem Tempelfest Instrumentalmusik, Gesang und Tanz. Das Nāda-Brahman ist somit nur ein Beispiel, wenn auch ein besonders prägnantes, für das enge Verhältnis von Religion und Musik in Indien – besonders prägnant auch deshalb, weil sich hier in reflexiver Weise die Wirkmacht der Musik auf Weltbild und Weltempfinden ausdrückt, wie im zweiten Teil noch deutlich wird.

1.1.3 Alltagskultur und Gelehrtentraditionen und die Vielfalt symbolischer Formen

Bereits im letzten Abschnitt wurde angedeutet, dass das beschriebene Kulturmuster von Klang als zentralem Medium religiöser Praxis und kultureller Reproduktion nur partiell damit erklärbar ist, dass das Sanskrit auch in der Vergangenheit nicht jedem bekannt und zugänglich war und dass Sanskrit als liturgische Sprache selbst die Aura der Heiligkeit angenommen hat. Sowohl im täglichen Leben und gelebter Religion wie auch in Gelehrtentraditionen finden wir große Emphase auf der klanglichen Dimension. Das gesprochene und klingende Wort durchdringt alle

---

11 Vgl. Judith Becker, *Deep Listeners. Music, Emotion, and Trancing*, Bloomington 2006; Joshua Penmen und Judith Becker, „Religious Ecstatics. ‚Deep Listeners‘ and Musical Emotion“, in: *Empirical Musicology Reviews* 4/2 (2009), S. 49–70.

12 Lidia Guzy, „*Thea Phony* – on Music, Religion and the Goddess in Western Orissa“, in: *Religion and Music*, hrsg. von Lidia Guzy, Berlin 2008, S. 89–106.

traditionelle Gelehrsamkeit – ob religiös oder profan – und Klangcodes durchziehen die komplexesten symbolischen Repräsentationen, wie sie in den Künsten und abstrakten Wissenschaften wie Grammatik, Astronomie oder Mathematik entwickelt wurden. So drückten selbst Mathematiker ihre astronomischen Zahlen in Klangcodes, poetischer Sprache und komplexen Metren aus. Die Grammatiker und Linguisten definierten ein Wort (śabda) über Bedeutung und über Klang: Ein Wort ist ein Klang, der mit einer Bedeutung verbunden ist; ein Wort ist immer beides, Klangkörper und Bedeutungsträger. Vermutlich hat keine andere Kultur dem Klang und der Sprache so viel Aufmerksamkeit geschenkt wie der Sanskrit-Hinduismus.

Die Wichtigkeit des Klangs und seiner Wahrnehmung beeinflusste Riten, Modelle kosmischer Ordnung, abstrakte Formeln und brachte einzigartige symbolische Formen und Deutungen der Realität hervor, z.B. Bilder sakraler Macht und kosmischer Ganzheit, die auf Stimme und Klang basieren. Nicht wenige dieser Vorstellungen reichen bis in die frühvedische Zeit zurück und wurden über die Jahrhunderte beständig remodelliert und neu kodiert. Klang und Sprache waren wichtiger Gegenstand linguistischer, poetisch-literaturwissenschaftlicher, philosophischer und theologischer Reflexion. Sprache und Klang wurden in machtvollen religiösen Symbolen objektiviert, etwa in den oben vorgestellten Gottheiten – von der archaischen Göttin Stimme/Rede/Sprache (das alles heißt *vāc*) des späten *Ṛgveda* zum großen Gott Śiva der Śaiva Āgamas des klassischen Hinduismus, der die Welt aus den Klängen seiner Handtrommel erschuf. Gleichsam natürlicherweise hinterließ das starke Erleben der Welt über Klänge auch bestimmte Eindrücke, die Welt als Ganzes wahrzunehmen und ebenso die göttliche Sphäre, die die Welt transzendiert. Zum Beispiel sind die Gottheiten des Tantra – schwer verständlich für uns Europäer – reine Klanggestalten, d. h. *mantra*-Gottheiten, die gerade in den lexikalisch bedeutungslosen Klängen der tantrischen *mantras* ihre Macht entfalten. Zu *mantra*-Vorstellungen wie Śaiva-tantrischen Kosmologien gehört der zentrale Gedanke kosmischen Klangs oder vibrierenden Schalls (*nāda*), der die ganze Welt durchzieht.

Diese tantrischen Klangtheologien waren unmittelbarer Hintergrund für die Konzeption des Nāda-Brahman der Musikwissenschaftler. Die alltägliche Erfahrung, die so klangerfüllt war, war ein gutes Biotop für die Konstruktion holistischer, nichtdualer (monistisch-pantheistischer) Weltsichten, die so prominent im hinduistischen Indien als Welterklärung rangieren. Der Klang selbst wurde zum Symbol nichtdualer Realität. Das Nāda-Brahman, einschließlich der Vorstellungen „die Welt ist Klang" und „Klang ist Gott", ist ein prägnantes Beispiel dafür. Das Nāda-Brahman ist ein hoch ästhetisches Symbol, unmittelbar verbunden mit den Sinnen und Emotionen, ferner ein Symbol, das profane und sakrale Weltbilder wechselseitig überblendet – ganz explizit in Śārṅgadevas fundamentaler These, dass Musik nicht nur jedermann erfreut (selbst Kinder und Tiere), sondern dass Musik auch ein direkter Weg zur Brahman-Erfahrung, höchster Glückseligkeit und kosmischer Einheit ist.

In vielerlei Weise waren Klang und seine subtilen, unsichtbaren und dennoch sehr physischen Qualitäten ein machtvolles Medium der Kommunikation, das gewählt wurde, um vielfältige und unterschiedliche Funktionen zu erfüllen – von Ordnungsfunktionen, ritueller Wirksamkeit, der Schaffung von Quellen von Macht und Wert bis hin zur Konstruktion „des Heiligen", der Verkörperung von Wertvorstellungen und der Verortung des Menschen in einer umfassenderen, übergreifenden Ordnung der Dinge und des Universums. Nicht zuletzt diente Klang auch der Herbeiführung emotionaler Absorption.

Es ist wichtig, sich bewusst zu sein, dass Verschmelzung und kontemplative Versenkung, die mit dem Klang assoziiert und gerade mit der Musik herbeigeführt werden sollen, oder auch die unmittelbar magische Wirkmacht, die sakralen Formeln zugeschrieben wird, nicht die einzigen Effekte einer klangbasierten Lebenswelt waren. Klangbewusstsein hatte ebenso zur Folge, in Strukturen denken zu lernen und formale Logik zu trainieren. Dies zeigte sich bereits mit dem Grammatiker Pāṇini im 5. Jahrhundert v. Chr. Pāṇini wurde wissenschaftlicher Trendsetter in Indien. Im Zentrum seiner Grammatik stehen bestimmte Klangcodes, die das Sanskrit-Alphabet neu arrangieren und die Grundlage für alle grammatischen Operationen bilden. Pāṇinis Grammatik war der formalen Analyse der natürlichen Sprachstrukturen gewidmet, und er entwickelte Konzepte, die man heute symbolische Logik und Linguistik nennen würde. Erstaunlicherweise tat er dies mittels hörbarer Abstraktionen.

Der indische Phonozentrismus produzierte mithin eine große Bandbreite symbolischer Formen – metonymisch-mythische bis hin zum kosmologisch hypostasierten Klang einerseits und andrerseits auch hoch abstrakte und wissenschaftliche Symbole. In der Musik verbanden sich mythische Einbettung und abstrakte Rationalität, emotionale Verschmelzung und formale Struktur. Typischerweise ist Śārṅgadevas *Saṅgīta-Ratnākara* ein durch und durch technisches Werk und doch enthalten die Anfangskapitel Passagen zu einer Klangmetaphysik.

Musik war ein besonders machtvolles Instrument ästhetischer Identifikation, Absorption und Verschmelzung, und überdies ein sehr interessantes und effektvolles, denn die Klänge der Musik vereinigten bruchlos innere und äußere Welt und profane und sakrale Sphären. Wie schon angedeutet, assoziiert die indische Musiktheorie Musik mit Gefühlen und Expressivität. Musik färbt das Gemüt auf bestimmte Weise ein, da Musik nach indischer Auffassung ganz natürlich und inhärent emotionale Stimmungen enthält und transportiert – Stimmungen, die als transpersonal, überpersönlich und als kosmische Realitäten wahrgenommen werden, z. B. als Friede und Ruhe oder Wut an sich, und deshalb von allen Rezipienten genau gleich erfahren und genossen werden können. Das ist ein wichtiges Argument indischer Ästhetiktheorie. Neben der emotionalen Absorption oder gar trancegleichen Verschmelzung ist Musik aber auch mit Mathematik, gesetzmäßigen Strukturen und einem systematischen Geist verbunden. In der karnatischen Musik Südindiens beispielsweise finden wir eine extreme Devotionalisierung und

Internalisierung der Musik als Klang-Kontemplation („Nāda-Kontemplation"), aber zugleich auch die komplexesten Kalkulationen und Permutationen.

1.1.4 Dritter Raum-Habitus, Weltbild und neuer Universalmythos Nāda-Brahman

Das ausgeprägte klangliche Paradigma schuf so etwas wie einen Dritter Raum-Habitus, denn es förderte eine partizipative Aneignung des Gegenstands, in der sinnliche, affektive, performative und poetologische Aspekte textbasierter Aktivitäten nie aus dem Blick kamen. Wir finden in diesem Kulturraum auf vielen Ebenen eine Konnektivität von Dingen, die in Europa tendenziell getrennt und einander entgegensetzt wurden – nicht nur, was Oralität und Literalität, Text und Ritual, Sprache und Musik betrifft, sondern auch Mythos und Logos, Intellekt and Emotion, Verinnerlichung und Verkörperlichung, Abstraktion und Materialisation. Geistesgeschichtlich besonders interessant ist die Tatsache, dass in der intellektuellen Geschichte Indiens mythische Einbettung und abstrakte Rationalität oder Partizipation und emanzipatorische Distanz nie so stark einander entgegengesetzt wurden wie in Europa. Stattdessen finden wir bei den wirkmächtigsten indischen Denkern die beiden Pole auf stets neue Weise immer wieder vereint.

In der wissenschaftlichen Analyse wurde für holistische Synthesen dieser Art der Begriff „Universalmythos" geprägt.[13] Er bezeichnet unterschiedliche Einheitsvisionen des Weltganzen, denen eine rationale und analytische Grundlage in der philosophischen Reflexion gegeben wird. Dieses Kulturmuster einer holistischen, oft nicht-dualen Weltsicht-Formation lokalisiert Rationalität innerhalb eines mythischen Rahmenprogramms und erklärt mythische Einbettung in analytischer Weise. Ein sehr machtvoller Universalmythos war das Nāda-Brahman. Es ist keineswegs der einzige, aber ein besonders komplexes Beispiel dieses Kulturmusters, denn das Nāda-Brahman rekombiniert mehrere frühere Universalmythen, um einen neuen entstehen zu lassen. Das Kompositum Nāda-Brahman verschmilzt den primordialen Klang, der als vibrierender kosmischer Schall das ganze Universum erfüllt, mit dem (advaita)vedāntischen Brahman, d. h. dem nicht-dualen Sein-Bewusstsein-Glückseligkeitskontinuum als letzter Wirklichkeit. Der alte (vedāntische) Begriff Brahman, der seit vorchristlicher Zeit zentraler Schlüsselbegriff für den absoluten Geist und das absolute Sein war, das alle Existenz und das innere Selbst des Menschen durchdringt, wird in der Kombination mit dem śivaitisch-tantrischen Nāda transformiert und in eine sinnliche Substanz überführt, nämlich die Musik, welche die abstrakten Konzepte hörbar und erfahrbar macht. Um Śārṅgadevas „Klang-Brahman" zu verstehen, ist sehr viel kulturelles Wissen nötig, da der gelehrte Musikexperte des 13. Jahrhunderts aus allen relevanten Sprach- und Klangdiskursen seiner Zeit schöpfte. Hierzu gehören frühere musikologische Betrachtungen ebenso

13 Wilke und Moebus, *Sound and Communication*, x, siehe auch S. 296–330.

wie das Brahman-Konzept des berühmten Linguisten und Sprachphilosophen Bhartṛhari, wie im Folgenden deutlich wird.

2 Das Nāda-Brahman der indischen Musikologen

Das Nāda-Brahman ist kein uraltes indisches Konzept, wie oft angenommen.[14] Vielmehr war es der einflussreiche Musiktheoretiker Śārṅgadeva (13. Jahrhundert), der den Begriff „Nāda-Brahman" prägte und zu einer erfolgreichen Kategorie in der indischen Religionsgeschichte machte – nicht nur weit über die professionellen höfischen Musikerzirkel, sondern auch über den Hinduismus hinaus. Mit dem neuen Begriff Nāda-Brahman gab Śārṅgadeva der Musik nicht nur eine metaphysische Basis, er schuf auch eine theoretische Grundlage, Musik als direkten Weg zu Gott und als Essenz des Universums zu sehen. All dies war innovativ, aber nicht in jeder Hinsicht originell. Obgleich erst Śārṅgadeva den Terminus „Nāda-Brahman" einführte, war er dennoch nicht der erste, der den Nāda-Brahman-Gedanken vertrat. Zumindest partiell fand sich dieser bereits beim früheren Musikologen Mataṅga vorgeprägt, aus dessen Musikhandbuch *Bṛhaddeśī*[15] Śārṅgadeva in seinem eigenen opus magnum *Saṅgīta-Ratnākara*[16] den entscheidenden Gedanken zur Klangform der großen Götter und der ganzen Welt übernimmt und weiter entwickelt.

Beide Musikhandbücher sind primär sehr technische Traktate, welche frühe westliche Gelehrte aufgrund ihres musikwissenschaftlichen Inhalts interessierten. Die *Bṛhaddeśī* wurde bereits 1928 erstmals ediert und ist einer der frühesten Haupttexte indischer Musiktheorie, verfasst zwischen dem 7. und 10. Jahrhundert n. Chr.[17] Die *Bṛhaddeśī* galt und gilt als Quellentext der musikalischen Struktur und Komposition sowohl klassischer nordindischer (Hindustani) wie auch südindischer (karnatischer) Musik, die sich beide allerdings erst im 16. Jahrhundert voll bzw. in der heutigen Form entwickelten. Das Handbuch *Saṅgīta-Ratnākara* andererseits war bereits ein verfeinertes Werk zur Musiktheorie und zugleich eine Kompilation früherer und neuerer Traktate und Musikstücke. Seine Übersetzung in den 1940er Jahren erweckte großes Interesse unter europäischen Musikern und inspirierte die „Hindu-Rhythmen" von Olivier Messiaen. Im vorliegenden Artikel interessiert je-

---

14 U. a. sogar von Beck, *Sonic Theology*. Die Erörterung des Nāda-Brahman findet sich breiter ausgeführt in Wilke und Moebus, *Sound and Communication*, S. 830–913.

15 *Bṛhaddeśī of Śrī Mataṅga Muni*, 3 Bde., hrsg. und ins Englische übersetzt von Prem Lata Sharma, New Delhi 1992–1994.

16 *Saṅgīta Ratnākara of Śārṅgadeva: With Kalānidhi of Kallinātha and Sudhākara of Siṃhabhūpāla*, 4 Bde., hrsg. von S. Subrahmanya Sastri, Madras 1943–1953.

17 In der Sekundärliteratur wird Mataṅgas Lebenszeit sehr unterschiedlich geschätzt; das späteste Datum (um 10. Jahrhundert) zum Beispiel nennt u. a. Koch, „*Raga*-Music in North India", S. 64, während ein Musiktheoretiker, den er bespricht (ebd., S. 67), 800–900 n. Chr. nennt.

doch die musikphilosophische Seite, die im westlichen Diskurs weniger Beachtung fand, im indischen Diskurs aber sehr effektvoll wirkte.

2.1 Śārṅgadevas Nāda-Brahman – Die Welt ist Klang, Klang ist Gott, Gott ist Klang

Für Śārṅgadevas Nāda-Brahman (und bereits auch Mataṅgas Grundüberlegungen) ist es wichtig, sich zu erinnern, dass Musik and Sprache im hinduistischen Indien schwerlich getrennt werden können, da beide im Klang zusammentreffen. Während Sprache nie ganz vom Klang, d. h. von der Phonetik, der Rede und der Stimme, abtrennbar ist, ist Musik reiner Klang. Śārṅgadevas Primärmodell für Musik ist jedoch nicht Instrumentalmusik, sondern der Gesang, also wiederum vom Stimmmodell abgeleitet. Nach Śārṅgadevas *Saṅgīta-Ratnākara* (SaRa), enthält die ganze Welt und auch das eigene Selbst Nāda und Brahman – und Gesang mache dies besonders offenbar. Gesang ist nach Śārṅgadeva eine „(unmittelbare) Verkörperung des Nāda“ *(nāda-tanum)* (SaRa 1.1.1) und seinem Wesen nach „intrinsisch Nāda“ *(gītam nādātmakam)* (SaRa 1.2.1), während Instrumentalmusik den Nāda manifest macht *(vyaktya)* und der Tanz den beiden (Gesang und Instrumentalmusik) folgt. Alle drei Ausdrucksformen sind nach Śārṅgadeva somit abhängig vom und gegründet im kosmischen Nāda – genau wie das Alphabet, die Sprache, und die ganze Welt letztlich auf Klang basiert:

> Klang (Nāda) manifestiert sich in den Phonemen (des Alphabets), die Buchstaben (Silben) konstituieren das Wort und aus Worten werden Sätze gebildet. Somit wird das ganze weltliche Leben *(vyvahāra)* von Sprache angetrieben [und konstituiert]. Deshalb basiert die ganze Welt *(jagat)* auf dem Nāda. (SaRa 1.2.2)

Dieses Zitat illustriert nochmals eindrücklich, wie stark Sprache und Musik als eine Einheit wahrgenommen werden – gerade von den Musikologen. In der Welt der Musiker wird Sprache zu einer Subform von expressivem Klang. Die Klanglehre der indischen Musiktheorie geht von einer unmittelbaren Expressivität der Klänge aus. Nach dieser Lehre besitzen Klänge *caitanyam*, ein Wort, das oft mit „Bewusstsein“ übertragen wird, aber auch etwas „Lebendiges“ und „Sensitives“ konnotiert, im Gegensatz zur „Starrheit“ und „Insensivität“ der leblosen Materie *(jaḍa)*. Dabei ist für viele Musiktheoretiker das *caitanyam* des Klangs kein Individualbewusstsein, sondern identisch mit dem kosmischen Bewusstsein, in welchem sämtliche Gedanken, Gefühle und Vorstellungen aller Wesen des Universums zu einer Ganzheit und Einheit verschmolzen sind. Nicht zuletzt diese Qualität, die mit Klang assoziiert wird, führte zum Gedanken des Nāda-Brahman. Tatsächlich konstatiert Śārṅgadeva in seinen Versen zum Nāda-Brahman genau diese Eigenschaft:

> Das (kollektive) Bewusstsein *(caitanyam)* sämtlicher Lebewesen, welches sich durch eigene Kraft zum Kosmos wandelt *(vivṛta)*, ist das ‚Klangbrahman‘. Darin meditieren wir *(√upa-as)* die Seligkeit, das ‚Eine ohne ein Zweites‘. (SaRa 1.3.1)

> Meditieren wir den Klang, so meditieren wir ohne Zweifel auch die Großen Götter – Brahma, Viṣṇu and Śiva (Maheśvara) –, denn diese [Götter] sind ja nichts anderes als [Klang]. (SaRa 1.3.2)[18]

Śārṅgadevas Nāda-Brahman-Verse verweisen aber nicht nur auf die Idee des *caitanyam*, sondern bestehen aus mehreren relevanten Paraphrasen unterschiedlicher indischer Sprach- und Klangdiskurse, die hier in wechselseitiger Überblendung zu einer neuen Einheit zusammengefügt werden.

Wie schon angedeutet, konnte Śārṅgadeva mit seiner Idee des kosmischen Nāda auf Gedankengut zurückgreifen, das zu seiner Zeit schon sehr verbreitet war. Nāda als religiöse Kategorie und kosmologische Macht war gut bekannt in yogisch-tantrischen Zirkeln, aber auch in klassischer śivaitischer Theologie und sogar der Popularkultur. Bewusstsein und Klang-Energie gehören in diesen Kreisen intrinsisch zur höchsten Gottheit – dem höchsten Gott Śiva und seiner Schöpfermacht (Śakti), der Quelle des Universums. Nach den alten Śaiva Āgamas war das erste Evolut der Schöpfung – im Kontext der für diese Tradition typischen kosmogonischen *mantra*-Spekulationen – vibrierender Klang *(nāda)*. Auch hier wiederum stellt Sprache (in Form von *mantras*) das Basismaterial dar, aus dem die Klangkosmologie emergiert. Nach den Āgamas ist Klang basaler oder fundamentaler als Geist und Materie und existierte bereits vor ihnen. Solche Vorstellungen waren bereits Mataṅgas unmittelbarer Kontext und auch Śārṅgadeva webt sie in seine Klangmetaphysik ein.

Im Einzelnen enthalten aber die zwei zitierten Verse, die den neuen Begriff Nāda-Brahman einführen, gleich mehrere implizite Bezüge zu traditionellen Elementen und Vorstellungen. Der erste Vers (SaRa 1.3.1) spielt nicht nur und nicht primär auf die Nāda-Vorstellungen im Śaiva Tantra an, auf die der Nāda-Begriff implizit verweist, sondern auf den Brahman-Gedanken des Advaita Vedānta, d. h. auf das Brahman als absolutes, einzig wahrhaftes Sein oder absoluter Geist, der die Material- und Kausalursache der Welt bildet und dessen eigenste innere Natur reine Bewusstsein-Glückseligkeit ist, das Zentrum des eigenen Selbst jedes Menschen. Hier fallen Menschliches und Göttliches zusammen. Der Vers nennt „Seligkeit" und „Eines ohne ein Zweites" – wichtige Formeln der Upaniṣaden (ChU IV.2.1) und des Advaita Vedānta für die Nichtdualität allen Seins. Dieser Gedanke wird mit dem Klangbrahman unmittelbar verknüpft. Aber mehr noch, der Vers spielt zugleich auch auf die Brahman-Konzeption des berühmten Sprachphilosophen Bhartṛhari an. Mit Bhartṛhari finden wir bereits im 5. Jahrhundert n. Chr. in Indien einen *linguistic turn*. Bhartṛhari stellte die These auf, dass unsere gesamte Wahrnehmung auf Sprache basiert. Aber anders als moderne westliche Theorien postulierte er, dass diese sprachliche Verwurzelung letztlich

[18] caitanyaṃ sarvabhūtānāṃ vivṛtaṃ jagadātmanā |
nādabrahma tad ānandam advitiyam upāsmahe ||1||
nādopāsanayā devā brahmaviṣṇumaheśvarāḥ |
bhavanty upāsitā nūnaṃ yasmād ete tadātmakāḥ ||2||.

auf ein universales linguistisches Prinzip *(śabda-tattva)* zurückgeführt werden könne und müsse, das er auch „Wort-Bewusstsein" oder „Wort-Brahman" *(śabda-brahman)* nennt. Dieses Prinzip konstituiert nach Bhartṛhari eine umfassende, globale Form von Sinn, die über Einzelworte und -dinge hinausgeht. Die ganze Welt, so Bhartṛhari, ist nichts anderes als eine Metamorphose dieses einzigartigen Sprachprinzips oder Wort-Brahman, das die Bewusstseinsgrundlage für alle Menschen bildet. Śārṅgadevas Einführung des Nāda-Brahman (in 1.3.1) ist direkt und praktisch wortwörtlich aus der Bhartṛhari-Schule importiert, wenn er feststellt, dass sich das Bewusstsein *(caitanyam)* sämtlicher Lebewesen durch eigene Kraft zum Kosmos wandelt *(vivṛta)*. Es gibt aber einen alles entscheidenden Unterschied: Anstelle von Bhartṛharis Śabda-Brahman („Wort-Brahman") erscheint bei Śārṅgadeva das Nāda-Brahman („Klang-Brahman"). Wir finden somit eine deutliche Bewegung von der rein geistigen oder mentalen Ebene eines abstrakten Sprachprinzips und reinen Bewusstseins hin zu einer mehr physischen und sinnlichen Substanz – dem akustischen Klang, der der Sprache wie der Musik zugrunde liegt. Genau dieses klangliche Absolute ist zugleich näherhin definiert im Sinne des upaniṣadisch-vedāntischen Ausdrucks „Eines ohne ein Zweites". Das Nāda-Brahman ist somit nach Śārṅgadeva das Welt-Bewusstsein, in welchem Gott oder Göttliches, die Welt und die Individuen nicht voneinander geschieden werden können und eine kosmische Einheit bilden.

Darauf referiert ebenso der zweite Vers, (SaRa 1.3.2) der den früheren Musikwissenschaftler Mataṅga paraphrasiert und demzufolge der tantrischen Klang-Interpretation folgt. Bereits Mataṅgas *Bṛhaddeśī* enthielt einen Doppelvers, der postulierte, „die Welt ist Klang", und der das Nāda-Brahman antizipiert, ohne diesen Begriff zu verwenden:

> Ohne Klang gibt es keinen Gesang, ohne Klang gibt es keine Töne, ohne Klang gibt es keinen Tanz. Deshalb ist diese [ganze] Welt *(jagat)* ihrer Natur nach Klang.
>
> [Gott] Brahmā ist eine Form von Klang, [Gott] Viṣṇu (hier: Janardana) ist eine Form von Klang, die höchste transzendentale Macht *(Parā-Śakti)* ist eine Form von Klang, and [auch] der große Gott [Maheśvara, gemeint ist Śiva] ist eine Form von Klang. (*Bṛhaddeśī* 1.18–19)[19]

Śārṅgadeva folgt somit ganz unmittelbar Mataṅga, bei dem wortwörtlich die Aussage „die Welt ist Klang" zu finden ist, und implizit auch der Gedanke „Klang ist Gott" – „Gott ist Klang".[20] Dass die großen kosmologischen Götter nichts als Klang sind, heißt nichts anderes, als dass sie ihre je eigenen *mantras* haben und

---

19 na nādena vinā gītaṃ na nādena vinā svarāḥ |
na nādena vinā nṛtaṃ tasmān nādātmakaṃ jagat ||
nādarūpaḥ smṛto brahmā nādarūpo janardhanaḥ |
nādarūpā parā śaktir nādarūpo maheśvaraḥ || (*Bṛhaddeśī* 1.18–19, vol. 1, ed. Sharma, 6).

20 Bei Śārṅgadeva findet sich derselbe Gedanke bereits im allerersten Vers seines Werkes (SaRa 1.1.1). Es ist ein glücksverheißender *maṅgala*-Vers im kunstvollen *śleṣa*-Stil, der bewusste Doppeldeutigkeit ermöglicht, sodass sich der Vers auf Klang und Gesang wie auch den höchsten Gott Śiva beziehen kann.

nach tantrischer Auffassung identisch mit diesen *mantras* sind – denn ihre ganze Wirkmacht ist in den *mantras* einbeschlossen und durch *mantra*-Rezitation unmittelbar aktivierbar. Was das Nāda-Brahman betrifft, ist aber ebenso zentral, dass die panentheistische Sicht der Śivaiten automatisch zur Aussage „die Welt ist Klang" führen musste, denn wenn bereits die großen kosmischen Götter Klang(gestalten) sind und es keine Welt und nichts in der Welt außerhalb der göttlichen Sphäre (in der śivaitischen Theologie dem höchsten Gott Śiva) gibt, so sind alle Lebewesen und Dinge immer schon darin einbeschlossen.

2.2 Musikalische Erlösung – Musik als Yoga für jedermann

Śārṅgadevas Sakralisierung der Musik hat weitreichende Implikationen: Musik (als Zentralparadigma und Inbegriff von Klang) wird bei ihm zur physischen Ausdrucksform des Brahman. Das Singen und Hören von Liedern und Rāga-Musik ermöglicht demnach direkten Zugang, die Seele der Welt zu fühlen, zu spüren und zu erleben. Diese Seele, das Brahman, ist hier nicht ein abstraktes letztes Sein (wie im Advaita Vedānta oder bei Bhartṛhari), sondern voller emotionaler Farben und ästhetischer Stimmungen, denn mit den unterschiedlichen Rāgas der indischen Musik verbindet sich die Überzeugung, dass sie auf transpersonale oder überindividuelle Weise Gefühle ausdrücken und evozieren.

Indem Śārṅgadeva das Nāda-Brahman einführte, suchte er nicht nur der Musik bis hin zum einfachen Devotionalgesang eine metaphysische Basis zu geben. Er propagierte vielmehr auch eine praktische, soteriologische Funktion der Musik. Zentral waren für ihn die expressiven und erfahrungsmäßigen Qualitäten der Musik. So erklärte er das bloße Musikhören als eine besonders angenehme Form von Yoga für jedermann, da Musik leicht tief absorbiert und (nach indischem Verständnis) immer auch emotional berührt, im Gegensatz zur harten asketischen Praxis des Yoga (SaRa 1.2.164–167). Das von Śārṅgadeva verwendete Wort *rakti*, wörtlich „Gefühle auslösen", verweist zugleich auf den musikologischen Zentralbegriff „Rāga", den man mit „Melodiemodell" oder „melodischer Modus" übersetzen könnte. Nach der klassisch indischen Definition bedeutet „Rāga" eine tonale Struktur, die den Geist oder das Gemüt „einfärbt" *(rañjanam)*, d. h. Gefühle hervorruft.[21] Für Śārṅgadeva besteht kein Zweifel, dass insbesondere klassische indische Musik *(marga)* alle Wesen erfreut, sogar Kleinkinder und Tiere. Er geht sogar so weit zu behaupten, dass Musik von allem Übel befreit und alle vier großen Lebensziele erreichen lässt: materielles und geistiges Wohlbefinden *(artha)*, Genuss *(kāma)*, Moralität *(dharma)* und sogar letzte Befreiung oder Erlösung vom ewigen

21 Schon Mataṅga hat Rāga-Musik wie folgt definiert: „Eine bestimmte Melodie, die sich durch ihre Töne und deren Kombination charakterisiert und die das Gemüt der Menschen einfärbt, wird von den Weisen *rāga* genannt" (zitiert nach Koch, „*Raga*-Music in North India", S. 67).

Kreislauf der Wiedergeburten *(mokṣa)* (SaRa 1.1.13–14, 22–30; 3.1). Eine simple, vergnügliche Beschäftigung genügt somit, das höchste religiöse Ziel zu erreichen.

Śārṅgadevas Einführung des Nāda-Brahman führte dazu, der Musik eine ausgeprägt kosmische Dimension zuzuschreiben und sie selbst als Gottesdienst wahrzunehmen. Sie wurde zum einfachsten und besten Mittel, sich mit dem Göttlichen zu verschmelzen und Befreiung von weltlicher Bindung zu erlangen, insbesondere dann, wenn Musikmachen und Musikhören mit persönlicher Devotion verbunden ist. Über die Jahrhunderte finden wir viele Beispiele hierfür. Charakteristischerweise stellt z. B. Tyāgarāja (1767–1847), der berühmteste karnatische Musiker-Komponist fest:

> „Frömmigkeit verbunden mit dem Nektar der Töne/Noten (*svara*) and Melodien (*rāga*) ist wahrlich das Paradies und die letzte Befreiung"; „Die Freude an der Musik ist selbst die (höchste) Glückseligkeit des Brahman, von welcher der Vedānta spricht".[22]

Die Erfolgsgeschichte des Nāda-Brahman zeigt sich ferner darin, dass es die elitär-höfischen Musikerzirkel verließ und auch im populären Tantra, im Devotionalismus (*bhakti*), in der Veda-Exegese (*mīmāṃsā*) bis hin zu Bollywood-Filmen sowie in Sant-, Radhasoami- und Sufi-Kreisen und im Sikhismus eine neue Heimat fand.

2.3 Eine musikalische Sicht auf das kosmische Ganze

In der Sicht der kulturell sehr wirkmächtigen indischen Meinungsmacher Mataṅga, Śārṅgadeva, Tyāgarāja und anderer führt Musik zur Erfahrung höchster Glückseligkeit und offenbart kosmische Einheit, die nicht-duale Natur des Universums, in der es – analog der Musik – keine separierten, voneinander getrennten Entitäten gibt. Diese Weltsicht, die sich im Nāda-Brahman-Konzept ausdrückt, ist vielleicht die unmittelbarste Antwort auf die Frage: Wie sieht eine Weltdeutung aus, wenn die tägliche Erfahrung derart stark vom gesprochenen Wort und von Klangerfahrung geprägt ist wie in Indien? Oder abstrakter formuliert: Wie sieht eine Weltdeutung aus, wenn das fundamentale Element der sie hervorbringenden Erfahrungswelt weniger Logos und Visualität, sondern vielmehr das Klangliche ist?

Die vollständigste ‚große Erzählung' zu dieser Weltsicht liefert Śārṅgadevas Kommentator Kallinātha im 15. Jahrhundert (ca. 1430). Auch wenn Kallinātha sich offensichtlich mehr dem Advaita Vedānta angehörig fühlte als dem Tantra und deshalb konsequenterweise ein weniger substantielles Verständnis des Nāda-Brahman mitbrachte als Śārṅgadeva (der die Wirkungsgeschichte bis heute dominiert), ist doch die klanglich-musikalische und musikologische Sicht des kosmischen Ganzen sehr ähnlich. Kallinātha versteht Klang, konkret die Rāga-Musik, als perfekte Metapher des Brahman, im Grunde sogar als Metonym. Klangkontempla-

---

[22] Zitiert von Venkatarama Raghavan, in: *The Power of the Sacred Name. V. Raghavan's Studies in Nāma-Siddhānta and Indian Culture* (= Studies in Indian tradition, 4), hrsg. von William Jackson, Delhi 1994, S. 224.

tion führt nach ihm unweigerlich zum Brahman, auch wenn Klang nicht identisch mit dem Brahman ist. Gleichwohl sind die wichtigsten Charakteristika der Musik auch nach Kallinātha dem Brahman so ähnlich, dass Musik zum direkten Eingangstor in die Brahmanwirklichkeit wird:

> Der Klang ist ‚Eines ohne ein Zweites', denn er ist die [alleinige] Materialgrundlage seiner eigenen Produkte, der Töne, [Skalen und Rhythmen]. [...] Hierin gleicht [der Klang bzw. die Musik] seiner Gesetzlichkeit nach dem Brahman. [...] Sagt man, dass Klang und Brahman identisch seien, dann leugnet man sicherlich nicht, dass ‚Klang' nur ein auf die absolute Einheit projiziertes Bild darstellt. Und doch ist es eine (in jeder Hinsicht perfekte) ‚Metapher der Elemente' (*sāvayavarūpaka*), denn sämtliche Elemente des Klanges – wie etwa seine ihm eigene Sentienz (*caitanyam*) – [sind auch Elemente des Brahman].
>
> [...] In dieser ‚Fast-Gleichheit' von Nāda und Brahman finden wir [im Nāda somit] ein Symbol (Metonym), das bis ins Detail geht. Im einen wie im anderen finden wir analoge Komponenten, [nämlich in beiden] Bewusstsein, die Fundierung eines eigenen Kosmos und der Ursprung aller materiellen [Erscheinungsformen]. Dabei sollte nicht geleugnet werden, dass Nāda nur ein Symbol ist [und keine Identitätsaussage meint] [...] Tatsächlich ist Nāda (vibrierender Klang) oder Parā Vāc (die ‚transzendente Sprache') nur eine schöpferische Kraft oder Machtvollkommenheit des Brahman. Und doch ist sie dem Brahman so unendlich nahe, dass das Brahman selbst erreicht werden kann, wenn man Klang kontempliert.[23]

Kallinātha sieht Musik somit als das vollkommene Gleichnis oder Metonym (*sāvayavarūpaka*) des Brahman. Eine wichtige Korrelation besteht nach indischer Auffassung darin, dass Brahman reine Glückseligkeit ist, und auch Musik reine Freude und Glückseligkeit vermittelt, wenn sie mit Bewusstsein, Empathie und Tiefgang gehört und empfunden wird, und dass sie deshalb direkt in die göttliche Sphäre führt. Nach Kallinātha existiert im Klang und seinen wahrnehmbaren Produkten (Tönen etc.) genau dieselbe intrinsische Verbindung von Ursache und Wirkung wie im Brahman, dem „Einen ohne ein Zweites" (*Chāndogya-Upaniṣad* 2.1), das nicht nur als Kausal-, sondern auch als Materialursache der Welt verstanden wird und im Kontinuum von reinem Sein-Bewusstsein-Glückseligkeit, in welchem Menschliches und Göttliches zusammenfallen, die ganze Welt durchdringt wie Ton alle Tontöpfe.

Für Kallinātha wie für Śārṅgadeva offenbart Musik, und generell die Akustik, etwas über die nicht-duale Natur der Wirklichkeit. Das Nāda-Brahman wird von ihnen anscheinend assoziiert mit dem, was man in der modernen Akustik „harmonischen Klang" oder „harmonisches Spektrum" nennen würde. Auch wenn wir vermeinen, nur einen einzelnen Ton zu hören, hören wir doch in Wahrheit immer viele verschiedene Töne, ein Spektrum mitschwingender Einzeltöne, da jeder Körper, der schwingt, durch sein Schwingen ein harmonisches Spektrum produziert und jeder individuelle Ton in sich alle anderen individuellen Töne enthält –

23 Kallināthas Kommentar zu *Saṅgīta-Ratnākara* 1.3.1–2, hrsg. von Sastri, S. 63; Übersetzung von Oliver Moebus (unveröffentlichtes Manuskript); vgl. auch Wilke und Moebus, *Sound and Communication*, S. 845.

gleichsam in Form eines mitvibrierenden Klangraums. Śārṅgadeva verweist auf eine vibrierende Saite als Illustration für diese einzigartige Natur des Klangs. Der Bordunklang der im 16. oder 17. Jahrhundert entwickelten Tāmpūra, einem bundlosen Saiteninstrument, wurde geradezu zum Paradebeispiel für den kosmischen, allgegenwärtigen Nāda. Der Klang der Tāmpūra ist von den gespielten Tönen her statisch, weil immer nur ein einziger Akkord (g-c-c') produziert werden kann. Jedoch ist dieser Klang extrem obertonreich und wirkt trotz seiner oberflächlichen Statik gleichsam oszillierend, schillernd, in sich bewegt und sehr lebendig. Wenn man der Tāmpūra lauscht, kann man nie genau sagen, ob man nun nur *einen* oder *viele* Töne hört; man hört immer eine tonale Einheit und Vielheit zugleich. Genau diese Einheit in Vielfalt ist ein Gedanke, der sehr stark mit dem Brahman- und dem Nāda-Brahman-Konzept verbunden ist.

Das Universalmythische des Nāda-Brahman zeigt sich in dieser vielfältigen Verbindung reflexiver, technisch-analytischer und mythisch-holistischer, sensueller und affektiver Daten sowie in der Konvergenz und Identifikation abstrakter Ideen und konkreter Hörerfahrung, die das transzendente Brahman und den an sich unhörbaren kosmischen Nāda letztlich doch hörbar und sinnlich fassbar machen.

2.4 Ein Nāda-Brahman-Lied im Śaṅkar Rāg – die Nāda-Brahman-Stimmung im Gesang

Es ist vermutlich mehr als ein Zufall, dass nicht nur die Tāmpūra, sondern generell die monodische, extrem mikrotonale indische Modalmusik mit ihrem Obertonreichtum, der eine dichte, konstante Klangpräsenz entstehen lässt, zu einem sinnlichen Symbol des Brahman wurde, der göttlichen Wirklichkeit, die alles durchdringt und „ohne ein Zweites" alles in sich enthält. Die Struktur selbst wies eine Art Wesensverwandtschaft auf. Dies wird nicht nur an dem folgenden Beispiel eines Liedes zum Nāda-Brahman deutlich, dessen Text wie auch Vertonung und melodische Realisierung eine Repräsentation des Nāda-Brahman darstellen will. Es gilt für die Rāga-Musik insgesamt. Bevor ich auf das Lied eingehe, ist es deshalb sinnvoll, die besonderen Charakteristika dieser Musik zu umreißen.

Im Unterschied zur westlichen klassischen Musik mit ihrer Harmonik, Orchestrierung und Polyphonie, ist die indische Rāga-Musik eine monodisch-einstimmige Tonkunst. Sie bezieht ihr ganzes klangliches Leben aus einem überaus differenzierten Tongeschlechtsgefühl – das 72 „Tonarten" kennt im Unterschied zu den zwei Tongeschlechtern der westlichen Musik, Dur und Moll – sowie einem unerschöpflichen Reichtum von feinsten klanglichen Verzierungen und mikrotonalen Färbungen.[24] Typisch für diese Musik ist ferner, dass die klar definierten auf- oder

24 Ich beziehe mich hier und im Folgenden auf Eva M. Kollin, „Über die klassische indische Musik", in: *NZZ* (08.10.1963), S. 6; dies., „Über die Lehre vom Wesen des Klangs in der indischen Metaphysik" (unveröffentlichtes Manuskript, 18.08.1966), S. 2; Ronald Kurt, *Indien und Europa. Ein kultur- und musiksoziologischer Verstehensversuch*, Bielefeld 2009; Wilke

absteigenden Skalen eines bestimmten Rāgas sich aus einem konstanten, ständig gegenwärtigen und mitklingenden Grundton entwickeln. Dabei sollen die Hörer befähigt werden, den permanenten Grundton und die Töne der Melodie als organische Einheit zu erleben.

Hinzuweisen ist auch auf die Differenziertheit und Vielfalt der Rhythmen und den beachtlichen Anteil an Improvisation, welche die indische Musik eher dem Jazz als der westlichen Klassik annähern. Ein wichtiger Unterschied auch zum Jazz besteht jedoch darin, dass der modale Musiker an keinen absoluten Zeitrahmen gebunden ist. Der Modus selbst determiniert nur relative Zeitquantitäten. Trotz des Reichtums tonaler Verzierungen und rhythmischer und melodischer Diversität vermitteln Rāgas einen in sich ruhenden Eindruck und ein Gefühl von Ewigkeit und Zeitlosigkeit. Vermutlich war es genau dieses Ewigkeitsmoment, das als spirituell erfahren wurde, als Rāga-Musik in den 1960er und 70er Jahren westliche Konzertsäle eroberte und in die westliche Populärmusik eindrang. Der Jazzhistoriker Joachim Berendt charakterisiert Modalmusik als intrinsisch spirituell und spricht von „einer Auflösung der Zeit" und einer „Erfahrung von Einheit" und „Frieden" beim Hören klassisch-indischer Musik.[25]

Jeder Rāga ist auf bestimmte Noten oder Skalen festgelegt, wobei sich ein Rāga-Modus auf fünf bis sieben Töne beschränkt. Insofern sind Rāgas eigentlich nur Tonskelette oder Rahmenprogramme, die in der Aufführung ausgestaltet werden müssen. Für das Wie der Ausgestaltung ist fundamental, dass geltend gemacht wird, jeder einzelne Rāga besitze eine ihm eigene Stimmung, einen ihm je eigenen emotionalen Gehalt als „Essenz" (*rasa*). Jeder Rāga gilt als eine eigene individuelle Persönlichkeit oder sogar als eine lebendige Verkörperung (eines Aspekts) des Göttlichen oder eines bestimmten Gottes. Neben den Stimmungen und Emotionen, die als im Rāga angelegt gelten, werden für die Realisierung der melodischen Individualität eine Reihe außermusikalischer Aspekte sozusagen als Stimmungsverstärker mitassoziiert: übernatürliche Kräfte, Gottheiten (oft kommuniziert im Rāga-Namen), Jahreszeiten und insbesondere auch Tageszeiten, in denen der Rāga aufgeführt werden sollte und die der Rāga-Stimmung entsprechen.[26] Musiker und

und Moebus, *Sound and Communication*, S. 821–824. Kurzüberblick über alle technischen Details: Koch, „*Raga*-Music in North India", S. 68 f.

25 Joachim Berendt, *The World is Sound: Nada Brahma. Music and the Landscape of Consciousness*, Rochester 1991, S. 159 und 168.

26 Vgl. Koch, „*Raga*-Music in North India", S. 64–68. Nach Koch führte die Assoziation eines Rāgas mit einer bestimmten Gottheit dazu, den Rāga selbst als diese Gottheit wahrzunehmen. Er postuliert, dass der „Geist des Rāga" durch Gebet und ein intensives Sich-Hineinversetzen in das jeweilige Rāga-Image zu einer „ekstatischen Schau" (*ecstatic vision*) desselben führe (ebd., S. 65). In diesem Kontext seien die berühmten Rāgamāla-Bilder, die Visualiserungen von Rāgas, entstanden. Den Rāgas als Klang-Persönlichkeiten werde Macht über die physische Welt zugeschrieben, z. B. soll der Rāga Dipak Feuer produzieren, der Rāga Kedar Wände zerstören und der Rāga Megh Regen herbeiführen können, wenn korrekt gesungen und gespielt (z. B. zur richtigen Tageszeit). Umgekehrt würde Unkorrektheit, z. B. eine unpassende Note in der Realisierung der Rāga-Stimmung nach traditioneller Ansicht nicht nur die Rāga-Persönlichkeit zerstören, sondern auch Unheil für den Mu-

Sänger sollen diese Stimmung nicht tonmalerisch beschreiben oder darstellen, sondern sie erreichen und sich mit ihr identifizieren. Die eigentliche Kunst besteht deshalb nicht primär in technischer Virtuosität, sondern darin, den Ausdruckscharakter, die ästhetische emotionale Atmosphäre durch die Entwicklung und tonale Ornamentierung des „Rāgaskeletts" zu „erwecken" und hierfür die eigenen Talente bis zur letzten Verfeinerung zu nutzen. Die unterliegende Stimmung ist das Entscheidende in der Instrumental- wie Vokalmusik, aber gerade in der letzteren: der Sänger oder die Sängerin will diese Stimmung aufnehmen, weitertransportieren und weiter ausgestalten.

Indische Musiker sind deshalb nicht nur *performing artists*, sondern auch Komponisten. Ihre Werke, die Rāgas, entstehen im Moment der Aufführung und gehen mit dieser wieder zu Ende, da sie genau in dieser Form niemals wiederkehren werden. Ein Notationssystem, wie es das folgende Notenbeispiel zeigt, war traditionellerweise nicht vorgesehen.[27] Jeder Künstler, jede Künstlerin passt sich dem präexistenten komplexen Netzwerk tonaler Relationen und Regeln an und entwickelt bzw. realisiert die Rāgastimmung auf dieser Grundlage in freier Improvisation. Zweifellos spielen deshalb auch tradierte Muster (*patterns*) eine wichtige Rolle, jedoch betonen indische Musiker, dass diese sich im Spielen quasi spontan ereignen. Ebenso werden die Noten und Rāgamelodien als zeitlos existierend und ewig gültige Klangformen und Charaktere wahrgenommen, deren emotionale Qualitäten immer schon latent vorhanden waren, bereit erweckt zu werden. Durchwegs betont wird die rein passiv-hingebende und empfangende Rolle des Künstlers und die Selbstvergessenheit und Ichlosigkeit beim Musikmachen. Das indische Musikerideal ist nicht der Genius, der Neues schafft, oder der sensible Künstler, der in der Aufführung seine eigenen Gefühle ausdrückt. Es besteht vielmehr darin, das, was ewig und zeitlos wertvoll ist – die Klangformen und ihre emotionalen Essenzen – in Erscheinung zu bringen. In der Rāga-Improvisation übergeben sich die Musiker völlig dem Rāga und seiner Stimmung und verschmelzen mit ihm. Noch heute ist dieses Ideal sehr wichtig, wie Aussagen von nord- und südindischen Musikern zeigen: „Wenn wir zu singen beginnen, vergessen wir uns selbst", „Im Mo-

siker bringen. Auffallenderweise gelten all diese Aspekte auch für tantrische *mantras* (= *mantra*-Gottheiten!), die offenbar stark auf die Rāga- und Nāda-Brahman-Vorstellungen eingewirkt haben.

27 Transmission und Musiklernen geschieht auch heute noch in der Regel in der traditionellen face-to-face Lehrer-Schüler-Unterweisung (*Guru-śiṣya-paramparā*). Vgl. Koch, „*Raga*-Music in North India", S. 72 f.; Wilke und Moebus, *Sound and Communication*, S. 877–878; Kurt, *Indien und Europa*, S. 151–158. Kurt (ebd., S. 147 und 157) macht auf die damit zusammenhängenden, völlig anderen Ausgangsbedingungen und Wirkungen im Vergleich zum westlichen Lehrsystem aufmerksam: Musiklektionen beginnen mit Tönen und nicht mit Worten, betont wird Mimesis, Singen wird als ein Prozess der Vereinigung erlebt – sowohl mit dem Lehrer wie mit Klang; dadurch entstehe ein ozeanisches musikalisches Gefühl der Einheit.

ment des Singens löst sich die Identität auf" oder „der Rāga singt durch mich".[28] Diese Haltung des Musikmachens ist ein weiteres Argument Berendts, dass indische Musik inhärent spirituell sei.

Professionelle Rāga-Musik setzt eine lange Ausbildung und viele Jahre Training voraus. Sie erfordert Fleiß und Können, wie auch ein hohes Maß an Einfühlungsvermögen, Imagination und emotionalem Engagement. Die Improvisation, die die Rāga-inhärenten Stimmungen und Gefühlsgehalte herausarbeiten und zur Darstellung bringen will, ist an subtile Regeln für das melodische und ornamentale Gestalten gebunden.[29] Zugleich verlangt sie „Eingefärbtheit" (*rakti*), die vollkommene Identifikation mit dem Rāga-Thema und eine persönliche Vertiefung in den Liedtext. Nach der indischen Definition ist es einzig die hörbare emotionale Einbezogenheit, *rakti*, welche Gesang (*gāna*) von den festgelegten Formen der Rezitation (*pāṭha*) unterscheidet. Obgleich auch Rezitationen einen ästhetischen Effekt haben, bringt sich der Vortragende nicht selbst persönlich ein, sondern reproduziert nur traditionell vorgegebene klangliche Muster. Rezitationen sind keine persönlichen Gefühlsäußerungen. Beim devotionalen Kunstgesang ist dies anders. Es ist eine sehr persönliche und hoch individualisierte Praxis – auch im Unterschied zum devotionalen Gruppengesang von Hymnen und *bhajans* mit einfachen, vorgefertigten Melodien. In der indischen Musik wird strikt zwischen dem Singen einer vorgefertigten Melodie und dem freien Improvisieren (*ālāp*) unterschieden. Nur letzteres gilt als echte Kunst und wirkliche Kunstmusik. Aus der persönlichen emotionalen „Eingefärbtheit" heraus beginnt eine Sängerin oder ein Sänger einen Vers oder eine Hymne und einen Rāga zu gestalten. Es ist – idealiter – ein sehr verinnerlichtes Singen, reiner Gefühlsausdruck, wobei die musikalische Gestaltung eher in einem passiven als in einem aktiven Modus erfolgt.

Trotz des Ideals und der kultivierten Praxis der Ichlosigkeit sind aufgeführte Rāgas sehr persönliche Zeugnisse und enthalten durch die Art der Improvisation einen guten Teil eigener Kreativität des Musikers/der Musikerin. Jeder Sänger wird einen spezifischen Rāga und die Lyrik ganz individuell und jeweils etwas anders interpretieren und gestalten. Dergestalt entstehen im Gesang eines Lieds mit religiösem Inhalt je persönliche, eigenständige Theologien – allein durch die Gestaltung, die Klangfarben, die musikalische Interpretation; etwa welche Worte betont, laut oder leise, gedehnt, langsam oder schnell gesungen werden, ob sie klanglich besonders verziert und hervorgehoben werden, z. B. durch ausgeprägte kunstvolle Triller, etc.

Das folgende, als Notenbeispiel abgedruckte Nāda-Brahman-Lied im Śaṅkar Rāg[30] ist ein gutes Beispiel für die indische Improvisationskunst, die aus jedem gesungenen Rāga ein eigenständiges Tonwerk schafft und jedem Sänger eine ganz

---

28 Zitiert bei Kurt, *Indien und Europa*, S. 42; siehe auch Wilke und Moebus, *Sound and Communication*, S. 875 f.

29 Koch, „*Raga*-Music in North India", S. 68.

30 So die Hindi-Aussprache des Rāga Śaṅkara (Sanskrit).

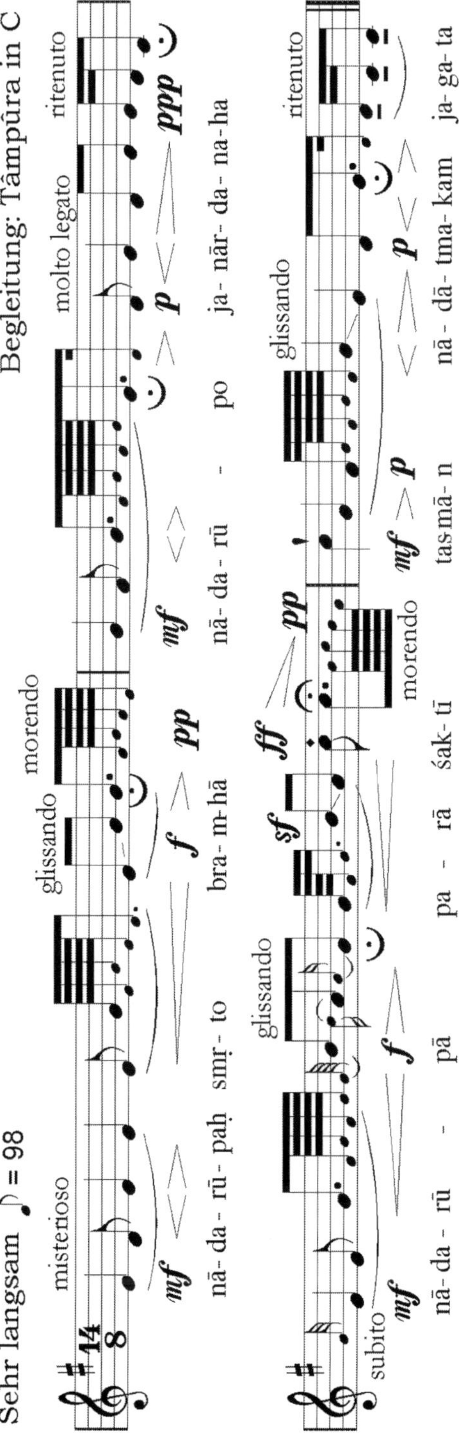

Abb. 4: Notenbeispiel: Musikalische Repräsentation des Nāda-Brahman im Śaṅkar Rāg (Notation Oliver Moebus)

persönliche Gestaltung erlaubt, welche bei religiösen Liedern (implizit) zu einer persönlichen Theologie wird. Das Lied stellt eine musikalische Repräsentation des Nāda-Brahman dar, sowohl was den Liedtext wie auch Melodie und klangliche Realisierung angeht. Der Sänger hat den Rāga Śaṅkar ausgewählt, den er offenbar für besonders passend hält, die Nāda-Brahman-Stimmung zu evozieren. Die folgende Notation kann den starken Klangeindruck der wunderschönen, reich verzierten Rāgamelodie nur schwerlich fassen, ein Klangeindruck, der durch die etwas raue Stimme des schon alten Sängers und seinen feierlich langsamen, getragenen, sonoren und obertonreichen Gesang noch verstärkt wird. Schwer fassbar bleibt auch das Atmosphärische der friedvollen, auspiziösen und kontemplativen Stimmung, die nicht nur der Gesang hinterlässt, sondern auch im Namen „Śaṅkar" anklingt – einem Namen Śivas in seiner milden und segensreichen Form – und in besonderer Weise mit dem frühen Morgen assoziiert wird, der Tageszeit, welcher der Śaṅkar Rāg zugeordnet ist.

Der Liedtext in Übersetzung lautet:

> In Form von Klang (*nāda*) denke ich an [den Gott] Brahmā, in Form von Klang denke ich an [den Gott] Viṣṇu [hier: Janārdana], in Form von Klang denke ich an die höchste transzendentale Macht (*parā śakti*) [des großen Gottes Śiva] – deshalb ist die [ganze] Welt ihrer Natur nach Klang.

Unschwer ist erkennbar, dass dieser Liedtext ein fast wörtliches Zitat aus Mataṅgas Musikhandbuch *Bṛhaddeśī* (1.18–19) ist. Der Text referiert auf die Hypostase des Klangs in den großen Gottheiten und reflektiert zugleich das Phänomen des Klangs selbst – die ganze Welt ist ihrer Natur nach Klang. Im Gedenken und der Invokation dieser Klangnatur und durch die Vertonung mit dem Śaṅkar Rāg wird der Text zu einem sogenannten Maṅgal-śloka, d. h. einem glückverheißenden Text, der in diesem Falle „Ruhe und Frieden" (*śanti*) vermitteln soll. Über die textliche Situation hinaus ist das melodische Modell interessant, das die semantische Bedeutung, Ideologie und emotive Stimmung, die mit dem Nāda-Brahman verbunden wird, kongenial in Musik übersetzen will und damit ein „klangliches Absolutes", das die ganze Welt durchzieht und in der Musik unmittelbar erlebt werden kann, hörbar machen will. Diese Musikalisierung der Semantik wie auch die Semantisierung der Musik werden im Folgenden ebenso interessieren wie die Emotion oder ästhetische Stimmung (*rasa*) der Melodie bzw. die Vokalisierung und Hörerfahrung dieser Stimmung

Das Lied im Śaṅkar Rāg evoziert – zumindest für indische Ohren – eine Stimmung innerer Ruhe und quasi göttlichen Friedens und gleichsam einer weltumspannenden und welttranszendierenden klanglichen Verbundenheit allen Seins. Dieser spezifische Klangeindruck ist vor allem Produkt des ausgewählten Rāga Śaṅkar, bekannt als einer der frühen Morgen-Rāgas, die kurz vor Sonnenaufgang gesungen werden – der Zeit des persönlichen Gebets. Wie schon dargelegt, sind Rāgas eigentlich nur Melodiegerüste, die vom Sänger in freier Improvisation ausgestaltet, phrasiert und ornamentiert werden. Indisch-musikalisch gesprochen muss der Sänger einen Rāga zum Leben erwecken, d. h. die im Liedmodell angelegte emotionale Stimmung möglichst kongenial herausarbeiten bzw. sich in diese voll und ganz einschwingen und sie so dem Publikum sympathetisch und spontan zugänglich machen. Dies gilt als große und eigentliche Kunst. Tatsächlich unterstreicht auch im vorliegenden Beispiel die in Schrift übertragene improvisierte Interpretation des Sängers die im Rāga angelegte Stimmung von friedvoller Ruhe, Devotion und kontemplativer Frömmigkeit, die mit dem frühen Morgen assoziiert wird. Zugleich invoziert das melodische Modell die „Stimmung des Nāda-Brahman", von dem die Worte des vertonten Liedtextes sprechen – Mataṅgas suggestiven Vers zur sonischen Natur der großen kosmischen Götter und der ganzen Welt, die von vibrierenden Klang durchzogen ist. Die Melodie und ihre Ausgestaltung durch den Sänger evoziert überdies auch Śārṅgadevas späteres Postulat, dass Singen und Musikhören eine Art Yoga sind, da sie eine Stimmung übernatürlicher, höchster Glückseligkeit hervorrufen. Der Sänger vermeidet die großen Sprünge, die im Śaṅkar Rāg eigentlich angelegt wären, sodass eine ruhige, wellenförmige Melodie entsteht. Alle Töne verschmelzen miteinander, es gibt keine scharfen Kontraste, was einen in sich ruhenden Charakter der Melodie vermittelt. Auch der musikalische Vortrag ist langsam und getragen. Der Śaṅkar Rāg ist besonders reich an fundamentalen Obertönen, welche den Eindruck von Ruhe, Pietät und Feierlichkeit der Melodie unterstützen. Genau dies wird vom Sänger noch verstärkt durch eine leichte, fast unhörbare Abweichung von der Basisstruktur des Śaṅkar Rāg, nämlich der Hineinnahme des fis (ebenfalls ein wichtiger primärer Oberton). Dies hinterlässt den Eindruck eines ewigen Echos. Die musikalische Kommunikation scheint auf die innere Verbundenheit und non-duale Einheit aller singulären Elemente (ob Töne oder weltliche Phänome) im Klang und im Göttlichen anspielen zu wollen. Damit wird die Grundidee des Nāda-Brahman-Konzepts (wie es vor allem Śārṅgadevas Kommentator Kallinātha dargestellt hat) in eine sensuelle Realität übersetzt und im Gesang erfahrbar gemacht.

Man kann hier von einer Semantisierung des Klangs wie auch einer Musikalisierung der Semantik sprechen, in der sich die Bedeutung „der Kosmos ist Klang" musikalisch spiegelt und Nāda, den unhörbaren, kosmischen Klang in eine konkrete Klangsubstanz und Hörerfahrung übersetzt. In dieser Analyse lassen sich verschiedene Ebenen auseinanderhalten. Während die reine Stimmung von Ruhe und Frieden vermutlich auch für einen nichtindischen Hörer transkulturell relativ einsichtig ist, ist es der semantische Sinn keineswegs. Der Vers zum Klang ist dem des Sanskrit und der indischen Kultur unkundigen Leser nicht einfach zugänglich. Das zeigt, dass der linguistische Aspekt und der Klang nicht auf derselben Bedeutungsebene anzusiedeln sind, vielmehr je eigene Bedeutungsvalenzen haben. Für das Verständnis des Inhalts des Liedtextes ist viel kulturelles Wissen nötig, weil hier kulturspezifische Glaubensvorstellungen, Theologeme und Mythologeme eine wichtige Rolle spielen. Mit der Kenntnis des semantischen Sinns, wenigstens in seinen Grundzügen – dem Thema Klang in assoziativer Verbindung mit dem

Kosmischen – ergeben sich aber interessante Gesichtspunkte zur Semantisierung des Klangs in der musikalischen Faktur wie auch zur Musikalisierung bzw. musikalischen Interpretation des Textes. So erklärt sich z.B. der plötzliche und einzige Quartsprung auf dem Wort *tasmāt* (hier *tasmān*, „deshalb“ oder „deswegen“) daraus, dass hier der primäre logische und syntaktische Einschnitt ist: „deshalb ist die ganze Welt ihrer Natur nach Klang“. Auch das *fortissimo* auf dem Wort *śakti*, „Macht“, ist semantisch motiviert. „Macht“ meint hier die kosmogonische oder Schöpfungsmacht des transzendenten Gottes Śiva, der das Universum schafft, und personifiziert als Gattin Śivas oder autonome Göttin erscheint. Kontrastiv dazu ist das *pianissimo* und das *ritardando* auf dem Wort *janārdana*, das den Gott Viṣṇu bezeichnet. Der Sänger betont den wichtigen Aspekt Viṣṇus als Gott der Innerlichkeit, der im Herzen wohnt, im Gegensatz zur kosmogonischen *śakti*. Schließlich vermitteln die zahlreichen sich neigenden Obertöne auf absteigenden Skalentönen (z.B. auf dem „hā“ im Wort Brahm-hā, auf dem „po“ in *rūpo* oder dem „ti“ in *śakti*) einen hingebungsvollen Tonfall und bilden damit die typische Haltung der liebenden Hingabe und Devotion (*bhakti*) ab. Hierin liefert der Musiker eine ganz persönliche Interpretation des Textes, insofern liebende Hingabe hermeneutisch nicht unbedingt aus dem Text erschließbar ist. Mit der gesanglichen Realisierung der Götternamen und dem hingebungsvollen Tonfall entwickelt der Sänger des Morgen-Rāga eine persönliche Theologie und verwandelt den Vers aus Mataṅgas Musikhandbuch in ein Gebet.

2.5 Zur Globalisierung des Nāda-Brahman

Der große Erfolg des Nāda-Brahman im religiösen Leben Indiens – sogar über die Hindu-Traditionen hinaus, z.B. auch in Sufi-Kreisen und im Sikhismus – lässt sich vermutlich am besten damit erklären, dass das Nāda-Brahman ein ausgesprochen holistisches Symbol darstellt. Es war von jeher etwas Abstraktes und Konkretes zugleich. Dabei kommunizierte es eine nicht-duale Weltsicht und einen genuinen Erlösungsweg über die Musik – mit der Begründung, dass die Struktur der Musik unmittelbare Partizipation an der Essenz des Universums erlaube. Musik machte das abstrakte Brahman greifbarer und leichter erlebbar. Dank der Musik wurde Brahman zu einer sinnlichen Substanz, dem hörbaren Nāda-Brahman. Musik brachte unmittelbar Freude und war ausdrucksvoll und gefühlsanregend – im Unterschied zum Brahman, das per Definition den Sinnen enthoben ist, aber auch im Unterschied zum unhörbaren primordialen Klang der Śaiva-Āgamas. Indem man Musik hört, so der Anspruch, hat man unmittelbaren Zugang zur Einheit der Wirklichkeit und zur weltimmanenten und welttranszendenten Natur des Göttlichen – und zwar nicht nur via intellektueller Einsicht, das ist hier sehr entscheidend, sondern unmittelbar über die Sinne und Emotionen. Dergestalt konnte Musik als etwas Spirituelles und als Gottesdienst erlebt werden, zugleich aber auch ganz einfach als Unterhaltung und vergnügliche Beschäftigung, die den Musikern Spaß macht und den Hörern Freude bereitet.

Es würde den Rahmen sprengen, die weitere Rezeptionsgeschichte des Nāda-Brahman darzulegen, die weit über die ursprüngliche höfische Elitekultur hinausging.[31] Wenigstens aber soll darauf aufmerksam gemacht werden, dass dieses so stark kulturell geprägte Symbol eine ebenso starke transkulturelle Wirkungsgeschichte hatte. Eine der wirkmächtigsten Personen ist diesbezüglich der schon erwähnte Joachim Berendt.[32] Die meisten westlichen Menschen, die den Begriff Nāda-Brahman überhaupt kennen, haben ihn vermutlich durch Berendt kennengelernt.[33] Das gilt selbst für manch einen modernen Inder. Wir lesen häufig, ob in einer indischen Publikation oder im Programm der Ouverture Spirituelle in Salzburg, die 2015 dem Hinduismus gewidmet war, dass das Nāda-Brahman in Indien ein uraltes, vedisches Wissen darstelle. Das ist direkt von Berendt übernommen, der die Formel „die Welt ist Klang" darüber hinaus als uraltes Menschheitswissen in den Mythen aller Völker und als Ausdruck modernster Physik ‚verkauft'. Tatsächlich aber war das Nāda-Brahman eine Erfindung Śārṅgadevas im 13. Jahrhundert. Berendt lernte das Konzept über indische Musiker wie Ravi Shankar kennen. Ähnlich wie Śārṅgadeva kreierte Berendt einen neuen Universalmythos – nun einen des New Age. Auch Berendts zweites Anliegen, die Verbreitung indischer Modalmusik, welche in den 1960ern eine ganze Generation von jungen Musikern im Westen verwandelte, ihre Weltsicht veränderte und wieder mehr Spiritualität in die Musik einführte – zuerst im Jazz, dann in Rock und Pop, und bald auch in Minimal Music, Meditationsmusik und Weltmusik –, ist primär den eigenen alternativ-spirituellen Interessen des Jazzhistorikers geschuldet.

Gleichwohl bleibt Berendts Buch lesenswert, insbesondere als Zeitdokument, weniger aber als Traktat zum Nāda-Brahman, denn einige zentrale Punkte blieben unverstanden. Unter dem Einfluss indischer Musiker hat Berendt aber dennoch bestimmte Grundparadigmen gut erfasst – angefangen mit der Formel „die Welt ist Klang" und implizit auch der Idee der Musik als Yoga für jedermann und das damit verbundene substantielle Verständnis des Nāda-Brahman („Klang ist Gott"). Vor allem aber hat Berendt zu Recht auf die wichtige Rolle der Musik als Mittel zur weltweiten Verbreitung indischer Ideen aufmerksam gemacht. Schon früh, d. h. in den 1980er Jahren, hat er transkulturelle Verflechtungen und breite Prozesse

31 Ausführlicher diskutiert in Wilke und Moebus, *Sound and Communication*, S. 818–1016. Bereits die höfische Kultur umfasste hinduistische und muslimische Musikerfamilien, wobei letztere kein Problem hatten, hinduistische Vorstellungen zu übernehmen; vgl. Koch, „*Raga*-Music in North India", S. 72.

32 Ausführlicher zum Folgenden: Annette Wilke, „Moving Religion by Sound: On the Effectiveness of the Nāda-Brahman in India and modern Europe", in: *Aesthetics of Religion – A Connective Concept*, hrsg. von Alexandra Grieser und Jay Johnston, Berlin/Boston 2017.

33 Berendts Radiosendungen zum Nada-Brahman waren extrem erfolgreich und führten zum populären Buch *Nada Brahma: Die Welt ist Klang*, das 1983 erstmals erschien und 1987 mit einem Vorwort Capras auch in englischer Übersetzung publiziert wurde: Berendt, *The World is Sound*.

religiösen Wandels dokumentiert: die Individualisierung und Pluralisierung von Religion und die hochgradige Indien-Inspiriertheit moderner alternativer Spiritualität. Musik hatte auf letztere keinen unwesentlichen Einfluss und zumindest partiell hat auch die Nāda-Brahman-Idee daran mitgewirkt. Sie hat u. a. einen Rückgriff auf antike Sphärenmusik und neue Praxisformen wie Nada-Meditation und Nada-Therapie inspiriert.

3 Differenzierung und Entdifferenzierung – ein Schlusswort

Ein wichtiges Argument dieses Artikels ist, dass der hier geschilderte spezifische kulturelle Kontext nicht nur dafür ausschlaggebend war, dass sich ein absolut positives und symbiotisches Verhältnis zwischen Religion und Musik entwickelte, sondern auch dafür, die Welt als klanglich konstituiert wahrzunehmen und Musik als unmittelbaren Zugang zum Kosmos und zum Göttlichen zu verstehen und zu erleben. Musikmachen und intensives Musikhören wurden als „Brahmanglückseligkeit" wahrgenommen – mit emotionalen Stimmungen und Empfindungen, in denen Freude, Friede, Ruhe, Ergötzen, Versenkung und selige Selbstvergessenheit vorherrschen. Im vorliegenden Artikel wurde die Differenz zu anderen Kulturen betont, wo das Verhältnis von Religion und Musik oft weniger harmonisch ist, z. B. wo die beiden in Konkurrenz zueinander stehen oder Musik gar als Gefahr wahrgenommen wird – sowohl weil sie Emotionen auslöst und totale Absorption, Trance und Verzückung hervorrufen kann (was als unmoralisch gedeutet werden könnte), wie auch, weil sich in der Musik und in solchen Gemütszuständen die Grenzen zwischen profan und sakral auflösen und auch nicht-religiöse Musik große Transzendenzerfahrungen bewirken kann.[34] Genau aus diesen Gründen wiederum haftet der Musik nach indischer Auffassung etwas Göttliches an.

Mein Schlusswort soll jedoch nicht der Differenz, sondern der Entdifferenzierung gelten. Damit meine ich nicht nur die Entwicklungen, die das Nāda-Brahman zu einer globalisierten, transkulturellen und transreligiösen Kategorie machten, sondern Gemeinsamkeiten menschlicher Erfahrung.

Manch ein kritischer ‚aufgeklärter' Europäer mag beim Lesen dieses Artikels vielleicht ärgerlich gedacht haben, die hier vorgestellte indische Musikauffassung sei doch wohl allzu harmonisch, zu idealistisch und idealisierend, angefangen mit Śaṅgadevas einseitig wirkender Überzeugung, das hervorstechendste Merkmal von

---

34 Ich beziehe mich für diesen Transzendenzbegriff auf die philosophische Anthropologie von Alfred Schütz sowie die Soziologen Berger, Luckmann und Knoblauch. Diese Autoren unterscheiden „kleine", „mittlere" und „große Transzendenzen" als natürliche, anthropologisch bedingte Potentiale und Erfahrungen, über sich selbst und das rein biologische Leben hinaus zu gehen; treffend zusammengefasst bei Hubert Knoblauch, *Populäre Religion. Auf dem Weg in eine spirituelle Gesellschaft*, Frankfurt a. M. 2009, S. 53–65, und ders., „Transzendenzerfahrung und symbolische Kommunikation. Die phänomenologisch orientierte Soziologie und die kommunikative Konstruktion der Religion", in: *Religion als Kommunikation*, hrsg. von Hartmann Tyrell u. a., Würzburg 1998, S. 147–186.

Musik (insbesondere Rāga-Musik) sei, Freude zu bereiten, Versenkung und Glückseligkeit auszulösen, und Einheit mit dem Universum und mit Gott zu erfahren. Nun ergeben aber kognitionswissenschaftliche und neurologische Befunde sowie ethnografische Feldstudien tatsächlich ein ähnliches Bild starker, positiver und religionsaffiner Emotionen bis hin zu Ekstase und Trance, die durch Musik ausgelöst werden.[35] Kelly Bulkeley beispielsweise macht geltend, dass Musik sowohl die linke wie die rechte Hemisphäre des Gehirns und neuronale Netzwerke aktiviere und positive neuro-anatomische Veränderungen herbeiführe.[36] Studien zu westlichen Konzertbesuchern zeigten, dass diese die (klassische) Musik sehr häufig als etwas Außergewöhnliches, Außeralltägliches erleben, das sowohl körperliche Reaktionen (wie Schauer der Erregung und veränderte Herzschlagtätigkeit) hervorrufe wie auch starke Empfindungen und Transzendenzerfahrungen, die oft explizit mit Religion und Spiritualität assoziiert werden.[37] Als häufigste Erfahrungen werden Glücksgefühle, gehobene Stimmung und Seligkeit genannt, während einige Personen auch sehr starke Empfindungen nennen wie Rausch, Verzückung oder eine Euphorie, die an Ekstase grenzt. Relativ viele erwähnen Empfindungen von Harmonie, Vollkommenheit und Verbundenheit mit Gott beim Hören klassischer Musik. Von solchen Aussagen ist Śārṅgadevas Postulat, Musik sei eine Art „Yoga für jedermann" um sich mit dem göttlichen Sein zu verbinden, gar nicht einmal so weit entfernt.

Anders steht es freilich mit den Postulaten „die Welt ist Klang" und „Klang ist Gott". Schwerlich haben die westlichen Konzertbesucher Auffassungen vom göttlichen Sein und kosmischen Ganzen, wie sie von Śārṅgadeva und Kallinātha vertreten wurden. Und doch wollte Berendt den „Klang der Welt" auch im Westen nachweisen – bis in die modernste Naturwissenschaft hinein. Er fand offene Ohren in Kreisen moderner Esoterik und auch darüber hinaus. So mag sogar der/die Eine oder Andere der genannten Konzertbesucher Berendts Radiosendungen und Bücher angeregt rezipiert haben. In der Forschung wurde er jedoch kaum ernst genommen. Man mag Berendt Unwissenschaftlichkeit und unseriöses Vorgehen vorwerfen. Ihn deshalb wissenschaftlich zu ignorieren wäre allerdings ein Verlust für Religionsforscher. Berendt bleibt ein wichtiges Sprachrohr moderner Esoterik und alternativer Spiritualität und deren charakteristische bewusste Entdifferenzierungen. Heute weit verbreitet sind religiöse und kulturelle Grenzauflösungen und neue Kombinationen aus unterschiedlichen Bausteinen, wie auch die Entdifferenzierung von Religion und Wissenschaft sowie der Begriffe des Profanen und Sakra-

35 Vgl. Becker, *Deep Listeners*; Penmen und Becker, *Religious Ecstatics*; Gilbert Rouget, *Music and Trance: A Theory of the Relations between Music and Possession*, Chicago 1985 (französische Originalversion 1980), S. 119–123; Kelly Bulkeley, „Religion, Music, and the Brain", in: *The Wondering Brain: Thinking about Religion with and beyond Cognitive Neuroscience*, hrsg. von ders., New York 2005, S. 110–126; *Handbook of Music and Emotion: Theory, Research, Applications*, hrsg. von Patrick Juslin and John Sloboda, Oxford 2010.

36 Bulkeley, *Wondering Brain*, S. 119.

37 Ebd., S. 119–122.

len. Auffallenderweise waren diese Themen der Entgrenzung von Anfang an auch im Nāda-Brahman angelegt – und hatten wohl nicht geringen Anteil an seiner Erfolgsgeschichte.

Musik im Kontext des Islams in der Türkei – Zwischen Moschee und Derwisch-Bruderschaft

Ralf Martin Jäger (Münster)

1. Vorüberlegungen: Musikkonzepte und Grundlagen vorderorientalischer Kunstmusik[1]

Viele, die den Vorderen Orient bereist haben, haben ihre erste Erfahrung mit der Musikkultur nicht im Konzerthaus, sondern auf der Straße gemacht, wenn der Muezzin zum Gebet gerufen hat. Neben dem Gebetsruf *Ezan* ist in der Moschee (türk. *Câmi*) ebenso wie in der *Tekke* (Konvent) der Moslembruderschaften und im Privatbereich ein vielgestaltiges religiöses Musikleben mit bemerkenswerter Spiritualität zu beobachten.[2] Es können eine Vielzahl von im gesamten Verbreitungsgebiet des Islams vorkommenden Genres und Gattungen differenziert werden, die von Nordafrika über den Vorderen Orient und Mittleren Osten bis nach Ost- und Südostasien in gewissem Umfang standardisiert sind und durch zahlreiche lokale musikalische Praktiken und Traditionen ergänzt werden.

Musik: Verboten oder erlaubt?

Die Frage nach der Bedeutung von Musik im Kontext des Islams ist nicht unproblematisch zu erörtern.[3] Letztlich ist es abhängig von der individuellen religiösen Positionierung, ob eine islamische Musik überhaupt existiert und welche spezifi-

---

1 Einige Überlegungen des vorliegenden Textes folgen Ralf Martin Jäger, „Musik aus tausendundeiner Quelle. Eine Einführung in die reiche Musikkultur der islamischen Welt", in: *„128" – das Magazin der Berliner Philharmoniker* 02/2015, S. 16–29, wo sie teils ausführlicher diskutiert werden.

2 Da ich das Türkische besser beherrsche als das Arabische, habe ich in der Regel die türkische Variante der Terminologie verwendet. Die Schreibung der musikalischen Termini folgt den Vorgaben der von Mehmet Kalpaklı und Cenk Güray erarbeiteten „CMO Standard List of Musical Terms", https://www.uni-muenster.de/imperia/md/content/cmo-edition/publikationen/standard_list_of_musical_terms.pdf, letzter Zugriff: 30. August 2018. Zur türkischen Variante von Musik im Kontext des Islams vgl. Yalçın Tura, „Islam, Musik und türkische religiöse Musik", in: *Kunst und Religion, Weltmusik und Weltreligionen. Klänge und Texte, Kulte und Kulturen*, hrsg. von Wolfgang Roscher, München/Salzburg 1995, S. 123–128.

3 Eine gute, komprimierte Einführung in das Thema gibt Seyyed Hossein Nasr, „Islam and Music: The legal and the Spiritual Dimensions", in: *Enchanting powers: Music in the World's Religions*, hrsg. von Laurence E. Sullivan, Cambridge, Mass. 1997, S. 219–235. Die dort beigegebene, nach Lois Ibsen Al Faruqi, *Islam and Art*, Islamabad 1985, S. 179, gestaltete Tabelle zum „legitimate", „controversial" oder „illegitimate" Status von Musik bzw. musikalischen Handlungen im Kontext des Islams vermag die Zusammenhänge sehr gut zu illustrieren.

schen Ausprägungen erlaubt sein könnten. Die Thematik der Legitimität bzw. Illegitimität von Musik ist seit dem 7. Jahrhundert vielfach und kontrovers diskutiert worden.[4] Beide Seiten – Befürworter wie Gegner – berufen sich hierbei gleichermaßen auf Aussagen des Korans, die sie ihrer Ansicht entsprechend interpretieren.[5]

Die Bewertung von Musik im islamrechtlichen Sinn umfasst, sowohl hinsichtlich der weltlichen *Musiki* als auch der spirituellen ‚Anhörung' *Sema'*, den vollständigen Bereich zwischen *haram* (verboten) und *halal* (erlaubt). Bei den Diskursen der Rechtsgelehrten steht nicht unmittelbar die Musik selbst im Vordergrund, sondern die Haltung des Zuhörers während des *Sema'*. Paradigmatisch für den religionsrechtlichen Kontext ist die Argumentation des *Hanafi*-Gelehrten 'Abdalġanī an-Nābulusī (1641–1731).[6] In seinem Text setzt er sich mit der besonders schwierigen Frage auseinander, ob Instrumente in der Musikaufführung erlaubt seien; er entwirft in diesem Kontext nicht zuletzt auch ein generelles Bild der Musikanschauung vor islamischem Hintergrund. 'Abdalġanī an-Nābulusī resümiert:

> Viele, hoch und niedrig, erörtern die frage, ob das hören von musikinstrumenten, die melodiöse weisen hervorbringen, erlaubt sei […]. Die ignoranten […] behaupten, das hören von musikinstrumenten sei religionsgesetzlich verboten […], ohne dafür über die nötigen beweise zu verfügen. Diejenigen, die ihnen in ihrem irrtum nicht folgen, tasten sie in religion und ehre an. [...] Die heutige feindschaft und der hass unter den menschen haben ihre Ursache darin, dass die [heutigen Gesetzgeber] ignoranten sind, bäuerlichen ursprungs oder mitglieder der handwerkerschicht […]. Sie kennen einige rechtsfragen und halten sich deshalb schon für vollkommen, und die menge verehrt sie deswegen, sie erlassen fatwas auf der basis ihrer kenntnis der fiqh-kompendia [Sammlungen zum islamischen Recht], ohne die zwei fundamente zu kennen. […]
> Der vollkommene jedoch kennt nur vollkommenes. Er glaubt nicht, dass diejenigen, die musikinstrumente hören, das in religiös unrechter weise tun. Nur wenn genau festgestellt werden kann, dass das musikhören im individuellen fall zu unrecht geschieht, ist es verboten. Selbst wenn wir von uns selbst wissen, dass wir auf religiös unrechte weise musik hören, dürfen wir dies nicht von anderen behaupten, wenn diese musik hören – das tun jedoch die *fuqahā' al-'awāmm* der zeit.[7]

Nach dieser liberalen Ansicht ist Musik an sich nicht grundsätzlich verboten, sondern das Hören von Musik in religiös unrechter Weise. Dieses wäre ohne Zweifel

---

4 Diese theologisch-rechtliche Problematik ist vielschichtig diskutiert worden von Gabriele Braune, „Die Stellung des Islams zur Musik", in: *Jahrbuch für musikalische Volks- und Völkerkunde* 15, hrsg. von Josef Kuckertz, Eisenach 1994, S. 153–180.

5 Vgl. Habib Hassan Touma, *Die Musik der Araber*, Wilhelmshaven ²1989, S. 188 f.

6 Die Hanafiten bilden eine der vier großen sunnitisch-islamischen Rechtsschulen. Sie berufen sich auf an-Nu'mān b. Thābit Abū Ḥanīfa (ca. 80–150/699–767), vgl. Hiroyuki Yanagihashi, „Abū Ḥanīfa", in: *Encyclopaedia of Islam*, THREE, hrsg. von Kate Fleet u. a., http://dx.doi.org/10.1163/1573-3912_ei3_COM_0151, letzter Zugriff: 26. März 2018. Zu 'Abdalġanī an-Nābulusī vgl. *Studies on 'Abdalġanī an-Nābulusī (d. 1731) and his travels*, hrsg. von Fuat Sezgin, Frankfurt a. M. 1993. Zu den Stellungnahmen der Rechtsschulen zur Musik vgl. auch Braune, „Die Stellung des Islams", S. 169–172.

7 Zitiert nach Bernd Radtke, *Autochthone islamische Aufklärung im 18. Jahrhundert. Theoretische und filologische Bemerkungen. Fortführung einer Debatte*, Utrecht 2000, S. 14–31, hier S. 16–17. Die Orthographie folgt dem Text Radtkes.

verboten, müsste aber in jedem Fall individuell nachgewiesen werden. Mit Blick auf die Gesamtdiskussion unter islamischen Rechtsgelehrten der verschiedenen Schulen wäre zu resümieren, dass es bis heute nicht gelungen ist, hinsichtlich der Bewertung von Musik eine verbindliche Einigung zu finden. Wenn man sich der Argumentation ʿAbdalġanī an-Nābulusīs anschließt, ergibt sich die Frage, ob eine religiös motivierte Musik im Islam aus wissenschaftlicher Perspektive zu bestimmen wäre. Hierbei müssten die musikalischen Parameter der performativen Praxis nach Gattungen und Genres bestimmt werden, und es wäre nach Aufführungsorten und -kontexten zu fragen.

Aus musiktheoretischer Sicht sind für Musik im Kontext des Islams jene musikalischen Parameter grundlegend, die auch die nichtreligiösen Kunstmusikkulturen des Vorderen Orients prägen: *Makâm* (Modus) und *Usûl* (Schlagmuster; rhythmische Sequenz).[8]

Makâm – *mehr als eine Tonart*

Ein *Makâm* ist kaum durch den europäischen Terminus „Tonart“ charakterisierbar. Als modale Struktur – am ehesten mit den europäischen Kirchentonarten vergleichbar – umfasst er weitaus mehr als nur die Vorgabe eines bestimmten Tonvorrats oder einer Tonleiter: Er gibt den Initial- und Finalton einer melodischen Struktur vor, beinhaltet einen Verlaufsplan für die Entwicklung der melodischen Linie (*Seyîr*) und bestimmt, welche Modulationen in andere *Makâm*e zulässig sind. Dabei erlaubt die mikrotonale Organisation der *Makâm*e eine wesentlich feinere Melodiegestaltung, als dies in der Musik Europas möglich ist. Die Ausweitung und kontinuierliche Kultivierung der melodischen Möglichkeiten ist ein primäres Kriterium in der Geschichte der Kunstmusik des Vorderen Orients. Darüber hinaus implizieren die *Makâm*e kosmologische Konnotationen, die etwa die Tageszeit bestimmen, zu der ein Modus gespielt werden sollte. Diese Zuordnung ist von hoher Bedeutung für die Auswahl des geeigneten *Makâm* für die Koran-Kantillation und den Gebetsruf.

Usûl – *ein rhythmischer Kontrapunkt*

Der *Makâm*-Realisation in nichtimprovisierten Werken ist in der Regel ein bestimmtes rhythmisches Muster, genannt *Usûl*, beigeordnet. Dieses bildet gleichsam ein stets wiederkehrendes Kontinuum, einen rhythmischen Kontrapunkt mit qualitativen und quantitativen Parametern, der in seinem Ablauf auf vielfache

8 Die bewusst allgemeinverständlich-zusammenfassenden Erläuterungen zu *Makâm* und *Usûl* folgen Jäger, „Musik aus tausendundeiner Quelle“, S. 22 f. Als grundlegende Literatur zum Thema „*Makâm*“ ist zu empfehlen: Karl L. Signell, *Makâm. Modal Practice In Turkish Art Music*, Seattle 1977.

Weise mit der rhythmischen Gestaltung der Melodie verwoben ist. Der Einzelablauf eines der über dreißig gebräuchlichen rhythmischen Muster kann einen Gesamtumfang von bis zu 120 Zählzeiten erreichen.

Auch formal kommt dem *Usûl* eine strukturbildende Funktion zu. Dabei kann er entweder zugleich mit der Melodie erklingen und auf verschiedenen Rhythmusinstrumenten geschlagen werden, oder aber er kann ein Element der Komposition sein, das nicht explizit erklingt, sondern als musikalische Metaebene latent in die melodische Struktur eingebunden ist.[9]

Nicht nur die komponierten Gattungen der weltlichen Tonkunst, sondern auch einige Formen der religiös motivierten Musik basieren auf den komplexen, kombinierten Vorgaben von *Makâm* und *Usûl.* Dies gilt insbesondere für die Aufführungspraxis einiger Sufi-Bruderschaften. So verwenden die instrumentalen Kompositionen *Peşrevler*, die das Ritual der „Tanzenden Derwische“ *Mevlevî* einleiten, stets den 14- bzw. 28-zeitigen *Usûl Devr-i kebîr.*[10]

2. *Formen von Musik im Kontext des Islams*

Die beiden Kontexte: (1) der grundsätzlichen Problematik einer islamischen Musik und (2) der musiktheoretischen Parameter, die für die Tonkunst im Vorderen Orient bestimmend sind, erlauben eine Annäherung an die Frage nach der Bedeutung von Musik für die religiöse Praxis des Islams. So ist einerseits die Haltung des Hörers relevant: Erfährt dieser den Vortrag religiöser Texte im engeren wie im weiteren Sinn als musikalische Darbietung? Andererseits sind auch die rein technischen Aspekte zu berücksichtigen: Folgt der Vortrag, auch wenn er von den Hörern nicht als Musik aufgefasst wird, dennoch musikalischen Vorgaben oder musiktheoretischen Regeln?

2.1. Musik in der Câmi *(Moschee)*

Grundsätzlich sind zwei Orte zu benennen, die jeweils für eine ganz eigene Form vom Musikausübung stehen: die *Câmi* (größere Moschee mit Minarett) und die *Tekke* (Konvent der Moslembruderschaften). Zunächst möchte ich mich mit der *Câmi* beschäftigen.

---

9 Weiterführende Texte zu den *Usûl*-Konzepten in Geschichte und Gegenwart enthält der Band *Rhythmic cycles and structures in the art music of the Middle East*, hrsg. von Zeynep Helvaci, Jacob Olley und Ralf Martin Jäger, Würzburg 2017.

10 Vgl. Heinz Peter Seidel, „Studien zum Usûl ‚Devri Kebir‘ in den Peşrev der Mevlevi“, in: *Mitteilungen der Deutschen Gesellschaft für Musik des Orients* 11 (1972/73), S. 7–69.

Koranlesung

Die höchste und wichtigste Art des Vortrags in der Moschee ist die Lesung des Korans (*Tilâvet*).[11] Sie findet in der Regel am Freitag statt: Der *Muqri'* (arab. Vorleser) rezitiert die ausgewählten Koranverse in der Moschee; im Rundfunk, Fernsehen und im Internet sind Livesendungen oder auch Aufzeichnungen zu hören und zu sehen. Die Rezitation aus dem Koran hat auf respektvolle Art zu geschehen. Der Rezitator muss sich zuvor einer vollständigen rituellen Waschung unterziehen. Während des Vortrages wendet er sein Gesicht in Richtung Mekka. Starke emotionale Regungen oder Bewegungen müssen vermieden werden und die Rezitation erfolgt mit einem Ausdruck des Friedens. Die Lesung befolgt feststehende Regeln für die Aussprache des arabischen Textes, für die Intonation und die Zäsuren.[12]

Die Kunst der Lesung wurde bereits zu Lebzeiten Mohammeds entwickelt und in der Gemeinde verbreitet. Es wurden zunächst sieben, später zehn oder gar mehr Leserschulen anerkannt, die nebeneinander Bestand hatten und haben. Die Koranlesung wurde zu einer Sonderdisziplin der islamischen Theologie.[13]

Der Vortrag der Koransuren erfolgt in Form einer Kantillation, also als musikalisch orientierte Rezitation, die eine eigenständige Vokalgattung bildet, das *Tilâvet.* Bei der Kantillation ist nicht intendiert, den Zuhörern einen besonderen musikalischen Genuss zu bereiten. Im Zentrum steht das Wort, das durch die musikalische Ausgestaltung im Dienst des Gotteslobes überhöht wird. Es ist von grundlegender Bedeutung, dass Vokalformen mit religiösem Inhalt von Muslimen niemals als ‚Musik' bezeichnet werden. Die Ausgestaltung dient allein der Hebung des sittlichen und religiösen Ausdrucks. Da die musikalische Struktur einer Lesung primär von den Fähigkeiten des Lesers abhängig ist, werden an diesen entsprechend hohe Anforderungen gestellt. Er sollte nicht nur über eine angenehme Stimme verfügen, sondern auch eine gute Ausbildung in Theorie und Praxis zumindest des *Makâm*-Systems absolviert haben. Auf dieses Wissen um die komplexen Vorgaben bei der Realisation eines *Makâm*s muss er während der Kantillation sicher und zuverlässig zurückgreifen können, da diese nicht in Form von Musterkompositionen vorgegeben ist, sondern jeweils während des Vortrags neu entsteht. Es ist die Aufgabe der Rezitatoren, unter Berücksichtigung von Faktoren wie Inhalt der Sure, Position des Tages im Jahreskreis oder der jeweiligen Tageszeit, den passenden *Makâm* auszuwählen und das Koranwort jedesmal neu auszugestalten.

---

11 Eine differenziertere Untersuchung zur musikalischen Komponente der Koranlesung hat Isam El-Mallah in seinem (insgesamt einen guten Überblick zum Thema liefernden) Beitrag „Musik im Islam", in: *Lieder jenseits der Menschen. Das Konfliktfeld Musik – Religion – Glaube*, Zürich 2002, S. 51–64, hier S. 56–58, durchgeführt.

12 Vgl. R. Hakan Talu, *Aşk ile / With love. Türk dinî musıki formları / Compositional genres of Turkish liturgical music, English text by Feridun Özgören*, İstanbul 2002, S. 9.

13 Vgl. Thomas Bauer, *Die Kultur der Ambiguität. Eine andere Geschichte des Islams*, Berlin 2011, S. 61–114.

Dieselbe Sure kann, auch unter Berücksichtigung der Vorgaben einer spezifischen Leserschule, ‚musikalisch' verschiedenartig gestaltet werden.[14] Ein gut ausgebildeter Rezitator ist in der Lage, den Vortrag in eine kunstvolle, musikalisch komplexe Form einzubinden, die dem Verlauf eines *Makâm* vollständig entspricht.[15]

Jeder Muslim kann die Sure *al-fātiḥa* rezitieren, die mit einer kurzen Anrufung Gottes und der Bitte um die rechte Leitung am Beginn des Korans steht. Diese „Eröffnungssure" entspricht in ihrer Funktion in etwa dem christlichen Vaterunser. Der Text lautet in der Übersetzung von Friedrich Rückert (1788–1866):[16]

1 Im Namen Gottes des allbarmherzigen Erbarmers.
2 Gelobt sei Gott, der Herr der Welten!
3 Der Allbarmherzige, der Erbarmer,
4 Der König des Gerichtstags.
5 Dir dienen wirp, dich rufen wir um Hilf' an.
6 Führ' uns den Weg den graden!
7 Den Weg derjenigen, über die du gnadest,
Deren auf die nicht wird gezürnt, und deren die nicht irrgehn.

Ezan

Die zweite bedeutende Rezitationsform im Umfeld der Moschee ist der Gebetsruf *Ezan* (arab. *aḏān*). Auch dieser hat keine verbindlich vorgeschriebene musikalische Gestalt und kann während der Aufführung jeweils neu entstehen. Er ruft zum muslimischen Freitagsgottesdienst und zu den fünf für den Tag vorgeschriebenen Gebeten. Er wird zu sich mit der Tagesdauer ändernden, genau berechneten Zeiten am Morgen, am Mittag, am Nachmittag, bei Sonnenuntergang und zur Nacht durch den Muezzin (arab. *mu'aḏḏin*) vom Minarett ausgerufen. „Über besondere geistige Fähigkeiten", so hat Peter Heine einmal geschrieben, brauche ein Gebetsrufer „nicht zu verfügen". Vielmehr müsse er eine „laute, weittragende Stimme haben". Dies sei auch die Eigenschaft gewesen, die den Propheten Mohammed veranlasst habe, „einen äthiopischen Sklaven, Bilal, zum ersten Muezzin zu bestimmen".[17]

Von der Zuverlässigkeit und Pünktlichkeit des Muezzins hängt maßgeblich die korrekte Erfüllung der Pflichtgebete ab. An kleineren Moscheen ist es üblich, dass der Imam auch das Amt des Muezzins übernimmt.[18] Die von einem Muezzin ge-

14 Beispieltranskriptionen von Koranlesungen aus unterschiedlichen islamischen Regionen gibt Amnon Shiloah in seiner grundlegenden Schrift *Music in the World of Islam*, Detroit 1995, zwischen S. 44 und S. 45. Den Beginn des Vortrags der 67. Sure hat Touma, *Musik der Araber*, S. 193–194, aufgezeichnet.

15 Vgl. ebd., S. 189–191.

16 *Der Koran in der Übersetzung von Friedrich Rückert*, hrsg. von Hartmut Bobzin, Würzburg ^{4}2001, S. 3.

17 Peter Heine, „Muezzin", in: *Islam-Lexikon. Geschichte – Idee – Gestalten*. 3 Bde., hrsg. von Adel Theodor Khoury u. a., Freiburg, Basel, Wien 1991, Bd. 2, S. 542 f.

18 Ebd.

forderten Fähigkeiten sind demnach abhängig von seinem Arbeitsbereich. Während an kleineren Moscheen eine grundsätzliche Kenntnis einiger *Makâme*, des *Ezan*-Textes und der Vortragsregeln ausreicht, muss ein Gebetsrufer an einer großen Freitagsmoschee über eine gründliche musikalische Ausbildung verfügen.[19]

Die Gebetsrufe sind – wie auch die Korankantillation – rhythmisch ungebunden und folgen primär dem Wort und in ihren Phrasierungen den Lesungsregeln. In musikalischer Hinsicht sind sie melodisch oft außerordentlich ausgeschmückt und können – wie Kurt Reinhard festhält – geradezu als „Prototyp des vorderorientalischen Singstils" gelten.[20] Den fünf Gebetsrufen im Tagesverlauf ist gemeinsam, dass sie als Hauptbestandteil einen Basistext aufweisen, der stets in Arabisch, der Kultsprache des Islams, vorgetragen wird. Er besteht aus sieben Zeilen, die in der Übersetzung folgendermaßen lauten:

Gott ist groß.
Ich bezeuge, dass es keine Gottheit gibt außer Gott.
Ich bezeuge, dass Muhammad der Gesandte Gottes ist.
Eilt zum Gebet!
Eilt zur Seligkeit!
Gott ist groß.
Es gibt keine Gottheit außer Gott.

Zugleich unterscheiden sich die fünf Gebetsrufe aber auch in mehrfacher Hinsicht. So werden die sieben Zeilen des Basistextes in Abhängigkeit vom Aufführungskontext, insbesondere der Tageszeit und der Position innerhalb des Wochenzyklus, durch Zusätze erweitert. Der Morgen-*Ezan* etwa wird um die Zeile „Das Gebet ist besser als der Schlaf" ergänzt. Weitere Hinzufügungen der nachfolgenden drei Gebetsstunden können noch folgende Sätze sein: „Gott preise unseren Meister Mohammed. Und Gott segnet alle seine Jünger!"[21]

In musikalischer Hinsicht wird jeder *Ezan* im Tagesverlauf unter Verwendung von jeweils unterschiedlichen *Makâm*en vorgetragen. Für die spezifisch türkische Tradition benennt etwa Hakan Talu folgende *Makâm*e:

Sabah ezanı [türk. Morgen-*Ezan*]: Sabâ, bestenigâr
Öğle ezanı [türk. Mittags-*Ezan*]: Râst
İkindi ezanı [türk. Nachmittags-*Ezan*]: Hicaz
Akşam ezanı [türk. Abend-*Ezan*]: Hicaz, hüseyni, uşşak, neva veya [türk. oder] segâh
Yatsı ezanı [türk. Nacht-*Ezan*]: Uşşak veya [türk. oder] beyati[22]

[19] Vgl. Touma, *Musik der Araber*, S. 197.

[20] Kurt und Ursula Reinhard, *Musik der Türkei*. Bd. 1: *Die Kunstmusik*, Wilhelmshaven 1984, S. 120–126 mit Transkription und musikwissenschaftlicher Analyse eines *Ezan*. Weitere Transkriptionen enthält Shiloah, *Music in the World of Islam*, zwischen S. 44 und 45.

[21] Reinhard, *Musik der Türkei*, S. 126.

[22] Talu, *Compositional genres of Turkish liturgical music*, S. 8–10.

Die *Makâm*-Auswahl bildet jedoch keinen verbindlichen Standard, wie eine Feldforschung ergeben hat, die ich im März 2006 in Istanbul zum Thema *Ezan* durchgeführt habe. Muezzin Kamil Büyüker, der zu diesem Zeitpunkt an einer Freitagsmoschee im Istanbuler Stadtteil Üsküdar tätig war und den ich hierzu interviewt habe,[23] verwendet in der Regel folgende *Makâm*e:

Morgens *Sabâ*
Mittags *Uşşâk* oder *Hicâz*
Nachmittags *Râst*
Zum Sonnenuntergang *Segâh*
Zur Nacht *Hicâz*

Bei der Gegenüberstellung der jeweils gewählten *Makâm*e sind nicht unbedeutende Abweichungen festzustellen. Diese resultieren aus nebeneinander existierenden Traditionen, die sich als abhängig von der Ausbildung des Muezzins erweisen. Ein guter Muezzin lernt bei einem Meister, dessen stilistische Besonderheiten er seinem eigenen Vortrag zugrunde legt und seinerseits an seine Schüler weitergibt. So entsteht eine Vielzahl von Varianten, den Gebetsruf musikalisch zu interpretieren. Auf die Frage, warum es üblich ist, verschiedene *Makâm*e zu unterschiedlichen Tageszeiten zu verwenden, antwortet Kamil Büyüker, dies sei begründet in den sich unterscheidenden Stimmungsgehalten der Modi, die nutzbar gemacht werden für die zeitlich bedingten Anforderungen an einen Gebetsruf:

> In der Morgenzeit ist alle Welt noch im Schlaf. Der *Makâm Sabâ* ist ein sehr harmonischer *Makâm*, daher wird er am Morgen verwendet, um die Schläfer sanft zu wecken und zum Gebet zu rufen. In der Mittagszeit ist die Sonne am höchsten Punkt und *Hicâz* ist ein lustiger *Makâm*, daher ist der *Ezan* im *Hicâz*. Am Nachmittag sind alle müde und kehren zurück von ihrer Arbeit nach Hause, daher wird *Râst* verwendet. Der Abend-*Ezan* ist der kürzeste *Ezan*, da die Zeit zwischen Abend und Nacht nur etwa eine Stunde beträgt. Daher ist das Tempo ein wenig schneller und der Gebetsruf kurz. Der Nacht-*Ezan* markiert das Ende des Tages. Symbolisch markiert er jedoch auch das Ende des Lebens, denn der Tagesverlauf kann auch als Symbol für den Lebenskreis von der Geburt am Morgen bis zum Tod am Tagesende verstanden werden.

Zur Bedeutung des *Ezan* hält er fest:

> Der *Ezan* ist ein Ruf zum Gebet. Wenn ein Moslem ihn hört, kann und darf er nicht arbeiten oder schlafen. Er verlässt seine Tätigkeit und geht zum Gebet. Dies war bereits so zur Zeit Mohammeds. Der *Ezan* unterteilt und ordnet für den Moslem zugleich den Tagesverlauf, etwa die Zeit des Tagesbeginns und der Nachtruhe.

[23] Das Interview mit Kamil Büyüker fand am 14. März 2006 zwischen dem Mittags- und Nachmittags-*Ezan* in den Räumen des Pan-Verlags, Cihannüma Mahallesi, Barbaros Blv. No: 18, 34353 Beşiktaş / İstanbul, statt. Das Gespräch ist angebahnt worden von der Verlegerin Işık Gençer, die den Muezzin persönlich kennt. Frau Gençer, der ich herzlich für die Unterstützung danke, hat an dem Interview teilgenommen und Übersetzungshilfe geleistet.

Ein guter Muezzin, so hält Kamil Büyüker ergänzend fest, ist nicht nur zuverlässig, sondern bereitet sich auf den Vortrag eines jeden einzelnen *Ezan*s individuell vor. Vor dem Gebetsruf singt er zunächst für sich allein eine oder mehrere religiöse Hymnen *İlâhî* in dem von ihm für den *Ezan* vorgesehenen *Makâm*. Dadurch stimmt er sich einerseits geistlich auf den von ihm als religiöse Handlung verstandenen Ruf des Gebets ein, andererseits vergegenwärtigt er sich nochmals die performative Komponente des ausgewählten *Makâm*. Erst nach dieser religiösen und musikalischen Vorbereitung kann der *Ezan* gerufen werden.

Der Gebetsruf wird traditionell von einem Muezzin „live" vorgetragen. Da gute Gebetsrufer jedoch zunehmend rar sind, gibt es in der Türkei seit einiger Zeit Versuche, die Lautsprecheranlagen auf den Minaretten benachbarter Moscheen über Funknetzwerke zu verknüpfen. Zwar erscheint diese neue Praxis aus religionsrechtlicher Perspektive unproblematisch und ist auch ökonomisch sinnvoll, da weniger Muezzins in den Moscheen angestellt werden müssen, doch wäre sie aus Sicht des Musikwissenschaftlers zu bedauern. Denn nicht der isolierte Gebetsruf macht den besonderen Reiz dieses Genres aus, sondern das Zusammenspiel mehrerer *Ezan*e und die Kommunikation zwischen den Muezzins, die sich in einigen Fällen zu einem musikalischen Wettstreit entwickeln kann. In städtischen Zentren mit mehreren benachbarten Moscheen ist es üblich, dass der Muezzin der größten *Câmi* beginnt; auf diesen folgen, möglicherweise hierarchisch gestuft, die Gebetsrufer der kleineren Gotteshäuser. Sie können bei ihrem Ruf musikalische Gedanken aus der zuvor intonierten Textzeile übernehmen und weiter ausgestalten mit dem Ziel, den musikalischen Ausdruck des zuvor gehörten zu steigern und künstlerisch zu entwickeln. Hieraus kann ein musikalisch komplexer Gesamtvortrag aller beteiligten Muezzins entstehen, der in seiner künstlerischen Qualität einem Kunstmusikvortrag gleichkommen kann.[24]

Kleine musikalische Gattungen für den Gebrauch in der Tekke, *im häuslichen Umfeld und auch in der Moschee*

Insgesamt existiert eine Vielzahl musikalischer Gattungen, die neben der *Tekke* (Konvent) und dem häuslichen Umfeld auch in der Moschee in religiös-islamischen Kontexten eingesetzt werden können. Hierzu zählen etwa die universell verwendeten *İlâhî*. *İlâhî* ist eine Sammelbezeichnung für Hymnen, die vor allem bei den religiösen Übungen der islamischen Bruderschaften von Bedeutung sind, aber auch in vielen anderen Kontexten wie etwa der Pilgerfahrt. Auch können sich Muezzins, wie oben beschrieben, durch den nicht öffentlichen Gesang eines *İlâhî* geistlich wie musikalisch auf den Vortrag des *Ezan* vorbereiten. Der Gattungsbegriff bedeutet „Gott gehörig" bzw. „göttlich"; die Texte sind den Schriften mystischer

24 Vgl. hierzu auch Reinhard, *Musik der Türkei*, S. 122.

Dichter entnommen. Die Fülle der möglichen Inhalte der *İlâhîler* erlaubt es, die verschiedensten *Makâm*e anzuwenden.

Es ist hier nicht der Raum, die große Vielfalt der musikalischen Gattungen, die im Kontext des Islams gebräuchlich sind, vorzustellen. Die Besprechung von wichtigen Kompositionsgattungen wie *Tevşih*, die im Kontext der Feier der Geburt oder der Himmelfahrt Mohammeds eingesetzt werden, oder *Tesbih*, die morgens im Fastenmonat Ramadan vorgetragen werden, um nur zwei zu nennen, würde eine eigene Studie erfordern. Das gilt auch für eine weitere Gattung, die von türkischen Musikwissenschaftlern ebenfalls der Musik im Umfeld der Moschee zugerechnet wird: die Erzählung von der Geburt des Propheten (*Mevlid*).[25] Der bis heute in der Türkei verbreitetste lyrische Text über die Geburt wurde von dem in Bursa lebenden Süleyman Çelebî (gest. 1421), einem Imam, im Jahr 1409 gedichtet. Das Gedicht wird heute nicht nur zum Geburtstag Mohammeds vorgetragen, sondern auch am 40. Tag nach einem Todesfall, in Erfüllung eines Gelübdes oder zu anderen Gelegenheiten, denen eine besondere Bedeutung zukommt, wie Hochzeit oder Beschneidungsfest. Eine zentrale Rolle in der Dichtung spielt der Begriff „Licht", der eng mit der Geburt Mohammeds verbunden ist; an seinem Geburtstag werden die Moscheen festlich beleuchtet.[26]

2.2. Musik außerhalb der Câmi *und in der* Tekke

Außerhalb der Moschee wird religiös motivierte Musik in der *Tekke* einer Derwisch-Bruderschaft aufgeführt. Wichtige Anlässe sind die in vielen Fällen wöchentlich stattfindenden *Zikir* (arab. *ḏikr*) -Zeremonien. Die Musik ist auch im Sufismus, der islamischen Mystik, ein Mittel zur besonderen Ausgestaltung des Wortes, sie dient daneben aber auch der Unterstützung der performativen Ritualpraxis.

Der arabische Terminus „*Ḏikr* bedeutet ‚Gedenken' und ist im Rahmen der islamischen Mystik zu einem Terminus technicus für das laute oder leise ausgesprochene Gedenken Gottes geworden, zu dem schon im Koran aufgefordert wird".[27] Er bezeichnet „eine Zeremonie, die als Teil der Liturgie Rezitation, Gesang, Instrumentalmusik, Tanz, Kostümierung, Weihrauch, Meditation, Ekstase und Trance umfassen kann".[28] Als grundlegendes Ziel einer *Zikir*-Zeremonie gilt die Erwirkung der Anwesenheit Gottes während der Andachtsübung, die zugleich ihren Höhepunkt markiert.[29] Dieses Ziel wird bei den Bruderschaften auf unterschiedliche Art erzielt; sehr häufig rufen die Teilnehmer den Namen Gottes („*Allah hū*")

25 Vgl. Zekâi Kaplan, *Dinî Musikî Dersleri* (= *Öğretmen Yazarlar Dizisi*, 87), Istanbul 1991, S. 70.

26 Vgl. hierzu Reinhard, *Musik der Türkei*, S. 127 f., und Touma, *Musik der Araber*, S. 197 f. Beide geben auch grundlegende Informationen zur musikalischen Aufführung.

27 Ludwig Hagemann, „Dhikr", in: *Islam-Lexikon. Geschichte – Idee – Gestalten*, Bd. 1, S. 164.

28 Touma, *Musik der Araber*, S. 201.

29 Vgl. ebd., S. 204.

unter Verwendung spezifischer Atemtechniken so häufig aus, bis sie einen Trancezustand erreichen.

Die Derwisch-Bruderschaften waren nicht nur als religiöse Gruppen relevant, sondern hatten auch kulturellen, gesellschaftlichen und insbesondere politischen Einfluss. Das hatte mehrfach zur Konsequenz, dass Derwisch-Vereinigungen von Seiten der Staatsführung verboten wurden. In mehreren Fällen sind die Verbote zugleich als Symbol für einen intendierten konsequenten Politikwandel zu interpretieren. Folgenreich war die Aufhebung der *Bektaşî*-Bruderschaft durch den Reformsultan Mahmud II. (1785–1839, Sultanat 1808–1839) in Zusammenhang mit der Zerschlagung der Janitscharenarmee im Jahr 1826. Die *Bektaşî* waren eine von den Nachfolgern des im 14. Jahrhundert lebenden Hacı Bektaş Veli gegründete Bruderschaft, deren Mitglieder auch als Musiker in Erscheinung traten. Traditionell waren die Derwische eng mit den ehemaligen osmanischen Elitetruppen verbunden gewesen und hatten Revolten der Janitscharenverbände unterstützt, die zur Verhinderung der vom Sultan konsequent angegangenen Reformen führen sollten. Mit dem Verbot der *Bektaşî* mussten viele ihrer Anhänger in die Verbannung gehen.[30]

Nahezu ein Jahrhundert später wurden im Jahr 1925 die verbliebenen Derwisch-Bruderschaften von der Führung der jungen Türkischen Republik verboten, um ihren politischen Einfluss einzudämmen. Bereits ein Jahr zuvor war das Kalifat abgeschafft worden.[31] Mit den Maßnahmen zum Aufbau eines streng laizistischen Staatswesens wurde auch eine Bruderschaft abgeschafft, die bereits im 17. Jahrhundert von substantieller Bedeutung für die osmanische Kunstmusikkultur gewesen war: die „Tanzenden Derwische", die *Mevlevî*. Deren als *Âyîn* bezeichnete Zeremonie geht auf den bedeutenden Dichter und Mystiker Celâleddîn Rûmî (1207–1273) zurück. Nach dessen Ehrennamen *Mevlânâ* (pers. „unser Herr") hat sich die Sufi-Bruderschaft der *Mevlevî* benannt, die kurz nach 1273 von Sultan Veled (gest. 1312), dem ältesten Sohn *Mevlânâ*s, gegründet worden war. Mit der Schließung ihrer Konvente stand die Institution, an der im 19. und frühen 20. Jahrhundert viele der bedeutendsten Musiker und Komponisten der traditionellen osmanischen Kunstmusik ausgebildet worden waren, nicht mehr zur Verfügung.[32] Das weitreichende, länderübergreifende und auch für den Transfer von Musikkultur bedeutsame Netzwerk der *Mevlevî* löste sich in der Folge auf, auch wenn ein

---

30 Vgl. E. J. W. Gibb, *A History of Ottoman Poetry*, Vol. IV, London 1905, S. 248.

31 Josef Matuz, *Das Osmanische Reich. Grundlinien seiner Geschichte*, Darmstadt ²1990, S. 278. Zur Thematik aus musikwissenschaftlicher Perspektive vgl. Ralf Martin Jäger, „Die türkische Kunstmusikkultur nach dem Ersten Weltkrieg. Vom Orient zum Okzident?", in: *Von Grenzen und Ländern, Zentren und Rändern. Der Erste Weltkrieg und die Verschiebung in der musikalischen Geographie Europas*, hrsg. von Christa Brüstle u. a., Berlin 2006, S. 163–179, bes. S. 176 f.

32 Sezai Küçük, *Mevlevîligin Son Yüzyili*, Istanbul 2003, bietet einen guten Überblick über „das letzte Jahrhundert der *mevlevî*" und berücksichtigt hierbei auch die geographische Ausdehnung der Bruderschaft.

Teil der außertürkischen *Tekkeler* weiterhin bestand. In der Türkei wurde seit 1953 gestattet, einmal jährlich anlässlich des Todestags des *Mevlânâ* Celâleddîn Rûmî am 17. Dezember in Konya, wo sich dessen Türbe befindet, in einer Sporthalle eine *Âyîn*-Zeremonie zu inszenieren.[33] Das Verbot wurde ab 1991 weiter gelockert, als das türkische Kultusministerium mit dem „Türkischen Staatsensemble für mystische Musik" in Konya *(Konya Devlet Türk Tasavvuf Müziği Topluluğu)* und dem „Ensemble für historische türkische Musik" in Istanbul *(İstanbul Tarihi Türk Müziği Topluluğu)* zwei performative Gruppen eingerichtet hatte, die die Zeremonie der *Mevlevî* ohne signifikante Einschränkung und in einem internationalen Kontext aufführen durften. Ungefähr seit der Jahrtausendwende entstehen dann kulturelle Stiftungen, die sich das Ziel setzen, das kulturelle Erbe der verschiedenen Derwisch-Bruderschaften zu pflegen. In dieser Form sind in der gegenwärtigen Türkei alle bedeutenden Gruppierungen wieder präsent. *Mevlevî*-Bruderschaften existieren auch außerhalb der Türkei, so in mehreren arabischen Ländern, in den USA und in Europa. In Deutschland bestehen *Tekke*s in Nürnberg und im Ort Trebbus bei Brandenburg.[34] Das *Semâ*-Ritual der *Mevlevî* wurde 2008 in die von der UNESCO geführte „Representative List of the Intangible Cultural Heritage of Humanity" aufgenommen.[35]

Das 1925 von staatlicher Seite ausgesprochene Verbot der Bruderschaft hatte offenbar zur Folge, dass sich die mediale Tradierung im 20. Jahrhundert signifikant stärker auf die Musik richtete als auf die geistlichen und religiösen Elemente, denen die rituell-funktional eingebundene Musik bei aller Bedeutung grundsätzlich untergeordnet war. So überliefert die von Rauf Yekta (1871–1935), Ali Rifat Çağatay (1867–1935), Ahmed Irsoy (1869–1943) und Suphi Ezgi (1869–1962) von 1934 bis 1939 am Istanbuler Konservatorium herausgegebene Editionsreihe *Türk Musikisi Klasiklerinden/Mevlevî Âyînleri* neben Transkriptionen der Musik und den Gesangstexten der wichtigsten *Âyînler* auch einige biographische Daten zu Komponisten und wenige Erläuterungen zu geschichtlichen Hintergründen oder zu rhythmischer Aufführungspraxis der verwendeten *Usûller*. Es ist in diesem Zusammenhang bemerkenswert, dass die in der Ausgabe des Konservatoriums überlieferten Varianten des *Mevlevî*-Repertoires einige Beziehungen zur Tradierung in Musikhandschriften, die das Notationsverfahren des Hampartsum Limonciyan verwenden, zeigen.[36]

---

33 Vgl. Yaprak Melike Uyar und Şefika Şehvar Beşiroğlu, „Recent representations of the music of the Mevlevi Order of Sufism", in: *Journal of Interdisciplinary Music Studies* 6 (2012), S. 137–150, hier S. 144.

34 Zu dem Thema „A Comparative Analysis of Music and Ritual in Mevlevi Orders in Turkey and Germany" hat Dr. Osman Öksüzoğlu 2018 als Stipendiat des Scientific and Technological Research Council of Turkey (TUBITAK) am CMO in Münster eine umfangreiche Studie durchgeführt, die inzwischen erfolgreich abgeschlossen ist.

35 Vgl. https://ich.unesco.org/en/RL/mevlevi-sema-ceremony-00100, letzter Zugriff: 23. November 2018.

36 Während mehrere Handschriften bekannt sind, die jene Instrumentalwerke überliefern, die das *Mevlevî*-Ritual umrahmen, ist der Überlieferungskontext der *Âyînler* noch unerforscht.

Über das *Semā*-Ritual bzw. die *Âyîn*-Zeremonie und ihre Bedeutungsebenen erfährt man wenig. Auch die Literatur aus den ersten Dezennien nach dem Verbot bietet wenig Informationen.[37] Seit den 1970er Jahren finden die *Mevlevî* zunehmend mehr Beachtung in der internationalen musikwissenschaftlichen Literatur.[38] Obwohl die *Âyîn*-Zeremonie im türkischsprachigen Musikschrifttum zur Musik in religiösen Kontexten seit dieser Zeit ebenfalls präsent ist, sind die Darstellungen meist wenig detailliert und vermitteln oft kaum mehr als eine Ablaufsbeschreibung.[39] In der gegenwärtigen türkischen Literatur wird daneben die Inszenierung der *Âyîn*-Zeremonie durch die Tourismusindustrie und die Vereinnahmung der „Tanzenden Derwische" *Mevlevî* durch die internationale New-Age-Bewegung kritisch diskutiert.[40] Für die letztere bieten die ideengeschichtlichen Konzepte des Rituals, bei dem es um Menschlichkeit, Toleranz und die Mystik der göttlichen Liebe geht, sicher interessante Anknüpfungspunkte. Allerdings richtet sich das Interesse auch hier nicht selten auf die Vermarktung, denn neben Produktionen renommierter Musiker gibt es „also albums with a ‚Mevlevi' title, the music of which is neither in Mevlevi Ayini form, nor composed by Mevlevi composers".[41] Daneben existieren solche *Mevlevî*, die an die türkische Tradition anknüpfen und das kulturelle Erbe der Bruderschaft engagiert pflegen.

Konkrete Beziehungen bestehen aber, wie eine stichprobenartige Untersuchung zeigt, z.B. zwischen dem Notat des 3. *Selâm* aus dem „Acemaşiran Ayini" von Hüseyin Fahrettin Dede (1854–1911) in den Druckausgaben der *Türk Musikisi Klasiklerinden / Mevlevî Âyînleri* (XVI[/XI].xxxii), Istanbul 1938, S. 827 ff., und der Aufzeichnung dieses Werkes in der Handschrift Galata Mevlevî Hanesi 122, S. 21, die sich heute in den Beständen der Istanbuler Süleymaniye Kütüphanesi befindet. Das Manuskript stammt mit hoher Wahrscheinlichkeit von Hacı Emin Dede (1883–1945), einem Schüler von Rauf Yekta, und könnte vor 1925 fertiggestellt worden sein. Für die Informationen zum Schreiber danke ich Dr. Jacob Olley, CMO Münster.

37 Eine ausgewählte Übersicht der Literatur bietet John Morgan O'Connell, „Ayin", in: *Encyclopaedia of Islam*, THREE, http://dx.doi.org/10.1163/1573-3912_ei3_COM_23036, letzter Zugriff: 26. November 2018.

38 Zu nennen sind: Seidel, *Studien zum Usûl*; Shems Friedlander, *The whirling dervishes: Being an account of the Sufi order, known as the Mevlevis, and its founder, the poet and mystic, Mevlana Jalaluddin Rumi*, New York 1975 und Metin And, „The Mevlana ceremony (Turkey)", in: *The Drama Review* 21,3 (1977), S. 83–94.

39 So etwa in der Schrift von Süleyman Uludağ, *İslâm Açısından Mûsikî ve Semâ'*, Bursa ²1992, deren erste Auflage 1976 erschienen war. Umfangreicher ist die gelungene zweisprachige Einführung von İsmail Hakkı Özkan, „Mevlâna ve Mevlevîlik / Mawlana and Mawlawism", in: M. Fatih Salgar, *Mevlevî Âînleri. The Music of Divine Love*, Istanbul 2008, S. 10–71, vgl. außerdem Fritz Meier, „Der Derwischtanz. Versuch eines Überblicks", in: *Asiatische Studien* 8 (1954), S. 107–136; Alberto Ambrosio, „La danse de derviches tourneurs et la création d'un espace sacré", in: *Journal of the History of Sufism* 4 (2004), S. 97–105.

40 So etwa bei Uyar / Beşiroğlu, *Recent representations of the music of the Mevlevi Order of Sufism*, S. 144–147.

41 Ebd., S. 145.

Eine frühe Beschreibung des Rituals der *Mevlevî*,[42] die ungeachtet ihrer Relevanz von der internationalen Forschung nur wenig rezipiert wurde, ist Hellmut Ritters 1933 erschienener Beitrag „Der Reigen der Tanzenden Derwische".[43] Der Text ist nicht zuletzt deshalb von besonderem Interesse, weil er auf den Angaben Rauf Yektas basiert, die Ritter während seines Aufenthalts in Istanbul systematisch gesammelt hat. Ergänzend hat er Informationen u.a. von Mesut Cemil (1902–1963) und Mehmet Yusuf [Aykurt] (Lebensdaten nicht bekannt) erhalten und in seinen Text eingebracht.

Die folgende Übersicht zum Ritual der *Mevlevî* beruht auf den Angaben von Hellmut Ritter und referiert seinen Originaltext wo immer möglich.

Organisation, Bedeutung und mystische Ausrichtung der Mevlevî

Prinzipiell sind die *Mevlevî* ähnlich organisiert wie andere Bruderschaften. Es gibt die Freunde (*Muhip*) der *Mevlevî*, die an den Ritualen in der *Tekke* teilnehmen, aber keine Mitglieder der Bruderschaft im engeren Sinn sind. Sie bemühen sich jedoch, in ihrem täglichen Leben den Regeln und Traditionen der Bruderschaft zu folgen.[44] Beim Eintritt in die Bruderschaft übernimmt der „Novize" (*Nevniyaz*) zunächst eine dienende Funktion, etwa als Bedienung bei der gemeinsamen Mahlzeit. Nach Abschluss der *1001 günlük çilesini* (1001-tägige Periode) der Abgeschiedenheit und des Fastens im *Matbah-ı şerif*, dem Unterrichtsquartier, in der die *Nevniyazlar* die religiösen Regeln der Bruderschaft kennenlernen und sich mit den in der jeweiligen *Tekke* verwendeten Schriften befassen, erreichen sie den Rang eines *Dede* (Ältesten) und es wird ihnen eine eigene Zelle zugewiesen. In den Unterkünften beschäftigten sich die *Dedeler* wie auch die *Nevniyazlar* mit Kunst und Literatur, mit Musik, islamischer Kalligraphie, Ornamentik, Buchbinderei, Schnitzerei und Zeichnen.[45] Wer eine entsprechende Eignung besaß, erlernte das Instrumentalspiel, das für das Ritual der *Mevlevî* von besonderer Bedeutung ist. Die *Mevlevî* wurden auch als die „Musikschule des Osmanischen Reiches" bezeichnet.[46] Eine *Tekke* der *Mevlevî* insgesamt ist hierarchisch streng durchorganisiert. Der höchste Rang innerhalb der Bruderschaft ist der des *Şeyh*, der als Vertreter *Mevlânâs* gilt.

---

42 Die historische performative Praxis und das historische Repertoire der *Mevlevî* sind hervorragend aufgearbeitet bei Walter Feldman, „Structure and Evolution of the Mevlevî Ayîn: The Case of the Third Selâm", in: *Sufism Music and Society in Turkey and the Middle East*, Istanbul 2001, S. 42–57, und İlker Evrim Binbaş, „Music and Samā' of the Mavlaviyya in the Fifteenth and Sixteenth Centuries: Origins, Ritual and Formation", ebd. S. 58–71.

43 Hellmut Ritter, „Der Reigen der ‚Tanzenden Derwische'", in: *Zeitschrift für vergleichende Musikwissenschaft* 1. Jahrgang, Berlin (1933), S. 28–40, vgl. auch Ders., „Die Mevlânafeier in Konya vom 11.-17. Dezember 1960", in: *Oriens* 15 (1962), S. 249–270.

44 Vgl. Özkan, *Mevlâna ve Mevlevîlik*, S. 51.

45 Ebd., S. 37.

46 Reinhard, *Musik der Türkei*, S. 176.

Die Derwischbruderschaften haben sich den Musizierverboten stets entzogen. Musik spielt bei allen Gruppen eine bedeutende Rolle. Am stärksten entwickelt ist sie aber bei den *Mevlevî*. Die musikalische Repräsentation der Mystik *Mevlânâs* selbst oder seiner dichtenden Nachfolger bedarf aller musikalischer Mittel. Alle genannten Formen und Techniken der höfischen Kunstmusik sind ebenso wie auch die der religiösen Kantillation – nur der *Ezan* ist ausgenommen – in das musikalische Konzept des Zeremoniells der Bruderschaft einbezogen. Die Verwendung von Musikinstrumenten ist in der *Tekke* – ganz anders als in der Moschee, wo sie zu schweigen haben – ein substantieller Bestandteil des Rituals. Und auch die Musik selbst entsteht nicht jedes Mal neu, sondern basiert auf festgelegten und ab dem späten 18. Jahrhundert auch schriftlich überlieferten Kompositionen. Das Instrumentenspiel, insbesondere auf der Längsflöte *Ney*, gehört – ebenso wie die kontemplativ-mystische Dichtung in der Nachfolge *Mevlânâs* – zu den geistlichen Übungen der *Mevlevî*.

Die Spuren der Derwische sind in der Musikgeschichte des Vorderen Orients deutlich sichtbar: Ab dem 17. Jahrhundert sind die *Mevlevî-Dede*s in führender Position unter den bedeutendsten Tonkünstlern der weltlichen wie auch der religiös motivierten Musik zu finden.

Das Âyîn-*Ritual an ausgewählten Beispielen*

Die als *Âyîn* („Brauch, Ritus") bezeichnete Zeremonie der *Mevlevî* wurde und wird in der *Tekke* in einem speziellen Raum, dem *Sema-Hâne,* ausgeführt. Der Wochentag, an dem sie stattfand, war in den einzelnen Häusern der Bruderschaft verschieden, jedoch schloss sie immer an das Mittagsgebet an:

> In der Peraer Tekke war der festgesetzte Tag Freitag, früher auch Dienstag, im Jeni Mevleviḫane vor dem Topqapu Donnerstag, früher auch Montag, in der Beharijetekke in Ejjūb Mittwoch, in Skutari Sonnabend, in Qasim Paşa Sonntag. Die Derwische des einen Klosters konnten also an den Feiern der anderen Klöster teilnehmen.[47]

Die Kleidung der Derwische bestand und besteht aus einem weiten, langen Gewand (*Tennūre*), das im Sommer aus einem weißen Stoff, im Winter aus einem olivfarbenen oder roten Tuch besteht. Das Gewand wird durch einen Gürtel zusammengehalten und darüber wird ein Jackett (*Destegül*) in der gleichen Farbe wie die *Tennūre* getragen. Darüber kommt eine schwarze Kutte (*Ḫyrka*), und auf dem Kopf wird die hohe hellbraune Filzmütze getragen (*Kulah*).

Das Instrumentalensemble verfügt in der Regel über die Instrumente *Ney* (Längsflöte), *Kudüm* (kleines Paukenpaar), *Tanbur* (Langhalslaute), *Kemençe Rûmi* (Kniegeige) und *Rebab* (Stachelgeige) sowie *Kanûn* (Trapezzither). Der Längsflöte *Ney* kommt eine besondere Bedeutung zu, da sie von *Mevlânâ* besonders geschätzt wurde und ihr zudem auch eine symbolische Bedeutung beikommt: Der

---

47 Ritter, „Der Reigen der ‚Tanzenden Derwische'", S. 30.

klagende Ton der *Ney*, die vom Schilfrohr, aus dem sie besteht, getrennt ist und sich nach dem Schilf zurücksehnt, wird mit den irdischen Schmerzen des Menschen, der sich nach dem Tod mit Gott wiedervereint, verglichen.[48]

Heute sind bei den *Mevlevî* in etwa 40 verschiedene *Âyîn* in Gebrauch; es obliegt dem leitenden ersten *Ney*-Spieler, ein geeignetes Werk für die Aufführung auszuwählen. Ein *Âyîn* besteht grundsätzlich aus vier vokalen Teilen, den vier *Selâm* („Begrüßung"). Diese sind eingebettet in ein vorausgehendes, instrumental-improvisiertes *Taksîm* auf der *Ney* und ein nachfolgendes instrumentales *Peşrev*, das rhythmisch immer auf dem *Usûl Devr-i kebîr* („großer Kreis") basiert. Nach Abschluss der vier *Selâm* folgt ein instrumentales *Son peşrevi.*

Der gesungene Text stammt aus dem *Mesnevi*, aus anderen poetischen Werken *Mevlânâs* oder ist von einem seiner Nachfolger im Sinn der *Mevlevî*-Mystik gedichtet worden.

Hellmut Ritter zufolge, der das Ritual nach dem Bericht von Rauf Yekta 1933 beschrieben hat, lief die Zeremonie folgendermaßen ab:[49]

1. Der Scheich nimmt auf dem Fell (*Post*) Platz. Die Derwische setzen sich auf der rechten Seite des Eingangs nieder, die Laienbrüder auf der linken Seite.
2. Die Derwische meditieren mit gesenktem Kopf, wobei der Inhalt der Meditation die Gestalt des Propheten oder des Scheichs darstellt. Ein Mitglied des Ensembles rezitiert einen oder mehrere Verse aus dem Koran.
3. Ein Sänger aus dem Ensemble singt das *Na't-ı şerif.* Das arabische Wort *Na't* bedeutet „loben" und bezeichnet eine spezifische Form religiösen Gesangs, der lyrische Texte zugrundeliegen, die dem Lob religiöser Führer gewidmet sind. Eine spezielle Form des *Na't*, das *Na't Mevlânâ*, wird zu Beginn der Zeremonie der *Mevlevî* aufgeführt. Es verwendet einen von *Mevlânâ* in persischer Sprache verfassten Text; die im *Makâm Râst* stehende Komposition stammt von Buhûrizâde Mustafa Itrî (um 1638–1712). Der Text ist charakteristisch für diese Gattung. Er lautet in der Übersetzung durch Hellmut Ritter:[50]

    (O ehrwürdiger Mevlana! [...] Gott ist Freund)
O du Freund Gottes, der Bote des einigen Schöpfers bist Du,
Der Auserwählte des Herrn der Majestät, des Reinen, der seinesgleichen nicht hat, bist Du.
    (Freund! Mein Fürst!)
Liebling der Gottheit, Vorsitzender und Vollmond der Schöpfung,
Augenlicht der Propheten, unsere Sonne bist Du.
    (O Mevlana! Gott ist Freund. Mein Fürst!)
In der Nacht des Himmelsrittes hielt Gabriel Dir den Bügel.
    (Freund! Freund!)
Der den Fuß aufs Haupt setzte den neun blauen Kuppeln, bist Du.

48 Vgl. Reinhard, *Musik der Türkei*, S. 80–81.

49 Der Text fasst die ausführliche und mit sorgfältigen Übersetzungen versehene Beschreibung von Ritter, S. 30–39, paraphrasierend zusammen. Zitate sind gekennzeichnet.

50 Vgl. Ritter, „Der Reigen der ‚Tanzenden Derwische'", S. 33.

(O Mevlana! Gott ist Freund. Mein Fürst! Mein Geliebter! Freund! Freund! Freund!)
O Gottgesandter, Du weißt, daß Deine Gemeinden hilflos sind.
Wegführer der Hilflosen, die weder Haupt noch Fuß haben, bist Du.
(Gott ist Freund. Freund! Freund! Mein Fürst!)
Die Zypresse des Gartens der Gottesgesandtschaft, junger Frühling der Erkenntnis,
Der Rosenstamm des Gartens der Scheria, die hohe Lilie, bist Du.
(O Vertrauter Gottes! O! O!)
„Şems-i Tebrīz", der die Beschreibung des Propheten im Herzen trägt,
Der Auserwählte und Auserkorene, jener höchste Herr bist Du.

4. Der Leiter der *Ney*-Gruppe spielt anschließend ein *Taksîm* im *Makâm* des Tages.
5. Danach spielen die Instrumentalisten des Ensembles ein *Peşrev*. Die Derwische schlagen während des ersten Tons mit der Hand auf den Boden und erheben sich. Sie umkreisen zu Ehren ihres Bruderschaftsgründers Sultan Veled (1226–1312) den Tanzsaal dreimal im Gegenuhrzeigersinn.
6. Es folgt eine Grußzeremonie, bei der sich der Scheich und die Derwische mehrmals vor der Gebetsnische und dem Vlies verneigen.
7. Nun werden die vier *Selâm* intoniert und somit beginnt auch der Tanz. Die Derwische legen ihre *Ḫyrka* ab und bewegen sich in einem großen Kreis, wobei sie sich um sich selbst drehen. Dabei werden die Arme ausgebreitet, wobei die rechte Handfläche nach oben und die linke nach unten zeigt. Der Kopf ist ein wenig nach rechts geneigt. Zwischen den einzelnen *Selâm* erfolgt jeweils wieder eine Grußzeremonie, bei der sich der Scheich und die Derwische verneigen. Erst im vierten Selâm geht auch der Scheich in die Mitte des Kreises und dreht sich langsam.

Der dritte Selâm ist das Herzstück der Zeremonie und eine kleine geschlossene Form an sich. Sie führt hin zur religiösen Ekstase. Inhaltlich geht es in der Regel um die mystische Vereinigung mit dem Geliebten. Hellmut Ritter übersetzt als charakteristisches Beispiel den Text des *Sûznâk Âyîn* von Zekâî Dede (1825–1897), der folgendermaßen beginnt:

O Ihr Paradiesbewohner, leset unsern Freibrief,
Lasst euch tränken mit unserm Wein und lasst euch vorspielen auf unserm Horn!
[...].[51]

In der Mitte des dritten Selâm, wenn die Geschwindigkeit sich steigert, heißt es dann:

Dein Antlitz gleicht dem Monde
Dein Herz gleicht dem Stein
Dein Odem ist der Odem der Ewigkeit
Deine Schönheit ist der Augen Licht
Deine Abweisung – meine Seele sei Dir hingegeben –

51 Ebd., S. 36.

Hat mich in Liebe zu Dir erbeben lassen.
[…].[52]

Der Formteil schließt mit den Worten:

O der, dessen Wohltaten unzählbar sind,
(Geliebter usw. mein Geliebter!)
Bei dem das Bemühen nicht vergeblich ist,
(Geliebter usw.)
Wahrhaftige frohe Ankündigung der Begegnung hat gebracht
(Geliebter usw.)
Ein Bote, der aus Seiner edlen Gegenwart kam (?)
(Geliebter usw.).[53]

Die Vereinigung ist erreicht.

Auch die musikalische Umsetzung folgt dem Konzept einer stetigen Beschleunigung, die bereits im Text angelegt ist: Der dritte Selâm beginnt verhalten im rhythmischen Zyklus der *Mevlevî*, dem „großen Kreis" *Devr-i kebîr*. Hierauf beginnt die langsame Beschleunigung des Tanzes während eines instrumentalen Zwischenspiels im *Usûl Aksak semâî*. Mit dem Übergang zum Dreier-Rhythmus *Yürük semâî* beginnt der ekstatische Teil des Tanzes. Insgesamt folgen noch drei weitere Beschleunigungsphasen, die jeweils durch ein kurzes Instrumentalspiel (*Terennüm*) eingeleitet werden.

8. Nach Vollendung der vier Selâm erklingt nochmals ein *Taksîm*, diesmal auf der Langhalslaute *Tanbûr* intoniert.
9. Vor der sich anschließenden Koranrezitation endet der Tanz. Die Derwische gehen auf ihre Plätze zurück und bekleiden sich wieder mit der *Ḫyrka*. Dann beginnt die Koranrezitatiom
10. Der *Şeyh* betet für den Propheten Mohammed, für *Mevlânâ* und seine Nachfolger sowie für alle Gönner der Bruderschaft. Dann rezitieren alle Teilnehmer die erste *Sure* für sich. Der *Şeyh* spricht die Worte „Die Gnade Gottes, die Segenskraft der Gottesmänner sei über uns gegenwärtig und wache über uns. Den heiligen Hauch des Mevlânâ, *hū* lasst uns sprechen ‚*hū*' (d.i. ‚Er' = Gott)".[54] Danach grüßt er die Derwische mit den Worten „Friede sei über euch" und der *Semazenbaşı* antwortet mit „und Friede sei über euch und die Barmherzigkeit und die Segnungen Gottes".[55] Der Scheich geht zu der Tür und grüßt auf die gleiche Art auch noch das Ensemble, wobei der erste *Ney*-Spieler antwortet. Es verneigen sich abschließend noch einmal alle zur Gebetsnische und der Scheich verlässt den Raum.

52 Ebd., S. 37.
53 Ebd., S. 38.
54 Ebd.
55 Ebd.

Zur Bedeutung des Rituals

Wenn man heute mit *Mevlevî* über die Bedeutung des *Âyîn* spricht, so erhält man von *Şeyh* zu *Şeyh* unterschiedliche Antworten. Hellmut Ritter hat 1933 eine plausible Deutung ermittelt, die hier zitiert sei:

> Nach als klassisch betrachteten Schriften der Mevlevî „ist der erste Teil der Zeremonie eine allegorische Darstellung des so genannten ‚gegenwärtigen Paradieses' […]. Das Aufschlagen der Hände auf den Boden und das plötzliche Sicherheben bedeutet dann die Auferstehung aus den Gräbern, bzw. mystisch umgedeutet, aus dem Schlaf der Gleichgültigkeit. Der Tanz selbst aber ist die allegorische Darstellung des Kreislaufs des Werdens bzw. der Selbstentfaltung des Ur-Einen im neoplatonischen Stufenkosmos. Aus der Gottheit entfalten sich nacheinander Weltintellekt, Weltseele, Planetensphären, Elementensphäre, Mineral-, Pflanzen- und Tierreich. Im Menschen endet der erste Halbkreis des Gesamtzyklus und beginnt zugleich der zweite. Dieser zweite ist, im Gegensatz zu dem äußerlich sichtbaren ersten, rein innerlicher Natur; er besteht in der inneren Höherentwicklung des Menschen durch mystische Übung zum vollkommenen Menschen […], wobei die im Menschen verborgene göttliche Substanz durch verschiedene Stufen der Erkenntnis hindurch in der gnostischen Schau an den göttlichen Ausgangspunkt zurückgelangt. Der Scheich ist der Ausgangspunkt, gleichsam der Ur-Eine, der Halbkreis links von ihm, wo die noch nicht tanzenden Derwische stehen, ist der Ort der Seelen vor der Vereinigung mit den Leibern. Beim Scheich […] angekommen, erhalten diese Befehl, nunmehr ins Leben zu treten und den Reigen des Werdens zu tanzen. Sie durchkreisen zuerst die Hälfte des offenbaren Daseins rechts vom Scheich, dann von der Tür an die zweite innerliche Hälfte. In jeder der vier aufeinanderfolgenden Tanzperioden rücken sie je eine Stufe weiter in der ‚Erkenntnis' und der Annäherung an die Gottheit. Daß der Scheich nach jeder Tanzperiode nach vorn tritt und den Gruß ausspricht, bedeutet die Darstellung des göttlichen Ausspruchs: ‚Wer eine Spanne weit auf mich zukommt, auf den komme ich eine Elle weit zu.' […] – Neben diesen Erklärungen steht die andere, daß das Tanzen der Derwische die Bewegung der Planeten darstelle, die, von Liebessehnsucht getrieben, den Urbeweger umkreisen. Die rechte Hand sei geöffnet, um, den Planeten gleich, die göttliche Emanation aufzunehmen, die linke sei nach unten gerichtet, um den göttlichen Einfluß in tiefere Regionen weiterzugeben.[56]

Zu der gegenwärtigen Interpretation der Bedeutung des Rituals ergeben sich kaum mehr als einige Schnittmengen. Dies verdeutlichen die Erläuterungen etwa İsmail Hakkı Özkans, der folgende Deutungsmöglichkeit des Rituals, des Tanzes und der Musik anbietet:

> The striking of the floor *(darb-i celal)* by the *cans,* followed by their rising to their feet at the beginning of the Mawlawi ceremony upon the first strike of the *kudüm* as soon as peshrev started, represents the rising of the dead from the grave, harkening the *sur*. Because the first strike of the kudum is considered God's command: ‚Kün' (literally be, let there be). […]
> The touring the room three times represents in mysticism *ilme'l-yakîn* (knowing through learning), *Ayne'l-yakîn* (knowing through seeing) and *Hakke'l-yakîn* (knowing without any doubt, being united with God).

56 Ritter, „Der Reigen der ‚Tanzenden Derwische'", S. 39.

> The Semâ and the whole mukabele represents the Judgment Day, and each greeting has a different mystic significance. Accordingly:
> The first greeting: Man's knowing God's exaltedness and understanding his own status in worship.
> The second greeting: Man's adoration of God's incomparable might and power.
> The third greeting: The adoration turns into love of God. Fervor accompanies love. (Hence, more yuruk rhythmic patterns are included in ceremonial compositions.)
> The fourth greeting: Man comprehends fully his own status in worship, seeing God's greatness at the Hakke'l-yakîn level, is established in constant worship. Hence, the *semâzens* whirl solely around themselves during the fourth greeting, not around the sema'khaneh, or briefly the ‚pole position' which represents stability and no turning back from that status and level. These four greetings are in accordance with the mystic classification of development, the mystical awareness of God, the formal purification (through sheri'a), essential purification (through tariqah), truth of Being, and finally being in Truth.[57]

Die *Mevlevî*, zu deren Komponisten neben bedeutenden *Şeyh*s der Bruderschaft wie Nāyī 'Osmān Dede Efendi (um 1652–1730) und Ḥammāmīzāde İsmā'īl Dede Efendi (1778–1846) auch der in den Handschriften des 19. Jahrhunderts auch als „Nāyī Selīm Dede" bezeichnete Reformsultan Selīm III. (1761–1808) zählen,[58] waren insgesamt von herausragender Bedeutung für die Musikkultur des Vorderen Orients. Sie unterhielten ein weitverzweigtes Netzwerk, das sich von Algerien über Ägypten (Kairo), den Libanon (Tripoli) und Syrien (Damaskus und Aleppo) bis zum nördlichen Balkan spannte und das nicht zuletzt für einen stetigen Musikaustausch sorgte. Bis zum inzwischen wieder gelockerten Verbot der Derwischbruderschaften durch Atatürk im Jahr 1925 und der damit verbundenen Schließung der türkischen *Tekkeler* der *Mevlevî* hatten zahlreiche der einflussreichsten Musiker und Komponisten der traditionellen Kunstmusik dort ihre Ausbildung erhalten.

Musik im Islam ist an vielen Orten und in zahlreichen Varianten lebendig. Ungeachtet der Diskurse der Rechtsgelehrten um Verbot oder Erlaubnis von Musik hat sich ein komplexes Repertoire entwickelt, das auf vielfältige Weise innerhalb und außerhalb der Moschee zur Steigerung der religiösen Andacht beizutragen vermag. Gemeinsam mit der weltlichen Kunstmusik, die insbesondere im Vorderen Orient auch musikalische Traditionen der Griechen, Juden, Araber und Armenier aufgreift, ist die Musik im Islam Bestandteil einer internationalen und transkulturellen Musikkultur.

57 Özkan, *Mevlâna ve Mevlevîlik*, S. 50–51.

58 Zu den in den Handschriften belegten Namen des Sultans vgl. https://corpus-musicae-ottomanicae.de/receive/cmo_person_00000161, letzter Zugriff: 2. Januar 2019.

Musik in interreligiösen Begegnungen. Religionstheologie und ästhetische Wende[1]

Verena Grüter (Nürnberg)

1 Einleitung

Musik als Medium interreligiöser Begegnungen erfreut sich wachsender Beliebtheit: Große internationale Festivals wie Musica Sacra International, Festival de Fès des Musiques Sacrées du Monde, World Festival of Sacred Music, Les Sacrées Journées de Strasbourg sind seit den 1990er Jahren entstanden und ziehen jährlich Tausende von Besucherinnen und Besuchern an. Darüber hinaus hat die Präsenz von Menschen anderer kultureller und religiöser Zugehörigkeiten in Deutschland in den vergangenen Jahren dazu geführt, dass interreligiöse Musikprojekte entstanden sind, die auf Teilhabe aller am gemeinsamen Musizieren angelegt sind. Der Interreligiöse Chor Frankfurt und das Projekt „Trimum" stellen prominente Pionierleistungen dar, die aus einer intensiven musikalischen und theologischen Zusammenarbeit von Musizierenden und Theolog/-innen jüdischen, christlichen und muslimischen Bekenntnisses erwachsen sind. Die Dokumentationen dieser Projekte zeigen, welche musikalischen und theologischen Fragen sich im Lauf einer solchen interreligiösen Zusammenarbeit stellen.[2] Daran wird erkennbar, dass Musik keineswegs die „universale Sprache" ist, die die Differenzen zwischen Menschen verschiedener kultureller und religiöser Zugehörigkeiten einfach überwindet.[3] Vielmehr treten diese Differenzen umso klarer in denjenigen dialogischen Projekten hervor, die auf ein gemeinsam verantwortetes Werk oder Repertoire zielen. Hier wird deutlich, wie stark klangliche ästhetische Praxis – das Rezitieren von Texten, Singen oder Instrumentalspiel – und die dafür verwendeten musikalischen Formen die jeweilige religiöse Identität prägt.

Diese Erfahrungen bilden eine wichtige Quelle neuen Nachdenkens über eine Theologie interreligiöser Begegnungen. Christliche Religionstheologie bedarf der

---

1 Der vorliegende Beitrag wurde zuerst veröffentlicht in: *Musik in interreligiösen Begegnungen* (= Beiträge zu einer Theologie der Religionen, 14), hrsg. von Reinhold Bernhardt und Verena Grüter, Zürich 2019, S. 13–40.

2 Vgl. dazu *Singen als interreligiöse Begegnung. Musik für Juden, Christen und Muslime*, hrsg. von Bernhard König u. a., Paderborn 2016.

3 Zum „musikalischen Universalienstreit" vgl. die siebte Diskussionseinheit in Rolf Oerter, „Musik – Einheit und Vielfalt ihrer kulturellen Ausprägung. Eine kultur- und musikpsychologische Perspektive", in: *EWE* 18/4 (2007), S. 521–608, hier S. 521–533. Musikethnologen betonen die unausweichliche kulturelle Bedingtheit von Musik. Vgl. Alan Merriam, *The Anthropology of Music*, Evanston/Illinois [5]2000.

Ergänzung durch Ästhetik, will sie dieser Herausforderung Rechnung tragen.[4] Auf der Grundlage der Analyse von drei interreligiösen Musikprojekten möchte ich hier ästhetische Zugänge aufzeigen, die helfen, Formate, Praxis und Erfahrung von Musik in interreligiösen Begegnungen zu verstehen.

2 Die ästhetische Wende als Herausforderung für die Religionstheologie

In der Religionswissenschaft hat in jüngster Zeit der *esthetic turn* dazu geführt, Religionen als „Sinnensysteme" aufzufassen, „die durch eine Vielfalt von auditionell-visuellen Aktivitäten und die Benutzung von entsprechenden akustischen und optischen Signifikanten ihren Wirklichkeitsbezug gestalten."[5] Lapidar formuliert Navid Kermani diese Einsicht:

> Religionen haben ihre Ästhetik. Sie sind nicht Ansammlungen schlüssig begründeter Normen, Wertvorstellungen, Grundsätze und Lehren, sondern sprechen in Mythen und damit in Bildern, kaum in abstrakten Begriffen, binden ihre Anhänger weniger durch die Logik ihrer Argumente als die Ausstrahlung ihrer Träger, die Poesie ihrer Texte, die Anziehung ihrer Klänge, Formen, Rituale, ja ihrer Räume, Farben, Gerüche. Die Erkenntnisse, auf die sie gehen, werden durch sinnliche Erfahrungen mehr als durch gedankliche Überlegungen hervorgerufen, sind ästhetischer eher als diskursiver Art.[6]

Religionsästhetik fragt daher nach den „Zeichen, Gegenstände[n] und Handlungen", Wahrnehmungsprozessen und Wirkungsweisen symbolischer religiöser Interaktionen.[7] Diese Hinwendung zur Erforschung der Produktion und Rezeption sinnenhafter Symbole richtet sich auf alle fünf Sinne und sucht so die traditionelle Fixierung auf den Gesichtssinn zu überwinden. Nicht zufällig kommt dem Gehör dabei eine hohe Bedeutung zu: „Gerade der traditionelle Vorrang des Sehens wird hier durchbrochen. Auditive Phänomene werden mindestens ebenso wichtig wie visuelle."[8]

Im Rahmen des *auditive turn* wendet sich nun auch religionswissenschaftliche Forschung den Klängen religiöser Traditionen zu und überwindet damit die viel beklagte „Taubheit der Disziplin".[9] Auch empirisch hat der Gehörsinn in religiöser Praxis den Primat vor dem Sehen, denn in allen religiösen Traditionen wurden die

---

4 Vgl. Verena Grüter, *Klang – Raum – Religion. Ästhetische Dimensionen interreligiöser Begegnung am Beispiel des Festivals Musica Sacra International*, Zürich 2017.

5 Ulrich Dehn, „Die ästhetische Codierung der Wirklichkeit. Zur Typologie von religiösen Seh- und Hörkulturen", in: *BThZ* 23/2 (2006), S. 185–198, hier S. 198.

6 Navid Kermani, *Gott ist schön. Das ästhetische Erleben des Koran*, München ^{4}2011, S. 9.

7 Hubert Cancik und Hubert Mohr, „Religionsästhetik", in: *Handbuch religionswissenschaftlicher Grundbegriffe*, hrsg. von Hubert Cancik u. a., Stuttgart u. a. 1988, Bd. 1, S. 121–156, hier S. 122.

8 Wolfgang Welsch, *Ästhetisches Denken*, Stuttgart ^{7}2010, S. 46.

9 Rosalind I. J. Hackett, „Sound, Music and the Study of Religion", in: *Tem.* 48/1 (2012), S. 11–27, hier S. 11, unter Bezugnahme auf Isaac A. Weiner, „Sound and American Religions", in: *Religion Compass* 3/5 (2009), S. 897–908.

rituellen Texte vor ihrer Verschriftlichung mündlich überliefert.[10] Die klangliche Gestalt von Rezitationen und Gesängen, die Verwendung von Instrumenten sowie Orte und Zeiten der Aufführung unterliegen in den meisten religiösen Traditionen bestimmten Regeln.[11] Darüber hinaus ist die körperliche Performance religiöser Klänge von kaum zu überschätzender Bedeutung für die Ausbildung individueller und kollektiver religiöser Identitäten.[12] Klänge werden körperlich sowohl erzeugt als auch wahrgenommen und re-sonieren im Raum. Die Interdependenz von Körperlichkeit, Klanglichkeit und Räumlichkeit bildet daher eine wesentliche Kategorie für die Erforschung interreligiöser Musikprojekte. Die ästhetische Wende in der Erforschung interreligiöser Beziehungen verlagert daher die Perspektive von den fixierten Texten hin zur Performanz[13], von der Dominanz des Gesichtssinnes hin zum Gehör und darüber hinaus zur körperlichen Wahrnehmung. Bedeutung wird nicht auf der Performanz vorausliegende kognitive Systeme zurückgeführt, sondern im Vollzug erschlossen:

> Auch ihr [der Religionsästhetik, Anm. d. Verf.] geht es darum, die Medien religiöser Performances und ihre spezifischen Möglichkeiten, Botschaften zu kommunizieren, in den Vordergrund zu stellen. Diese Botschaften müssen aber nicht auf ein Ideengebäude verweisen, das unabhängig von den ästhetischen Formen existiert. Sie kann ebenso gut in der Struktur der Darstellungsmittel selbst liegen oder in der sinnlichen Wirkung auf die Teilnehmer.[14]

Auch in der Musikwissenschaft beginnt sich die Einsicht durchzusetzen, dass musikalische Klänge nicht eindeutig auf ihnen vorausliegende soziokulturelle Systeme zurückgeführt werden können. Demzufolge verschiebt sich die Fragestellung nach dem Zusammenhang zwischen theologischen Inhalten und konkreten musikalischen Klanggestalten hin zur Frage nach der Bedeutung von Musik für die Entstehung von Identitäten: Aktive und passive musikalische Praxis wird auf ihre Wirkung für die Ausbildung religiöser Identität hin befragt. Dabei eröffnet die ästhetische Erfahrung von Musik grundsätzlich die Möglichkeit, verschiedene Identitäten – wenigstens spielerisch und temporär – zuzulassen.[15]

---

10 Ulrich Dehn, „Ästhetische Codierung der Wirklichkeit“, S. 185: „Alle großen Religionen begannen als Sprech- und Hörkulturen“.

11 Vgl. dazu Grüter, *Klang – Raum – Religion*, S. 77–115.

12 Vgl. Dazu William O. Beeman, „Religion and Ritual Performance“, in: *IKTh* 39/4 (2013), S. 320–341.

13 Ich gebrauche den Begriff „Performanz“ hier im Sinne der generativen Grammatik, wie ihn Noam Chomsky geprägt hat, und bezeichne damit die konkrete – rituelle, klangliche – Performanz einer religiösen Tradition im Unterschied zur schriftlich fixierten, passiv vorhandenen „Kompetenz“. Zur begrifflichen Differenzierung vgl. Thomas Klie, „Performanz, Performativität und Performance. Die Rezeption eines sprach- und theaterwissenschaftlichen Theoriefeldes in der Praktischen Theologie“, in: *IKTh* 39/4 (2013), S. 342–356, hier S. 347.

14 Daniel Münster, *Religionsästhetik und Anthropologie der Sinne*, München 2001, S. 4.

15 Georgina Born, „Introduction“, in: *Western Music and its Others. Difference, Representation and Appropriation in Music*, hrsg. von Georgina Born und David Hesmondhalgh, Berkeley/California u. a. 2000, S. 1–58, hier S. 31: „The theorization of music and sociocultural identity is presently a major preoccupation. An older model, given new life in certain ver-

Damit geraten zugleich die Transformationsprozesse in den Blick, die durch das ästhetische Erleben von musikalischen Klängen ausgelöst werden können. Denn im Unterschied zu schriftlich fixierten Texten eignet klanglicher Performance[16] Flüchtigkeit und Kontingenz.[17] Zwar bezieht sich eine Performance auf symbolische Ordnungen der religiösen Traditionen – etwa Texte, Klanggestalten und Räume –, konstituiert Wirklichkeit jedoch zugleich neu unter dem Vorzeichen der Vergänglichkeit und Unvorhersagbarkeit. Die Kontingenz einer Performance liegt nicht allein in ihrer Materialität begründet. Sie ist vor allem durch die Wahrnehmungsprozesse der Zuhörenden bedingt, die für die Bedeutung der Performance konstitutiv, jedoch nicht völlig vorhersagbar sind.[18]

Interreligiöse Musikprojekte werfen damit neue Fragestellungen auf, die für eine Theologie interreligiöser Beziehungen wichtige Impulse enthalten: Was bedeutet der Umstand, dass klangliche Praxis an der Konstitution religiöser Identitäten beteiligt ist, zugleich aber auch ein spielerisches Erproben von Identitäten ermöglicht, im Hinblick auf die Bedeutung interreligiöser Musikprojekte für interreligiöse Beziehungen? Auf der musikalischen Ebene wäre zu fragen, wie ein dialogisches Ge-

sions of subculture theory, argues that music reflects or enunciates underlying social relations and structures. The problem is to trace the links between a musical form or practice and its production or consumption by particular social groups. This ‚homology‘ model has often been discredited for a mechanical, deterministic mapping of the relation between social base and cultural superstructure, whether in Marxian or Durckheimian formulations. [...] A new model has emerged based on these criticisms, which amounts to a current orthodoxy. It proposes that music ‚reflects‘ nothing: rather, music has a formative role in the construction, negotiation, and transformation of sociocultural identities. In this view, music engenders communities or ‚scenes‘; it allows a play with, a performance of, and an imaginary exploration of identities. Its aesthetic pleasure has much to do with this vicarious exploration of identities."

16 Mit dem Begriff „Performance" bezeichne ich – mit Erika Fischer-Lichte im theaterwissenschaftlichen Sinne – eine konkrete Aufführung. Vgl. Klie, „Performanz, Performativität und Performance", S. 348. Die Begriffe „Performance" und „Aufführung" gebrauche ich in dem soeben definierten Sinne als Synonyme.

17 Erika Fischer-Lichte, *Performativität. Eine Einführung*, Bielefeld 2012, S. 62: „Geradezu paradigmatisch für die Flüchtigkeit von Aufführungen ist ihre Lautlichkeit. Was könnte flüchtiger sein als ein (v)erklingender Laut? Aus der Stille des Raumes auftauchend, breitet er sich in ihm aus, füllt ihn, um im nächsten Augenblick zu verhallen, zu verwehen – zu verschwinden. So flüchtig er sein mag, wirkt er doch unmittelbar – und häufig nachhaltig – auf den ein, der ihn vernimmt. Er vermittelt ihm nicht nur ein Raumgefühl; er dringt auch in seinen Leib ein und vermag häufig physiologische und affektive Reaktionen auszulösen. Lautlichkeit ist ein starkes Wirkpotenzial inhärent."

18 Ebd., S. 67: „In der Regel verläuft der Wahrnehmungsprozess in einer Aufführung weder ausschließlich nach dem ersten [Wahrnehmung selbstbezüglicher Phänomene, Anm. d. Verf.] noch nach dem zweiten Modell [Wahrnehmung unterschiedlicher symbolischer Ordnungen, Anm. d. Verf.], also weder völlig chaotisch noch gänzlich zielgerichtet. Vielmehr springt er immer wieder von der einen Ordnung zur anderen um. Im Augenblick des Umspringens erfolgt ein Bruch. Die Dynamik des Wahrnehmungsprozesses nimmt jedes Mal eine andere Wendung. [...] Jede Wendung führt zur Wahrnehmung von etwas anderem – nämlich jeweils dessen, was zur Stabilisierung der neuen Ordnung beiträgt – und damit zur Erzeugung jeweils anderer Bedeutungen."

schehen klanglich hervorgebracht, wie Identität und Alterität klanglich erfahrbar gemacht werden können. Und welche Bedeutungen bringt die Materialität einer interreligiösen musikalischen Aufführung – insbesondere ihre Klanglichkeit und die Räumlichkeit – bei den Zuhörenden hervor? Welche Schlüsse lassen sich daraus hinsichtlich der religiösen Erfahrungen ziehen, die interreligiöse Musikprojekte ermöglichen? Und ist der diesen Projekten implizit oder explizit inhärente Anspruch gerechtfertigt, dass sie Empathie und damit ein tieferes gegenseitiges Verstehen zwischen Angehörigen verschiedener religiöser Traditionen ermöglichen?

Mit der folgenden exemplarischen Analyse von drei interreligiösen Musikprojekten versuche ich erste Antworten auf diese Fragen zu geben.

3 *Interreligiöse Musikprojekte – eine exemplarische Untersuchung von drei Beispielen*

3.1 „Time for Dialogue" – ein norwegisch-pakistanisches Musikprojekt

Anlässlich der internationalen und teilweise gewaltsamen Proteste, die im Jahr 2006 durch die Veröffentlichung islamkritischer Karikaturen in einer dänischen und einer norwegischen Zeitung ausgelöst worden waren, brachte die von der Lutherischen Kirche Norwegens eingerichtete Kirchliche Kulturwerkstatt in Oslo ein christlich-muslimisches Musikprojekt auf den Weg: Die CD „Dialogue"[19] enthält dreizehn Gesangsstücke, in denen jeweils ein muslimischer und ein christlicher Gesang in Form einer Collage miteinander verbunden sind.

Erik Hillestadt, Musikproduzent und Begründer der Kirchlichen Kulturwerkstatt, gewann dafür den Norweger Sondre Bratland und den Pakistani Javed Bashir. Sondre Bratland gilt als bedeutendster norwegischer Sänger im Bereich Cross-Over zwischen Volksmusik und Weltmusik, insbesondere aus Asien, mit einem Schwerpunkt auf geistlicher Musik.[20] Javed Bashir, geboren in Lahore, ist Sohn des namhaften Qawwals[21] Bashir Ahmed Khan. Er gilt als bedeutender Qawwali-Sänger, der ebenso Popmusik und Cross-Over singt.[22]

In Zusammenarbeit mit dem in Norwegen lebenden pakistanischen Musikproduzenten Khalid Salimi erarbeiteten Hillestadt und die beiden Sänger ein musikalisches Programm, das auf geistliche Gesänge aus den Volkstraditionen Pakistans und Norwegens zurückgreift. Bratlands Repertoire besteht aus zahlreichen geistlichen Liedern aus dem skandinavischen Luthertum sowie aus der skandinavischen

19 http://kkv.no/musikk/utgivelser/2000–2009/2006/sondre-bratland-og-javed-bashir/, letzter Zugriff: 27. Juni 2018.

20 www.sondrebratland.no/index.php, letzter Zugriff: 27. Juni 2018.

21 Qawwal ist die Bezeichnung für die Musiker, die Qawwali-Musik machen. Siehe unten Fußnote 30.

22 https://en.wikipedia.org/wiki/Javed_Bashirl, letzter Zugriff: 27. Juni 2018.

Erweckungsbewegung, von denen etliche bis heute im „Norsk Salme Bok“[23], dem Gesangbuch der Lutherischen Kirche in Norwegen, stehen. Im norwegischen Kontext, wo die Lutherische Kirche bis 2012 Staatskirche war, haben diese Lieder eine starke Funktion in der Reproduktion kollektiver religiöser Identität. Vergleichbares gilt für das Repertoire Javed Bashirs: Die von ihm musikalisch realisierten geistlichen Volksdichtungen stammen überwiegend von bekannten Sufi-Dichtern aus dem Punjab, darunter Shah Hussain (1539–1593) und Bulleh Shah (1680–1752), der auch als „Rumi des Punjab“ gilt.[24] Qawwali-Performances finden an den Schreinen der Sufi-Heiligen statt und vermitteln den Gläubigen deren spirituelle, heilende Kraft.[25] Darin liegt ihre hohe Bedeutung für die Herausbildung kollektiver religiöser Identität. Darüber hinaus spielte Qawwali jedoch im Zuge der Entwicklung einer nationalen kulturellen Identität Pakistans eine wichtige Rolle: Auf der Suche nach einer nationalen Identität infolge der Teilung Pakistans und Indiens 1947 machte Radio Pakistan Qawwali zur Nationalmusik, die es in den 1980er Jahren mit renommierten Musikern wie Nusrat Fateh Ali Khan und den Sabri Brothers auf die Bühne der Weltmusik schaffte.[26]

Künstlerisch realisiert wurde das Projekt in drei Ländern, die unmittelbar in den Karikaturenstreit verwickelt waren: in Pakistan, Norwegen und Syrien. Das Produzententeam wählte in den jeweiligen Ländern Moscheen und Kirchen aus, um die Gesänge einzuspielen. Der musikalische Dialog beginnt in Lahore, im Mausoleum des muslimischen Moguls Jahangir (reg. 1605–1627), der wegen seiner toleranten Religionsgesetze und seiner Liebe zu den Künsten bekannt ist, und wird in der Wazir-Khan-Moschee in Lahores Altstadt fortgesetzt. In Norwegen sind die romanische Gamle-Aker-Kirche in Oslo, die Heddal-Stabholzkirche und die Holzkirche in Bratlands Heimatstadt Vinje die Aufnahmeorte. Mit der Umayyaden-Moschee in Damaskus wird schließlich ein hoch symbolischer Aufnahmeort gewählt, an dem sich christliche und muslimische Tradition verbinden.[27]

---

23 *Norsk Salme Bok*, Oslo 1985.

24 Annemarie Schimmel, *Mystische Dimensionen des Islam. Die Geschichte des Sufismus*, Frankfurt a. M./Leipzig 1995, S. 549.

25 Vgl. dazu James Richard Newell, „Experiencing Qawwali. Sound as Spiritual Power in Sufi India, Nashville (TN) 2007“. Online-Publikation: http://etd.library.vanderbilt.edu/ available/etd-09262007-151811/unrestricted/newelldissertation.pdf, letzter Zugriff: 27. Juni 2018.

26 Regula Burckhardt Qureshi, „Music, the State, and Islam“, in: *The Garland Encyclopedia of World Music*, Bd. 5: *South Asia. The Indian Subcontinent*, hrsg. von Alison Arnold, New York/London 2000, S. 744–750, hier S. 746: „More lasting was the use of the Sufi qawwali as a quasi-national music, whose strongly rhythmic, improvisational character, and flamboyant performance style were all retained and were showcased by many performers on state television from the 1960s onward. In fact, one of the first LP records of Pakistan, still famous today, was Tajdar-e-haram, which launched the great Ghulam Farid Sabri and his qawwali group, later renamed the Sabri Brothers.“

27 Die Umayyaden-Moschee wurde im 4. Jh. n. Chr. als christliche Basilika über einem römischen Tempel errichtet. Der Überlieferung zufolge enthält der dort verehrte Schrein den Kopf Johannes des Täufers. Nach der Eroberung von Damaskus durch die Araber im 7. Jh. wurde sie zu einer Moschee umgebaut. Im Jahr 2001 besuchte Papst Johannes Paul II. die

Angesichts der durch den Karikaturenstreit religiös aufgeheizten öffentlichen Stimmung ist die Tatsache, dass die CD nicht in einem Studio eingespielt wurde, sondern aus Live-Aufzeichnungen in den genannten gottesdienstlichen Räumen besteht, gar nicht hoch genug zu bewerten. Die Aufnahmeorte sind im Booklet zur CD fotografisch dokumentiert; der einleitende Text verweist auf akustische Merkmale, die die Aufnahmen jeweils begleitet haben und auch beim Abspielen wahrnehmbar sind. Auf diese Weise wird beim Hören der Eindruck suggeriert, einer Live-Performance christlicher und muslimischer Gesänge in Moscheen und Kirchen beizuwohnen. Der Dialog wird also nicht allein durch die Stimmklänge erzeugt. Die Klänge bringen zugleich eine dialogische Räumlichkeit hervor, in die die Zuhörenden suggestiv hineinversetzt werden. Im Folgenden möchte ich die musikalische Struktur einer genaueren Analyse unterziehen, um die Besonderheit dieses Dialogs aufzuzeigen.

Zwischen den beiden musikalischen Repertoires, die in ihrem Kontext für die Ausbildung kollektiver religiöser Identitäten eine wichtige Funktion haben, wird auf der CD ein Dialog in Gestalt einer Collage hergestellt. Dazu werden je zwei Lieder – eines aus jeder der beiden religiös-kulturellen Traditionen – miteinander verschränkt. Sie werden in ihren jeweiligen Originalsprachen – Norwegisch, Panjabi und Urdu – strophenweise alternierend von den beiden Sängern gesungen. Auf diese Weise ergeben jeweils zwei Lieder einen neuen Gesang. Eines davon möchte ich exemplarisch untersuchen.

Unter dem Titel „Across the river" enthält die CD auf Position 2 ein Musikstück, das aus dem Lied „For Guds Folk Er Hvilen Tilbake" des norwegischen Erweckungspredigers Per Nordsletten und dem Kafi[28] „maniya tikyaby parwah dyna" des Sufi-Dichters Shah Hussain besteht. Die Melodie des norwegischen Kirchenliedes entstammt einem Volkslied aus Setesdal, während Javed Bashir das Kafi von Shah Hussain selbst vertont hat. Beide Lieder erklingen in ihren Originalsprachen Norwegisch und Panjabi.

Das Gedicht von Shah Hussain thematisiert die Suche des Mystikers nach der Vereinigung mit Gott, die in die damals in Nordindien bekannte Sage von der unglücklichen Liebe zwischen Hir und Ranja gekleidet wird.[29] In der sufischen Mystik steht die Frauengestalt der Hir symbolisch für die Sehnsucht der Seele nach Gott. Ein vorzeitlich gedachter Fluss[30] bildet den tödlichen Abgrund, durch den hindurch die Unio mystica erlangt wird.

Im Gedicht des norwegischen Erweckungspredigers Per Nordsletten wird die Hoffnung auf Erlösung in das biblische Bild von der Ruhe für Gottes Volk geklei-

Moschee und betete am Schrein Johannes des Täufers. https://de.wikipedia.org/wiki/Umayyaden-Moschee, letzter Zugriff: 27. Juni 2018.

28 *Kafi* bezeichnet eine typisch indische Form sufischer Dichtung, meist in den Sprachen Sindhi oder Punjabi, die eng mit der nordindischen Musiktradition zusammenhängen. Siehe Schimmel, *Mystische Dimensionen des Islam*, S. 545.

29 Ebd., S. 550 f.

30 www.wichaar.com/news/176/ARTICLE/3418/2008-03-11.html, letzter Zugriff: 27. Juni 2018.

det, wie sie im Hebräerbrief unter Rückgriff auf Psalm 95,11 entfaltet wird. Es bezeichnet dort die eschatologische Hoffnung auf die Einkehr des Volkes Gottes in einen Ruheort jenseits der vergänglichen Welt.

Beide Lieder werden in einem musikalischen Dialog nun so miteinander verklammert, dass auf einen Vers des Kafi jeweils ein Vers des norwegischen Liedes antwortet. Daraus ergibt sich eine große Form aus drei Doppelstrophen. Nach jeder dieser Doppelstrophen singt der Peace Choir from Damascus einen Refrain, der aus der Tonsilbe „Ah“ besteht. Bei den Tanzenden Derwischen wird diese Tonsilbe als Anrufung Allahs verwendet. Sie dient hier möglicherweise dazu, die Sehnsucht nach Gott als gemeinsamen Tenor beider Lieder zu unterstreichen.

Gemeinsam ist beiden Dichtungen das Thema transzendent gedachter Erlösung, die jedoch unterschiedlich akzentuiert ist: Während sich in dem norwegischen geistlichen Volkslied die eschatologische Erlösungshoffnung der Gemeinde ausdrückt, spricht in dem Sufi-Gedicht das mystische Ich die Erfahrung der Unio mystica aus. Musikalisch fällt jedoch der einheitliche Klangcharakter ins Ohr. Bewirkt wird er, indem beide Sänger solistisch und nahezu völlig unbegleitet singen. Bilden in den ursprünglichen Kontexten – Gemeindechoral und Qawwali-Performance – die jeweiligen Instrumente wichtige kulturelle Identitätsmerkmale der beiden Gattungen geistlicher Gesänge, so erscheinen sie hier drastisch reduziert. Der Verzicht auf Instrumente, aber auch auf die Gemeinschaft der Gläubigen, die in beiden religiösen Traditionen unverzichtbarer Bestandteil der rituellen Performance ist, entkleidet die Gesänge ihres jeweiligen soziokulturellen Kontextes. Indem kulturspezifische musikalische Parameter – ihre spezifischen Harmonien, Rhythmen, Tempi, Vortragsweisen und Instrumentalklänge – ausgeblendet werden, entfallen kulturell bedingte musikalische Differenzen. Damit entfällt zugleich ein wesentlicher Teil der religiös und kulturell repräsentativen Funktion der jeweiligen Musik.

Übrig bleiben auf das absolute Minimum zurückgeführte, relativ abstrakte Klanggerüste: Die traditionellen Texte werden als Sologesänge vorgetragen, von Bratland zu überlieferten Volks- oder Choralmelodien, von Bashir zu improvisierten Melodien auf der Grundlage nordindischer Skalensysteme, die auch den Qawwali-Gesängen zugrunde liegen. Das klangliche Ergebnis ähnelt in seiner Konzentration auf die einstimmige, unbegleitete melodische Darbietung der Texte eher den Rezitationsformen liturgischer Texte, wie sie im Gregorianischen Choral und der Koranrezitation in beiden religiösen Traditionen verwendet werden. Positiv wird dadurch eine klangliche Nähe geschaffen, die zwischen den konkreten Performances norwegischer Choräle und pakistanischem Qawwali in den jeweiligen Kontexten nicht gegeben ist.

Wie ist dieser Dialog nun religionstheologisch zu deuten? Betrachtet man die Textebene, so begegnen sich hier mit dem norwegischen Erweckungsgedicht und der pakistanischen Sufidichtung zwei religiöse Innenperspektiven. Im Rückgriff auf originale religiöse Texte und in ihrer Verbindung mithilfe der Collagetechnik spiegelt sich die „unhintergehbare Standortgebundenheit“[31] eines mutualen Inklusivismus: Beide religiöse Traditionen werden unverkürzt dargestellt, jedoch durch die Beziehung auf einen je spezifischen Erlösungsgedanken thematisch miteinander verknüpft. Die musikalische Gestaltung verschiebt den Akzent hingegen stärker auf die Ähnlichkeit, auf die Erlösungssehnsucht als das gemeinsame Thema. Dennoch wird hier keine universalistische Aussage getroffen: Weder werden die unterschiedlichen theologischen Aussagen vereinheitlicht noch werden sie musikalisch ununterscheidbar. Keine der beiden religiösen Traditionen wird relativiert. Stattdessen begegnen sich gegenseitig überlappende, universal-normative Traditionsperspektiven unverkürzt. Universalistisch ist hier höchstens die gläubige Haltung von Hoffnung und Hingabe.

Das entscheidend Neue geschieht in diesem musikalischen Dialog auf der performativen Ebene: Die ästhetische Erfahrung des Musikerlebens macht es Hörerinnen und Hörern möglich, die verschiedenen religiös-kulturellen Identitäten, die sich in den Gesängen aussprechen, spielerisch zu erproben. Dies umso mehr, als die Fremdheit durch die minimalistische musikalische Gestaltung begrenzt wird. Beide religiös-kulturellen Identitäten können spielerisch erprobt und wechselweise eingenommen werden, ohne dass die Zuhörenden sich in ein Kollektiv eingliedern müssen. Sie nehmen nicht an einem christlichen Gottesdienst oder an einem Qawwali-Ritual teil, es bleibt bei der Imagination der jeweiligen Identität. Das liegt in der Natur musikalischer Klänge, die keine denotative Funktion haben. Darin wurzelt ihre Fähigkeit, intersubjektive Empathie zu ermöglichen.[32] Die Gestaltung der geistlichen Gesänge zu musikalischen Collagen bewirkt einerseits eine Gegenüberstellung, eine gewisse Distanzierung, die die jeweiligen religiös-kulturellen Identitäten differenziert wahrnehmen lässt.[33] Andererseits ermöglicht die musikalische Gestaltung intersubjektive Empathie, die sowohl mithilfe der Texte als auch auf der Basis der musikalischen Klänge die Konnotation mystischer Einheit nahelegt.

Die Imagination der beiden religiös-kulturellen Identitäten wird in diesem Projekt zusätzlich durch die Wahl der Aufnahmeorte stimuliert: Indem die gottesdienstlichen Räume textlich und fotografisch dokumentiert und sogar akustisch erkennbar markiert werden, wird bei den Hörenden die Imagination intendiert, einer Live-Performance beizuwohnen. Die Räumlichkeit wird klanglich als dialogische erzeugt und damit sozusagen doppelt identifiziert: als Raum einer definierten reli-

[31] Reinhold Bernhardt, *Ende des Dialogs? Die Begegnung der Religionen und ihre theologische Reflexion* (= Beiträge zu einer Theologie der Religionen, 2), Zürich 2005, S. 217.

[32] Born, „Introduction“, S. 33: „It is precisely music's extraordinary power of imaginary evocation of identity and of cross-cultural and intersubjective empathy that render it a primary means of both marking and transforming individual and collective identities. As Born has argued previously, it is because music lacks denotative meaning, in contrast with the visual and literary arts, that it has particular powers of connotation.“

[33] Ebd., S. 39: „We might explore [...] juxtaposition as a musical collage that creates perspectival distance, fragmentation, and relativism between each musical object alluded to.“

giösen Tradition und als Begegnungsraum, der eine Erfahrung des „betwixt and between"[34] ermöglicht – eine Art Schwellenerfahrung, die die Hörenden von der eigenen in die je andere religiöse Tradition hinüber- und herübergehen lässt, ohne sie festzulegen.

Das Stück „Across the river" vollzieht, was Hillestadt als Anliegen des Projektes formuliert: „We must show that we are not going to stop crossing the lines that are drawn between us."[35] So wie die Seele des Sufi nicht zögert, die Linie des Todes zu überschreiten, um mit Gott vereinigt zu werden, so richtet sich auch die Hoffnung der christlichen Gemeinde auf eine Zeit, in der dieses Leid überwunden sein wird. Die kulturellen und religiösen Grenzen, die Anfang 2006 zwischen Christen und Muslimen gewaltsam aufgerichtet worden waren und viel Leid verursacht hatten, wurden symbolisch durch die Gesänge, aber auch ganz konkret durch die Aufnahmeorte überschritten. Fünf Jahre später, nach dem Ausbruch des Bürgerkrieges in Syrien 2011, wirkte dieses Projekt wie eine utopische Hoffnung.

3.2 Shõmyõ-Gesang und Gregorianischer Choral: Buddhistisch-christlicher Dialog

Im Rahmen der Maulbronner Klosterkonzerte wurde im Jahr 2008 ein buddhistisch-christliches Dialogprojekt uraufgeführt, dessen Entstehung auf eine gemeinsame liturgische Feier der Schola Gregoriana Pragensis unter Leitung von David Ebn und Mönchen der japanischen Tendai-Schule unter Leitung von Saikawa Buntai im Jahr 2000 in Prag sowie eine gemeinsame Japantournee der beiden Ensembles im Jahr 2005 zurückgeht. Mit Gregorianischem Gesang und Shõmyõ-Gesängen wurde liturgisch gebundene Musik aus Christentum und Buddhismus miteinander zu einem außergewöhnlichen Klangerlebnis verbunden.[36]

Shõmyõ-Gesang lässt sich vermutlich auf vedische Rezitation zurückführen und stellt eine spezifische Praxis der japanischen buddhistischen Schulen Tendai und Shingon dar, in der musikalische Einflüsse aus China fortwirken.[37] Die wichtigste Textgrundlage für den Shõmyõ-Gesang bildet das Lotus-Sutra, das auf Predigten des Buddha zurückgreift. Die zentrale Lehre besteht in der Aussage, dass alle Geschöpfe die Buddha-Natur in sich tragen, das heißt, die Fähigkeit zum Mitleiden und zur Entsagung von den Begierden. Diese Buddha-Natur zu kultivieren

---

34 Victor Turner, „Frame, Flow and Reflection. Ritual and Drama as Public Liminality", in: *Japanese Journal of Religious Studies* 6 (1979), S. 465–499, hier S. 465: „Public reflexivity is also concerned with what I have called ‚liminality'. This term, literally ‚being-on-a-threshold', means a state or process which is betwixt-and-between the normal, day-to-day cultural and social states and processes of getting and spending, preserving law and order, and registering structural status."

35 Einleitungstext im Booklet zur CD.

36 Vgl. dazu die Einspielung als CD: *Musica Sacra* – Buddhist Shõmyõ & Gregorian Chants, Andreas Otto Grimminger / Josef-Stefan Kindler, K&K Verlagsanstalt / KuK-Art.com, 2013.

37 Sean Williams, „Buddhism and Music", in: *Sacred Sound. Experiencing Music in World Religions*, hrsg. von Guy L. Beck, Waterloo/Ontario 2006, S. 169–189.

durch Gebet, Meditation und Gesang, führt zur Erlösung, dem Eingehen ins Nirwana.

Drei Kategorien von Gesängen lassen sich gemäß ihrer textlichen Grundlage unterscheiden: *Bonsan* sind Hymnen, die ursprünglich in Sanskrit verfasst und dann mit chinesischen Zeichen transkribiert wurden, sodass eine Art geheimer Sakralsprache entstand. *Kansan* hingegen sind Texte, deren Originalsprache Chinesisch ist, und bei der Gruppe der *wasan* handelt es sich um ursprünglich in japanischer Sprache verfasste Texte. Die Gesänge der letzteren Gruppe gelten als die melodischsten. Shõmyõ-Gesänge bestehen aus Kombinationen kodifizierter melodischer Formeln. Die Bandbreite musikalischer Strukturen reicht von syllabischen Anrufungen des Amida-Buddha bis zu hoch komplexen Melodiegebilden, die nur innerhalb esoterischer Priesterkreise weitergegeben werden.[38]

Die Rezitationen haben keinen lehrenden oder verkündigenden Charakter. Entsprechend der Herkunft der buddhistischen Shingon-Schule aus dem Tantrismus bildet der Shõmyõ-Gesang eine rituelle Praxis, die an bestimmte sakrale Orte gebunden ist und dem Erlangen der Erleuchtung dienen soll. „Shingon", eine esoterische Sekte des japanischen Buddhismus, ist das chinesische Wort für „Mantra" und bezeichnet ein Wort, das eine mysteriöse Kraft besitzt und ungewöhnliche Wirkungen sowohl spiritueller als auch materieller Art hervorbringen kann.[39] In der Praxis des Shõmyõ-Gesangs dienen daher die psycho-physischen Wirkungen der klanglichen Schwingungen als Brücke zur Transzendenz. Weil die Stimme als Lautwerden des Atems für die Essenz des Lebens steht, können die Rezitationen dem Geist den Weg zur Erleuchtung bereiten. Im Amida-Buddhismus bildet *nembutsu* die Praxis, durch Rezitation und Kontemplation der Erlösung teilhaftig zu werden, die Amida-Buddha gewährt. Ein Shõmyõ-Gesang wird von einem Mönch angestimmt, der damit den Grundton für die anderen vorgibt; allerdings stimmen nicht immer alle Mönche auf demselben Grundton ein, sodass bisweilen unbeabsichtigt eine Art Vielstimmigkeit entsteht. Klanginstrumente werden als Signalgeber eingesetzt.

Wie der Shõmyõ-Gesang ist auch der Gregorianische Choral als streng ritueller Gesang an bestimmte Zeiten und Orte gebunden. Beide Formen liturgischer Gesänge sind hauptsächlich in Klöstern tradiert und entwickelt worden und stellen eine Art professioneller liturgischer Musik dar, die von eigens dazu ausgebildeten Mönchen und Klerikern in Sakralsprachen vorgetragen wurden. Gemeinsam ist dem Shõmyõ-Gesang und dem Gregorianischen Choral die Einstimmigkeit und die Spannbreite an musikalischen Formen, die von strenger syllabischer Intonation bis hin zu komplexer Melismatik reichen. Auch im gregorianischen Gesang gab es Entwicklungen hin zu melismatischen Formen, die ein vorwiegend ästhetisches Er-

38 Vgl. dazu Francesca Tarocco, Art. „Buddhist Music", in: *The New Grove Dictionary of Music and Musicians*, Bd. 4, hrsg. von Stanley Sadie, London/New York 2001, S. 549–553, hier S. 550.

39 Vgl. dazu Williams, „Buddhism and Music", S. 182.

leben vermitteln und die Textverständlichkeit erheblich einschränken. Schon Augustin schätzte die wortlose *iubilatio* als Ausdruck des Herzens, in dem die Seele Gott unmittelbar versteht.[40]

In dem Projekt „Musica Sacra – Buddhist Shõmyõ & Gregorian Chant" werden nun Shõmyõ-Gesänge mit Gregorianischen Chorälen so miteinander verbunden, dass eine besondere Art von Zweistimmigkeit entsteht: So etwa wird das Amida-Sutra, das ein Gespräch Shakyamunis mit seinem Schüler Shariputra über die Lehre des „Reinen Landes" enthält, mit einem gregorianischen Kyrie so verbunden, dass das Sutra durchgehend rezitiert und das Kyrie abschnittweise in die Rezitation hinein gesungen wird.[41] Buntai Saikawa beginnt seine solistische Rezitation des Amida-Sutra mit lang gehaltenen und durch Tremolo sowie stark an- und abschwellende Dynamik sehr individuell klangvoll gestalteten Tönen. Die Melodie bewegt sich nur langsam in kleinen Tonschritten von Sekunden oder kleinen Terzen aufwärts, wobei die Intervallschritte mit lang gezogenen, weichen Glissandi gestaltet werden. Gelegentlich bekommen lang gezogene Töne am Ende eine kleine Verzierung, indem Saikawa seine Stimme in einem verschwindend kurzen Glissando aufwärtsschwingt oder abwärtsfallen lässt – klanglich fast vergleichbar einer *dead note* beim Jazz. Zu hören sind lediglich Vokale.

Nach etwa drei Minuten setzt die Schola Gregoriana Pragensis eine Quinte über dem Grundton des Shõmyõ-Gesangs ein und singt ein dorisches Kyrie. Kyrie und Christe werden jeweils zweimal, das letzte Kyrie wird dreimal gesungen, wobei die Melodien bei jeder Wiederholung variiert werden. Die Abschnitte des gregorianischen Chorals erklingen in zeitlichen Abständen über dem Shõmyõ-Gesang, sodass ein- und zweistimmige Passagen abwechseln. Die Melismen der gregorianischen Melodie entfalten sich wechselweise über einem liegenden Ton von Saikawa oder werden von ihm durch Glissandi und kleine Intervallschritte begleitet, was den eher schwebenden gregorianischen Gesang vorwärts zu treiben scheint. Beide Stimmen kreisen um denselben Grundton, bewegen sich innerhalb derselben Oktave und bilden meist Intervallabstände von Terzen und Quinten mit Quart- und Sekunddurchgängen. In dieser sehr engen Lage kreuzen sich die Stimmen mehrfach, sodass eine starke klangliche Spannung erzeugt wird, die im reizvollen Kontrast zu dem schwebenden Charakter des gregorianischen Chorals steht. Im Ergebnis wird eine Zweistimmigkeit erreicht, die an frühe gregorianische Zweistimmigkeit erinnert. Zugleich bildet die glasklare Tongebung der gregorianischen Schola und ihre nur angedeutete Dynamik einen deutlich hörbaren Kontrast zur kunstvollen dynamischen Ausgestaltung jedes einzelnen Tones im buddhistischen Shõmyõ-Gesang.

---

40 Vgl. dazu Eyolf Østrem, „Music and the Ineffable", in: *Voicing the Ineffable. Musical Representations of Religious Experience* (= Music in Interdisciplinary Dialogue, 3), hrsg. von Siglind Bruhn, Hillsdale/New York 2002, S. 287–312, hier S. 288–293.

41 Auf der unter Anm. 36 genannten CD *Musica Sacra* ist das Stück als Track 13 eingespielt.

Anders als in dem norwegisch-pakistanischen Dialogprojekt werden hier die dialogisierenden Stimmen zusammengeführt. Auf diese Weise entsteht eine religiös-kulturelle, sprachliche und musikalische Zweistimmigkeit, die die Unterschiede deutlich erkennen lässt und zugleich eine faszinierende Komplementarität bewirkt.

3.3 „Music in Praise of Ahura Mazda" – zoroastrische Gesänge im Kirchenraum

Die beiden zuerst dargestellten Musikprojekte sind bereits in ihrer musikalischen Struktur interreligiös: Angehörige verschiedener religiöser Traditionen haben musikalische Klänge ihrer jeweiligen Tradition miteinander dialogisch zu neuen Kompositionen verarbeitet. Interreligiöse Begegnung findet in beiden Projekten auf unmittelbar musikalischer Ebene statt und führt zu ganz neuen musikalischen Formen und Klängen. Darüber hinaus gibt es jedoch zahlreiche Musikprojekte, die interreligiöse Begegnung so inszenieren, dass jeweils authentische musikalische Klänge von Musizierenden verschiedener religiöser Traditionen im Rahmen multireligiöser konzertanter Aufführungen dargeboten werden. Mit der je aktuellen Performance werden die Räumlichkeiten und die Zuhörenden wesentlich, denn eine so gestaltete interreligiöse musikalische Begegnung erlangt ihre Bedeutung erst durch die Interdependenz zwischen den musikalischen Akteuren und den von ihnen hervorgebrachten Klängen, den Räumen und den Zuhörenden.

Ein solches Projekt ist das Festival Musica Sacra International, das seit 1992 von Marktoberdorf aus im Landkreis Ostallgäu organisiert wird. Das Konzept besteht wesentlich darin, dass Musikgruppen verschiedener religiöser Traditionen ihre jeweilige Musik in multireligiösen musikalischen Aufführungen zu Gehör bringen. Diese Veranstaltungen finden auch in gottesdienstlichen Räumen jüdischer, christlicher und muslimischer Gemeinden statt, die damit eine wichtige Dimension der so gestalteten multireligiösen musikalischen Aufführungen bilden. Unter Rückgriff auf die Theorie der Performativität von Erika Fischer-Lichte[42] habe ich eine Analyse einer solchen multireligiösen musikalischen Aufführung vorgelegt[43]. Meine Ergebnisse möchte ich hier exemplarisch an einer Konzertveranstaltung zeigen. Dazu greife ich außer auf die Ästhetik des Performativen auch auf Konzepte ästhetischer und religiöser Erfahrung zurück.[44]

Aus der Fülle der Konzerte im Rahmen des Festivals greife ich diejenige der iranischen Sängerin Maryam Akhondy und ihres Ensembles Barbad im Rahmen des Festivals Musica Sacra International 2012 heraus. Das von ihr exklusiv für das Fes-

42 Fischer-Lichte, *Performativität.*

43 Vgl. Grüter, *Klang – Raum – Religion*, S. 308–407.

44 Hier ist insbesondere hinzuweisen auf den Beitrag von Matthias Jung, „Qualitatives Erleben und artikulierter Sinn. Eine pragmatische Hermeneutik religiöser Erfahrung", in: *Ästhetik und Religion. Interdisziplinäre Beiträge zur Identität und Differenz von ästhetischer und religiöser Erfahrung*, hrsg. von Wilhelm Gräb u. a., Frankfurt a. M. 2007, S. 51–81; Grüter, *Klang – Raum – Religion*, S. 116–123.

tival komponierte und dort uraufgeführte Programm „Music in Praise of Ahura Mazda“ bringt Texte zoroastrischer Tradition im Gewand traditioneller iranischer Musik zu Gehör. Die Aufführung ist umso bemerkenswerter, als sie mit den avestischen Texten einer religiösen Minderheit in der islamischen Mehrheitsgesellschaft Irans eine Stimme verleiht, die in der originalen Neuvertonung durch Maryam Akhondy und ihr Ensemble den iranischen Kontext hörbar macht. Für die knappe Darstellung eines performativ inszenierten interreligiösen Dialogs greife ich auf die Ergebnisse meiner Feldforschung während der Festivalausgaben 2012 und 2014 zurück, die die Grundlage meiner bereits genannten Untersuchung bilden. Aus meiner teilnehmenden Beobachtung ihrer Aufführung im Rahmen des Abschlusskonzerts in der Dreifaltigkeitskirche Kaufbeuren[45], dem Interview mit der Sängerin und ihrem Ensemble sowie weiteren Interviews mit Teilnehmenden am Festival konnte ich aufschlussreiche Erkenntnisse über das Wechselspiel zwischen Klanglichkeit, Körperlichkeit, Räumlichkeit und der Emergenz von Bedeutung[46] sowie über die Deutung des Erlebens als religiöse Erfahrung gewinnen.

Zu Beginn der Aufführung in der Dreifaltigkeitskirche Kaufbeuren zieht das Ensemble unter dem Klang von fünf Rahmentrommeln sowie des persischen Doppelrohrblasinstrumentes Soma in die Kirche ein. Alle Mitglieder sind ganz in Weiß gekleidet. Maryam Akhondy schreitet der Gruppe voran, in den Händen zwei brennende Kerzen. Zu dem rhythmischen Klang der Rahmentrommel Daf und dem durchdringenden Signal der Soma rezitiert sie das „Niyayesh e Atash“, den Lobpreis des Feuers[47], eine Hymne aus dem avestischen Yasna-Ritual.[48] Ge-

45 Vgl. dazu den Konzertmitschnitt Musica Sacra International – Schlusskonzert – Ausklang II, Dreifaltigkeitskirche Kaufbeuren, 29. Mai 2012, DVD, zu beziehen über: modfestivals, Birkenweg 2, D-87616 Marktoberdorf.

46 Der Begriff „Emergenz von Bedeutung“ meint den Prozess der Wahrnehmung und Erzeugung von Bedeutung: „Die in ihrer Phänomenalität wahrgenommenen Dinge bedeuten das, als was sie in Erscheinung treten. Die Wahrnehmung von etwas als Etwas wird zugleich als Prozess der Konstitution seiner Bedeutung als dieses besondere phänomenale Sein vollzogen.“ Fischer-Lichte, *Performativität*, S. 66.

47 Der Text ist im Programmblatt des Konzerts im persischen Original sowie in englischer und deutscher Übersetzung abgedruckt: „O Feuer, o Geschöpf des Mazda Ahura, leuchte, leuchte in diesem Haus bis in die Ewigkeit, bis ins ewige Leben. Gewähre mir, o Feuer, o Geschöpf des Mazda Ahura, große Freude, das tägliche Brot und ein langes Leben. Gewähre mir, o Feuer, o Geschöpf des Mazda Ahura, immerwährend vollkommene Wahrhaftigkeit, die Kunst des rechten Wortes.“ (Übersetzung: PD Dr. Hamid Reza Yousefi)

48 Vgl. dazu Gherardo Gnoli, Art. „Zoroastrism“, in: *The Encyclopedia of Religion*, Bd. 15, hrsg. von Mircea Eliade, New York/London 1987, S. 579–591, hier S. 587: „But Yasna (‚sacrifice‘; Skt., *yajnah*), the sacrifice of *haoma* before a fire, performed in a different room from that where the fire is usually kept, is the main Zoroastrian liturgy. The Yasna is preceded by a preparatory rite, the Paragra, which consists of a number of meticulous ritual operations and ends with the preparation of the sacrificial liquor. The ritual is performed by two priests, known as the *zot* (Av., *zaotar*; Skt., *hotr*) and the *raspi*. The former recites the *Yasna* – that is, the seventy-two chapters included in this section of the Avesta – and the latter fuels the ceremonial fire. The entire ceremony takes place in twelve stages, during which the *Yasna* is recited in a rhythmical way. The sacrifice is commissioned by the faithful and is carried out for their intentions.“ (Hervorhebungen im Original)

messenen Schrittes steigen die Mitglieder des Ensembles die Stufen des Podestes hinauf und nehmen direkt unter dem überlebensgroßen Kruzifix Platz, das an der Kopfseite des Kirchenraums steht und den Altarraum – für das Konzert durch das Podest überbaut – mit der darüber befindlichen Orgelempore verbindet. Dort setzen sie ihre musikalische Performance fort, nachdem sie die Kerzen am vorderen Rand des Podestes abgestellt haben. Die Kerzen verweisen auf die hohe Bedeutung des Feuers im Zoroastrismus: Es ist Gegenstand der Verehrung durch den Priester und steht im Mittelpunkt der Opferzeremonie *haoma.* Feuer gilt im Zoroastrismus als in der gesamten Natur präsent und wird mit Ahura, dem Schöpfer, verbunden.[49]

Damit sind im Kirchenraum gleichzeitig symbolische Ordnungen – visuelle Symbole wie Feuer und Kruzifix, die körperliche Erscheinung der Musizierenden und die musikalischen Klänge, schließlich die Texte der Gesänge – verschiedener religiöser Traditionen präsent. Die interreligiöse Begegnung ereignet sich in der Performativität der Aufführung. Der Emergenz von Bedeutung unter den Zuhörenden und -sehenden kommt hier die entscheidende Rolle zu. Die Bedeutung erwächst aus der Wahrnehmung der Wechselwirkungen zwischen der Körperlichkeit, der Klanglichkeit und der Räumlichkeit der Aufführung. Die Frage nach den Möglichkeiten und Grenzen multireligiöser musikalischer Aufführungen in gottesdienstlichen Räumen hat in der Vergangenheit immer wieder hoch kontroverse Debatten ausgelöst. Daher möchte ich den Fokus meiner knappen Ausführungen auf die Bedeutung der Räumlichkeit legen.

Während sich die Musizierenden in den Interviews auf die Akustik der Räume konzentrierten, nahmen insbesondere die Vertreterinnen und Vertreter religiöser Gemeinschaften zur Frage der Räumlichkeit multireligiöser musikalischer Aufführungen Stellung.[50] Vor dem Hintergrund traditionell christlicher, insbesondere katholischer Konzepte vom Kirchenraum als *domus Dei* wird die Aufführung nichtchristlicher Musikgruppen in der Kirche abgelehnt.[51] Demgegenüber ermöglichen konstruktivistische Ansätze Wahrnehmungs- und Deutungsweisen, die verschiedene symbolische Ordnungen zueinander in Beziehung setzen. So etwa kann die musikalische Aufführung einer islamischen Musikgruppe in einer katholischen Kirche als Zeichen des Friedens gedeutet werden vor dem Hintergrund der Tatsache, dass vom Ort dieser Kirche aus im 12. Jahrhundert ein Kreuzzug nach Palästina ge-

49 Vgl. ebd.

50 Die Nutzung christlicher Kirchenräume für multireligiöse musikalische Aufführungen hat im Kontext des Festivals kontroverse Debatten ausgelöst. Vgl. dazu meine ausführliche Darstellung: Grüter, *Klang – Raum – Religion*, S. 218–307.

51 So die Argumentation der Augsburger Prälaten Josef Heigl und Bertram Meier gegenüber der Leitung des Festivals Musica Sacra International im Jahr 2005, mit der sie das Verbot der Diözese Augsburg begründeten, die katholischen Kirchenräume für multireligiöse Konzerte zu nutzen; vgl. dazu Grüter, *Klang – Raum – Religion*, S. 230–236.

führt wurde.[52] Andere Argumentationsmuster greifen auf die Metapher vom Fest zurück, die in der ökumenischen und interreligiösen Debatte seit den 1990er Jahren etabliert ist[53] und auch die Rollen von Gast, Gastgebern und dem Gastraum einschließt. Der Kirchenraum wird vor diesem Hintergrund als Gastraum verstanden, der durchaus die musikalische Performance von Angehörigen nichtchristlicher Religionen ermöglicht.[54] Dass dieser nicht neutral ist, sondern durchaus Reminiszenzen an historische religiös-politische Machtverhältnisse enthält, löste auch kolonialkritische Betrachtungen aus.[55]

Die Wendung vom essentialistischen hin zum konstruktivistischen Ansatz der Konzeption von Raum, die sich in den verschiedenen Argumentationsstrukturen widerspiegelt, hat auf wissenschaftstheoretischer Ebene der *spatial turn*[56] vorgenommen. Raum wird als soziales Konstrukt verstanden, das Handlungsmöglichkeiten konstituiert:

> Die sorgfältig auf ihre Funktion hin gestalteten Räume erinnern die Raumnutzer daran, wo sie sind und was dort jeweils getan werden kann. Räume ermöglichen den Aufbau von Routinen, zähmen und bewältigen Kontingenz, denn sie können zumindest den Eindruck erwecken, dass eben nicht alles auch ganz anders sein könnte. Sie tragen dazu bei, dass nicht immer wieder aufs Neue erst mühsam ausgehandelt werden muss, was in den Räumen zu tun und was zu unterlassen ist. [...] Die an einem bestimmten Ort sich wiederholenden Praktiken stabilisieren zudem den Zusammenhalt der sich an ihm versammelnden Gruppen.[57]

Indem Räume bestimmte symbolische Ordnungen vorgeben und andere ausschließen, nehmen sie Einfluss auf die Konstituierung der in ihnen handelnden Subjekte. Hinsichtlich der Nutzung gottesdienstlicher Räume durch Angehörige

---

52 So die Argumentation von Pfarrer Siegfried Beyrer, St. Michael Altenstadt, in dem Film „Heilige Klänge im Allgäu“, eine Dokumentation von Leo Hiemer, Bayerischer Rundfunk 2002.

53 Vgl. dazu Theo Sundermeier, *Den Fremden verstehen. Eine praktische Hermeneutik*, Göttingen 1996; Ökumenischer Rat der Kirchen: *Religiöse Pluralität und christliches Selbstverständnis*, Genf 2006.

54 So argumentieren Pfarrer Peter Morgenroth, Evangelische Dreifaltigkeitskirche Kaufbeuren und Rabbiner Dr. Henry Brandt, Israelitische Kultusgemeinde Augsburg-Schwaben; vgl. Grüter, *Klang – Raum – Religion*, S. 251–256 und 273–276.

55 So Bärbel Wartenberg-Potter im Interview: „Ich fand das schon stark, dass alle Gruppen unter einem auch für mich etwas fremden Kruzifix mit Korpus [musiziert haben]. Ich musste mich innerlich damit auseinandersetzen, dass die Leute sich unter das Kreuz setzen und das nicht infrage stellen. Ich würde das ja nicht machen. Ich musste mich damit auseinander setzen [sic!], dass diese dominante christliche Präsenz in der Geschichte ja nicht immer in Demut vollzogen wurde, sondern eine sehr triumphalistische Seite hat. Und ich musste eigentlich während des Konzerts entscheiden, wie ich mein eigenes Christentum verstehe.“ Zitiert bei Grüter, *Klang – Raum – Religion*, S. 257.

56 Vgl. dazu Doris Bachmann-Medick, *Cultural Turns. Neuorientierungen in den Kulturwissenschaften*, Reinbek b. H. ^{4}2010, S. 284–328.

57 Markus Schroer, „Raum. Macht. Religion. Über den Wandel sakraler Architektur“, in: *Viele Religionen – Ein Raum?! Analysen, Diskussionen und Konzepte*, hrsg. von Bärbel Beinhauer-Köhler u. a., Berlin 2015, S. 17–34, hier S. 19.

unterschiedlicher religiöser Traditionen ergibt sich die Frage nach dem Umgang mit Alterität. Da der gottesdienstliche Raum einer religiösen Gemeinschaft in multireligiöser Nutzung immer eine Asymmetrie vorgibt, erzeugen religiös definierte Räume in interreligiösen Begegnungen meist Nutzungskonflikte. Diese resultieren aus der Interdependenz zwischen dem sozialkonstruktivistischen Charakter der Räume einerseits und ihrer sozialen Ordnungsmacht andererseits. Wo gottesdienstliche Räume primär sozialkonstruktivistisch, also relational und nicht metaphysisch verstanden werden, entstehen – interreligiöse – Begegnungsräume. Solche Räume erfordern eine differenzhermeneutische Reflexion und ermöglichen es, die eigene religiöse Tradition selbstkritisch wahrzunehmen, wie es die Beispiele oben gezeigt haben.

Neben der Räumlichkeit bildet Klanglichkeit eine wesentliche Dimension der Materialität musikalischer Aufführungen. Auch hier stellen multireligiöse Konzertveranstaltungen eine Herausforderung dar, mit der Alterität der Klänge umzugehen. Wie das geschehen kann, möchte ich nochmals anhand der Darbietung von Maryam Akhondy und ihrem Ensemble Barbad zeigen. Dafür greife ich auf die von mir im Rahmen der Feldstudie durchgeführten Interviews zurück.

Die Intonation des „Niyayesh e Atash" verweist direkt auf ein zentrales zoroastrisches Ritual. Sie bildet den Beginn des Programms „Music in Praise of Ahura Mazda", das Maryam Akhondy für das Festival Musica Sacra International 2012 komponiert und dort uraufgeführt hat. Nach ihren eigenen Angaben hat die Musikerin auf die altiranischen Originaltexte zurückgegriffen und einige davon in zeitgemäße Sprache übertragen.[58] Für die musikalische Umsetzung griff sie auf die Modalkomplexe des iranischen Skalensystems, die Dastgah[59], zurück. Ähnlich dem indischen Raga gibt auch ein Dastgah eine emotionale Grundhaltung wieder und ist an eine Tageszeit gebunden. Im Interview begründet die Musikerin ihre Wahl mit dem Charakter des Dastgah.[60] Ihre Ausführungen legen einen Zusammenhang zwischen dem Charakter des gewählten Dastgah und dem hohen ethischen An-

58 Zit. bei Grüter, *Klang – Raum – Religion*, S. 194: „Diese Texte gehen auf Zarathustra zurück und wurden vor viertausend Jahren in den Tempeln gesungen. Sie äußern Dank und Bitten zu Gott. Davon gibt es heute leider keine Musik mehr. [...] Die Texte sind natürlich original von damals, allerdings in zwei Sprachen: in der alten [iranischen] Sprache und dann in die heutige Sprache übersetzt. Ich singe zwei Stücke in der Originalsprache, das ist für mich auch eine fremde Sprache, die heute nicht mehr gesprochen wird. Es ist alles Lob des Feuers und Lob Gottes sowie Wünsche: Gib mir gutes Denken, damit ich der Welt auch helfen kann. Ich möchte gut leben, glücklich sein und so weiter."

59 Vgl. dazu Margaret Caton, „The Concept of Mode in Iranian Music. Shur", in: *The Garland Encyclopedia of World Music*, Bd. 6, hrsg. von James Porter u. a., New York/London 2002, S. 59–75, hier S. 69: „The *dastgah* has been equated with the concept of modal complex." (Hervorhebung im Original)

60 Zitiert bei Grüter, *Klang – Raum – Religion*, S. 194: „Ich habe diese Texte genommen und nach meinem Geschmack im Dastgah Tschahargah vertont. Jeder Modus hat eine andere Stimmung, und dieser Modus hat eine starke, wache Atmosphäre."

spruch des Zoroastrismus nahe, ohne dass die Musikerin dies jedoch explizit benennt.[61]

Für die Frage nach der Deutung des Musikerlebens als religiöse Erfahrung sind Aussagen in zwei Interviews aufschlussreich. Eines der Ensemblemitglieder deutet das eigene musikalische Tun mithilfe zentraler Begriffe aus der zoroastrischen Tradition:

> Für mich persönlich ist die Musik eine der wenigen Wahrheiten, die mir übrig bleiben, und die nicht zu verunreinigen sind, ähnlich wie vielleicht das Feuer. Das heißt, wenn ich persönlich Musik mache, dann kann ich nur die Wahrheit sprechen, ich kann nicht mehr und nicht weniger machen als das, was ich kann. Das ist für mich einer der wenigen mir bekannten Wege, die Absolution zu erlangen, meine Absolution.[62]

Der Begriff „Wahrheit" verweist hier auf ein ethisches und kosmologisches Grundkonzept im Zoroastrismus.[63] Indem der Musiker sein eigenes musikalisches Handeln so deutet, beschreibt er es als religiöses Handeln, das unmittelbar auf den höchsten Wert des Zoroastrismus ausgerichtet ist. Im Zusammenhang mit der Erwähnung des Feuers wird deutlich, dass der Musiker sein Tun auch rituell versteht.

Zuhörenden anderer religiöser Traditionen erschließen sich diese Zusammenhänge nicht unbedingt. Auf welche Weise das Erleben dieser Musik dennoch eine religiöse Bedeutung erfährt, lässt sich am Beispiel des Interviews mit Bischöfin i. R. Bärbel Wartenberg-Potter zeigen. Im Gespräch artikuliert sie zunächst Empfindungen von Fremdheit beim Hören der Musik dieses Ensembles, spricht dann aber eine andere Erfahrungsebene an:

---

61 Zitiert bei ebd., S. 190: „Die Musik, die wir diesmal auf die Bühne bringen, spricht von dem gleichen Thema: Was der Mensch braucht, nämlich eine gute Welt, eine wahre Welt. Aber wie man das erreicht ist in zoroastrischer Musik anders als im Islam. Gott allein macht nicht alles, sondern der Mensch ist immer dabei durch gutes Denken, gutes Reden und gutes Handeln. Das sind die drei Basiswerte dieser Religion. [...] Denken ist in der zoroastrischen Religion sehr wichtig. Damit fängt alles an. [...] Das ist der erste Gedanke in dieser Religion. [...] Alles fängt mit dem Fragen an, [...] dadurch entdeckt man die Wahrheit."

62 Ebd., S. 190.

63 Vgl. Michael Stausberg, *Zarathustra und seine Religion*, München ^{2}2011, S. 38 f.: „*Asha* ist einer der Schlüsselbegriffe der altavestischen Texte, und die zweite von drei kurzen geheimnisvollen, in der rituellen Praxis allgegenwärtigen Sakralformeln heißt *Ashem vohu.* Die erste Zeile dieses aus 12 Wörtern bestehenden Gebets lässt sich wie folgt übersetzen: ‚Asha ist das beste Gut(e).' [...] Eine andere Übersetzung geht in Richtung ‚(kosmische) Ordnung', die natürlich zugleich die ‚wahre' Ordnung ist. [...] Diese ‚Ordnung' umfasst verschiedene Seinsbereiche: die natürliche und die soziale Welt. Zu letzterer gehören auch Moral, Politik und Ritual: Das ordnungsgemäße Verhalten und Zusammenleben sowie die ordnungsgemäße Durchführung des Rituals. Wer sich der ‚wahren Ordnung' durch seine Gedanken, Worte und Taten einfügt, ist ‚*Asha*-ausübend' bzw. ein ‚*Asha*-Ausüber'. [...] *Asha* ist ein Beispiel für das, was ich als ‚Leitkonzepte' bezeichne. *Asha* ist ein kosmisches Prinzip und zugleich ein göttlicher Akteur, ein Sohn des Weisen Meisters. Als Ordnungsprinzip strukturiert es natürliche und soziale Phänomene und für seine ‚Ausüber' beinhaltet es identifikatorisches Potenzial und ein religiöses Handlungsprogramm." (Hervorhebung im Original)

> [Die persische Musik] war das Fremdeste für mich. Gesungen wurde ja nur solistisch. Aber natürlich weiß ich als Frau, die in der Karibik gelebt hat, dass die Schlaginstrumente eine verlängerte Stimme, eine verlängerte Existenz darstellen. Die Virtuosität dieses Spiels und der geduldige, lang anhaltende Bogen, der sich da über uns gespannt und uns alle erreicht hat, hat die Faszination dieser Virtuosität ausgemacht. Dass es keine Worte gab, war gerade das Gute daran, weil gerade die Wortlosigkeit Raum geöffnet und Raum gelassen hat für uns selbst. Und die Hingabe dieses jungen Mannes an seine Töne hat mich bewegt, weil ich darin gespürt habe, dass sich in dieser Hingabe etwas zutiefst Menschliches ausdrückt, was einen jenseits von Worten erreichen kann. […] [Die Musikgruppen haben mein Bild der nicht-christlichen Religionen] nicht wirklich verändert, aber vertieft. […] Vielleicht kann man es einfacher so ausdrücken: Es ist Liebe zu diesen Menschen, die mit einer tiefen Innigkeit und Hingabe ihren Ausdruck suchen.[64]

Auffällig ist an dieser Passage der Wechsel der Kategorie: Als Schlüssel für ihre eigene Deutung nennt Wartenberg-Potter ihre Wahrnehmung der Hingabe des Musikers. Leider wird diese Wahrnehmung nicht näher beschrieben und begründet. Daher muss hier offenbleiben, was genau sie als „Hingabe“ deutet.[65] Wesentlich ist jedoch, dass sie sich nicht auf die gehörte Musik, sondern auf die Performance bezieht, vermutlich auf ihre Wahrnehmung der Körperlichkeit des Musikers. Und diese Wahrnehmung führt in ihr eine veränderte innere Haltung gegenüber den Musizierenden herbei, die sie in den Begriff „Liebe“ fasst. „Liebe“ aber beschreibt eine allgemein menschliche Empfindung, die nicht notwendig religiös ist, jedoch durchaus religiös konnotiert sein kann. Angesichts der Person der Sprecherin liegt in diesem Falle eine religiöse Konnotation nahe. Das ist jedoch nicht ausschlaggebend. Entscheidend ist, dass es sich hierbei um die Erzählung einer Transformation handelt, die durch das Erleben einer Aufführung ausgelöst wird: Die ästhetische Erfahrung der Musik einer ihr fremden religiösen und kulturellen Tradition bewirkt in der Sprecherin eine veränderte innere Einstellung zu den Musizierenden. Unabhängig von der kognitiven Deutung schlägt die ästhetische Erfahrung um in eine grundlegende ethische Haltung – in die Liebe zu Menschen einer anderen religiösen und kulturellen Tradition.

4 Performativität, Identität, Räumlichkeit, Erfahrung: Ästhetische Dimensionen interreligiöser Musikprojekte

Die exemplarische Untersuchung dreier interreligiöser Musikprojekte verweist auf die hohe Bedeutung von Musik und klanglicher Performance in interreligiösen Begegnungen. Zukünftige Forschung zu diesem Themenkomplex erfordert unbedingt interdisziplinäre Zusammenarbeit zwischen Theologie, Religions-, Musik-

---

[64] Zitiert bei Grüter, *Klang – Raum – Religion*, S. 139–141 in Auszügen.

[65] „Hingabe“ kann im Kontext ästhetischer Erfahrung auch als Selbsttranszendierung gedeutet werden. Vgl. dazu Verena Grüter, „Ein-Stimmen in den Dialog? Vokalmusik in interreligiösen Begegnungen“, in: *„Ich sing Dir mein Lied“. Kirchliches Singen heute*, hrsg. von Peter Bubmann und Konrad Klek, München 2017, S. 82–94.

und Kulturwissenschaften. Ich möchte abschließend die Beobachtungen, die ich anhand der exemplarischen Analysen gemacht habe, im Sinne eines zusammenfassenden Ausblicks unter folgenden Aspekten bündeln: Performativität, Identität, Räumlichkeit und religiöse Erfahrung.

Rituelle Performanz – hier insbesondere klangliche Performance durch stimmliche Rezitation oder Gesang sowie durch Instrumentalspiel – ist unverzichtbar für die Hervorbringung und Bestätigung kollektiver religiöser Identitäten. Dies gilt für (fast) alle hier vorgestellten Beispiele – für lutherische Erweckungslieder sowie für Gregorianischen Choral, für Qawwali ebenso wie für Shōmyō-Gesänge. Inwieweit dies auch für die avestischen Texte in ihrer Neuvertonung mithilfe persischer Modalkomplexe gilt, muss hier offenbleiben. Die hohe Bedeutung der Performativität religiöser Klänge für die Konstruktion religiöser Identitäten macht – zusammen mit ihrer Flüchtigkeit – interreligiöse Musikprojekte zu beliebten Formaten interreligiöser Begegnungen. Dabei werden die Grenzen kollektiver Identitäten spielerisch überschritten, ohne dass eine dauerhafte neue Identität eingenommen werden muss.

Ein solches Hin- und Hergehen scheint insbesondere in dem norwegisch-pakistanischen Projekt „Dialogue" ermöglicht zu werden: Die musikalisch-textliche Collage-Technik lässt beide kollektive Identitäten erkennen, senkt aber die Schwelle zwischen ihnen durch die klangliche Reduktion und die sorgfältige Auswahl der Texte unter dem Gesichtspunkt theologischer Konvergenz. Identifikation und Distanzierung werden beim Zuhören so gleichermaßen möglich. Etwas anders stellt sich die Frage im christlich-buddhistischen Dialogprojekt: Die Verbindung zweier einstimmiger Gesangstraditionen lässt eine Zweistimmigkeit entstehen, die komplementär wirkt, aber gerade dadurch beide religiös-musikalischen Traditionen sprengt. Der Zusammenklang lässt nur die gleichzeitige Wahrnehmung beider Stimmen zu, ein Hin- und Hergehen zwischen beiden ist nicht möglich. Die aufmerksame Hörerin wird vielmehr die Gleichzeitigkeit verschiedenartiger Klänge wahrnehmen und die ästhetische Erfahrung des Zusammenklangs verarbeiten. Wie sich dies auf die Konstruktion religiöser Identität auswirkt, muss hier offenbleiben.

Die Aufführung zoroastrischer Gesänge im christlichen Kirchenraum schließlich verlagert die interreligiöse Begegnung von den musikalischen Klängen weg auf die Interdependenz zwischen Klang und Raum. Mit der performativen Erzeugung von Räumlichkeit durch die Klanglichkeit der Aufführung, die Raumsymbolik und die verschiedenen Akteure wird die interreligiöse Begegnung zu einem hochkomplexen, mehrdimensionalen Geschehen. Symbolisch aufgeladene Räumlichkeit einerseits und Klanglichkeit und Körperlichkeit der musikalischen Akteure andererseits werden hier zu den wesentlichen Dimensionen interreligiöser Begegnung. Wie die kontroversen Äußerungen zu interreligiösen musikalischen Aufführungen in gottesdienstlichen Räumen zeigen, ist dies die spannungsreichste Gestalt interreligiöser Musikprojekte. Der Grund dafür liegt in der Affinität von Raum und Macht, die in dieser Form musikalischen Klängen nicht eignet. Klang ist flüchtig und konstituiert Identität im Prozess seines Entstehens und Vergehens, Raum dagegen ist materiell und immer schon sozial definiert. Während die Immaterialität und semantische Unbestimmtheit von Musik sie zu einem bevorzugten Medium des spielerischen Erprobens religiöser und kultureller Identitäten macht, setzen Räume Grenzen – selbst da, wo sie relational bestimmt werden. Die verschiedenen Stimmen in der Debatte um die gottesdienstlichen Räume zeigen jedoch, dass räumlich definierte Machtpositionen durch musikalische Performance auch kritisch-konstruktiv neu gestaltet werden können. Darin liegt eine kaum zu überschätzende Chance interreligiöser musikalischer Aufführungen in gottesdienstlichen Räumen, die sorgfältige Reflexion verdient. Die Forschung dazu steht jedoch noch ganz am Anfang.

Schließlich möchte ich die Dimension religiöser Erfahrung durch interreligiöse Musikprojekte eigens hervorheben. Bei den von mir im Rahmen meiner Feldforschung zum Festival Musica Sacra International interviewten Personen konnte ich jedoch beobachten, wie ästhetische Erfahrung, in der durchaus Differenzen wahrgenommen und verarbeitet werden, in eine affirmative Grundhaltung gegenüber Angehörigen anderer religiöser und kultureller Traditionen umschlug. Unter den dafür verwendeten Begriffen fand sich mit Abstand am häufigsten der Begriff „Liebe".[66] In einigen Interviews findet sich zur Begründung der Hinweis auf die Wahrnehmung von „Hingabe" bei den Musizierenden. Selbsttranszendierung durch liebevolle Hingabe stellt eine menschliche Fähigkeit dar, die in vielen religiösen Traditionen als Tugend gilt. Wenn diese Haltung durch interreligiöse Musikprojekte befördert wird, haben sie – jedenfalls punktuell – ihr Ziel erreicht, eine tiefe Empathie zwischen Angehörigen verschiedener religiöser Traditionen zu ermöglichen. Empathische Phantasie aber ist – folgt man der Philosophin Martha Nussbaum[67] – der Angst entgegengesetzt und bildet daher eine unverzichtbare Voraussetzung für ethisch begründete Wahrnehmungen. Dass interreligiöse Musikprojekte Empathie und ethisch begründete Wahrnehmungen potenziell fördern können, dürfte nach den ersten hier vorgelegten Ergebnissen nicht mehr strittig sein. Damit aber sollten sie zukünftig einen bedeutenden Platz in der Theologie und Praxis interreligiöser Beziehungen erhalten.

66 Grüter, *Klang – Raum – Religion*, S. 213 f.

67 Martha Nussbaum, *Die neue religiöse Intoleranz. Ein Ausweg aus der Politik der Angst*, Darmstadt 2014.

Musik, Religion und Kunst: Die Hl. Cäcilie (15.–17. Jahrhundert)

Eva-Bettina Krems (Münster)

„Glänzende Strahlen gingen von dieser Messe aus [...] zunächst war man geblendet, dann berauscht und schließlich überwältigt."[1] So beschreibt der Komponist Camille Saint-Saëns den Eindruck, den die *Messe Solennelle de Sainte-Cécile* von Charles Gounod auf ihn gemacht hatte. Das Werk war am 22. November 1855 zu Ehren der Hl. Cäcilie, der Schutzpatronin der Kirchenmusik, in der Pariser Kirche Saint-Eustache uraufgeführt worden. Der 22. November – ihr mutmaßlicher Todestag – wurde bereits seit dem 8. Jahrhundert als Gedenktag der Heiligen gefeiert, die Messvertonung Gounods greift auf eine lange musikalische Tradition zurück.[2] Zwei Jahre nach Gounods Messe, 1857, wird Saint-Saëns selbst eine *Ode à Sainte-Cécile* schreiben.

Zugleich weisen Saint-Saëns' oben zitierte Worte auf die große Wirkmacht dieser Messe hin, eine Wirkmacht, die zum einen freilich auf die Musik zurückzuführen ist, zum anderen aber auch mit der reich überlieferten Vorstellung der Hl. Cäcilie zu tun haben dürfte. Denn keine andere Heilige vereint Religion, Musik und Kunst in so enger Verdichtung wie die frühchristliche Märtyrerin. Dies veranschaulicht besonders auch Heinrich von Kleists Erzählung „Die heilige Cäcilie oder Die Gewalt der Musik" von 1811,[3] die auf einer alten Legende beruht, wonach in Aachen Ende des 16. Jahrhunderts die Plünderung eines (fiktiven) Cäcilien-Klosters durch die aus den benachbarten Niederlanden stammenden Bilderstürmer nur durch ein Wunder – nämlich durch die Musik der Hl. Cäcilie – verhindert werden konnte. In der Gestalt einer Nonne als Kapellmeisterin habe Cäcilie mit ihrer Musik die Ikonoklasten nicht nur gebändigt, sondern schließlich sogar zum katholischen Glauben bekehrt.

Die Worte Saint-Saëns' anlässlich der Aufführung von Gounods Cäcilienmesse bemühen zur Beschreibung der musikalischen Wirkung vor allem bildhafte Motive – etwa „glänzende Strahlen" und „geblendet" –, die in der Steigerungsform als musikästhetisches Kunstlob schließlich in Rausch und Überwältigung münden. Zu diesem Eindruck, der Visualität und Religiosität verbindet, verhalfen auch die

---

1 Vgl. das Zitat in englischer Übersetzung bei: Camille Saint-Saëns, *On Music and Musicians*, hrsg. von Roger Nichols, Oxford 2008, S. 136.

2 Zur Hl. Cäcilie in der Musik vgl. bes. den Sammelband *Caecilia – Tosca – Carmen. Brüche und Kontinuitäten von Musik und Welterleben*, hrsg. von Klaus Ley, Tübingen 2006, darin bes. die Einführung S. 3–46.

3 Dazu z. B. Bernhard Greiner, „,Das ganze Schrecken der Tonkunst'. ,Die heilige Cäcilie oder Die Gewalt der Musik'. Kleists erzählender Entwurf des Erhabenen", in: *Zeitschrift für deutsche Philologie* 115 (1996), S. 501–520.

unzähligen, seit Jahrhunderten in unterschiedlichen Kontexten präsenten bildkünstlerischen Darstellungen der Hl. Cäcilie.[4] Einige werden den Komponisten Charles Gounod und Camille Saint-Saëns bekannt gewesen sein und Komposition wie Rezeption mitgeprägt haben. Im vorliegenden Beitrag wird es um einen spezifischen Entwicklungsstrang dieser künstlerischen Darstellungen der Hl. Cäcilie anhand einer kleinen Auswahl vom späten 15. bis ins 17. Jahrhundert gehen, wobei das besondere Augenmerk dem engen Verhältnis von Musik und Religion in der bildenden Kunst gelten wird.[5]

Dabei ist die Nähe der Heiligen zur Musik bekanntlich eine spätere, aber sehr nachhaltige literarische und bis heute immer wieder diskutierte Konstruktion, denn eine Musikerin war Cäcilie zu Lebzeiten nicht.[6] Nach der im 5. Jahrhundert entstandenen *Passio Sanctae Caeciliae* im *Martyriologium Hieronymianum* wurde Cäcilie um 200 in Rom als Tochter einer Patrizierfamilie aus dem Geschlecht der Cäcilier geboren.[7] Obwohl sie ewige Jungfräulichkeit gelobt hatte, bestimmten ihre Eltern einen jungen Adeligen namens Valerian zu ihrem Gatten. Noch in der Hochzeitsnacht offenbarte Cäcilie ihrem Angetrauten, dass sie ihr Leben Jesus gewidmet und das Gelübde der Jungfräulichkeit abgelegt habe. Valerian, ein Heide, war sehr beeindruckt von der Klarheit und Standfestigkeit seiner jungen Frau. Er hielt zu ihr und ließ sich gemeinsam mit seinem Bruder Tiburtius taufen. Gemeinsam kümmerten sie sich um Arme und Kranke, sorgten für eingekerkerte Christen und bestatteten Märtyrer. Da sie das Opfer vor dem Jupitertempel verweigerten, wurden Valerian und Tiburtius im Zuge der Christenverfolgungen enthauptet. Cäcilie wur-

4 Grundsätzlich: Albert P. de Mirimonde, *Sainte-Cécile. Métamorphoses d'un thème musical*, Genf 1974; Louis Réau, *Iconographie de l'art chrétien*, Paris 1955–1957, Bd. 3.1, S. 280–281; Friederike Werner, „Cäcilia von Rom“, in: *Lexikon der Christlichen Ikonographie*, hrsg. von Wolfgang Braunfels, Freiburg 1994, Bd. V, S. 455–463; Nico Staiti, *Le metamorfosi di santa Cecili. L'imagine e la musica* (= Bibliotheca musicologica, 7), Innsbruck u. a. 2002.

5 Zum Verhältnis von Kunst und Musik allgemein gibt es inzwischen eine ergiebige Forschung; siehe jüngst den Sammelband *Intermedialität von Bild und Musik*, hrsg. von Elisabeth Oy-Marra u. a., Paderborn 2018, darin etwa der Beitrag von Klaus Krüger, „Imaginarien der Evokation. Gemalte Musik“, S. 198–235. Siehe auch Eva-Bettina Krems, „Das Drama des Sehens und der Musik: Zur Darstellung des Orpheusmythos in bildender Kunst und Oper der Frühen Neuzeit“, in: *Marburger Jahrbuch für Kunstwissenschaft* 36 (2009), S. 269–300.

6 Zur Hl. Cäcilie siehe: Reinhold Hammerstein: „Caecilia“, in: *MGG 2 Sachteil* (1995), Sp. 309–317; zuletzt Klaus Ley, „Caecilia als Ikone der Musik: Genese, Funktion, Konfliktualität“, in: *Caecilia – Tosca – Carmen*, S. 3–46.

7 Hippolyte Delehaye, *Étude sur le légendier romain. Les saints de novembre et de décembre* (= Subsidia Hagiographica, 23), Brüssel 1936, S. 194–220. Die Legende ist in zahlreichen Quellen und Varianten überliefert, die je nach Entstehungszeit unterschiedliche Akzente setzen und durch historische Kontexte, etwa durch die Gegenreformation geprägt sind. Wichtige Zeugnisse von der *Passio sanctae Caeciliae* bis zur Moderne sind abgedruckt in: *Caecilia – Tosca – Carmen*, S. 278–556. Besonders hervorzuheben für die künstlerische Rezeption der Hl. Cäcilie ist die *Legenda Aurea* des Jacobus de Voragine aus dem zweiten Drittel des 13. Jahrhunderts, in der ihre Weisheit, Glaubensstärke und Tugendhaftigkeit besonders betont werden: Jacobus de Voragine, *Legenda aurea*, Deutsch von Richard Benz, Gütersloh 1999, S. 687–193.

de, da auch sie das Opfer verweigerte, ebenfalls zum Tode verurteilt. Wegen ihrer Familie sollte dies jedoch nicht in der Öffentlichkeit geschehen, sondern sie sollte in den heißen Dämpfen des Bades („caldarium") in ihrem eigenen Wohnhaus erstickt werden. Doch sie blieb unversehrt. Man beschloss daraufhin, die junge Frau am selben Ort zu enthaupten. Der Scharfrichter, dem nach römischem Recht nur drei Hiebe gestattet waren, schaffte es allerdings nicht, ihr mit diesen drei Schwertstreichen das Haupt vom Rumpf zu trennen. Cäcilie lebte noch drei Tage, bis sie der Legende nach am 22. November 230 ihren Verletzungen erlag. Zuvor hatte sie noch ihr Vermögen den Armen vermacht. Sie wurde in der Calixtus-Katakombe beigesetzt.

Ihr Kult setzt um die Mitte des 5. Jahrhunderts ein. Zu dieser Zeit wurde auch die Titelkirche St. Cecilia in Trastevere über ihrem ehemaligen Wohnhaus errichtet und ihre Gebeine dorthin überführt, was ihrer Verehrung großen Aufschwung gab. Das Fest der Hl. Cäcilie erscheint im 6. Jahrhundert im römischen Sanctorale. Sie wird als eine der sieben Märtyrerinnen im Canon Romanus erwähnt. Ihr Festtag ist der 22. November. Als der Kirchenbau in Trastevere im Jahr 1599 restauriert wurde, fand man auch die vermauerte Gruft Cäciliens und legte sie frei.[8] Zeitgenössischen Berichten zufolge soll ihr Leichnam zu diesem Zeitpunkt völlig unversehrt gewesen sein, auf der Seite liegend, mit einer tiefen Halswunde. Der Bildhauer Stefano Maderno (1576–1636) wurde beauftragt, die Heilige in Marmor darzustellen in der Position, in der man ihren Leichnam aufgefunden hatte. Die Liegefigur wurde in dem umgebauten Hochaltar der Kirche unter dem Ziborium in einer mit schwarzem Marmor ausgekleideten Nische der Devotion freigegeben.[9] (Abb. 1)

Die Auffindung des den Quellen zufolge unversehrten Körpers der Hl. Cäcilie kurz vor dem Heiligen Jahr 1600 löste in dieser Hochphase der Gegenreformation und Katholischen Reform eine starke Zunahme ihrer Verehrung im ersten Viertel des 17. Jahrhunderts aus, die besonders auch in den bildenden Künsten dokumentiert ist:[10] Ein Großteil der Darstellungen der Hl. Cäcilie stammt aus dieser Zeit. Überwiegend zeigen diese Werke die Heilige mit einer Orgel, womit auf eine spätestens seit dem 15. Jahrhundert bestehende Darstellungstradition zurückgegriffen

8 Siehe hierzu zuletzt Tobias Kämpf, *Archäologie offenbart: Cäciliens römisches Kultbild im Blick einer Epoche*, Leiden 2015.

9 Tobias Kämpf, „Die Betrachter der Cäcilie: Kultbild und Rezeptionsvorgabe im nachtridentinischen Rom", in: *Rahmen-Diskurse: Kultbilder im konfessionellen Zeitalter*, hrsg. von David Ganz, Berlin 2004, S. 98–141.

10 Neben der Ausstattung der Titelkirche entstanden vermehrt Kapellen mit Darstellungen aus ihrem Leben und Wirken, etwa von Domenichino und Guido Reni. Vgl. z. B. Gabriele Wimböck, *Guido Reni (1575–1642). Funktion und Wirkung des religiösen Bildes*, Regensburg 2002, S. 63–84; Eva Maringer, *Märtyrerkult und Raffaelrezeption im nachtridentinischen Rom: Domenichinos Cäcilienzyklus in San Luigi dei Francesi*, Phil. Diss., Universität zu Köln 2012.

Abb. 1: Stefano Maderno, Hl. Cäcilie, Marmor, Rom, S. Cecilia in Trastevere (Foto: Bildarchiv Foto Marburg)

wird.[11] Zuvor war Cäcilie meist mit den geläufigen Märtyrer-Attributen wie Krone, Palmzweig oder Lilie, gelegentlich auch mit dem Schwert als Attribut ihrer Hinrichtungsart oder mit dem Rosenkranz, der ihr in der Legende von einem Engel überreicht wird, abgebildet worden. Ab dem 15. Jahrhundert jedoch sollte sich die Orgel - zumeist in der kleineren Ausführung als Portativ oder Positiv[12] - als wichtigstes Attribut etablieren. Der sogenannte Bartholomäus-Meister, der um 1475–1510 in den Niederlanden tätig war, hat die Heilige auf zwei Altären mit dem Portativ verbildlicht. Auf dem um 1501/03 entstandenen Bartholomäus-Altar zeigt die Mitteltafel den Hl. Bartholomäus mit dem Stifter zwischen den Heiligen Agnes und Cäcilie.[13] (Abb. 2) Während die Hl. Agnes auf der linken Seite in ihr Buch vertieft ist, wird Cäcilie mit unbestimmtem Blick in einem Zustand der Verinnerlichung gezeigt. In ein reiches Gewand gehüllt, spielt sie mit ihrer rechten Hand auf dem Portativ. Es ist zu Beginn des 16. Jahrhunderts, zumal nördlich der Alpen, noch recht ungewöhnlich, dass die Heilige auf ihrem zumeist nur als At-

11 Lange galt die Forschungsmeinung, dass Cäciliens Verbindung mit der Musik erst im 15. Jahrhundert eingesetzt habe und aus dieser Zeit auch die ersten Darstellungen der Heiligen mit einer Orgel oder einem anderen Instrument stammten; es gibt jedoch vereinzelte frühere Beispiele, siehe Thomas Connolly, *Mourning into joy. Music, Raphael, and Saint Cecilia*, New Haven 1994, S. 214 ff.; Volker Scherliess, „Von der Märtyrerin zur Heiligen der Tonkunst - die hl. Cäcilia", in: *Dipingere la musica. Musik in der Malerei des 16. und 17. Jahrhunderts*, Ausstellungskatalog, Wien 2001, S. 71.

12 Neben den großen, fest installierten Blockwerksorgeln in den Kirchen gab es auch transportable Kleinformen der Orgel, nämlich Portative und Positive. Portative waren so klein und leicht, dass man sie beim Spielen tragen konnte; vgl. Hans Hickmann, *Das Portativ*, Kassel 1936.

13 München, Alte Pinakothek. Zum Bartholomäus-Meister siehe *Genie ohne Namen: der Meister des Bartholomäus-Altars*, Ausstellungskatalog, hrsg. von Rainer Budde u. a., Köln 2001.

Abb. 2: Meister des Bartholomäus-Altars: Bartholomäus-Altar, Mitteltafel, Szene: Der Hl. Bartholomäus mit dem Stifter zwischen den Heiligen Agnes und Cäcilia, um 1501/03, München, Alte Pinakothek (Foto: Bildarchiv Foto Marburg)

tribut beigefügtem Instrument auch tatsächlich *spielt*. Der Maler hält sogar fest, wie sie selbst mit der linken Hand einen Blasebalg an der Rückseite bedient, um das Portativ zum Klingen zu bringen. Auffällig ist jedoch, dass das Schulterband, mit dem das Instrument beim Spiel im Stehen gehalten wurde,[14] nicht der Heiligen umgehängt ist, sondern einem kleinen Engel, der über Cäciliens rechter Schulter schwebt. Ähnlich zeigt es der derselbe Maler in dem ca. zehn Jahre früher entstandenen Kreuzaltar,[15] doch wendet sich Cäcilie dort ihrem Nachbarn, dem Hl. Johannes d. Täufer zu, während sie in dem Bartholomäus-Altar entrückt erscheint, so als würde der Klang ihrer eigenen Musik sie in diesen Zustand versetzen.

Der Engel selbst ist hier weniger auf eine „göttliche“ oder „himmlische“ Musik als vielmehr auf die Quellen zu beziehen, wonach Gott der Heiligen in ihren Gebeten versprochen hatte, sein Engel werde sie nicht verlassen und der Hüter ihrer

14 Beim Spiel im Sitzen ruhte es auf dem linken Oberschenkel.

15 Kreuz-Altar, um 1490–1495, Mitteltafel 107 × 80 cm, Flügel je 107 × 34 cm, Köln, Wallraf-Richartz-Museum. Der Kreuz-Altar entstand im Auftrag des Juristen Dr. Peter Rinck, der dieses Triptychon später einem Kölner Kloster des Kartäuserordens vermachte.

Keuschheit sein.[16] Sie willigte deshalb in die Hochzeit mit Valerian ein und gestand ihrem Gatten in der Hochzeitsnacht: „Ich bin eine gottgeweihte Jungfrau, und der Engel des Herrn steht mir als Beschützer meiner Reinheit zur Seite. Hüte dich also, mich zu berühren und den Zorn des Himmels auf dich herabzurufen." Valerian bat sie daraufhin, diesen Engel sehen zu dürfen. Mit dem Verweis darauf, dass nur „reine Augen einen reinen Geist erblicken könnten", schickte Cäcilie ihn zu ihrem Beichtvater Papst Urban I., der ihn taufte. Bei seiner Heimkehr erblickte Valerian seine Gattin, die von einem Engel Rosen und Lilien überreicht bekam. Der Engel, der in unzähligen künstlerischen Darstellungen der Hl. Cäcilie erscheint (Abb. 2), war somit ursprünglich nicht mit der Musik – etwa in Form einer Orgel – verbunden; vielmehr wurde er zumeist beim Überreichen des Blumenkranzes dargestellt, ohne weitere attributive Instrumente.[17] Der Engel auf den Altären des Bartholomäus-Meisters symbolisiert somit auch die Reinheit und Keuschheit Cäciliens sowie ihre Nähe zu Jesus.

Doch warum hat sich die Orgel und damit Cäciliens Nähe zur Musik, die zu ihrem Amt als Patronin der Kirchenmusik führte und die Cäcilien-Darstellungen jahrhundertelang dominierte, überhaupt etabliert? Ende des 18. Jahrhunderts schreibt Johann Gottfried Herder: „Vielleicht ist keine Schutzpatronin in der Welt zu ihrem Amt unschuldiger gekommen, als Cäcilia, die Schutzpatronin der heiligen Tonkunst."[18] Er fügt hinzu: „Sie kam dazu, weil sie auf die Musik nicht achtete, ihre Gedanken davon abwandte, und mit etwas Höherem beschäftigt, sich von ihren Reizen nicht verführen ließ."[19] Herder zitiert daraufhin aus der *Passio Sanctae Caeciliae*, in der tatsächlich die Nähe zur Musik eindeutig thematisiert wird, nämlich bei der Beschreibung ihrer Hochzeitsfeier, der Tag, an dem das Schlafgemach bereitet wurde: „Venit dies, in quo thalamus collocatus est. Et cantantibus organis, illa in corde suo soli Domino decantabat, dicens: fiat cor meum et corpus meum immaculatum, ut non confundar […]."[20]

Der aus dem 5. Jahrhundert stammende Text besagt, dass zu den Hochzeitsfeierlichkeiten Musik erklungen sei (*cantantibus organis*). *Organa* waren in der Antike beliebige Instrumente (griech. *organon* = Werkzeug), die Einschränkung dieses Begriffes auf die Orgel als solche entstand erst im Mittelalter. In der Forschung zur Hl. Cäcilie wird auf dieses vermeintliche Missverständnis immer wieder hingewiesen.[21]

---

16 Hierzu und dem Folgenden siehe *Legenda aurea* 1999, S. 688.

17 Beispielsweise im Brevier von Martin von Aragon (Bibliothèque National de France); Cäcilienaltar, Meister der hl. Cäcilia, ca. 1304, Florenz, Uffizien. Im frühen 17. Jahrhundert wurde diese Szene des Überreichens des Rosenkranzes durch einen Engel sehr häufig dargestellt; siehe jüngst zum Engel in Darstellungen der Hl. Cäcilie Malte Goga, *Engel-Bilder: Die Sichtbarkeit von Engelfiguren in italienischer Malerei um 1600,* Paderborn 2018, S. 199–208.

18 Johann Gottfried Herder, *Zerstreute Blätter (Fünfte Sammlung)*, Gotha 1793, S. 289.

19 Ebd.

20 Ebd.

21 Siehe die analysierte Diskussion bei Ley, „Caecilia als Ikone der Musik", S. 4–13. Siehe auch Reinhold Hammerstein, „Raffaels Heilige Caecilia. Bemerkungen eines Musikhistori-

Abb. 3: Raffael, Hl. Cäcilie, Gemälde, 238 × 150 cm, ca. 1515, Bologna, Pinacoteca Nazionale (Foto: Bildarchiv Foto Marburg)

Das Entscheidende in diesem Passus der Heiligenvita hat Herder schon benannt: Die Musik sei zwar erklungen, Cäcilie jedoch schenkte ihr keinerlei Aufmerksamkeit: Sie sang in ihrem Herzen allein dem Herrn (*illa in corde suo soli Domino decantabat dicens*), er möge ihr Herz und ihren Leib unbefleckt erhalten (*fiat cor meum et corpus meum immaculatum*), damit sie nicht zuschanden werde (*ut non confundar*). Cäcilie überhörte die weltliche Musik auf ihrer Hochzeit, weil sie Jungfräulichkeit gelobt hatte. Sie betete also *trotz* der Musik, ohne sich von ihr ablenken zu lassen.

Die wohl bekannteste künstlerische Darstellung der frühchristlichen Märtyrerin hat diese Preisgabe der weltlichen Musik höchst eindringlich verbildlicht: Raffaels Gemälde der „Hl. Cäcilie".[22] (Abb. 3) Das Gemälde zeigt im Typus der „Sacra

kers", in: *Festschrift für Peter Anselm Riedl zum 60. Geburtstag*, hrsg. von Klaus Güthlein u. a., Worms 1993, S. 69–79. Grundlegend: Connolly, *Mourning into joy*.

22 Raffael, Hl. Caecilie, 1514, 238 × 150 cm, Pinacoteca Nazionale in Bologna. Aus der reichhaltigen Forschungsliteratur zu diesem Werk seien genannt: Stanislaw Mossakowski,

Conversazione" eine fiktive Zusammenkunft der Heiligen Paulus, Johannes (Ev.), Augustinus und Magdalena um Cäcilie, hinterblendet von einer hügeligen Landschaft.[23] Im Himmel über dieser Personengruppe erscheint wie auf einer weiteren Realitätsebene eine Schar singender Engel, deren himmlischen Klänge offenbar nur dem inneren Ohr der Heiligen Cäcilie – die als einzige im Bild ihr Haupt gen Himmel gerichtet hat – zugänglich sind. Vor ihr auf dem Boden liegen Instrumente, die achtlos zu Boden geworfen und zum Teil erheblich beschädigt sind.[24] Selbst das Portativ, das sie verkehrt herum in den Händen hält und nicht wie üblich mit einem Schulterband trägt, hat ausgedient und verliert bereits seine Pfeifen. Alle irdischen Musikinstrumente sind damit unbrauchbar: Die irdische Musik ist in den zertrümmerten Instrumenten längst verstummt.

Raffaels Bildfindung fußt zwar auf Darstellungen der Heiligen mit dem Attribut der Orgel bzw. des Portativs, wie sie etwa auch der Bartholomäus-Meister zeigt (Abb. 2), doch scheint Raffael dem anagogischen Sinn der ursprünglichen Quelle, der *Passio Sanctae Caeciliae*, näher kommen zu wollen: Die Darstellung nimmt im übertragenen Sinn Bezug auf die Hochzeit, bei der die weltliche Musik für das laute, irdische Treiben steht, welches Cäcilie ignoriert, um in ihrem Herzen allein für den Herrn zu singen (*illa in corde suo soli Domino decantabat*) und zu bitten, er möge ihr Herz und ihren Leib unbefleckt erhalten (*fiat cor meum et corpus meum immaculatum*). Diese Missachtung der weltlichen Musik stellt Raffael durch die unbrauchbaren Instrumente dar. Das „stumme Bild" kann freilich nicht Cäciliens inneren Bittgesang wiedergeben; hier wählt Raffael den sich innerhalb dichter Wolken öffnenden Himmel, in dem sechs Engel eine göttliche Vokalmusik intonieren, wobei sie ein Schriftstück, wohl das Cäcilienoffizium, bei sich tragen. Ihr Gesang erscheint der Hl. Cäcilie wie in einer inneren musikalischen Schau. Der Blick der ruhig dastehenden, ihres Glaubens gewissen Heiligen gilt den nur ihr vernehmlichen (wenn auch nicht visuell wahrnehmbaren), am oberen Bildrand erscheinenden singenden Engeln, die in einer himmlisch-lichten, gleichsam transparenten Farbstimmung gemalt sind, eine Farbgebung, die einen starken Kontrast zum irdisch-stofflichen, satten Kolorit der in der ihr eigenen Zone stehenden Heiligen aufweist. Unter dem golddurchwirkten liturgischen Gewand, der Dalmatica als Hochzeitsgewand, trägt Cäcilie zudem ein härenes Büßergewand, ein Cilicium.[25] Dies ist ein weiteres Indiz dafür, dass Raffael hier sehr genau die ursprüngliche Quelle bzw. ha-

„Raphael's St. Cecilia. An iconographical study", in: *Zeitschrift für Kunstgeschichte* 31 (1968), S. 1–26; *L'Estasi di Santa Cecilia di Raffaello da urbino nella Pinacoteca Nazionale di Bologna*, Ausstellungskatalog, Bologna 1983; Connolly, *Mourning into joy*; zusammenfassend: Jürg Meyer zur Capellen, *Raphael. The paintings*. Vol. II: *The Roman Religious Painting ca. 1508–1520*, Landshut 2005, S. 124–132.

23 Zu den einzelnen Heiligen, die ebenfalls eine Vision hatten, siehe: Wolfgang Brassat, „Raffaels ‚Heilige Caecilia' und ihre Rezeptionsgeschichte", in: *Caecilia – Tosca – Carmen*, S. 49.

24 Dazu genauer Hammerstein, „Raffaels Heilige Caecilia", S. 69–71.

25 Zu dem Bußgewand auch Kämpf, *Archäologie offenbart*, S. 224. Genau in diesem Kleid wurde der Leichnam der Heiligen 1599 auch wiederentdeckt, so der Bericht; siehe dazu auch Wimböck, *Guido Reni*, S. 77.

giographische Verarbeitungen aus dem 15. Jahrhundert gekannt haben muss. Der Kontrast der beiden übereinanderliegenden Gewänder wird in der Legende zum Symbol für die irdische Existenz der Märtyrerin, in der eine innere, asketisch orientierte Lebensweise hinter einem äußeren Erscheinungsbild von aristokratischer Opulenz noch verborgen bleiben muss.[26]

Diese ungewöhnliche Nähe zu den Quellen und auch das Bemühen, narrative Elemente in das hieratische Altarbild zu integrieren, entspricht zum einen der Arbeitsweise des päpstlichen Künstlers Raffael in dieser Zeit,[27] zum anderen wird er damit dem Wunsch der Auftraggeberin des Altarbildes entsprochen haben. Die Bologneserin Elena Duglioli dall'Olio (1472–1520), die das Altarbild für ihre Familienkapelle im linken Querhaus von San Giovanni in Monte bestellt hatte,[28] war nicht nur eine überaus fromme Bürgerin; vielmehr verband sie mit der Hl. Cäcilie auch ihr Gelübde, in der Ehe keusch zu bleiben.[29] Nicht selten wird zudem angenommen, dass die in Raffaels Bild dargestellte Heilige ein Porträt der Auftraggeberin sein könnte, wofür jedoch physiognomische oder quellenkundliche Belege fehlen. Dennoch spricht die starke Identifizierung der Bologneserin, die als Nonne in den Klarissenorden eintreten wollte, aber von ihren Eltern zur Heirat gezwungen wurde, für eine Überblendung der realen Person mit der Märtyrerin.[30] Später wurde Elena Duglioli, die *altra Cecilia*, selig gesprochen.

Raffaels „Hl. Cäcilie“ hat eine intensive Nachfolge gefunden.[31] Allein der für Raffaels Heilige so typische sogenannte „himmelnde Blick“ hat besonders im Barock eine ungeahnte Konjunktur gehabt;[32] als nur ein Beispiel sei Domenichinos um 1617/18 entstandene „Hl. Cäcilie“ (Abb. 7) genannt.[33] Die Anlehnung an das große Vorbild geht teilweise bis in die betont ähnliche Frisur und das Gewand,

---

26 Siehe dazu Kämpf, *Archäologie offenbart*, S. 225.

27 Siehe zu Raffaels Altarbildern Eva-Bettina Krems, *Raffaels römische Altarbilder: Kontext, Ikonographie, Erzählkonzept. Die Madonna del Pesce und Lo Spasimo di Sicilia*, München 2002.

28 Dugliolis Verbindung mit dem Florentiner Prälaten Antonio Pucci, dem Neffen des einflussreichen Kardinalpriesters von Santi Quattro Coronati, Lorenzo Pucci, brachte sie in direkten Kontakt mit Raffael. Andernfalls wäre es wohl unvorstellbar, dass sie eine große Tafel von dem päpstlichen Künstler auf der Höhe seiner Laufbahn erhalten hätte, vgl. „Raphael's St. Cecilia“, S. 16.

29 Zu Elena Duglioli dall'Olio siehe Gabriella Zarri, „L'altra Cecilia: E. D. Dall'Olio“, in: *Indagini per un dipinto: la S. Cecilia di Raffaello*, Ausstellungskatalog, Bologna 1983, S. 83–118; dies., „Storia di una committenza“, in: *L'estasi di s. Cecilia di Raffaello da Urbino nella Pinacoteca naz. di Bologna*, Ausstellungskatalog, Bologna 1983, S. 21–28.

30 Dazu Mossakowski, „Raphael's St. Cecilia“, S. 2–6.

31 Dazu zuletzt Brassat, „Raffaels ‚Heilige Caecilia‘“, S. 47–75; Sebastian Dohe, *Leitbild Raffael – Raffaels Leitbilder. Das Kunstwerk als visuelle Autorität*, Petersberg 2014, S. 254–282.

32 *Der himmelnde Blick. Zur Geschichte eines Bildmotivs von Raffael bis Rotari*, Ausstellungskatalog, Emsdetten 1998; *Visioni ed Estasi. Capolavori dell'arte europea tra Seicento e Settecento*. Ausstellungskatalog, Rom 2003.

33 Domenichino, Hl. Cäcilie mit dem Engel, Paris, Louvre, 160 × 120 cm; siehe *Classicismo e natura: la lezione di Domenichino*, Ausstellungskatalog, Rom 1996, S. 426, Nr. 27 (Richard Spear).

Abb. 4: Orazio Gentileschi u. Giovanni Lanfranco, Hl. Cäcilie mit dem Engel, Gemälde, 87 × 108 cm, ca. 1618-21, Washington, National Gallery of Art (Foto: Scan aus *Orazio and Artemisia Gentileschi*, Ausstellungskatalog, New Haven und London 2001, Kat. 31)

das, wie erwähnt, dem Wortlaut der Märtyrerakten folgt.[34] Trotz unzähliger Nachahmungen bis ins Detail muss man dennoch feststellen, dass nur sehr wenige Darstellungen existieren, die Raffaels genuine Bildidee wiedergeben, nämlich zur Veranschaulichung der Missachtung weltlicher Musik unbrauchbare Instrumente zu zeigen, die der Vokalmusik als Ausdruck göttlicher Sphäre gegenüberstehen.[35] Der Antagonismus zwischen profaner und sakraler Musik scheint in der zeitlichen Folge nach Raffael kaum mehr ein Thema gewesen zu ein. Selbst die gleichzeitige Veranschaulichung von irdischer und himmlischer Zone, wie sie Raffael vorgegeben hatte, wurde weit weniger häufig aufgegriffen als man hätte erwarten können. Der größte Unterschied besteht jedoch darin, dass die Hl. Cäcilie in späteren Dar-

[34] Z. B. bei Guido Reni; siehe Wimböck, *Guido Reni*, S. 78.

[35] In enger Anlehnung an Raffael malte Moretto da Brescia 1540 eine Hl. Cäcilie, die zwar auch die auf den Boden geworfenen Instrumente zeigt, die jedoch das kleine Portativ in der Hand der Heiligen unbeschädigt lässt (vermutlich hat sich Moretto hier an dem Stich Marc Antonio Raimondis nach Raffael orientiert: Adam von Bartsch, *Le Peintre-Graveur*, Bd. 14, Wien 1813, S. 101 f., Nr. 116). Schließlich fehlt auch der Hinweis auf die „göttliche Musik“: Pala di Santa Cecilia, 288 × 193 cm, San Giorgio in Braida, Verona.

Abb. 5: Carlo Dolci, Hl. Cäcilie an der Orgel, Gemälde, 96 × 81 cm, 1671, Dresden, Gemäldegalerie Alte Meister (Foto: Bildarchiv Foto Marburg)

stellungen im Gegensatz zu Raffaels Version zumeist das jeweilige Instrument *spielt* – wie etwa im bereits kurz diskutierten Bartholomäus-Altar (Abb. 2). In Orazio Gentileschis und Giovanni Lanfrancos „Cäcilie mit dem Engel" (ca. 1618–1621) (Abb. 4) musiziert die Kirchenpatronin auf der Orgel und wird dabei von einem Engel mit Notenblatt unterstützt; in Carlo Dolcis „Cäcilie an der Orgel" (1671)[36] (Abb. 5) ist sie gänzlich allein und in kontemplativer Andacht auf ihr Instrument konzentriert. Nur der Heiligenschein und die Lilien im Vordergrund identifizieren sie für den wissenden Betrachter als Heilige Cäcilie.

36 Carlo Dolci, Hl. Cäcilie an der Orgel, Gemälde, 96 × 81 cm, 1671, Dresden, Gemäldegalerie Alte Meister.

Spätestens im 17. Jahrhundert ist das Instrument somit nicht mehr nur attributives Beiwerk; vielmehr ist seine Benutzung sogar Teil der Bildaussage. Es mag erstaunen, dass man angesichts der großen Berühmtheit des Raffael-Bildes dieses für die Semantik desselben so wichtige Missachten des Musizierens ignoriert. Dabei war die Verehrung gegenüber Raffaels Werk gerade um 1600 immens. Der Bologneser Maler Guido Reni war sogar im Zusammenhang der Auffindung des (unberührten) Leichnams der Heiligen im Jahr 1599 in Santa Maria in Trastevere eigens damit beauftragt worden, eine Kopie nach Raffaels berühmter Cäcilie aus der Kapelle der Bologneser Kirche anzufertigen und nach Rom zu senden.[37] Im Zuge der Authentifizierung und Forcierung der Cäcilien-Verehrung im Dienste der Gegenreformation hatte Raffaels Werk nahezu Kultbildstatus erreicht in einer Zeit, als man sich sehr darum bemühte, einen Bilderkanon allgemein von Heiligen als visuelle „Quellen" anzulegen, um die Kontinuität von der frühchristlichen Kirche bis in die eigene Gegenwart zu dokumentieren.[38]

Der Bologneser Benediktinermönch Adriano Banchieri (1568–1634), der zugleich Organist und Komponist war und zwei Orgeltraktate verfasste,[39] hatte Raffaels Bild zu Beginn des 17. Jahrhunderts in den höchsten Tönen gepriesen: Nur Raffael sei es gelungen, in dem nach oben gewandten Blick der Heiligen ihren frommsten Eifer und den Gegensatz von gering geschätzter irdischer versus angestrebter himmlischer Musik zu verbildlichen, als bildkünstlerischer Ausdruck von modellhafter Frömmigkeit.[40] Raffaels als kanonisch deklariertes Bild der Cäcilie hat die Auffassung dieser Heiligen maßgeblich geprägt: Unangefochten steht Cäcilie für den Primat der *Musica sacra* über die *Musica profana*, damit aber auch für die große Bedeutung der kirchlichen Musik in der für die katholische Kirche höchst kritischen Phase konfessioneller Konflikte um 1600.[41]

Forciert wurde die in der bildenden Kunst des 17. und 18. Jahrhunderts dominierende Darstellungsweise der musizierenden Cäcilie sicherlich auch durch Aussagen einflussreicher Theologen der Gegenreformation wie Cesare Baronio (1538–1607). Er hatte gemeinsam mit dem Archäologen Antonio Bosio und Kardinal Sfondrato (dem Auftraggeber der Kopie Renis nach Raffael) maßgeblichen Anteil an der Belebung des Cäcilien-Kultes um 1600 aus Anlass der Wiederauffindung ihres Leichnams. Dieser Kult war, wie bereits angedeutet, eingebettet in das intensive Bemühen um Wiederbelebung frühchristlicher Glaubens- und Darstellungsformen, die vor allem in der im Zuge der katholischen Reform gegründeten Gemeinschaft der Oratorianer von S. Maria in Vallicella lebendig war. Baronio war

37 Auftraggeber war der römische Kardinal Sfondrato. Das Bild befindet sich heute in Rom, San Luigi die Francesi, Cappella Polet; Wimböck, *Guido Reni*, S. 65 und 85–89.

38 Ebd., S. 86, verweist auf die Bemühungen des Auftraggebers Sfondrato sowie auf den Mailänder Bischof Federico Borromeo. Dort mit weiterer Literatur.

39 Sein Traktat *Conclusioni nel suono del organo* (Bologna 1609) ist der Hl. Cäcilie gewidmet.

40 Vgl. das Zitat bei Wimböck, *Guido Reni*, S. 88, Anm. 108.

41 Im Überblick: Dieter J. Weiss, *Katholische Reform und Gegenreformation*, Darmstadt 2005, S. 169–171.

in der Nachfolge des später heiliggesprochenen Ordensgründers Filippo Neri zum Oberhaupt der Gemeinschaft ernannt worden.[42]

Baronio war sicherlich eine entscheidende Figur für die Fixierung der bildlichen Vorstellung der Hl. Cäcilie, indem er alle Diskussionen im musikalischen wie theologischen Kontext vom Tisch fegte und festlegte: „Cecilia fu considerata per secoli patrona esclusivamente della musica sacra e quindi rappresentata con lo strumento per eccellenza della musica religiosa. Cecilia diventò allora portatrice di una musica interiore e divina, contrapposta alla musica terrena e udibile."[43] Weil Cäcilie laut Baronio seit Jahrhunderten als alleinige Förderin der sakralen Musik galt, wurde sie mit dem Instrument der religiösen Musik par excellence, nämlich der Orgel, vertreten. Für Baronios ebenfalls genannte Vorstellung – Cäcilie als Trägerin einer inneren und göttlichen Musik im Gegensatz zu irdischer und hörbarer Musik – war Raffaels „Hl. Cäcilie" gleichsam das bildliche Argument. Umso erstaunlicher ist es, dass das Bologneser Bild nicht zur ikonographischen Vorlage für die unzähligen künstlerischen Cäcilien-Versionen des 17. und 18. Jahrhunderts wurde. Die Erklärung für diesen Befund liegt auf der Hand, wenn man dieselbe Quelle näher betrachtet. In der Darstellung der *musizierenden* Cäcilie ist, wie Baronio unmissverständlich feststellt, die „musica interiore e divina" bereits einbeschrieben; der Gegensatz zur „musica terrena e udibile" musste folglich nicht mehr verbildlicht werden.

Die im sakralen Kontext meist auf der Orgel spielende Cäcilie konnte auf diese Weise in die Vorstellung der „Ecclesia triumphans" Einzug halten, wie das späte Beispiel des Kuppelfreskos aus dem Benediktinerkloster Weingarten zeigt (Abb. 6):[44] Die Orgel spielende Cäcilie wird gemeinsam mit David (mit der Harfe) dargestellt. Im 18. Jahrhundert sind Cäcilie und David besonders häufig in süddeutschen Freskoausstattungen von Kirchenräumen zu finden, insbesondere im baulichen Zusammenhang mit der Kirchenorgel.[45]

Doch auch die von Baronio beschworene Verinnerlichung, die „musica interiore e divina", findet im 17. Jahrhundert neue Bildformeln: In Orazio Gentileschis und Giovanni Lanfrancos „Cäcilie mit dem Engel" (ca. 1618–1621)[46] (Abb. 4) wird die junge Heilige als von ihrem Spiel auf dem kleinen Orgelpositiv vollkommen ab-

---

42 Zu Baronio vgl. Wimböck, *Guido Reni*, S. 66 (mit weiterer Literatur).

43 Vgl. das Zitat in: *Visioni ed estasi*, S. 215 (Alessandro Mosca).

44 Weingarten (Württemberg), Basilika St. Martin und Oswald, Fresken von Cosmas Damian Asam, 1718–1720, Kuppelfresko „Triumphierende Kirche", Detail.

45 Um nur wenige Beispiele zu nennen: Pfarrkirche St. Peter und Paul, Benningen, Landkreis Unterallgäu, Empore; Katholische Pfarrkirche St. Johann Baptist in Asch im Landkreis Landsberg am Lech (Bayern/Deutschland), Doppelempore; Katholische Pfarrkirche St. Nikolaus in Deisenhofen, Stadtteil von Höchstädt an der Donau im Landkreis Dillingen an der Donau (Bayern), Deckenfresken über der Empore von Johann Anwander von 1760.

46 Orazio Gentileschi und Giovanni Lanfranco, Cäcilie mit dem Engel, Gemälde, 87 × 108 cm, Washington, National Gallery of Art. Vgl. Keith Christiansen und Judith W. Mann, *Orazio and Artemisia Gentileschi*, Ausstellungskatalog, New Haven/London 2001, Kat. 31, S. 154–157.

Abb. 6: Weingarten (Württemberg) , Basilika St. Martin und Oswald, Fresken von Cosmas Damian Asam, 1718–1720, Kuppelfresko „Triumphierende Kirche", Detail (Foto: privat)

sorbiert gezeigt. Mit geröteten Wangen und gesenktem Haupt nimmt sie die Gegenwart des Engels, der laut Legende ihre Keuschheit überwachen sollte, nicht wahr. Der Engel präsentiert ihr die Noten, die auf die seit dem 8. Jahrhundert bekannte Antiphon rekurrieren und ihre Bitte um den Erhalt der Keuschheit andeuten: „Fiat Domine cor meum et corpus meum immaculatum ut non confundar."[47] Auffällig ist in diesem Werk, dass die fast intime Szene in einen privaten, profanen Kontext verlegt ist, was gerade im Vergleich mit einer sehr ähnlichen Version Gentileschis auffällt, welche die Heilige mit Nimbus und dem auf die Legende zurückgehenden Kranz aus Rosen zeigt.[48] Während letztere Version vermutlich für franziskanische Nonnen bestimmt war, wurde die von religiösen Insignien „bereinigte" Version offenbar für den römischen Adeligen Natale Rondanini geschaffen, der Mitglied der Congregazione di Santa Cecilia war.[49]

Die Heilige Cäcilie wurde somit auch dem privaten und profanen Bereich einverleibt, ein Phänomen, das ebenso im musikalischen Kontext zu beobachten ist.

[47] Zur Antiphon siehe Reinhard Wiesend, „Caecilia und die tonlose Musik", in: *Caecilia – Tosca – Carmen*, S. 235–247, hier S. 236.

[48] Christiansen, Kat. 32, S. 158.

[49] Ebd., S. 156.

Cäcilie erscheint nicht nur im kirchlichen Zusammenhang; vielmehr schwankt ihr Patronat zwischen Kirchenmusik und profaner Klangwelt.[50] Während Palestrinas Motette „Cantantibus organis“ von 1575 ganz der sakralen Musik zuzuordnen ist, erscheint die Stellung der Heiligen beispielsweise in England, wo sie im 17. und 18. Jahrhundert zunehmende Verehrung erfuhr, durchaus offener. So feiert Dryden in seinem „Song for St Cecilia's Day“ (1687), der im Jahr 1739 von Händel vertont wurde, zwar christliche Musik; in „Alexander's Feast; or the Power of Musique“ (1697) dagegen verknüpft Händel das Cäcilienthema mit einer weltlichen Feier des griechischem Herrschers.[51]

Ein sprechendes Beispiel für das Changieren zwischen weltlichem und sakralem Kontext bietet Domenichinos „Hl. Cäcilie“ im Louvre (Abb. 7), das noch etwas früher als die Version Gentileschis und Lanfrancos (Abb. 4) vermutlich im Auftrag des Kardinals Ludovico Ludovisi entstanden ist.[52] Domenichinos Heilige – mit Nimbus und himmelndem Blick – spielt nicht auf einer Orgel, sondern auf einer Viola da Gamba mit sieben Saiten und einem Engelskopf an Stelle der Schnecke. Die Viola da Gamba ist eigentlich ein Instrument weltlicher Hofmusik, also genau genommen jener phänomenalen Form der Musik, die die Märtyrerin zugunsten ihrer inneren musikalischen Vision preisgab. Die Viola ist bei Domenichino jedoch nicht wie üblich zwischen die Beine geklemmt, sondern ruht auf einer Brüstung, auf der ein geschlossenes Notenbuch und eine Flöte liegen, während die Heilige nahezu korrekt den Bogen führt. Doch geht es hier weniger um ein Symbol der weltlichen Musik als vielmehr um die Repräsentation idealer Harmonie, die aus dem Gesang der Heiligen in Begleitung der Continuostimme des Bassinstruments besteht. Denn dies entspricht der zu dieser Zeit hochaktuellen Musizierpraxis der Monodie,[53] die zunächst vor allem in weltlichen Gattungen erprobt wurde. Zu Beginn des 17. Jahrhunderts fand sie jedoch auch Eingang in die geistliche Musik, vor allem im Umfeld der hier bereits genannten Oratorianer in Rom: Im Februar 1600 wurde im Oratorio di Santa Maria in Vallicella in Rom Emilio de' Cavalieris *Rappresentatione di Anima, et di Corpo* uraufgeführt, „per recitar cantando“.

---

50 David Wachter, „Fenster, Orgel, Partitur. Caecilies Dinge bei Kleist und Mallarmé“, in: *Kleist-Jahrbuch* 2015, hrsg. von Günter Blamberger u. a., S. 90–110, hier S. 93.

51 Hierzu besonders der Sammelband *Die Macht der Musik: Georg Friedrich Händels Alexander's Feast. Interdisziplinäre Studien,* hrsg. von Anja Bettenworth und Dominik Höink, Münster 2010.

52 In dessen Inventar des Casinos Ludovisi in Rom wird es 1623 erwähnt. Siehe oben Anm. 33.

53 Als Monodie (*monodia*, gr.: „Einzelgesang“) bezeichnet man den ab 1600 in Florenz aufkommenden affektgesteuerten weltlichen Sologesang, der von einem sich unterzuordnenden Generalbass begleitet wird und damit die übliche Lautenbegleitung im Lied ersetzt. Wolf Frobenius, „Monodie“, in: *Handwörterbuch der musikalischen Terminologie*, Bd. 12, Stuttgart 1984, Sp. 1–13.

Abb. 7: Domenichino, Hl. Cäcilie mit dem Engel, 160 × 120 cm, Paris, Louvre (Foto: Scan aus *Classicismo e natura: la lezione di Domenichino*, Ausstellungskatalog, Rom 1996, S. 426)

Domenichino lässt dabei in seine Darstellung der Hl. Cäcilie die „Armonia" aus der 1603 erschienenen *Iconologia* des Cesare Ripa einfließen (Abb. 8).[54] In dem Holzschnitt wird die Allegorie zwar mit „una lira doppia di quindici corde in ma-

[54] Cesare Ripa, „Armonia", in: *Iconologia Overo Descrittione Di Diverse Imagini cauate dall'antichità, & di propria inuentione*, Rom 1603, S. 26: „Una vaga et bella donna, con una lira doppia di quindici corde in mano, in capo haverà una corona con sette gioie tutte uguali [...]".

26 ICONOLOGIA

ARME

Come depinte in Firenze dal gran Duca Ferdinando.

HVOMO armato d'aſpetto tremendo con l'elmo in capo, con la deſtra mano tiene vn tronco di lancia poſato alla coſcia, & con la ſiniſtra vno ſcudo, in mezzo del quale vi è depinta vna teſta di lupo.

Eſſendo queſta figura ſimile à quella di Marte ſi potrà intendere per eſſa l'arme, come Dio d'eſſe.

ARMONIA.

Come dipinta in Firenze dal gran Duca Ferdinando.

VNA vaga, & bella donna, con vna lira doppia di quindici corde in mano, in capo hauerà vna corona con ſette gioie tutte vguali, il veſtimento è di ſette colori, guarnito d'oro, & di diuerſe gioie.

ARRO-

Abb. 8: Cesare Ripa „Armonia", in: *Iconologia* 1603 (Foto: Scan aus Ripa, *Iconologia* 1603)

Abb. 7a: Domenichino, Hl. Cäcilie mit dem Engel, Detail (Foto: s. Abb. 7)

no" gezeigt, also mit einem etwas kleineren Instrument, das 15 Seiten aufweist. Dennoch legt die vergleichbare Art der Präsentation des Instruments, welches normalerweise auch zwischen den Beinen gehalten wird, sowie der jeweils nach oben gerichtete Blick der beiden Frauengestalten eine direkte Bezugnahme nahe.

In Domenichinos Bild der „Hl. Cäcilie" wird der Heiligen ein Putto zur Seite gestellt, der die gleiche Höhe des Resonanzkörpers der Viola erreicht und über seinem Kopf ein Notenbuch im Querformat hält. Deutlich lässt sich eine mit der Antiphon „Fiat cor meum immaculatum, ut non confundar" textierte Melodie erkennen (Abb. 7a).[55] Doch die Heilige beachtet dieses offene Notenbüchlein nicht; vielmehr scheinen Noten und Worte für den Betrachter bestimmt zu sein, der in die von Cäcilie gesungene Antiphon einstimmen soll. Die Bitte um Keuschheit wird hier – eingeblendet in eine weltliche Szenerie als Austragungsort privater Frömmigkeitspraxis – übertragen auf ein frommes, gottgefälliges Leben.

In einer vergleichbaren Semantik der privaten Frömmigkeitspraxis sind schließlich auch die zahlreichen Porträts adeliger Damen zu verorten, die sich als Heilige Cäcilie darstellen lassen, wie jenes von Joachim von Sandrart (Abb. 9), das um die

55 Zu dem Notenbuch und zur Musizierpraxis siehe Stefan Bodemann, *Der musizierende und tanzende David in der italienischen Malerei des 16. und 17. Jahrhunderts*, Münster 2015, S. 128 f.

Abb. 9: Joachim von Sandrart, Porträt einer Dame als Heilige Cäcilie, 103 × 82 cm, ca. 1644, Auktion 1057 Alte Kunst, Lempertz (Foto: Lempertz)

Mitte des 17. Jahrhunderts entstanden ist.[56] Die nicht identifizierte Dame, mit opulentem Gewand und reichem Perlenschmuck ausgestattet, blickt direkt den Betrachter an, während sie mit der rechten Hand auf der kleinen, mit Hermen ver-

[56] Joachim von Sandrart, Porträt einer Dame als Heilige Cäcilie, 103 × 82 cm, Auktion 1057, Alte Kunst, Lempertz, Köln, 14.11.2015 (https://www.lempertz.com/de/kataloge/lot/1057-1/1515-joachim-von-sandrart.html, letzter Zugriff: 1. Juli 2018). Zu Sandrart siehe: Christian Klemm, *Joachim von Sandrart. Kunstwerke und Lebenslauf*, Berlin 1986.

zierten Orgel spielt. Der begleitende Engel zeigt auch hier auf das Cäcilienoffizium, das von der Dame jedoch unbeachtet bleibt, weniger weil sie in ihrem Inneren den himmlischen Klängen, der *musica sacra*, lauschen will, als vielmehr um dem Betrachter – im Dienste des *Self-Fashioning* im höfischen Porträt – offensiv zu zeigen, dass sie als fromme Adelige ihr Vorbild in der Hl. Cäcilie gefunden hat.[57] Das Instrument ist nicht mehr Medium sakraler Musik, sondern Symbol einer angemessenen adeligen Lebensführung.

57 Zu weiblichen Porträts im 17. Jahrhundert siehe: *Women and Portraits in Early Modern Europe: Gender, Agency, Identity*, hrsg. von Andrea Pearson u. a., Aldershot 2008.

Fragen, Zweifel, Instabilitäten: Geistliche und religiöse Aspekte in zeitgenössischer Musik

Gordon Kampe (Hamburg)

Schaut man stichprobenartig auf einige der wesentlichen Zentren zeitgenössischer Musikproduktion in Deutschland, fällt recht schnell auf, dass Musik mit konkreten und durch Texte manifestierten religiösen oder spirituellen Inhalten recht selten vorkommt: In den Programmen der *Donaueschinger Musiktage*, dem nach wie vor bekanntesten Festival für zeitgenössische Musik, findet sich seit dem Jahr 2000 praktisch kein wie auch immer geartetes geistliches Werk, mit Ausnahme des Klarinettenkonzerts *über* (2015) von Mark Andre, dessen Werke auch jenseits direkter Textbezüge ganz grundsätzlich von einer tiefen spirituellen Haltung geprägt sind. Ein Blick auf andere wichtige Institutionen des zeitgenössischen Musiklebens zeigt einen ähnlichen Befund: In der mittlerweile über 100-teiligen repräsentativen CD-Dokumentationsreihe des Deutschen Musikrats *Edition Zeitgenössische Musik*, in der Komponistinnen und Komponisten seit 1986 porträtiert werden, erschienen mit Lisa Streichs CD *pietá* 2018 erstmals wieder geistliche Werke, etwa das Chorwerk *STABAT* (2017) für 32 Stimmen in vier Chören. Ähnliches gilt auch für die CD-Reihe der Ernst-von-Siemens-Musikstiftung. Selbst bei einschlägigen Ensembles, etwa dem *SWR-Vokalensemble* oder den *neuen vocalsolisten stuttgart*, sind neuere geistliche Werke rar.

Mit der schlichten Feststellung, dass geistliche, religiöse bzw. spirituelle Musik in der institutionalisierten zeitgenössischen Musik eine lediglich marginale Erscheinung ist, könnte der Text hier getrost enden. Weitet man jedoch das Panorama über jene Avantgarde-Zentren hinaus und betrachtet Aufführungen zeitgenössischer Musik im Rahmen der traditionellen und repräsentativen Institutionen, etwa Konzerthäusern, Philharmonien etc., so nimmt die Zahl der Werke mit geistlichen Inhalten im Vergleich wieder zu, insbesondere allerdings dann, wenn der Aspekt der Repräsentation im Vordergrund steht, etwa anlässlich der Einweihung von Konzerthäusern und dergleichen. Eine dritte Institution – Kirchen oder kirchennahe Einrichtungen –, gibt gelegentlich zwar Werke in Auftrag, schreibt themengebundene Wettbewerbe[1] aus oder prämiert zeitgenössische Komponistinnen und Komponisten[2]: Im Vergleich zu anderen Kultur-Institutionen finden diese Bemühungen häufig im kleineren Rahmen statt, sind lokal bezogen, ebenfalls für reprä-

1 Z. B. Kompositionswettbewerb für zeitgenössische geistliche Musik Schwäbisch Gmünd.

2 Z. B. der Kunst- und Kulturpreis der deutschen Katholiken oder der Preis der Europäischen Kirchenmusik.

sentative Anlässe vorgesehen,[3] oder es wird auf andere, populärere Musikrichtungen gesetzt. Der wesentliche, von der EKD in Auftrag gegebene, musikalische Beitrag für das Reformationsjahr 2017 war beispielsweise die Organisation einer Tournee des bereits 2015 (mit einem Chor von 3000 Sängerinnen und Sängern) in der Dortmunder Westfalenhalle uraufgeführten Pop-Oratoriums *Luther*[4] des Autorenteams Michael Kunze und Dieter Falk, das bereits zuvor mit dem Pop-Oratorium *Die 10 Gebote* ähnlich große Hallen gefüllt hat.

Der oft beschworene Riss im Bereich der neuen Musik, der lange Zeit traditionelle Einrichtungen und Institutionen von Spezial-Festivals und Ensembles voneinander trennte, ist so nicht nur allein durch unterschiedliche Zugänge zum kompositorischen Material und zu ästhetischen Grundüberzeugungen zu beschreiben, auch der Umgang mit unterschiedlichsten Formen der Spiritualität war offenbar eine selten überschrittene Demarkationslinie, die Jörn-Peter Hiekel bereits andeutete:

> Einer der Ausgangspunkte dabei ist jedoch die Einsicht, dass in Zeiten, in denen die Verbindung von Kunst und Religion längst nicht mehr selbstverständlich ist, eine nachdrückliche Neigung erwuchs, das Geistliche, Spirituelle oder Religiöse pauschal als etwas Unzeitgemäßes oder sogar als pure Privatsache abzutun. Beflügelt wurde dies im Kontext der Diskurse zur Neuen Musik durch die eine Zeitlang übliche Konzentration auf die strukturellen Gegebenheiten und Entwicklungen des musikalischen Materials – was oft auf Kosten der Betrachtung semantischer, weltanschaulicher und ästhetischer Dimensionen des Komponierten ging.[5]

Hiekels Ausführungen werden schnell sinnfällig, bedenkt man lediglich die Titelgebung einiger früher Werke etwa Karlheinz Stockhausens, eine der prägendsten Persönlichkeiten und Komponisten der mitteleuropäischen Nachkriegsavantgarde. Titel wie *Zeitmaße* (1955–1956), *Mikrophonie* (1964) oder *Kurzwellen* (1968) unterstreichen deutlich jene strukturellen und technischen Aspekte, die sich weitestmöglich von jeglichen religiösen Inhalten entfernt hatten und die als Pars pro toto für eine Vielzahl weiterer Beispiele der Epoche dienen können. Umso drastischer querstehend wirkt aus dieser Perspektive Stockhausens zentrales Werk *Gesang der Jünglinge im Feuerofen* (1955), in dem Fragmente aus dem Buch Daniel in unterschiedlichen Text-Verständlichkeitsgraden verarbeitet werden, und das seit seiner Uraufführung zu einem der wesentlichen Werke der elektronischen Musik gezählt wird. Während sich Stockhausen seit den späten 1970er Jahren immer stärker einer esoterischen, synkretistischen und teilweise privat-mythologischen Weltsicht zuwandte – beispielsweise im siebenteiligen Opern-Zyklus *Licht – die sieben Tage der Woche* (1977–2003) – traten trotz grundsätzlicher Skepsis dennoch auch im Bereich

3 Z. B. das religionskritische Werk *hölle himmel* (2011) von Hans Holliger, das zum Jubiläum des Thomaner-Chors uraufgeführt und vom Leipziger Bach-Archiv finanziert wurde.

4 http://www.luther-oratorium.de, letzter Zugriff: 31. Mai 2018.

5 Jörn Peter Hiekel, „Geistliche, spirituelle und religiöse Perspektiven in der Musik seit 1945“, in: *Lexikon Neue Musik*, hrsg. von Jörn Peter Hiekel und Christan Utz, Stuttgart 2016, S. 116–134, hier S. 116.

der zeitgenössischen Musik vereinzelt immer wieder geistliche Werke hervor. Neben der zentralen Figur Olivier Messiaen – in dessen etwa viereinhalb Stunden dauernder Oper *Saint François d'Assise* (1975–1983) sich musikalisch, weltanschaulich und spirituell ein ganzes Lebenswerk bündelt – sind, selbstredend ohne Vollständigkeit beanspruchen zu können, weitere Komponistinnen und Komponisten zu nennen, die in unterschiedlichem Maße religiös motivierte Werke schufen. Darunter maßgeblich Bernd Alois Zimmermann, der sich unter anderem mit dem *Requiem für einen jungen Dichter* (1969) bereits in die Gattungstradition stellte und sie zugleich erweiterte. Sein letztes vollendetes Werk *Ich wandte mich und sah an alles Unrecht, das geschah unter der Sonne* (1970), in dem Texte des Predigers Salomo und Fragmente aus Fjodor Dostojewskis *Der Großinquisitor* und *Die Gebrüder Karamasow* vermengt werden, bezeichnete er im Untertitel gar als *Ekklesiastische Aktion*, um die Idee des Rituals und des „Außer-sich-geratens" zu verschärfen: „Die beiden Sprecher", so heißt es in Zimmermanns Partitur, „schreien durcheinander: Reichtum, Selbstvernichtung, sich gegenseitig ausrotten. Dazu gestikulieren sie und führen akrobatische Aktionen aus. Das gesamte Schlagzeug schlägt wild und chaotisch auf beliebige Schlagzeuginstrumente ein." Schon zuvor hatte sich der Komponist und Theologe Dieter Schnebel in vielen seiner Werke immer wieder mit Aktionen und Ritualen intensiv beschäftigt, etwa in *Deuteronomium 31, 6* (1956–1958), der *Glossolalie 61* (1960–1965) oder der *Dahlemer Messe* (1984–1987),[6] die zwar fernab jeglicher Kirchenmusiktradition standen, aber einen ernsthaften theologischen Diskurs innerhalb zeitgenössischer Musik wieder ermöglichten. Ganz zentral erscheinen sowohl in Kompositionen Sofia Gubaidulinas immer wieder geistliche Themen – zuweilen als konkrete Vertonung religiöser Texte, z. B. in der *Johannespassion* (2000) oder aber als programmatischer Hinweis, wie in *Sieben Worte Jesu am Kreuz* für Violoncello, Bajan und Streicher (1982) oder dem Violinkonzert *Offertorium* (1981) – als insbesondere auch in der Musik Galina Iwanowna Ustwolskajas, etwa in ihren Symphonien Nr. 2 *Wahre, ewige Seligkeit* (1979), Nr. 3 *Jesus, Messias, errette uns* (1983), Nr. 4 *Gebet* (1986) und Nr. 5 *Amen* (1990). Zu erwähnen ist ferner ein Komponist wie Klaus Huber, der nicht nur mit Texten aus christlicher Tradition umging – das Oratorium ... *Inwendig voller Figur* ... (1971) basiert auf der Johannes-Apokalypse –, sondern in späteren Stücken auch Texte und Musik aus anderen Kulturkreisen einbezog, beispielsweise in *Quod est pax? – Vers la raison du coeur...* (2006–2007), das auf Texten von Jacques Derrida, Octavio Paz und Mahmoud Darwisch beruht.

Neben dem epochalen *Requiem* (1963–1965) György Ligetis oder der ironisch gebrochenen *Sankt-Bach-Passion* (1985) Mauricio Kagels, wären etliche weitere Werke aus dem Kontext des 20. Jahrhunderts zu nennen[7] – doch jenseits einzelner Werke sind, zweifelsfrei mit fließenden Übergängen, vier grundsätzliche Strömungen im unübersichtlichen Feld der sogenannten neuen Musik auszumachen: Zum

6 Vgl. dazu insbesondere Dieter Schnebel, *Schriften 1952–1972*, hrsg. von Hans Rudolf Zeller, Köln 1972.

7 Vgl. dazu Hiekel, „Geistliche, spirituelle und religiöse Perspektiven", S. 116–134.

einen jene oben kursorisch erwähnten Komponistinnen und Komponisten, die sich – jeweils unterschiedlich und individuell – der neuen Musik und der Avantgarde verschrieben haben und auch in den entsprechenden Institutionen eine Rolle spielen. Zum anderen Komponisten, die einen zutiefst religiösen Hintergrund haben und eine Musik gewissermaßen jenseits der neuen Musikzentren schufen und des Weiteren auch andere, wesentlich breitere Publikumsschichten ansprechen. Arvo Pärts in zahlreichen Werken seit den 1960er Jahren erprobter Tintinnabuli-Stil kann dafür ebenso stellvertretend genannt werden, wie viele Werke aus der Feder des englischen Komponisten John Rutter, die mittlerweile neoromantischen Klangwelten des einstigen Avantgarde-Komponisten Krzystof Penderecki (z. B. *7. Sinfonie Seven Gates of Jerusalem* (1996) und *Credo* (1997/98)) oder die neoklassizistischen Werke des Schweden Sven-David Sandström, der in seiner *Matthäus-Passion* (2008), ebenso wie Johann Sebastian Bach zuvor, auf einen Text von Picander zurückgriff. Außerdem sei eine Strömung bzw. eine Kategorie benannt, hinter der sich weniger einzelne Werke, als vielmehr eine ganze Berufsgruppe subsummieren ließe: Komponistinnen und Komponisten, die zugleich im Kirchendienst tätig sind und so auch einen engen Bezug zu liturgischer Musik und liturgischer Praxis haben. Als Protagonisten aus verschiedenen Generationen können stellvertretend der Organist und Komponist Oskar Gottlieb Blarr (geb. 1934) und der Chorleiter und Komponist Steven Heelein (geb. 1984) herangezogen werden. Blarr ist einerseits durch einige christliche Oratorien, etwa *Jesus-Passion* (1985), das *Oster-Oratorium* (1996) und *Die Himmelfahrt* (2010) hervorgetreten und hat andererseits zahlreiche Neue geistliche Lieder für den gottesdienstlichen Gebrauch komponiert. Heelein vertont ebenfalls geistliche Texte im oratorischen Gattungsrahmen, etwa *AD TE DOMINE – Vier Betrachtungsstücke nach Luthers Grundsätzen der Reformation für Soli, Chor und Orchester* (2017) und schreibt gelegentlich ausdrücklich für semiprofessionelle Kantoreien und Kirchenchöre.

Mit Komponisten wie Giacinto Scelsi, Jani Christou oder auch Peter Michael Hamel sei zuletzt eine vierte Strömung äußerst grob umrissen, die sich generell eher mit spirituellen Themen als mit geistlichen und theologischen Fragen auseinandersetzt und dabei gelegentliche Ausflüge in die Esoterik und die New-Age-Bewegung auch nicht scheut.

Vor diesem nur kursorisch erörterten Hintergrund sei im Folgenden der Fokus auf solche Werke und Konzepte aus dem 21. Jahrhundert gerichtet, die vorwiegend aus dem deutschen Sprachraum stammen und die sich – wie auch immer – einerseits eher der Tradition der neuen Musik verpflichtet fühlen und andererseits einen im weiteren Sinne geistlichen Hintergrund haben, ohne sich unbedingt einem konkreten geistlichen Text zuzuwenden. So vielfältig und mitunter unübersichtlich sich die ästhetischen Positionen in der ausgehenden Postmoderne zeigen, so vielfältig sind auch die Ansätze und Konzepte in der Annäherung an geistliche Themen, Aspekte, Genres und Sujets, bei denen sich kaum mehr Gemeinsamkeiten und auch nur selten klare lineare Entwicklungen stilistischer Merkmale, etwa im kompositorischen Material, erkennen ließen. Als ein paradigmatisches Beispiel ständiger Stilwechsel sogar innerhalb des eigenen Werkkorpus kann der Münchener Komponist Moritz Eggert (geb. 1965) herangezogen werden. In seinem Werk findet sich einerseits eine lateinische Messe (*Missa*, 2008), die nicht nur den traditionellen lateinischen Messtext enthält, sondern überdies auch den Gemeindegesang einbezieht, durchweg im tonalen Gewand erscheint und darin ganz ähnlich der Deutschen Messe *Vom Himmel und der ganzen Welt* (2014) ist, die Eggert für den Evangelischen Kirchentag 2014 komponiert hatte. Andererseits spielt das Fußball-Oratorium *Die Tiefe des Raumes* (2005) mit ironischen Zuspitzungen und Klischees geistlicher Musik und sublimiert so das weltliche Sportereignis, das anlässlich der Fußballweltmeisterschaft 2006 in Deutschland uraufgeführt wurde, zu einem fast metaphysischen Genre:

> Die *Tiefe des Raumes* ist eine Art Passionsspiel, in dessen Mittelpunkt eben nicht die Jesusfigur steht, sondern ein Fußballspieler und dessen Weg hin zum entscheidenden WM-Treffer. Aber wie im barocken Passionsspiel wird auch der von allegorischen Figuren wie der Tugend und dem Laster begleitet und versucht. Die Rolle des Evangelisten des klassischen Oratoriums übernimmt der Journalist. [...] Und so gibt es auch elegische Momente und eher reflektierende, ja fast metaphysische Passagen. Außerdem bietet die Form des Oratoriums natürlich auch eine ideale Möglichkeit, um den Chor einzubinden. Im klassischen Oratorium repräsentiert er ja das kommentierende Volk im Fußballkontext steht er natürlich für die Fankurve.[8]

Einen diametral entgegengesetzten Ansatz verfolgt der etwa gleichaltrige Mark Andre (geb. 1964), den Julia Spinola in einem *ZEIT*-Artikel treffend als den „Metaphysiker unter den Komponisten“ charakterisierte.[9] Andres Musik ist stets geprägt von einer Ästhetik des Verschwindens: Zarteste Klänge, gelegentliches Hauchen an der Hörgrenze sowie höchst differenzierte akustische Ereignisse sind Konstanten in Andres Instrumentalmusik.

In aller Regel verzichtet Andre dabei auf konkrete Textvorlagen und Vertonungen, die eine Charakterisierung als „geistliches Werk“ ohne Weiteres zuließen. Allerdings stellt der gläubige Protestant Andre fast jedem seiner Werke ein Motto aus der Bibel voran, aus dem in der Regel auch die erratisch anmutenden Titel generiert werden, und deutet so auf die persönliche, spirituelle Grundierung, ohne aber zu deutlich und zu einfach greifbar in der Aussage zu sein. Einige Beispiele mögen dies verdeutlichen: So bezeichnet Andre das Trio für Bassklarinette, Violoncello und Klavier *...als...I* (2001) als eine „Art Klangmeditation über das Kapitel 8, 1 aus der Offenbarung des Johannes“. Es geht um eine wichtige Artikulation des Textes, besonders was die Kategorie der Stille anbelangt: „Und als das Lamm das siebte Siegel auftat, entstand eine Stille etwa eine halbe Stunde lang“, während der groß angelegte Orchesterzyklus *...auf...* (2007) sich wiederum mit der Auferstehung Jesu

8 http://www.moritzeggert.de/index.php?reqNav=showPart&thePart=work&objectId=203, letzter Zugriff: 31. Mai 2018.

9 Julia Spinola, „Das musikalische Jenseits“, in: *DIE ZEIT*, Nr. 10, vom 27. Februar 2014, S. 10.

auseinandersetzt. Ähnlich geht Andre im Orchesterstück *woher… wohin* (2017) vor – hier ist dem Werk ein Zitat aus dem Johannes-Evangelium vorangestellt: „Der Wind bläst, wo er will, und du hörst sein Sausen wohl; aber du weißt nicht, woher er kommt und wohin er fährt. So ist es bei jedem, der aus dem Geist geboren wird." Im kurzen Text zum Orchesterstückes *hij 1* (2010; die Abkürzung steht für „Hilfe Jesu") thematisiert der Komponist schließlich selbst den nur vage skizzierten religiösen Rahmen:

> Die Komposition ist dennoch nicht als geistliches Werk zu verstehen. Es geht vielmehr um den kompositorischen Raum zwischen existentiellen Erfahrungen einerseits und der kryptischen Botschaft von Jesus von Nazareth andererseits, oder auch um akustische Räume und Seinszustände, die an die Grenzen der menschlichen Vorstellungskraft reichen.[10]

Nehmen Instrumentalwerke zwar den größten Raum in seinem Schaffen ein, so ließ dennoch Andres Oper *wunderzaichen* (2014) mit Texten u. a. von Johannes Reuchlin, Jean-Luc Nancy sowie aus der Bibel einen nachhaltigen Eindruck. Andre war zur Vorbereitung der Komposition mit einem Toningenieur nach Israel gereist, um zahlreiche „Akustische Fotos" (Klangaufnahmen) von bestimmten heiligen Stätten zu machen, die später mit unterschiedlichsten live-elektronischen Verfahren in die Partitur eingehen sollten. Der Pforzheimer Philosoph und Hebraist Reuchlin (1455–1522) ist nicht nur Text-Lieferant, sondern zugleich auch der Protagonist der Oper, den es auf eine fiktive Reise ins Heilige Land verschlagen hat. Gerade anhand dieses Werks, so nochmals Julia Spinola, wird Andres Zugang zu religiös motivierter Musik deutlich: Er komponiert aus „tiefreligiösem Antrieb heraus eine vollständig säkularisierte Musik."[11] Dies muss nicht zwingend ein Widerspruch sein, da Andres Musik frei von missionarischem Eifer ist – im Gegenteil: „Aus alledem spricht das Bewusstsein dafür, dass Hören etwas Existenzielles ist, aber zugleich wohl auch die Einsicht, dass Glauben etwas Instabiles ist."[12]

Einen wiederum ganz anderen Weg beschreitet der etwa zehn Jahre ältere Wolfgang Rihm, der zu den meistgespielten deutschen Komponisten der Gegenwart gerechnet werden kann. Andre komponiert zwar aus tiefster religiöser Überzeugung heraus, verwendet aber in der Regel keine liturgischen Texte. Rihm verwendet indessen gelegentlich lateinische und liturgische Texte, komponiert allerdings den Zweifel an ihnen und ihren vorgeblichen Gewissheiten gleich mit: [13] „Der Zweifel aber ist das wahre Kennzeichen einer eigentlichen Frage."[14] Johann Matthesons kerniges Diktum umschreibt eine Konstante in einigen Werken Wolfgang Rihms, die sich entweder durch die Textierung oder durch die Aufnahme von Gattungsbezügen mit der Tradition geistlicher Musik auseinandersetzen. Anlässlich der Urauf-

---

10 http://www.edition-peters.de/works/hij-1/127583, letzter Zugriff: 31. Mai 2018.
11 Spinola, „Das musikalische Jenseits", S. 10.
12 Hiekel, „Geistliche, spirituelle und religiöse Perspektiven", S. 132.
13 Vgl. dazu Gordon Kampe, „Zweifel komponieren. Gedanken zu Wolfgang Rihms Cantata Hermetica Quid est deus?", in: *Die Tonkunst* 2 (2012), S. 165–169.
14 Johann Mattheson, *Der vollkommene Capellmeister*, Hamburg 1739, S. 193.

führung von *Deus Passus* etwa, einem auf der Passionsgeschichte nach Lukas basierenden Werk aus dem Jahr 2000, bekannte Rihm auf die Frage Jürgen Kanolds, ob er denn gläubig sei: „In dem Maße, wie sich diese Frage zeitlebens stellt und niemals beantwortet werden kann, bin ich gläubig."[15] Obwohl Werke mit geistlichem Inhalt nur einen relativ kleinen Teil des Rihmschen Gesamtschaffens ausmachen, finden sich immer wieder Beispiele, die sich intensiv mit Fragen von Religiosität und Spiritualität beschäftigen: Das Luigi Nono gewidmete Oratorium *DIES* (1984) für Sopran, Alt, Tenor, Bariton, zwei Sprecher, Kinderchor, Sprechchor, gemischten Chor, große Orgel und Orchester, *Memoria – Drei Requiem-Bruchstücke* (1994/2004) für Knabenstimme, Alt, Chor und Orchester, das Oratorium *MAXIMUM EST UNUM* (1996) für Alt, 4 Soprane, 2 gemischte Chöre, Orchester und Orgel, *DEUS PASSUS – Passions-Stücke* nach Lukas für Soli, gemischten Chor und Orchester, *Vigilia* (2001–2006) für 6 Stimmen und Ensemble sowie *ET LUX* (2009) für Vokalquartett und Streichquartett sind insofern der Tradition geistlicher Musik zuzurechnen, als dass sie, wie Rupert Huber bemerkte, die „Stellung eines Menschen" zeigt, „der sich – obwohl intellektuell-agnostisch – auf einem kulturellen Terrain befindet, das zutiefst christlich geprägt ist".[16] Lothar Zagrosek, der 1986 die Uraufführung von *DIES* dirigierte, äußerte sich, den Begriff des „Geistlichen" dabei relativierend, ganz ähnlich:

> Das Wort ‚geistlich' ist zu religiös besetzt. Wenn jemand *DIES* hinschreibt, denkt man schnell an ein Requiem oder Ähnliches. Was wirklich gemeint ist, ist eine hohe Spiritualität, in einem Sinne, wie das für die *Missa Solemnis* von Beethoven gilt. Das ist kein religiöses Werk, sondern ein Appell an die Spiritualität, und Ähnliches würde ich bei Rihm vermuten.[17]

Rihms geistliche Musik ist gewiss keine Musik für den liturgischen Gebrauch, aber zweifellos ein Appell an die Auseinandersetzung mit Spiritualität – dies gilt ganz unabhängig von der verwendeten Klangsprache oder den aufzubringenden Mitteln: So übernimmt Rihm nicht allein vorgefundene Texte, sondern fertigt noch vor der eigentlichen Komposition ein auch aus disparaten Elementen bestehendes Textkorpus an, zu dem sich die Musik in unterschiedlichster Manier verhält. In *MAXIMUM EST UNUM* stellte Rihm Texte von Meister Eckhart und Nicolaus Cusanus zusammen, in *DIES* konfrontierte er einen Text von Leonardo da Vinci mit Fragmenten aus der Vulgata und dem Graduale. Die Auswahl der Texte geht dabei bis ins Detail und vermag jene von Huber angedeutete agnostische Haltung Rihms anzudeuten: In *DIES*, wie in *ET LUX*, verwendet Rihm Worte aus der Re-

---

15 Wolfgang Rihm, „Zu den Fragen", in: *Programmbuch PASSION 2000*, Europäisches Musikfest Stuttgart (= Schriftenreihe der Internationalen Bachakademie Stuttgart, 11), hrsg. von Christian Eisert und Beate Schröder-Nauenburg, Kassel u. a. 2000, S. 93–95, hier S. 94.

16 Rupert Huber, „Wolfgang Rihms ‚Vigilia'", in: CD-Booklet zu: Wolfgang Rihm, *Vigilia*, Neos 10817, S. 4.

17 Achim Heidenreich, „Im Gespräch mit Lothar Zagrosek", in: *Musik baut Europa, Programmbuch der 21. Europäischen Kulturtage Karlsruhe*, hrsg. von der Stadt Karlsruhe und dem Badischen Staatstheater Karlsruhe, Karlsruhe 2011, S. 86–90, hier S. 88 f.

quiem-Liturgie, verzichtet jedoch, ähnlich wie Gabriel Fauré in dessen *Requiem* op. 48, auf die Passage vom *Dies irae*, dem Tag der Rache. *Memoria* hingegen verwendet zwei Gedichte von Nelly Sachs, ist also eigentlich weiter von den Traditionen geistlicher Musik entfernt – dennoch versieht Rihm das Werk mit dem Untertitel *Drei Requiem-Bruchstücke* und beschwört so durch den Titel die Aura der Totenklage. Die lateinischen Texte der *Vigilia* hingegen, dem nächtlichen Teil der über den Tag verteilten Stundengebete der katholischen Liturgie, beziehen sich auf das Karfreitagsgeschehen.[18] In *DEUS PASSUS* verlässt Rihm im Schlussteil den offensichtlich religiösen Bereich und kombiniert die durch unterschiedliche liturgische Texte in lateinischer Sprache (etwa *Stabat Mater*, Karfreitags-Responsorien und diverse Hymnen) angereicherten Textfragmente aus der Passionsgeschichte nach Lukas mit dem Gedicht *Tenebrae* von Paul Celan, wodurch er „[...] das Passionsgeschehen aus der Abgehobenheit der heiligen Texte herein in die Gegenwart [...]" holt und durch die Wahl dieses Textes „dem christlichen Bekenntnis mit der Gestalt Paul Celans [...] auch das jüdische Element"[19] zuordnet. Und gerade in einem der jüngsten geistlichen Werke, den *Requiem-Strophen* (2015–2016), spielen liturgische Textfragmente und Psalmen eine große Rolle, die jeweils mit weltlichen Texten von Michelangelo, Rainer Maria Rilke, Johannes Bobrowski und Hans Sahl kombiniert werden:

> Auch in den *Requiem-Strophen* wird stets dann, wenn die Frage nach einem Gott aufkommt, auf den Menschen verwiesen. Der homo reus ist ein altes Thema von mir [...] Die Religion einfach nur als eine Lösungsmechanik für eine irdische Problematik zu sehen, finde ich kurzsichtig. Religio, Rückbindung, ja, aber immer in Verbindung mit reflexio. Und Reflexion bedeutet Interpretation der Quellen. Der interpretierende Umgang mit Texten ist eine klare Absage an jede fundamentalistische Lesart, denn er schließt auch Irrtümer und historische Schichten ein. Dies sich einzugestehen ist sehr wichtig. Die Skepsis, auch dem eigenen Lesen gegenüber. Das ist jetzt ein weites Feld. Aber solche Überlegungen sind für mich immer ausschlaggebend gewesen, wenn ich mich mit geistlichen Texten auseinandergesetzt habe.[20]

Auch Wolfgang Rihms einstiger Schüler Jörg Widmann (geb. 1973) greift – wenn auch verhältnismäßig selten – auf geistliche Texte und Themen zurück. Während Rihm, etwa in den *Passionstexten* oder stellenweise auch in den *Requiem-Strophen*, ältere Satzmodelle heraufbeschwört, hier franko-flämische Vokalpolyphonie und dort romantische, an Brahms erinnernde Chormodelle, so spielt auch Widmann immer wieder mit tradierter Musik und Genres, allerdings ohne direkt zu zitieren. Für Widmanns zweites Streichquartett (2003), das den Namen *Choralquartett* trägt,

18 Vgl. Rupert Huber, „Wolfgang Rihms ‚Vigilia'", S. 4.

19 Josef Häusler, „*Verwesentlichung – Deus Passus* von Wolfgang Rihm", in: *Programmbuch PASSION 2000*, Europäisches Musikfest Stuttgart (= Schriftenreihe der Internationalen Bachakademie Stuttgart, 11), hrsg. von Christian Eisert und Beate Schröder-Nauenburg, Kassel u. a. 2000, S. 83.

20 Gespräch zwischen Max Nyffeler und Wolfgang Rihm, http://www.beckmesser.info/wolfgang-rihm-requiem-strophen, letzter Zugriff: 31. Mai 2018.

haben – laut eigener Aussage – Joseph Haydns *Sieben letzte Worte* gewissermaßen Pate gestanden:

> Bei der Beschäftigung mit der Kreuzigungsthematik waren für mich der ‚Weg', der ‚letzte Gang' die entscheidenden Begriffe. Mein Stück beginnt am Ende eines Weges. Es sind lauter letzte Klänge, Phasen der Vergeblichkeit, die nirgendwoher kommen und nirgendwohin führen. Das entsetzliche Reiben und Schmirgeln von Haut auf Holz wird zum Thema gemacht und durch Stille verbunden mit tonal Choralhaftem.[21]

Durch die direkte Übernahme eines geistlichen Textes (Vulgata; Liber ecclesiastes, Prediger 1 und 7) geht Widmann in seinem fünften Streichquartett *Versuch über die Fuge* (2005) weiter, verliert aber – hier Rihms Ansatz ähnelnd –, weder die Skepsis noch den diesseitigen Menschen aus den Augen: „Die ansonsten lateinischen Bibeltexte als lakonische Wegweiser (Prediger: Vanitas vanitatum) weichen der deutschen Übersetzung erst, wenn die Frage des Menschen und dessen Perspektive aufgeworfen wird: Fern ist der Grund der Dinge und tief, gar tief; wer will ihn finden?"[22] Eine bemerkenswerte Zwitter-Stellung hat das großformatig angelegte Orchesterstück *Messe* (2005) inne. Die Satzfolgen des Werkes, mit „Kyrie", „Gloria", „Crucifixus" und „Exodus" überschrieben, sind zwar dem Messtext entnommen, allerdings wird das Singen, hier im übertragenen Sinne, ganz dem Orchester überlassen: der Text kommt nicht vor, vielmehr wird die Art der Deklamation des Messtextes auf die Instrumente „wie eine riesenhafte Chorpartitur" übertragen. Zudem haben typische Techniken älterer Vokalmusik Eingang in die Partitur gefunden, etwa Kanons, Spiegelkanons oder Hoquetus-Techniken, und markieren so auch kontrapunktisch die Abwesenheit des Chors. Neben der Suspendierung des Chors fehlen auch weitere Messteile: Widmann verzichtet einerseits vollständig auf die Eucharistiefeier und reduziert andererseits das Credo auf die Textteile „Crucifixus" und „Et resurrexit". Im einführenden Text weist der Komponist darauf hin, dass ihm – ähnlich wie in den zuvor geschilderten Werken –, der auf sich selbst zurückgeworfene Mensch von zentraler Bedeutung ist. Widmann bekundet aber auch, dass ihm die Auseinandersetzung und die „freiwillige Fesselung an archaische Satzformen" ermöglicht hat, der Frage nach dem „Anderen, dem Jenseitigen, dem Nicht-Weltlichen einen neuen Klangraum zu bauen."[23] Geradezu überbordend in der Wahl der Mittel sind zwei jüngere Werke Widmanns, die ebenfalls – im weitesten Sinne – auf geistliche Themen rekurrieren: In der Oper *Babylon* (2012), zu der Peter Sloterdijk das Libretto schrieb, bildet die biblische Erzählung vom Turmbau zu Babel den äußeren Rahmen, um menschliche Hybris, Chaos, Leid und eine aus den Fugen geratene Welt zu thematisieren. Eine noch größere Besetzung wählte Widmann in seinem Oratorium *Arche* (2016), das den Menschen in „seiner fragen-

21 Jörg Widmann, „Über meine fünf Streichquartette", in: *Choralquartett (2. Streichquartett)*, Schott ED 9748, Mainz 2009.

22 Jörg Widmann, „Vorwort", in: *Versuch über die Fuge. 5. Streichquartett mit Sopran. Text aus der Vulgata*, Schott ED 20082, Mainz 2005.

23 Jörg Widmann, „*Messe* für großes Orchester", Einführung zum Werk, vgl. https://de.schott-music.com/shop/messe-no215960.html, letzter Zugriff: 31. Mai 2018.

den Hinwendung zu Gott“ in den Mittelpunkt stellt, „von dem keine Antworten mehr kommen.“[24] *Arche* wurde 2017 zur Eröffnung der Hamburger Elbphilharmonie uraufgeführt und ist ein paradigmatisches Beispiel für die engen Beziehungen zwischen institutioneller Repräsentation, der Wahl des Sujets und der ungeheuren Größe der Besetzung, die immerhin rund 300 Musikerinnen und Musiker verlangt. In fünf Sätzen (Fiat Lux, Sintflut, Liebe, Dies Irae, Dona Nobis Pacem) amalgamiert Widmann Texte aus so unterschiedlichen Quellen wie Matthias Claudius, Klabund, Heinrich Heine, Peter Sloterdijk, Hans Christian Andersen, Clemens Brentano, Friedrich Schiller, Franz von Assisi, Friedrich Nietzsche, Roland Schimmelpfennig, Thomas von Celano, Michelangelo sowie aus der Bibel und der lateinischen Messe. Ähnlich disparat ist auch die musikalische Faktur des Werks, welches überwältigende Chorszenen, Zitate aus Beethovens *Ode an die Freude*, einen den Zeitgeist repräsentierenden Rap des Kinderchors, opernartige Passagen und ein jubelndes „Dona Nobis Pacem“ am Ende des Stückes beinhaltet.

Vollkommen konträr zu Widmanns Opulenz auf der einen und der Disparatheit der Mittel andererseits erscheint das bisherige Werk der deutsch-schwedischen Komponistin Lisa Streich (geb. 1985), die, darin Mark Andre vergleichbar, in einigen Kammermusikwerken durch Bibelzitate gewissermaßen eine geistliche Spur legt, da geistliche Texte nicht konkret vertont werden. In der Partitur zu *GRATA* (2011) für Violoncello und Ensemble etwa finden sich Verse aus dem Gloria der Messe, im Duo *SERAPH* (2013) für Violoncello und Orgel wird der Assoziationsrahmen bereits durch den Titel gesteckt, und im Orchesterwerk *Segel* (2017) verarbeitet Streich Fragmente aus Gregorianischen Chorälen, georgisch-orthodoxen Gesängen und geistlichen Liedern von Dmitri Stepanowitsch als Ausgangsmaterial. Wie in Widmanns *Messe*, wird die Vokalmusik in Orchestermusik transformiert: „Ich versuche jedes Instrument als ein anderes zu denken. Ein Cello stelle ich mir beispielsweise als ein Klavier vor. Im Fall von *Segel* habe ich statt eines Orchesters einen Chor vor Augen gehabt.“[25] Ohne die Erörterungen der Komponistin selbst wären jene Spuren nur schwerlich auszumachen, da die unterschiedlichen Materialien verschiedenste Verwandlungsprozesse durchmachen und deren Originalgestalt kaum mehr eine Rolle spielt. Neben den musikalischen Spuren verweist Streich zudem auch auf die Symbolik des titelgebenden Segels, wodurch das Werk auch mit geistlichen Konnotationen gehört und verstanden werden kann:

> Es war mir wichtig, beim Werktitel nicht nur an ein konkretes Segel zu denken, sondern ebenso an das dahinterstehende Konstrukt eines Kreuzes mitsamt seiner Symbolik: das Tragen des Kreuzes, die Schönheit des Leidens, die Erlösung. Das analysierte Stimmmaterial sollte dieses Bewusstsein quasi in sich tragen. Diesseits und Jenseits geben sich in meinen Gedanken zum Segel die Hand.[26]

24 Vgl. https://de.schott-music.com/shop/arche-no324347.html, letzter Zugriff: 31. Mai 2018.

25 Gerardo Schiege, „Chor der Instrumente. Lisa Streichs neues Orchesterwerk *Segel*“, in: *Neue Zeitschrift für Musik* 4 (2017), S. 54 f., hier S. 55.

26 Ebd.

Auch das 2018 im Kölner Dom uraufgeführte Werk *PREDELLA* (2018) für vier im Raum verteilte Chöre und Ensemble geht einen ähnlichen Weg, der Assoziationen und Andeutungen jedweden Eindeutigkeiten vorzieht, indem es durch den Titel auf den zumeist hölzernen und oft verzierten Sockel weist, auf dem in christlichen Kirchen häufig ein Altarbild steht. Auch die Partitur selbst spielt mit unterschiedlichen Graden an Deutlichkeit. Während die Sängerinnen und Sänger der Chöre frei wählbare Vokale singen, es also in einem gewissen Sinne stets eine neue „Textierung" geben wird, sind die Töne und Gesten selbst höchst differenziert auskomponiert, bis hin zu acht unterschiedlichen Graden der Bogengeschwindigkeit. Auf frei wählbaren Vokalen wird auch das Werk *STABAT* (2017) für vier Chöre gesungen, das Streich für eine Uraufführung in der römischen Kirche Santa Maria in Campitelli komponiert hat. Der geistliche Inhalt von *STABAT* tritt, trotz grundsätzlich vergleichbarer Anlage, allerdings deutlicher als in *PREDELLA* hervor. Neben dem Titel, durch den Streich sich in die Tradition traditioneller Stabat-Mater-Vertonungen stellt, überschreibt die Komponistin zudem einige Abschnitte der Partitur (Preghiera, Pianto mio, Nigra sum, Maddalena, Stabat mater speciosa, Immagine, Stabat Mater dolorosa, Magnum mysterium) und unterstreicht so die geistliche Dimension des äußerst zarten und introvertierten Werks.

In Philipp Maintz' (geb. 1977) Orgelwerken *ferner, und immer ferner* (2007) und *in nomine: coronæ* (2011) ist ein vergleichbarer Ansatz zu erkennen. Instrument und Titel lassen zwar einen geistlichen, religiösen Rahmen erahnen, dennoch bleiben konkrete Bezüge zunächst verborgen. Erst bei genauerer Betrachtung beider Werke fallen Anleihen an ältere Musik auf, durch die sich die Werke eindeutiger in eine geistliche Tradition stellen. In *ferner, und immer ferner* etwa treten zum einen immer wieder – und meist extrem augmentiert – Töne und Melodiefragmente der *Missa L'homme armé* von Josquin Desprez auf. Zum anderen zitiert Maintz explizit zwei Stellen zeitgenössischer geistlicher Orgelmusik: kurz vor Schluss eine Akkordkonstellation aus Olivier Messiaens *Livre du Saint Sacrement, XVIII* (1931) und zuvor eine Tonfolge aus Jean Guillous *Hypérion III. Phlogistique de l'âme* (1988). Die kompositorische Strategie in *in nomine: coronæ* ist ähnlich: Hier wird Johann Sebastian Bachs Choralvorspiel *O Mensch bewein' dein' Sünde groß* (BWV 622) nahezu unmerklich als Materialgrundlage verwendet; ähnlich wie im Werk Lisa Streichs allerdings nicht als eindeutig zu erkennendes Zitat, sondern als eine Musik, die unterschiedliche Analyse- und Metamorphoseprozesse durchlaufen hat und so lediglich als Idee durchscheint. Wesentlich deutlicher wird Maintz in seinen als work in progress angelegten Choralvorspielen. Ganz in der Tradition der Gattung stehend, verwendet Maintz eine Choralmelodie und geht mit dem melodischen Material, dessen Konturen stets erkennbar sind, frei variierend in verhältnismäßig kurzen Stücken um. Mit *so nimm denn meine hände* (2017), *jerusalem du hochgebaute stadt* (2018) und *o haupt voll blut und wunden* (2018) liegen bislang drei Choralvorspiele vor, die oft durch einen sehr klaren, persönlichen und fast intimen Charakter geprägt sind. Zudem sind Choralvorspiele unterschiedlichsten Charakters über die

Lieder *unüberwindlich starker held sankt michael, großer gott wir loben dich, wohl denen, die da wandeln, wie schön leucht' uns der morgenstern* und *aus tiefer not schrei ich zu dir* bereits in Planung.

Zwischen Andeutungen geistlicher bzw. religiöser Themen – beispielsweise durch Titel – und der konkreten Vertonung religiöser Texte changiert auch Matthias Pintscher (geb. 1971). Im umfangreichen Ensemblewerk *bereshit* (2011–2012) wird zwar kein Text aus dem ersten Buch Mose zitiert, aber das langsame Tasten der zunächst kaum hörbaren Klänge kann als eine Idee des „Entstehens" und „Beginnens" deutlicher Gesten aus eher konturlosen Erscheinungen nachvollzogen werden: „Es ist ein Vorgang von der kaum wahrnehmbaren Artikulation zur latenten Gestalt, mehr Ahnung als Gegenwart, mehr Suche nach Ausdruck als dass dieser selbst hervortritt. Erst sehr viel später wird deutlich Artikuliertes erreicht [...]."[27] In anderen Werken zieht Pintscher vertraute Texte aus der Bibel heran: *Songs from Solomons' Garden* (2009) für Bariton und Kammerorchester beginnt mit einer langen Kantilene des Solisten auf Texte aus dem Hohelied, einem Textkorpus, aus dem sich der Komponist auch im 32-stimmigen Chorwerk *shecholat ahavah ani* (2008) bereits bedient hatte.

Jonathan Harveys Oratorium *Weltethos* (2011) wirkt wie ein konzeptioneller Gegenentwurf zu den bisher dargestellten Werken, die in aller Regel einen christlich und im Falle Pintschers einen jüdisch geprägten Bezugsrahmen aufwiesen oder direkt in der Tradition geistlicher Musik zu verorten sind. Wenngleich Jonathan Harvey (1939–2012) nicht dem deutschen Sprachraum entstammte, so kann dennoch das nach der gleichlautenden Stiftung benannte Oratorium diesem zugerechnet werden, da der Text – Harvey vergleicht ihn mit einem „gewaltigen Lied" – aus der Feder des Theologen Hans Küng stammt, der seinerseits auf die Suche nach einem Komponisten gegangen war, der mit der Vertonung beauftragt werden sollte. Harvey war zuvor bereits mit zahlreichen Werken hervorgetreten, die einerseits von einer spirituellen Haltung geprägt waren, z. B. *God is our Refuge* für Chor und Orgel (1986), *Death of Light/Light of Death* für Ensemble zu Grünewalds Isenheimer Altar (1998), andererseits fanden Elemente außereuropäischer Musikkulturen Eingang in seine Partituren. Jeder der sechs Sätze des *Weltethos*-Oratoriums widmet sich einer anderen Kultur und hat einen vergleichbaren formalen Aufbau:

> Alle Sätze werden in der Regel von einem Orchestervorspiel eingeleitet. Anschließend stellt der Sprecher die jeweilige Kultur und ihre zentrale Leit- und Stifterfigur vor und berichtet von den ethischen Grundideen, die diese formuliert hat. Drittens erforschen Chor und Orchester in einem schattenhaften Geflüster einige der Wortklänge des Sprechers. Viertens folgen ergänzende Kommentare des Chores. Fünftens gibt es einen Hauptgesang des Chores, dem eine der bedeutendsten Schriften der jeweiligen Kultur zugrunde liegt.

27 Martin Zenck, „Vom Schleier des Hörbaren und Sichtbaren", in: CD-Booklet zu: Matthias Pintscher, *bereshit*, ensemble intercontemporain, ALPHA Classics, S. 26–28, hier S. 26.

> Sechstens folgt der Refrain des Kinderchores, zu dem – wie zu den anderen Teilen auch – das Orchester spielt.[28]

Der erste Satz behandelt Philosophien des alten China, der zweite Satz das Judentum, im dritten Satz steht der „tanzende Shiva" im Mittelpunkt, der vierte konzentriert sich auf den Islam, es folgen Buddhismus im fünften und das Christentum im abschließenden sechsten Satz. Obwohl das Werk auch Texte und Quellen der Weltreligionen integriert, wird in den einführenden Texten von Küng und Harvey der Begriff „Religion" vermieden und durch „Kultur" ersetzt, was auch in Küngs grundlegendem Statement zum Werk ersichtlich wird:

> Es ging um Vertonung von Originaltexten aus den großen Traditionen, die Zeugen eines bereits bestehenden Menschheitsethos sind, wie es sich in kulturübergreifenden ethischen Werten, Maßstäben und Haltungen manifestiert. Alles in allem also eine Klangvision von einem globalen Bewusstseinswandel.[29]

Insbesondere Text und Aussage des Werks wurden nicht widerspruchsfrei aufgenommen, wie einige Rezensionen belegen, die Küng selbst auf der Website der Stiftung Weltethos veröffentlichte und zu widerlegen versuchte.[30]

Dem höchst komplexen, 24-stimmigen Chorwerk *voiced void* (2008) Claus-Steffen Mahnkopfs, das erst 2018 in Stuttgart zur Uraufführung gelangte, liegt ebenfalls eine Textkompilation zu Grunde, allerdings mit einem wesentlich konziseren und klar umrissenen Themenkomplex. Die früh verstorbene Philosophin und Religionswissenschaftlerin Francesca Albertini stellte Texte aus dem Talmud sowie von Moses Maimonides zusammen, die von messianischen Friedensvisionen handeln. Da Mahnkopf zugleich als Komponist und als Autor tätig ist, sind Musik und Texte inhaltlich häufig eng miteinander verwoben. Es ist daher kein Zufall, dass eine von Mahnkopfs jüngeren Publikationen *Von der messianischen Freiheit*[31] heißt und philosophisch-ästhetisch ein ähnliches Themenfeld umkreist: „Es handelt von der Perspektive der befreiten Menschheit, der kommenden Demokratie und der Möglichkeit eines Postkapitalismus. Es behandelt die Freiheit im Spannungsfeld von Gerechtigkeit, Wahrheit, Gleichheit – und Kreativität."[32] Sowohl Harvey/Küngs *Weltethos* als auch Mahnkopfs *voiced void* sind Werke, die – bei aller Unterschiedlichkeit des musikalischen Materials und der inhaltlichen Aussagen – weniger geistlich oder religiös in einem traditionellen Verständnis sind, als dass sie vielmehr Geistliches, Religiöses und mitunter auch Politisches selbst thematisieren.

---

28 Jonathan Harvey, „Werkkommentar zu *Weltethos*", https://www.weltethos.org/weltethos%20und%20musik/, letzter Zugriff: 31. Mai 2018.

29 Hans Küng, „Ein musikalisches Abenteuer", https://www.weltethos.org/weltethos%20und%20musik/, letzter Zugriff: 31. Mai 2018.

30 https://www.weltethos.org/weltethos%20und%20musik/, letzter Zugriff: 31. Mai 2018.

31 Claus-Steffen Mahnkopf, *Von der messianischen Freiheit: Weltgesellschaft – Kunst – Musik*, Weilerswist 2016.

32 Ebd., S. 7.

Wenngleich, wie eingangs erwähnt, geistliche und religiöse Themen insbesondere im Bereich der institutionalisierten neuen Musik verhältnismäßig wenig relevant sind, so ist doch insgesamt zu konstatieren, dass etwaige spirituelle Perspektiven nicht grundsätzlich mehr zu polemischen Ablehnungen führen müssen, wie dies in früheren Zeiten noch der Fall gewesen wäre. Beschrieben wurden hier sehr unterschiedliche Zugänge zum Religiösen: Zuweilen entstehen Werke aus innerer Überzeugung, gelegentlich werden Themen durch Institutionen gesetzt. Gerade seit den 2000er Jahren, seitdem Forderungen nach einem immerwährenden „Materialfortschritt" immer leiser werden und in einem guten Sinne wenn nicht alles, so doch vieles möglich ist, ist eine größere Freiheit und eine noch stärkere Individualisierung kompositorischer und ästhetischer Konzepte zu beobachten. Bei aller Divergenz der hier angeführten Werke – die selbstredend nur einen vagen Ausschnitt darstellen können –, ist vielen Komponistinnen und Komponisten gemein, dass sie trotz innerer Überzeugungen Fragen, Zweifel und Instabilitäten religiöser Themen nicht verleugnen, sondern häufig im Werk zu reflektieren trachten.